陆学艺全集

北京市陆学艺社会学发展基金会 编

第 1 卷

社会科学文献出版社
SOCIAL SCIENCES ACADEMIC PRESS (CHINA)

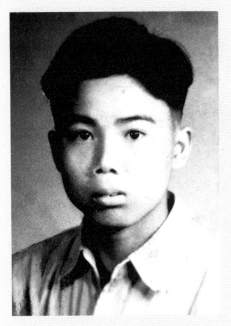

1950 年，入伍前于无锡

1952 年，在华东炮兵部队服役

1953 年，在华东炮兵部队服役

1956 年 7 月，高考前于无锡

20 世纪 70 年代下乡调研

20 世纪 80 年代，在河北省廊坊市讲课

1990 年 9 月，在吉林省公主岭市双榆树乡农民家调研，左二为陆学艺

1994 年在家工作

1995 年 4 月 29 日，在人民大会堂出席全国劳动模范、先进工作者表彰大会

1996 年 3 月 17 日，参加第八届全国人民代表大会第四次会议

20世纪90年代，在徐州工厂调研，左四为陆学艺

2000年1月23日，随全国人大代表视察团考察华西村

2005年9月24日为《南方农村报》题词："深入农村基层，倾听农民声音，为农民群众说话，构建社会主义和谐新农村"

深入农村基层，
倾听农民声音，
为农民群众说话，
构建社会主义和
谐新农村。
陆学艺
2005.9.24

陆学艺为南方农村报题词。

2005年在家中书房

2007 年 7 月 20 日，在长沙市召开的中国社会学会 2007 年学术年会分论坛上发言

2008 年 11 月 9 日，在北京工业大学出席《北京社会建设 60 年》出版发布会

2009 年在家工作

办成中国最大的
社会学学术出版基地
陆学艺
二〇〇九.九

2009年9月，给社会科学文献出版社题词："办成中国最大的社会学学术出版基地"

2010年4月17日，在北京市陆学艺社会学发展基金会首届社会学优秀成果奖
颁奖仪式上致辞

2010 年 7 月 21 日，在贵州省安顺市关岭布依族苗族自治县顶云乡调研，左一为陆学艺

2010 年 7 月 29 日，在贵州省安顺市西秀区大西桥镇吉昌村调研，右二为陆学艺

2010 年 10 月 20 日，在
北京工业大学人文社会
科学学院

2011 年 1 月 12 日，出席北
京工业大学人文社会科学
学院第五届发展战略研讨
会

2013 年 5 月 11 日，在
《吴敬琏文集》发布
会上发言

2013 年 5 月 13 日，陆学艺去世当天，书桌上摆满了文稿、书籍、报刊、准备出差使用的地图和正在充电的手机

遗体告别仪式现场。挽联："学无懈怠为国为农为社会 艺有担当立德立功立诤言"

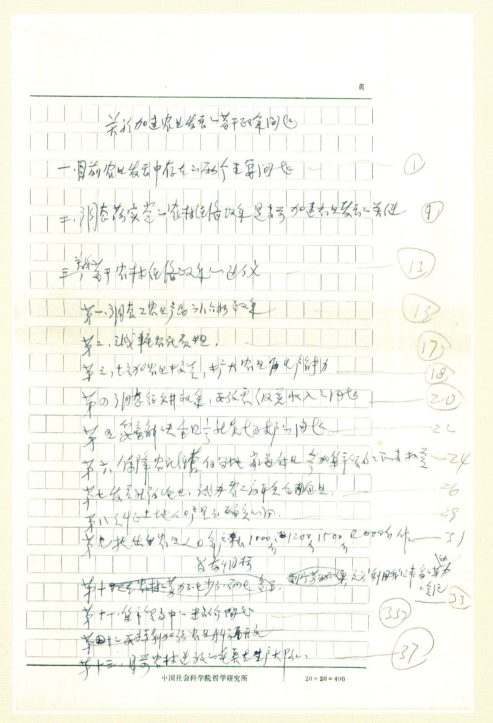

关于加速农业发展的若干政策问题

一、目前农业发展中存在的两个主要问题 ①

二、到底靠实行一套什么样的政策 才能加速农业发展 这个道理 ④

三、关于农村经济政策的一些意义 ⑬

第一、到底是工农生产品价格政策 ⑬

第二、认真搞好饲养地 ⑮

第三、增加对农业的投资，扩大农业再生产能力 ⑱

第四、到农村组织起来，保证农民收入增加 ⑳

第五、认真搞好这专业生产地方向生产增长 22

第六、保障农民债权自主权和有主权，发动各级干部分工负责抓落实 24

第七、在这政策上，理顺资金所有制的问题 26

第八、关于土地人的生活水平地划分 29

第九、把生活水平人的先生活 1000块 1200块 1500块 20000块价格 了1

大古41折 别干部都现象 这个利用地化书的势力

三张处 33

第十、把农村建设搞好也好调节通，好的好可 35

第十一、解好农业中一些改造问题 35

第十二、要坚持到城乡农业农付科开发 37

第十三、目前农村建设中的完善生产大队心

《关于加速农业发展的若干政策问题》原稿第一页

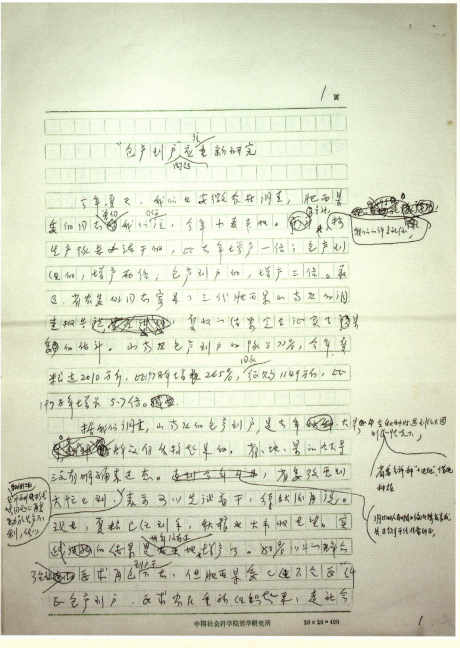

《包产到户问题应当重新研究》原稿第一页

《包产到户的由来和今后的发展》原稿第一至四页

《陆学艺全集》编辑委员会

编辑工作组

统　　筹：高　鸽

首席编辑：钱伟量

编　　辑（按姓氏笔画排序）：

王　颉　　杜永明　　李　升　　李阿琳　　李晓壮

李晓婷　　杨　荣　　杨桂宏　　邹农俭　　宋国恺

张大伟　　张林江　　周　艳　　赵卫华　　胡建国

颜　烨　　鞠春彦　　魏　爽

《陆学艺全集》总目录

第 1 卷
农村改革发展的黄金时代（1978～1984）

农业发展的黄金时代
——包产到户的调查与研究

<h3 style="text-align:center">联产承包责任制研究</h3>

<h2 style="text-align:center">第 2 卷</h2>

<h3 style="text-align:center">当代中国农村与农民（1979～1988）</h3>

<h3 style="text-align:center">农村改革</h3>

农业农村发展形势

当代中国农民

第 3 卷
"三农"论（1989～1993）

农村改革

农业农村发展形势

当代中国农民

第 4 卷
"三农"再论（1994～1998）

农村改革

农业形势与农村现代化

农民与农民工

城乡关系

第 5 卷
"三农"新论（1999~2004）

农村改革

农业形势与农村现代化

农民与农民工

城乡关系与户籍制度改革

第6卷
"三农"续论（2005～2013）

农村改革

农业农村发展形势

农民与农民工

城乡关系与户籍制度改革

县域经济与乡村治理

"三农"问题总论

新农村建设

第7卷
社会结构论（1990～2003）

当代中国社会分层

当代中国社会流动

当代中国社会结构

经济与社会协调发展

区域社会结构与发展

第8卷
社会结构续论（2004～2012）

当代中国社会分层

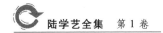

当代中国社会流动

当代中国社会结构

经济与社会协调发展

区域社会结构与发展

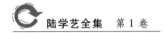

第9卷
社会建设论（1986～2007）

民生与社会事业建设

社区与社会组织建设

社会形势与社会发展

社会管理与社会政策

社会心态与生活方式

第 10 卷
社会建设续论（2008～2013）

社会建设的理论与实践

民生与社会事业建设

社会现代化

第 11 卷
社会学学科建设与发展（1985 ~ 2012）

社会学学科建设

队伍建设与人才培养

社会学国际交流

社会思想史研究

研究方法与规范

学术出版物建设

学术组织建设

第 12 卷
其他（1956~2012）

早期文稿

纪念文章

自我回顾

编纂说明
（代凡例）

为了更好地帮助读者阅读和利用《陆学艺全集》（以下简称《全集》），我们拟从《全集》的编辑思路、文本筛选、内容构架以及若干问题的处理几方面做出如下说明。

第一，编委会对编辑《陆学艺全集》制定的基本指导思想是：尽可能完整地收录陆学艺先生全部学术文献，同时尽可能避免或减少不必要的重复。在此基础上，将选取的文本按照陆学艺先生学术研究的主要领域和发展脉络科学地编纂成书。

一部全集，理应要全。但在实际编辑出版过程中，全集常常又不够全。"全集不全"不仅成为一种遗憾，也似乎是一种规律。一方面，囿于编者能力和客观条件的限制，一部全集常常在未能获取或收录著者全部文献的情况下，不得不在某个时间节点上以一种接近完成的形态出版发行，否则无限期的拖延将会极大地影响著者思想的传播。从编者的角度说，这是一种被动的缺憾，是一种尽其力而不可得的遗憾。这种遗憾也许可以通过全集的再版、修订、补遗来得到尽可能的弥补，也许就成为终生遗憾了。另一方面，一般意义上的全集（非考证版），又不能是著者全部文本的汇集和编纂。如果是那样，通常会造成极大重复，不利于一般读者的阅读、利用，也不符合学术规范。所以，从这个意义上说，全集的编辑也是需要甄别和挑选来源文本的，这是全集编辑的一种规律。从编者的角度说，这是一种主动的选择和舍弃。当然，不是编者按照自己对著者的认知来对著者文献的内容进行取舍，而是对著者同一文献生成和传播过程中形成的不同文本的筛选，这是全集编纂与选集或文集编纂根本的不同之处。

全集是著者一生思想体系的集成，而其基本单元则是著者在不同时期对同一主题或不同主题形成的许多文献。所谓"文献"，即通过不同文本形式体现出来的著者关于特定主题的一个相对独立、相对完整、有组织的思想内容。文献是特定思想内容和文本形式的结合体。文本形式（简称文本）的多样性表现为语言文字作品的各种体裁，如著作、论文、研究报告、评论、演讲、授课、网文、诗词、小说、剧本，等等，也表现为文献生成和传播过程中形成的不同稿本、版本，以及已发表或出版文献的转载、转摘、摘编或改编，等等。显然，同一文献内容可以表现为不同文本，文献的思想内容是一，其文本形式是多。因此，全集的编纂既要全，又要选。"全"是指尽可能完整地收录著者的全部文献，力求没有遗漏；"选"是指就每一文献来说，需要甄别选取那个能最准确、完整、恰当地体现该文献核心思想内容的文本，力求没有重复。

第二，文本的筛选是《全集》编纂的一个重要环节。为了统一选文的尺度，经反复研究和编委会审核批准，初步形成了以下选文原则。

产权明晰原则　《全集》的构成单元应当是陆学艺拥有全部或主要知识产权的文献，这是首要的原则。所有入选文本均须有客观可考的著作权依据，如本人亲笔手稿、陆学艺夫人代为誊写的陆学艺文稿、本人亲笔修改和亲笔署名的打印稿，在有明确版权信息的出版物上发表或出版的署名陆学艺的文本、在有明确刊印单位和用途以及时间信息的内部资料上刊印的署名陆学艺的文本，等等。对于集体完成的成果，原则上只收录可以明确陆学艺本人执笔或陆学艺是第一负责人的成果。合作成果中原则上只收录陆学艺为第一作者的文本（个别可以证明陆学艺做出主要贡献或亲自执笔的非第一作者合作成果除外）。不收录不能证明其著作权的电脑里的打字稿、网络文章、无陆学艺本人修改笔迹或亲笔签名的打印稿，缺乏必要的版权和时间信息的、只有陆学艺打印署名的其他印刷资料。严格甄别陆学艺为他人著作、论文撰写的前言、序言、评论等，只收录确定为陆学艺本人撰写或大幅修改的、包含陆学艺本人学术思想的相关文本。所有报刊记者、编者编发的访谈录、座谈会纪要、座谈会观点摘编等，只收录可确认陆学艺言论内容的文本，除专访录或专家对话录保留记者或其他专家与陆学艺对话的形式外，其余文献只收录陆学艺本人发言的部分。不收录不能区分发言者内容的综述稿和摘编稿。

文献完整原则　《全集》只收录思想内容相对完整的文本（包括总体未完成但已完成的部分相对完整、基本成文的手稿）。不选不完整的发言提纲、不成文的手稿片段。

全面覆盖原则　收录文献应基本涵盖收集到的陆学艺先生全部学术文

献（不含重复文本），争取做到"应选尽选"，无重要遗漏。

避免重复原则 原则上一篇文献只能选取 1 篇最有代表性的文本，不重复选文（个别演讲录音整理稿与已经发表的论文核心思想内容一致，但语言表达形式差别较大，还增加了与听众对话环节，《全集》予以保留）。在选择文本时，既要考虑完整性、准确性、新颖性，也要考虑社会影响的大小。有些文本在多次发表、出版、收录文集等过程中应编辑的要求而有所删改，因此作者最初的完整文稿能够更好地保证文献的完整性，但较后发表、出版或收录文集的文本可能又包含作者的少量修改和补充，因而更能够体现文献的准确性和新颖性，某些发表于影响较大的报刊上的文本显然比未曾问世的初稿更满足社会影响较大的要求。所以，在实际筛选文本时要根据每一篇文本的特殊性来灵活运用该原则。有时为了尽可能兼顾完整性、准确性、新颖性和社会影响力，我们在选取 1 篇来源文本后，又根据其他文本对其进行少量的校订和补充，并在编者注中加以说明。例如，陆学艺和张晓明合作的《马克思主义的合作理论和联产承包责任制》一文（见第 2 卷），《全集》选择了社会影响较大的《哲学研究》1984 年第 4、5 期连载文本作为主要来源，但由于该文在《哲学研究》发表时被删除了列宁以后苏联合作化历史的部分内容约 1500 字，中国合作化历史的部分文字也有改动，实际上造成了全文前后内容不衔接的问题，故《全集》在《哲学研究》文本的基础上，根据作者手稿增补和校订了部分文字，并在题注中加以说明。一般说来，正式发表的论文、研究报告或出版的著作可以比较严格地贯彻避免重复的原则，但是，各种访谈录和座谈会摘编、演讲或授课，给他人写的书序、前言或书评、文评等文本则很难做到完全不重复。我们目前处理的方法是：内容完全重复或大部分重复的不选，大部分不同，只有少量重复的，可以慎重选用。原则上不收录报刊转载、转摘的文本（母本缺失的除外）。

保密和隐私保护原则 原则上不选用未达到《中华人民共和国保密法》规定的解密年限的涉密文本，不引用未公开发表的领导人讲话和批示，不选用未经家属或当事人授权的涉及个人、家庭隐私或其他当事人隐私的文献。

按照上述原则，最终共有各类学术文献 747 篇（435 万多字）被收入《全集》。在全部入选文献中，从未发表过或没有公开发表过的文献有 238 篇（115 万多字）。其中，从未发表过的 200 篇，99 万多字，绝大部分为陆学艺在各地、各个单位、各种会议上所作的演讲、讲话或授课讲稿。有一部分为 1978 年以前撰写的早期文稿，包括未发表的论文稿、学习体会、中学作文、剧本，以及本人采编的农谚等，有十几篇。《全集》还收录了少量陆学艺写的学术信函和与学术工作相关的工作报告，如：1982 年 11 月 18 日写给杜润生同志的信（现以《以联产承包、分户经营为基础的合作经济》为题收录于第 2 卷）、1985 年 12 月 8 日致《人民日报》编辑部的信（现以《"今年我国农民收入增长较多"的报道与实际不符》为题收录于第 2 卷）、2008 年 4 月 9 日致胡锦涛同志的信（现以《构建社会主义和谐社会需要社会学有个大的发展》为题收录于第 11 卷）等，还有几篇关于设立陵县调研基地的建议、工作汇报等（见第 2 卷），以及他写的两篇"所长工作札记"《研究室是培育研究员的摇篮》和《所长的第一要务是聚集人才》（见第 11 卷），此外还有一篇陆学艺本人撰写的 2010 年以前的大事记（现以《往事杂忆》为题收录于第 12 卷）。未曾公开发表的 38 篇，约 16 万字。这部分文献主要是刊载于非公开出版、非正式发行的刊物，或未正式出版的会议文集中的文章或发言稿。在每一篇文献的题注中，凡没有提及任何发表或出版信息的，就是从未发表过的文献；凡是只提到在内部或非正式刊物上发表，而没有提及公开、正式发表或出版信息的，就属于未公开发表过的文献。

　　第三，编委会对《全集》内容基本架构的指导原则是：所有文献以陆学艺先生一生涉足的主要研究领域按"三农"问题、社会结构、社会建设、社会学学科建设与发展等顺序进行安排，各大领域中的文献则按时间排序。在编辑过程中，也曾有过将全部文献都按照时间顺序安排的考虑，但是那样读者在阅读时可能会有一种琐碎的感觉，从内容来说缺乏集中度和连贯性。经反复推敲和研究，最终形成目前这种构架，即全部文献形成"'三农'问题研究"（第 1～6 卷）、"社会结构研究"（第 7～8 卷）、"社会建设研究"（第 9～10 卷）、"社会学学科建设与发展"（第 11 卷）、"其他"（第 12 卷）共 5 个一级领域，每个领域的文献按时间先后分卷。同时，每个一级领域下面的文献又根据内容分解为若干二级领域，总共有 31 个二级领域（31 个栏目）。各二级领域（栏目）按具体内容的时间顺序编排。

　　通过上述总体结构，我们可以对陆学艺先生毕生从事的学术研究形成一个总体印象，可以了解他的研究重点和旨趣。毫无疑问，陆学艺最感兴趣的、贯穿其全部学术生涯的领域就是"三农"问题研究，它在 12 卷《全集》中占了 6 卷，占全部文献的 50%。社会结构和社会建设的研究各占 2

卷。社会学学科建设与发展有 1 卷。如果把社会结构、社会建设和社会学学科建设与发展合在一起，一共也有 5 卷，占全部文献的约 42%。所以，我们称陆学艺为"三农"问题研究专家和社会学家是恰当的。

不仅如此，我们还可以从这个总体结构中初步了解到陆学艺研究生涯中具体的关注重点随着时代的发展而发生的变化，当然也可以看到他始终坚持、一以贯之的具体领域是哪些。例如，在"三农"问题研究领域，关于农村改革、农业农村发展形势、当代中国农民、城乡关系等问题都是他始终如一关注的领域。虽然他始终关注当代中国农民问题，但与此密切相关的农民工问题的研究，则是从 1994 年开始的，而且关注度逐年增加。城乡关系也是他始终关注的，但与此密切相关的户籍制度改革问题的研究，则是从 2000 年开始的，而且关注度逐年增加。县域经济与乡村治理问题的研究是从 1992 年开始的。乡镇企业与小城镇建设研究也始于 1992 年，但2004 年以后则淡出了他的视野。农村调查也是他长期感兴趣的主题，但关注度逐年递减，2005 年以后就没有专门论述了。从总体上论述"三农"问题是从 2000 年开始的。2005 年以后，又新增了关于新农村建设的主题。再如，尽管陆学艺关于社会建设领域的研究早在 20 世纪 80 年代后期就有所涉猎，但从理论上提出社会建设概念并且将其作为一个学科方向来研究则是2008 年以后，而且自此以后社会现代化的主题也越来越成为他关注的重点，并得出社会建设就是建设社会现代化的论断。

按照研究领域来安排《全集》的内容，最大的好处是有利于读者进行专门深入的研究，但不足之处也是显而易见的，那就是某些文献的内容是跨学科、跨领域的，有时候不易判断究竟应该放到哪个领域里。而且，一旦分到某个领域，则不能在另一个相关领域重复收录，这样可能对研究者来说会造成某种遗漏。还有一个问题，当我们按照内容板块切分了相关内容后，陆学艺学术思想总体上的发展过程就不能直观地呈现出来了。针对这些问题，我们采取了一些补救措施。首先，我们在一级领域分卷的时候，以及在各个二级领域（栏目）的具体内容安排文献的时候，是按照时间先后排序的，以尽可能在一定的范围内显示著者研究思路的发展过程。其次，当遇到内容交叉、跨领域的文献不易分类时，一般采取主要内容优先的原则来区分，即文献内容以哪一个领域研究为主，就将其划分到哪一个领域中去。当文献内容难以分清主次时，则按"'三农'问题研究""社会结构研究""社会建设研究""社会学学科建设与发展"的顺序来决定优先安排到哪一个领域。例如，《重新认识农民问题——十年来中国农民的变化》一文（见第3卷），既属于"三农"问题研究领域，也属于社会结构中的社会分层研究领域，其中关于当代中国农民分为8个阶层的核心观念，对于两个领域都是同等重要的命题，此文在归类时不好选择，只能按照"三农"问题研究优先于社会结构研究的方式来处理。其他有关农民分层研究的文献也基本采取这种方法。最后，我们在《全集》第12卷末尾提供了主题索引和按时间排序的篇目索引，借助这些工具，可以在一定程度上解决跨领域文献在专门研究中被遗漏和陆学艺学术思想发展总体脉络不清的问题。

第四，编辑过程中对若干具体问题的处理。

关于题注 《全集》收录的所有文献首页下均作题注，以便为读者提供该文献简要的背景信息。题注说明收录文献来源、引用或原版本情况、初稿写作、完成时间或初次发表情况，以及本文在编辑中的校订、增补和删节等情况。特别重要的文献简要说明其写作或发表背景。在题注中使用的"本文"一词是指收录在本《全集》中的文本，其文字是经过本书编辑加工处理过的，本书编者承担"本文"文字变动的文责，但不承担其来源文本或同一文献其他文本的文责。题注中使用的"该文"一词是指通过本文或其他文本表现出来的同一个文献的思想内容。编者在题注中首先说明的是本文的来源。如果在主要来源文本之外，还参照了其他文本作了若干校订或增补，会在题注中加以说明。对于曾经发表过的文献，如果《全集》收录的文本来源于手稿或非首次发表的文本，编者会在题注中提供其首次发表的信息。在有关出版发行的信息中，如果报刊、出版社后来有变更，编者会在题注中注明来源稿发表或出版时的报刊、出版社的名称，并同时在括号中说明该报刊、出版社变更后当前的名称，但不展开其复杂的变更过程。

关于文本时间 《全集》收录文献的时间根据已发现的该文献最早文本的时间确定。已发现手稿的，以最早完成的手稿时间为准；未发现手稿的已发表或出版的文献，以首次发表或出版的时间为准。查不到明确时间信息的，根据其他信息推断其大概的写作或发表时间。

关于署名 《全集》收录文献默认为陆学艺独著，此种情况下题注中不作著者署名情况的说明。若为陆学艺与他人合著成果，则需说明所有作者署名及排序情况。若为集体合作的成果，在说明集体著作人情况外，还要说明集体项目的负责人以及集体成果的执笔人情况。《全集》原则上只收录陆学艺为唯一作者、第一作者或为集体成果执笔人、负责人的文献。

关于引注 《全集》按照现行的引注规范对作者的引注进行了大量的

校订和增补。需要补充的，均以"编者注"的形式补充了引文出处。

关于数据 《全集》对陆学艺引用和计算的数据进行了全面复核，未注明出处的，通过编者注的方式根据公开发布的统计数据补充数据出处。几个统计资料数据不一致的，以与陆学艺使用数据一致的资料为准。查不到出处或与现有公开统计资料数据不一致的，尊重陆学艺本人的数据，不擅自根据现有统计资料修改他的数据（笔误或计算错误除外），因为这些可能是他通过各种非正式渠道获取的真实的数据。原则上不引用涉密数据。文献中大量使用作者及其团队调查数据的，在题注中加以说明。

与陆学艺已有著作的关系 陆学艺撰写或主编的各类著作共 111 部，其中专著 1 部，与他人合著 5 部，个人文集 9 部，以及 96 部担任主编的著作。只有两部著作被完整地收入《全集》（见第 1 卷），即陆学艺出版的第一本著作《农业发展的黄金时代——包产到户的调查与研究》（作者在 20 世纪 70 年代末、80 年代初撰写的关于包产到户调研报告的文集）和他的专著《联产承包责任制研究》。5 本与他人合著的著作中凡能明确陆学艺著作权的内容均以单篇文献的方式收录《全集》中，不能确定陆学艺著作权的暂不收录。这 5 本合著著作中有 4 部包含有陆学艺明确署名的内容，即陆学艺等著《社会结构的变迁》（中国社会科学出版社 1997）的"绪论 中国及世界社会结构的变化趋势"为陆学艺撰写；陆学艺、王春光、张其仔著《中国当代农村问题研究丛书——中国农村现代化道路研究》（广西人民出版社 1998）的丛书总序、本书序"迈向新世纪的中国农村现代化"和"导论：中国农村现代化的道路"为陆学艺所著；陆学艺、张大伟著《建设有中国特色社会主义新农村丛书——光辉的历程》（江西人民出版社 1999）的丛书总序是陆学艺撰写的；陆学艺、龚维斌、陈光金著《邓小平理论与当代中国社会阶层结构变迁》（经济管理出版社 2002）的前言为陆学艺撰写，这些内容都已收入《全集》。而陆学艺、张厚义、陈斗仁、王颉等著《房干村的变迁》（中华工商联合出版社 1994），全书分工不详，没有明确哪一部分是陆学艺撰写的，所以全书都未收入《全集》。已出版的 9 部陆学艺个人文集共收录陆学艺论文、调研报告等共计 215 篇（剔除重复收录的部分），已经全部被收入《全集》。陆学艺主编的 96 部著作的入选原则与上述合著著作相同。

关于主题索引 《全集》提供的主题索引共收集反映陆学艺重要观点、重要研究方向或语言特色的关键词、短语和命题共计 400 多条，分二级编排。一级术语（仅仅是分类项，不是检索项）按汉语拼音字母顺序排列；

二级术语、短语或命题为检索项，在所属一级术语下按内容排列。由于同一个命题在不同文献中的表达方式略有不同，为了方便检索，同一命题按不同表述分别进行检索。例如，"没有农村的现代化就没有中国的现代化"这个命题，除了本句，我们还同时检索了"没有农村的现代化，也就没有全国的现代化""没有农村的现代化，也就没有中国的现代化"，等等；再如："'三农'问题的核心是农民问题"这个命题，除了本句，我们还同时检索了"农民问题是'三农'问题的核心问题""'三农'问题的核心是要解决好农民问题"，等等。

　　关于行文风格　陆学艺先生的文风直截了当、朴实生动，喜欢大量引用来自农民和基层干部群众的俗语、俚语，许多演讲、访谈、发言等均为口语化的表达。不同时期的文献，常常保留着那个时期特有的话语方式。《全集》在处理陆学艺文本时，在不违背现代语法和惯例要求的前提下，尽可能保留陆学艺具有个人特色的行文风格和遣词造句的习惯，不将口语化表达统一改为书面语言。少量俗语加编者注予以解释。

　　《陆学艺全集》的编辑工作于 2015 年 1 月正式启动，经过编辑组成员和社会科学文献出版社的同仁不懈努力与通力协作，历经 8 年零 3 个月，终于得以完成。《全集》编辑工作能够历经漫长的煎熬而没有流产，终成正果，与《全集》编委会正确的宏观指导、陆学艺社会学发展基金会秘书处的有效组织、中国社会科学院社会学研究所、北京工业大学人文社会科学学院（现并入文法学部）和北京工业大学陆学艺学术思想研究中心的大力支持，以及陆学艺先生家人和学界同仁持之以恒的关心与支持是分不开的。

　　最重要的是，陆学艺先生是一个笔头很勤又有保存文稿习惯的人。由于早年条件限制和晚年年事已高，他不能直接用电脑写作，因此为我们留下了大量手稿和资料。他不仅为我们留下了很多论文、研究报告的手稿，而且绝大部分演讲和发言，也会事先起草讲稿（多半是在旅馆、酒店狭窄的客房里用随手找到的各种纸张连夜完成的）。看着先生龙飞凤舞、难以辨认的笔迹，加上重重叠叠撑满稿纸的涂改，还有大刀阔斧的删节和大段大段的改写，我们能够真切地感受到一个思考者的思想在阵痛中孕育诞生的艰难过程，一个苛求完美的作者在表达方式上斟词酌句的纠结。正如他常说的那样，"文章是改出来的""文章是逼出来的""写文章是苦差事"。当然，这也是一种在有限的稿纸空间里展现流动的思维过程的艺术（俗称"爬格子"），是习惯于用电脑写作的人难以体会的。陆学艺的手稿有相当一部分是他生前初步整理过的，许多文稿的页角或背面留下了他注明的时间、地点等信息，个别文稿还有他若干年后再次阅读时写下的感想和背景注释。"巧妇难为无米之炊"，毫无疑问，正是因为先生为我们留下的这些宝藏，为我们收集整理资料提供了极大便利，也为我们完成《全集》的编辑工作树立了坚定的信心。

《全集》的面世虽然姗姗来迟，但最终能在陆学艺先生离世十周年前夕出版，也是对先生在天之灵的一种告慰。俗话说，"慢工出细活"，但愿我们的慢工，能够奉献出一件对广大读者真正有益的细活。但由于我们能力所限，在陆学艺先生学术文献资料的收集整理上一定存在很多疏漏，在结构安排和文本编辑上也一定存在不少错误，在此恳请读者不吝赐教、批评指正。

北京市陆学艺社会学发展基金会《陆学艺全集》编辑工作组

2023 年 4 月 10 日

序一　怀念陆学艺

陆学艺同志逝世已近 9 年，看到已编辑完成的《陆学艺全集》文稿，既感到欣慰，也再次引发我对他深深的怀念。

20 世纪 70 年代末，我就知道了陆学艺这个人名。1978 年，我从黑龙江生产建设兵团考入了中国人民大学农业经济系学习。不久，党的十一届三中全会召开，农村拉开了改革的序幕。当时，我已有了下乡务农 10 年的经历，又在读农业经济学，自然对农村改革的情况十分关注。记得从 1979 年下半年起，我从中国社会科学院《未定稿》编辑部的王小强同志那里，陆续得到了几篇署名陆学艺或他与人合写的农村调研报告。这些报告，真切地描述了当时农业农村落后、农民贫困的现状，强烈地呼喊着应当改革农村经济体制、赋予农民经营自主权。那时，我还没有见过陆学艺本人，但从他那些文章的字里行间，我读出了他是一个有学问、有情怀、有担当的人。记得在 1981 年底的一次关于农业生产责任制的研讨会上，我第一次见到了陆学艺。我在会上简要介绍了暑假时到安徽省凤阳县小岗村所做的农户家计调查的情况。会议结束后，陆学艺过来问了我几个具体问题，并说，他看到过几份我们今年暑期到凤阳农村调查的报告，觉得不错。然后他问我，是南方人吗，我说我祖籍江苏丹阳，但生在上海。他又问，你名字中的"锡"字有什么来由，我说，我出生时，父亲正在无锡文化教育学院，于是就给我起了"锡文"这个名字。他笑着对我说，那我们可以算是半个老乡了。我告诉他，我读了他的不少文章，很受教益；但不明白他作为一个哲学研究者，怎么会如此执着地研究农村问题？他说，不管是研究什么的，都不能脱离实际，都得为国家和人民的需要服务；眼下最需要的不就是研究农村改革、为"包产到户"正名吗？

1982 年夏，我被分配到了中国社会科学院农业经济研究所工作，虽然与陆学艺不在同一个研究所，但是交往的机会毕竟多了起来，尤其是各自

1

从农村调查回来后，总会找机会交流切磋一番。我那时还是农村理论和政策研究领域的新兵，在与他的交流中，我总是受益良多，深感他是我的良师益友。1983年秋，陆学艺受中国社科院的指派，率队到山东省的陵县进行蹲点调研，并挂职担任中共陵县县委副书记。此后不久，我在一次中央农村政策研究室领导同志听取有关单位农村调研情况的汇报会上，听杜润生主任说，了解农村情况，既要有走马观花、蜻蜓点水式的面上调查，也要有在一个地方住上一段时间、与农民进行深入接触的蹲点式调查，两者结合，才能把农村问题搞清楚。杜主任还说，现在的问题是，做前一种调查的人多，做后一种调查的人少，而社科院陆学艺他们去陵县挂职蹲点调查，是在加强后一块短板方面开了一个好头。后来，按照杜老的要求，中央农研室聘请了几位当时在县一级担任领导职务的同志为特约研究员，我记得有河北正定县委书记习近平、河南新乡副县长刘源，以及陆学艺等人。每次筹备中央农村工作会议、起草中央指导农村工作的文件时，杜老都会把这些特约研究员们请来，亲自召开座谈会当面听取他们的意见和建议。

1985年，陆学艺结束在陵县的蹲点调研、回中国社科院担任农村发展研究所副所长，此时我已经调到了国务院农研中心工作，但因为都在研究农村改革和发展问题，交往的机会仍然很多，尤其是在各种研讨会上。20世纪80年代中后期，农村改革发展面临着一些复杂的新情况：首先是粮食产量在连年增产之后，1985年却出现了明显减产（比上年减少564亿斤，即减少了6.9%），这引发了关于"包产到户的潜力是否已经挖尽？"的争论；其次是对于农村普遍实行家庭联产承包责任制后，进一步改革的方向和内容究竟应该是什么，也有不同的意见。那一阶段的各种农村改革研讨会，围绕的也基本是上述两大问题。在我的记忆中，那时陆学艺在会上会下讲得多的也是两大问题：一是担忧粮食生产出现滑坡。他说现在农田水利等基础设施是在吃老本，新的不建、老的不修，农业生产条件越来越差。二是担忧实行家庭承包经营后农民会出现分化现象，有劳力、有门路的农民家庭快速脱贫致富了，而缺劳力、缺门路的农民家庭虽然能吃饱饭了，但脱贫的难度仍然很大。我知道他所忧虑的这两个问题，都是以扎实的乡村实地调查第一手资料为依据的。1986年4月，陆学艺写了《农业面临比较严峻的形势》一文，刊发在社科院5月份的《要报》上，引起了中央领导同志的高度关注。1986年6月10日，邓小平同志在听取中央领导同志汇报当前经济情况时的谈话中指出："农业上如果有一个曲折，三五年转不过来。""有位专家说，农田基本建设投资少，农业生产水平降低，中国农业将进入新的徘徊期。这是值得注意的。"① 邓小平同志这里讲的"有位专家说",指的就是陆学艺写的上述文章。此后,中央加大了对农业的投入,提高了对农民的粮食收购价格。但即便如此,也还是直到 1989 年,才使得全国粮食总产量超越 1984 年的水平。

1987 年,陆学艺调任中国社科院社会学研究所副所长,很快又担任了所长。此后的一段时间,他在继续关注农业农村农民问题的同时,致力于复兴和创新中国特色社会学的发展,为此倾注了大量心血。由他主编、2002 年出版的《当代中国社会阶层研究报告》问世后,引起了很强的社会反响,报告中关于中国社会群体已分化成十大阶层的分析,一时成为人们观察和研究中国社会转型的重要参考依据。记得我第一次读这本《研究报告》时,脑子里突然闪现出他 20 多年前对我说过的那句话:搞研究不能脱离实际,得为国家和人民的需要服务。我想,当年他如此执着地研究农村改革和发展,如今他又倾心研究社会转型和社会群体的分化、分层,都应着了他自己讲的要服务于国家和人民当下最需要研究的问题。城乡全方位的经济体制改革,不仅极大地释放了中国经济的增长潜能,也带动了中国社会结构的快速转型。我很清楚自 20 世纪 80 年代中期以后,陆学艺就高度关注包产到户后农民的分化问题;而到了社会学研究所之后,他更是把经济快速增长下的社会群体分化、分层问题,看作可能是对中国未来发展有着全局性影响的重大课题。

1998 年,恰逢农村改革 20 周年,党中央决定,将拟于当年召开的党的十五届三中全会的主题,锁定在深化农村改革上,全会拟通过《中共中央关于农业和农村工作若干重大问题的决定》,以纪念中共十一届三中全会通过《中共中央关于加快农业发展的若干问题决定(草案)》20 周年。我和陆学艺都有幸参加了这个文件起草组的工作,这也为我们俩在半年多时间里能经常交流提供了机会。那时,我对他谈得多的主要是农业经营体制和粮食流通体制问题,而他对我谈得多的则是社会群体的分化、分层和社会结构的转型问题。他对农业问题很精通,而我对社会学则是门外汉。因此,谈到农业问题时,我俩能热烈讨论,而谈到社会学问题时,我就只能是听他讲和向他请教了。他的讲述,有几点我印象极深。一是在从计划经济体制向市场经济体制转型的过程中,社会群体也必然要经历从匀质化到差异化的转变,因此,社会群体的分化具有必然性,但只要这种分化不是贫者

---

① 参见《邓小平文选》第三卷,北京:人民出版社,1993 年 10 月,159 页。

更贫、富者更富的两极分化就不可怕。二是关键是要给所有人都创造机会公平的环境，给所有人都提供经过自身努力能够向上层流动的机会。三是工业化、城镇化意味着财富和机会大量向城镇集聚，如果不加快改变农业人口仍占大头的现状，社会结构的变动就会滞后于经济结构的变动，由此将引出诸多新的社会矛盾。四是政府要适应社会群体分层后利益诉求多元化的现实，注重完善收入分配制度和提供均等化的基本公共服务。当时的一个大背景是，当年异军突起的乡镇企业已逐渐式微，取而代之的是农村劳动力外出打工的"民工潮"正在涌起，而农业人口转移的"城镇化"问题则尚未提上改革发展的议程。2000 年，党中央准备召开十五届五中全会，会议将审议通过中央关于第十个五年规划的《建议》，我参加了会议文件起草组的工作。在我的记忆中，党中央首次明确提出"积极稳妥推进城镇化"，就是在十五届五中全会通过的这个建议中。在参与文件起草的过程中，我很自然地想起了两年前陆学艺对我谈到的那些关于社会群体分化、分层以及如何适应社会结构变动的理念，心中很是感叹！

此后不久，我调到中央财办和中央农办工作，与陆学艺直接交流的机会少了，但还是经常能收到他寄来的文章或著作。2008 年初春的一天，他给我打电话，说是有份报告想让我转呈给中央领导同志。收到后才知道是陆学艺与其他十几位学者写给胡锦涛同志的一封关于加大对社会学发展扶持力度的建议信，署名的人中除了陆学艺，还有我在国务院发展研究中心工作时的老主任王梦奎以及吴敬琏等人。我立即与总书记办公室联系，得到允许后将这封信呈报给了胡锦涛同志。后来得知，陆学艺也通过时任全国人大副委员长的华建敏同志向总书记转呈了此信。胡锦涛同志和其他有关中央领导同志对此信作了重要批示，这对推动我国社会学的发展起到了重要作用。

从党的十一届三中全会召开的 1978 年算起，在此后的 35 年时间中，陆学艺无论在对中国农村改革发展的理论研究和实践推动上，还是在对中国特色社会学的学科发展和理论应用上，都倾尽了他的全部心血和才华，他是为了国家和人民的需要才这样做的，他是我们这个时代中国社会科学研究者的楷模，他在上述两个领域里的建树，将记载在中国社会科学改革发展的史册上。

陈锡文

2022 年 5 月 8 日

序 二

  十二卷本的《陆学艺全集》经过多年的精心编辑，终于得以面世，可喜可贺！陆学艺先生是我国著名的"三农"（农业、农村、农民）问题专家和社会学家，他毕生为解决中国"三农"问题、推进社会发展和社会建设进行了孜孜不倦的探索和研究，做出了重大贡献。他秉持为人民做学问的理念，在国家发展的重要时刻以及重大发展议题上，凭借学者良知和学术睿智，提出许多前瞻性、战略性的看法和政策建议，推动了改革深化、经济发展和社会进步。这些贡献凝聚在其留下的丰厚学术遗产之中，其中有的已经发表，还有不少没有发表。尤其是那些没有发表的文章和手记，具有重要的学术和政策价值，至今还鲜为人知，非常宝贵。基于此，我们觉得有必要系统地将陆先生一生留下来的学术成果，集结一起，以"全集"的形式出版，为学术界提供一份珍贵的学术资料，并继续让其学术成果为国家现代化建设发挥作用。此次呈现给读者的《陆学艺全集》共收录陆学艺先生的学术文献 747 篇，435 万多字。其中此前未发表或未公开发表的文献共 238 篇，115 万多字。

  《陆学艺全集》展现的是陆学艺先生一生的学术志趣和成就。1933 年 8 月 31 日，陆先生出生在江南无锡农村，高中就立志做一个农业经济学家，想解决中国人的吃饭问题。他虽然本科毕业于北京大学哲学系，研究生在中国社会科学院跟随容肇祖先生研究中国哲学史，担任过中国社会科学院哲学研究所中国哲学史研究室主任，但是，他的学术贡献和影响却主要在"三农"问题和社会学领域，特别是集中在"三农"问题研究、社会结构研究、社会建设研究等领域。

  改革开放以来，他在"三农"问题上的研究成就和学术地位得到学术界和决策部门高度评价。早在 20 世纪 70 年代末 80 年代初，他就对"包产到户""大包干"进行了深入调查和研究，从理论上论证了农村家庭联产承包责任制的必要性和重要性，为农村改革大声疾呼。与此同时，为探索家庭联产承包责任制后农村下一步的改革和发展方向及出路，他于 1983 年带领一批年轻学者前往山东陵县展开为期三年的实地调研，并挂职县委副书记，真正体现了理论研究与实际相结合的科学研究作风。陵县的挂职调研，进一步夯实了其研究中国"三农"问题的实践基础。他曾说过："至今，我对'三农'问题有一点发言权，也是靠着在陵县打下的基础。"我本人也从他开辟的陵县调查基地中获益不少。

扎根农村基层的深入调研，使他能够在中国"三农"发展的关键时刻提出独到的见解和有分量的政策建议。1986 年 6 月 10 日，邓小平同志在听取中央负责同志汇报当前经济情况时在谈话中指出："农业上如果有一个曲折，三五年转不过来。……有位专家说，农田基本建设投资少，农业生产水平降低，中国农业将进入新的徘徊期。这是值得注意的。"（《邓小平文选》第三卷，人民出版社，1993 年，第 159 页）邓小平同志说的"专家"，就是陆学艺先生，他的那些看法，是他在中国社科院《要报》上发表的《农业面临比较严峻的形势》一文的观点。而当时的背景是，农村改革后连续六七年粮食大丰收，主流的看法是，粮食问题已经完全解决了，但 1985 年出现较大波折。

陆学艺先生总是能够提出一些前瞻性的看法，早在 1984 年，他就提出了农村第二步改革的设想。在他看来，农村家庭联产承包责任制只是解决了农村生产自主权问题，但是"三农"问题的本质是城乡分割，要解决中国的"三农"问题，就要采取"反弹琵琶"的策略，走出"城乡分割，一国两策"的困境，深化户籍制度改革，实现城乡统筹发展。

1987 年陆先生调中国社会科学院社会学研究所担任副所长，次年担任所长。他在继续"三农"问题研究的同时，用更大的精力投入社会发展研究、中国社会学学科建设和发展的工作中，直至生命最后一刻，为中国社会学发展作出了有目共睹的贡献。他善于组织团队开展研究，他发起、组织和领导了"全国百县市经济社会调查"等大型调研课题，出版了 100 多卷的《中国国情丛书：百县市经济社会调查》这样宏大的研究成果。这个全国性合作课题研究历时十多年，为全国各地培养了一批社会调查和研究人才，为社会学研究建立了许多长期跟踪的调查和研究基地。随后，他还组织了全国性合作课题"百村调查"。1991 年，他组织撰写了我国第一部《中国社会发展报告》，那时国内学界主要在关注"经济增长"，对"社会发展"的全面内涵还不甚了解。1992 年，他又组织和主编了《中国社会形势分析与预测》年度报告，迄今已经连续发布了 30 年，该报告已经成为国内外了解中国社会发展形势的权威性著作。另外，从 1998 年开始，他率领一个研究团队，对中国社会阶层、社会流动、社会结构、社会建设进行了长达十余年的研究，先后发表《当代中国社会阶层研究报告》《当代中国社会流动》《当代中国社会结构》《当代中国社会建设》等一系列学术著作，在国内外学术界和社会都产生了重要影响。为了推动中国社会学的研究和发展，2008 年，陆先生在家人和弟子等的支持下，成立"北京市陆学艺社会学发展基金会"，资助社会学学术活动，奖励社会学优秀科研成果，致力于推动中国社会学学科的建设和发展。

《陆学艺全集》充分展现了他把学问做在祖国大地上的学术品格和风范。他有一个很好的习惯，就是勤记笔记，不论是调研还是开会，他都是从头到尾不停地记笔记。他认为，一个好的社会科学研究者，必须要做到"四勤"：勤看、勤记、勤思、勤写。他说到做到，生前留下了六七百本调研和会议笔记以及大量手稿。他记录速度极快，笔迹飞扬而不易识别，因此在整理上花费了很多时间和精力。

2015 年 1 月 16 日，北京市陆学艺社会学发展基金会、中国社科院社会学研究所、社会科学文献出版社、国家行政学院社会和文化教研部（现为社会和生态文明教研部）、北京工业大学陆学艺学术思想研究中心和陆学艺家属联合发起，正式启动《陆学艺全集》的编辑工作。实际的资料收集整理工作从 2013 年 5 月 13 日陆学艺先生突然去世后不久就开始，迄今已有 9 年时间。在这一过程中，编辑组共完成陆学艺发表文章、出版著作、手稿和内部资料编码、核对、整理、归档共 2812 件，其中陆学艺著、编的著作 111 部（陆学艺本人独著 1 部，与他人合著 5 部，个人文集 9 部，各类和各种版本编著 96 部），主编的丛书或系列图书 18 种，发表的论文、研究报告、演讲稿、报纸文章、访谈稿、书序和各种手稿、修改稿、学术信函等共 2000 多件。由此可见，收集、整理资料和编辑《陆学艺全集》，费时、费力，是相当艰辛的工作。

《陆学艺全集》的编撰和资料整理工作主要仰赖于一部分陆学艺先生的学生和亲友的努力，他们分别是：王颉、高鸽、杜永明、钱伟量、周艳、李晓壮、邹农俭、鞠春彦、颜烨、宋国恺、李晓婷、魏爽、胡建国、杨桂宏、杨荣、李升、李阿琳、张大伟、张林江、赵卫华等。北京工业大学社会学专业的部分研究生也参与了资料的编辑整理工作。编委会分别于 2019 年 6 月 1 日和 2020 年 12 月 12 日召开了两次会议，确定《陆学艺全集》编辑出版的原则、审定选题和编辑初稿，解决了编辑工作中出现的一些疑难问题。谢寿光同志为全集的编辑出版提出了基本学术思路和拟定了基本框架，并给予编辑工作大力支持。陈光金、王春光多次参与编辑组的工作会议，对编辑工作给予具体指导。社会科学文献出版社的一些同志也为编辑出版工作付出了辛勤劳动。我代表编委会对这些同志的勤劳付出，表示感谢和敬意！最后，还要特别感谢陆先生家属的大力支持，也感谢所有关心《陆学艺全集》编辑出版工作的朋友们！

　　《陆学艺全集》将作为一位志在富民的中国知识分子一生学术轨迹的珍贵记录永留人间、愈久弥芳。以此深切缅怀著名"三农"问题专家、社会学家陆学艺先生。

　　是为序。

2022 年 12 月 31 日于北京

出版者前言

　　《陆学艺全集》历经 8 年多的曲折和努力即将付梓，我作为这套共计 12 卷、近 500 万字全集编辑出版工作的全程参与者，一个被陆老师内心认可并得到同门正式弟子接受的"亦师亦友"的特殊弟子，此时此刻的心情就像 30 多年前我在中国大百科全书出版社为陆老师整理并编辑出版《当代中国农村与当代中国农民》完成最终发稿付印时的感受一样，[①] 提笔向已去世 9 年多的陆老师、向陆门师兄弟、向所有受陆老师学术影响的社会学同仁写下若干编辑话语，作为全集的出版前言志存。

　　2013 年 5 月 13 日上午，我在中国社会科学院学术报告厅参加院属单位负责人会议，突然接到陆老师的助手高鸽女士的电话，说陆老师走了！我当即冲出会场乘车赶往医院与清华大学沈原教授等人一起向陆老师做最后告别并安排相关后事。当天下午我接受《新京报》《北京晚报》记者采访，首次提出"陆学艺教授是当下这个时期可与费孝通先生比肩的社会学家！"与费孝通那一代中国社会学大师不同的是，陆老师大学本科和研究生都是学哲学的，既没有留过洋，也没有进行过社会学学科的专业学习，甚至没有参加过社会学恢复重建早期的北京、武汉讲习班和南开专业班。他的社会学是在上大学时代始终在一直坚持的农村调查，在对中国改革开放初期的农村"联产承包责任制"的全面调研，在 20 世纪 80 年代前期挂职山东陵县县委副书记并创办德州农村发展学院，在 80 年代后期 90 年代初担任中国社科院社会学研究所所长并作为总协调人之一先后组织全国近 5000 位社会科学工作者从事"中国百县市经济社会调查"等一系列调研工作中吸纳

[①] 20 世纪 90 年代初，我作为责任编辑在完成该书编辑工作后，根据发稿报告撰写了一篇数千字的编后记，得到陆老师本人的认可并附于书后。见陆学艺《当代中国农村与当代中国农民》，北京：知识出版社，1991 年。

提炼，从而建构起自身的学科知识体系的，他是一位名副其实的把论文写在中国大地上的社会学家！为了印证和说明自己对陆老师的这一内心判断，我当时就下决心要做两件事。一件事就是推动这套《陆学艺全集》的整理、编辑和出版工作。另一件则是推动陆老师生前的未竟事业——"当代中国社会结构变迁研究"。陆老师在 20 世纪 90 年代末组建以其博士学生为主体的"当代中国社会结构变迁课题组"，对改革开放 20 多年来中国社会结构所发生的巨大变化做全面、深入的社会学研究，并于 2002 年初出版首部成果《当代中国社会阶层研究报告》，首次把当代中国划分为十大阶层，不仅在学术界而且在国际国内社会各界都引起巨大反响，也引来巨大争议和压力。但陆老师并未因此停下研究的脚步，随后几年相继出版《当代中国社会流动》《当代中国社会结构》《当代中国社会建设》，《当代中国阶层关系》则因种种客观原因直至陆老师突然离世也未能出版。其实陆老师在去世前几年一直对此耿耿于怀，他不仅希望能够完成出版此书，还多次与我商量要对《当代中国社会阶层研究报告》根据首版后十来年中国社会的变化做补充、修订，我们俩连书名都起好了，就叫《当代中国十大阶层》。为了完成陆老师的未竟事业，我在陆老师去世后不到 3 个月的时间，就和北京市陆学艺社会学发展基金会秘书长高鸽女士在社会科学文献出版社召开陆老师去世后的"当代中国社会结构变迁课题组"首次会议，讨论重启课题研究和成果出版。后来经过多方征求意见和讨论协商，陆老师的博士生，现任中国社会科学院社会学研究所所长陈光金研究员把这项研究列入他主持的中国社会科学院"登峰项目"，其中也是陆老师的学生，现任中共中央党校副校长龚维斌教授等撰写的研究成果《当代中国社会结构（2010 ~ 2020)》也已正式出版。陆学艺开创的、具有当代中国社会学学派意味的结构学派将有望得以确立和光大。同时，为纪念陆老师去世 5 周年，北京市陆学艺社会学发展基金会请社会科学文献出版社于 2018 年重印再版了陆老师生前已出版过的《当代中国社会结构研究报告（全四册）》的合集。

这套《陆学艺全集》的整理、编辑工作，在陆老师去世不到一年左右就顺利起动了。我和高鸽首先推动编辑委员会的组建，时任中国社会科学院副院长的李培林研究员欣然担任编委会主任，丁伟志、汝信、邢贲思、何秉孟等著名学者同时也是陆老师生前挚友担任顾问，编委成员主要来自北京市陆学艺社会学发展基金会学术委员会，负责具体工作的编辑部主体是陆老师的学生们。编辑班子组成员的第一项工作就是提出了《全集》编辑方针和编辑体例，经在实际收集、整理和编辑工作中反复讨论修改完善，由编委会最终确认并贯彻实施。《全集》的具体整理编辑工作比最初的预期要复杂曲折。我原以为自己从20世纪80年代后期着手编辑陆老师的第一部专集《当代中国农村和当代中国农民》起，此后数十年陆老师大部分论著的出版我都参与过，主要补上陆老师早期的哲学论著，花三五年时间就可以完成《全集》的出版。但实际工作进程远超出我的预设。主要情况是专职编辑人选王颉审（退休前为《社会学研究》编辑部副主任，后返聘在社会科学文献出版社担任审稿编辑），刚着手《全集》前期编辑工作就突然离世。随后陆学艺基金会秘书处又聘请了北京一家出版社的一位编辑并安排他住进陆老师原来的老房子里，但一年多时间工作进展迟缓，直到北京工业大学人文社会科学院钱伟量教授正式从教研岗位上退休全职接手编辑工作，才真正使《全集》编辑工作进入快车道。8年艰辛终成正果，功劳最大的当属北京市陆学艺社会学发展基金会秘书长高鸽女士和钱伟量教授，先后具体参与整理、编辑工作的还有：王颉、杜永明、周艳、李晓壮、邹农俭、鞠春彦、颜烨、宋国恺、李晓婷、魏爽、胡建国、杨桂宏、杨荣、李升、李阿琳、张大伟、张林江、赵卫华等，社会科学文献出版社副总编辑童根兴和群学出版分社社长谢蕊芬组织实施后期编辑出版工作，社科文献出版社群学出版分社的所有编辑和工作人员都参与了《全集》的出版工作。《全集》编辑出版得到陆老师家人的全力支持，陆雷全程参与，远在美国的陆萌也一直高度关注。

正式呈现在读者面前的这套《陆学艺全集》共12卷，收录陆学艺学术文献747篇，435万多字，其中此前未发表或未公开发表的文献238篇，115万多字。全书内容按照"'三农'问题"（1~6卷）、"社会结构"（7~8卷）、"社会建设"（9~10卷）、"社会学学科建设与发展"（11卷）和"其他"（12卷）五大板块安排，每一板块又分若干小的栏目。编辑工作组为每一篇收录文献撰写了题注，说明文献来源、发表情况，以及部分文献的写作或发表背景。每一卷的卷首语简要介绍本卷收录情况。为了便于读者阅读或研究，除了按内容板块编写的各卷目录外，《全集》还提供了全部文献按时间排序的篇目索引、主题索引和陆学艺生平大事编年等。《全集》纸本出版后，出版社可考虑与相关机构合作，开发"陆学艺学术档案库暨研究专题库"，《全集》的全部内容和相关文献研究资料都在这里得到数字化呈现和获取，从而为陆学艺研究提供更为便捷的条件。

陆老师离开我们已9年多，但可告慰的是，他开创的"中国社会结构变迁研究"已经有制度化的传承，他所着力撬动的中国社会和社会学研究正朝着建设中国特色社会主义社会学学科、学术和话语三大体系方向快速推进，这套《全集》的出版也必将为这三大体系建设增添丰富的内容和参考。我辈弟子谨当继续努力！

（中国社会学会秘书长、云南大学特聘教授，

社会科学文献出版社原社长）

2022 年 12 月 1 日

第 1 卷　农村改革发展的黄金时代
(1978 ~ 1984)

本卷收录了陆学艺先生1983年出版的《农业发展的黄金时代——包产到户的调查与研究》和1986年出版的《联产承包责任制研究》两部著作，其中包含了作者1978~1984年期间撰写的关于中国农村改革的学术论著和调研报告。它们是作者早年重点围绕包产到户问题展开的"三农"问题研究的重要成果，属于国内最早从理论上探讨并肯定农村联产承包责任制的一批成果，其中代表作有《关于加速农业发展的若干政策问题》《包产到户问题应当重新研究》《包产到户的由来和今后的发展——关于甘肃省包产到户问题的考察报告》《农村包产到户后的发展趋势》《包产到户的动向和应明确的一个问题》，等等。上述成果对20世纪70年代末开始的以家庭联产承包责任制改革为核心的当代中国伟大的农村改革实践起到了积极的推动作用。

本卷目录

农业发展的黄金时代
——包产到户的调查与研究

联产承包责任制研究

农业发展的黄金时代

——包产到户的调查与研究*

陆学艺　著

* 源自《农业发展的黄金时代——包产到户的调查与研究》（陆学艺著，兰州：甘肃人民出版社，1983年3月），该书稿完成于1982年8月。本书收录了陆学艺先生1978~1981年撰写的论文和在农村进行调查研究过程中陆续写成的调查报告，其中部分文章曾在报刊上公开或非公开地发表过。本书原最后一篇《关于加速农业发展的若干政策问题》系作者发表的第一篇论文，现根据其写作和发表时间将该文调整为本书第一篇。——编者注

序 言[*]

不了解农村，也就不能说了解中国；农村的事没有办好，也就不能说中国的事办好了。

国务院副总理姚依林最近在一次会议上指出，从 1979 年到 1981 年，我国农业总产值增长 18%，平均每个农民的收入增长 66%，这是我们国家农业发展的黄金时代（1982 年 7 月 11 日《中国农民报》）。

为什么会出现这样的黄金时代？原因是多方面的，但主要的不能不归功于党的十一届三中全会以来所确定的一系列方针政策，尤其不能不归功于联产承包责任制。责任制的形式多种多样，其中发展最快的是包产到户（后来它本身又发展为包干到户或大包干，两者合称为"双包"）。目前，全国农村实行"双包"的已占生产队总数 70% 以上，成为责任制的主要形式。

为什么包产到户责任制发展得这样快？原因也是多方面的，但主要的不能不承认是生产关系必须适合生产力性质的规律在起作用。长期以来，我国社会主义集体农业深受"左"的错误指导思想之苦，在组织规模、经营管理上普遍存在着过大过死的弊端，与大部分地区的生产力水平不相适应。特别在那些贫困、落后的社队，已达到难以容忍的程度。有些"三靠"（即吃粮靠返销，生活靠救济，生产靠贷款）社队为了摆脱困境，不得不自发地寻求解决温饱问题的出路。过去，包产到户就曾在不同范围内一而再、再而三地出现过，但都被视为"复辟""倒退"，又一而再、再而三地遭到严厉的批判，以致"谈包色变"，成了一个可怕的禁区。三中全会重新确立了马克思主义的实事求是的思想路线，强调解放思想，拨乱反正，放宽政

---

[*] 本文源自《农业发展的黄金时代——包产到户的调查与研究》（陆学艺著，兰州：甘肃人民出版社，1983 年 3 月），第 1～3 页，系吴象先生为该书撰写的序言，原稿写于 1982 年 7 月 30 日。——编者注

策，把经济搞活。在这种新的历史条件下，多种形式的联产承包责任制蓬勃发展，取长补短，相互融合，不断完善。包产到户由于"利益最直接、责任最明确、方法最简便"而受到广大农民的热烈欢迎，进而演化为包干到户，以不可抵挡之势冲破重重阻力和疑虑迅猛发展。今年[①]一月，党中央发布的《全国农村工作会议纪要》中明确指出，包产到户、包干到户是社会主义集体经济的责任制形式。实践证明，包括包干到户在内的联产承包责任制及有关的一系列政策已经取得了巨大的社会经济效果，从农村的物质生产到农民的精神面貌，都发生了和正在发生着深刻的变化。可以说，责任制标志着中国农业继合作化之后又一个划时期的发展，为探索中国式的社会主义道路迈出了意义深远的一步。实行责任制所展现的光辉前景，大大鼓舞了人们为建设现代化的，高度民主、高度文明的社会主义强国而奋斗的信心。

三年，从社会发展的角度来看，不过短短的一瞬。但是三年多来发生的变化都是根本性的，历史性的。回顾一下农村的形势吧，当时是凋敝停滞，问题成堆，困难成山；现在是生机勃勃，欣欣向荣，方兴未艾。再回顾一下对包产到户的态度吧，由"不准"变为"不要"，再变为"有条件的允许"，而终于完全放开；由"解决温饱问题的权宜之计"变为"适合中国国情的主要形式"。鲜明的对比提出了令人深思的问题：为什么会发生这样的变化？为什么包干到户具有如此强大的生命力？为什么包干到户不是分田单干而是社会主义集体经济的责任制？它的来龙去脉如何？发展趋势又如何？弄清楚这些问题，对于了解中国的农村和整个的中国所具有的意义，显然是无须多说的。

这一本书，是作者三年多来长期深入农村进行调查研究过程中陆续写成的调查报告和研究论文的汇集。全书可以分为三个部分。第一部分是关于包产到户的发生、发展过程及性质问题的论述。如《包产到户问题应当重新研究》，就是三中全会后探讨包产到户问题较早的一篇文章。第二部分是关于包产到户后农村新形势、新问题的论述。调查范围包括安徽、山东、甘肃等省，内容除农业生产外还涉及市场、财贸等问题。第三部分是关于包产到户发展前景的论述。其中有些论点当时就曾受到有关部门领导的重视，后来更被事实证明是有启发性的见解。其所以如此，是由于作者对农民群众抱着满腔的热情，为研究农村问题不惜付出辛勤的劳动，在作品中

---

① 此处指 1982 年。——编者注

反映了群众的呼声，实践的呼声。也正因为这一点，我认为这是一本值得一读的好书。尤其对农村公社以上的干部，对农村经济问题有兴趣的理论工作者及教师，探讨我们前面提到的那一系列问题，更会是有帮助、有益处的。

中华农业振兴有望。展望前途，任重而道远。把农村的事办好，真谈何容易。现在所做的一切，只能说是开步走。我们面临的困难还多得很，没有任何理由可以自满，可以懈怠。但是不管有多少困难，终究是前进中的困难，发展中的困难。只要实事求是，调查研究，了解新情况，解决新问题，就能够从群众中从实践中找出克服困难的办法，一步一步把农村的事办好。形势的发展要求更多的人以加倍的努力从事农村经济问题的调查研究工作，愿以此为作者勉，并与作者共勉之。

吴　象

1982 年 7 月 30 日于北京

关于加速农业发展的若干政策问题[*]

一　目前我国农业生产存在的主要问题及其原因

农业是国民经济的基础。早在 1957 年，毛主席就明确讲过："首先，农业关系到五亿农村人口的吃饭问题，……非商品性农产品问题。这个农民自给的部分，数量极大。……农业搞好了，农民能自给，五亿人口就稳定了。第二，农业也关系到城市和工矿区人口的吃饭问题。……有了饭吃，学校、工厂少数人闹事也不怕。第三，农业是轻工业原料的主要来源，农村是轻工业的重要市场。……第四，农村又是重工业的重要市场。比如，化学肥料，各种各样的农业机械，部分的电力、煤炭、石油，是供应农村的，铁路、公路和大型水利工程，也都为农业服务。现在，我们建立了社会主义的农业经济，无论是发展轻工业还是发展重工业，农村都是极大的市场。第五，现在出口物资主要是农产品。农产品变成外汇，就可以进口各种工业设备。第六，农业是积累的重要来源。……因此，在一定的意义上可以说，农业就是工业。要说服工业部门面向农村，支援农业。"[①] 我们

---

[*]　本文源自作者手稿，原稿标题为《关于加速发展我国农业的若干政策问题的意见》，写于 1978 年 7 月。这是陆学艺先生撰写并发表的第一篇学术论文，首次摘要发表于 1978 年 10 月 3 日新华通讯社《国内动态清样》，发表时改为现标题。该文还以此标题收录于《农业发展的黄金时代——包产到户的调查与研究》（陆学艺著，兰州：甘肃人民出版社，1983 年 3 月）、《当代中国农村与当代中国农民》（陆学艺著，北京：知识出版社，1991 年 7 月）和《陆学艺文集》（陆学艺著，上海：上海辞书出版社，2005 年 5 月）。原文稿有 4 万多字，发表和被收录文集时因版面所限有大篇幅的删节，现根据作者完整手稿刊印正文，标题仍从《农业发展的黄金时代——包产到户的调查与研究》收录文。——编者注

[①]　毛泽东：《在省市自治区党委书记会议上的讲话》（1957 年 1 月），载《毛泽东选集》第 5 卷，北京：人民出版社，1977 年 4 月，第 360 ~ 361 页。

在新的历史时期，进行新的长征，实现四个现代化，首先要把农业搞好，农业现代化是工业、国防、科学技术现代化的基础。华主席在第五届全国人民代表大会第一次会议上讲话指出："我们的农业如果不以比过去更高的速度向前发展，工业和整个国民经济就上不去，一时上去了也要被拉下来，一旦发生大的自然灾害还会遇到更大的困难。我们对这个问题必须有清醒的认识。"① 近一年来，邓副主席多次讲过，搞四个现代化，要特别注意两个问题，一个是经济管理，一个是农业。搞不好，就会拖四个现代化的后腿。② 邓副主席还着重指出：搞八千亿斤粮食比六千万吨钢更困难。毛主席的教导，中央领导同志的指示，都强调要搞好农业，要加速把农业搞上去。

解放以来，在毛主席的革命路线指引下，我国的农业已经有了很大的发展，取得了巨大的成绩。但是由于林彪、"四人帮"的干扰破坏，农业的发展受到了严重的影响。现在，农业在国民经济各部门中是比较薄弱的，不能满足国民经济各部门高速发展的需要。如果我们不能采取有效的政策和措施，迅速改变农业落后的这种状况，将越来越不适应国民经济发展的要求，以致拖"四个现代化"的后腿。

目前③，我们农业上最关键、最突出、最成问题的问题是农业劳动生产率太低。我们现在是 7.7 亿人搞饭吃，农业人口占 80% 以上。全国近 4 亿劳动力，3 亿多在搞农业，1977 年生产 5750 亿斤粮食，平均每个农业劳动力才生产 1917 斤（每年以 300 个劳动日计，每天才生产 6.39 斤粮；以每天 8 个工时计，每小时才生产 0.8 斤粮）。这与世界各国相比，差距是很大的（见表1）。

表 1　1976 年中国与其他国家农业劳动生产率情况

国别	总人口数（万人）	农业劳力总数（万人）	农业劳动力占总人口百分比	粮食总产量（亿斤）	按总人口平均每人拥有粮（斤）	平均每一农业劳力年产量				每农业劳力供养人口数（包括自己）	备注
						粮食（斤）	棉花（斤）	肉类（斤）	糖类（斤）		
中国	93000	30000	32.2%	5750	614	1917	17	60	–	3.1 人	1976 年数

① 华国锋：《团结起来，为建设社会主义的现代化强国而奋斗》（1978 年 2 月 26 日），载《中华人民共和国第五届全国人民代表大会第一次会议文件》，北京：人民出版社，1978 年 3 月，第 19 页。

② 邓小平：《在五届人大一次会议解放军代表团小组会上的讲话》（1978 年 3 月），参见中共中央文献研究室编《邓小平思想年谱（1975～1997）》，北京：中央文献出版社，1998 年 11 月，第 55 页。——编者注

③ 此处指 1976 年。——编者注

续表

国别	总人口数（万人）	农业劳力总数（万人）	农业劳动力占总人口百分比	粮食总产量（亿斤）	按总人口平均每人拥有粮（斤）	平均每一农业劳力年产量				每农业劳力供养人口数（包括自己）	备注
						粮食（斤）	棉花（斤）	肉类（斤）	糖类（斤）		
美国	21393	430	2%	5871	2744	136535	842	10700	4904	52 人	1975 年数
苏联	25550	2600	10%	3154	1237	12131	201	1135	708	10 人	1975 年数
日本	11005	561	5.1%	376	342	6706	–	765	128	–	1975 年数
西德	6164	130	2.1%	470	762	36106	–	6215	3658	–	1975 年数
南斯拉夫	–	420	19.5%	–	–	8100	–	451	311	5 人	1976 年数
罗马尼亚	–	607	28.4%	–	–	6849	–	468	267	3.5 人	1976 年数

　　农业劳动生产率低，农产品的商品率必然就低，提供的商品粮少。1976
年全国才征购了 960 亿斤粮，商品率为 18%，每个农业劳动力才提供 320
斤商品粮，每个农业人口才提供 140 斤商品粮。现在我们是 4.8 个农业人口
供养 1 个城市人口；而美国 4% 的农业人口供养着占总人口 96% 的城市人
口，而且还能大量出口农产品。我们现在的城市人口占总人口不到 20%，
生活是低水平的，农业还负担不起，1976 年有相当数量的粮、棉、油、糖
是进口的。现在我们城市中的各行各业都要发展，都要增人，但因为农业
负担不起，所以就不能增加人，发展受到了很大的限制。

　　农业劳动生产率低、产品少，农民的分配少、口粮少、收入少。1976
年全国每人平均占有的粮食才 614 斤，和 1956 年一样多，而这 20 年城市人
口是增加了，工业用粮增加了，商品粮的比例增加了，所以农民实际食用
的口粮是减少了。据 1977 年人民公社经营管理座谈会统计，全国"有 1/4
的社队口粮在 300 斤以下，有不少队还不足百斤"。1976 年全国人民公社三
级核算单位的总收入是 944 亿元，每个农业劳力的年生产总值是 315 元，每
个农业人口的生产总值是 123 元，按 50% 的比例分配（有不少社队还达不
到这个比例），每个农民年分配收入为 61.5 元，每个农业劳动力年分配收
入是 157.5 元。据 1977 年普及大寨县工作座谈会[①]的统计，前几年由于

---

　　①　1977 年 10 月 30 日到 11 月 18 日，普及大寨县工作座谈会在北京召开。参见彭干梓、吴金
　　　　明《中华人民共和国农业发展史》，长沙：湖南人民出版社，1998 年 3 月，第 794
　　　　页。——编者注

"四人帮"的破坏捣乱，1974年以来，全国人民公社的集体收入每年增长2%～3%，而开支却增长8%～9%。全国社员每人分配收入1976年比1974年减少3元多，口粮减少3斤多，社员超支户占总户数的三分之一，超支总额为71亿元，每超支户平均亏欠集体136元。

1977年，粉碎"四人帮"后的第一年，抓纲治国，各方面形势大好。工业总产值增长14%，但农业总产值增加不多，粮食总产量与1976年相平。虽然仅四川省就增加了53亿斤，但湖北、江苏、湖南、北京等省市因自然灾害等原因减产，仅北京市就减产了6亿斤，减产14%以上，粮食产量向后退了好几年。

农业的这种落后状况，已经和国民经济、科学技术和国防等事业的大发展产生了尖锐的矛盾。

因为农业落后，粮食等农产品的自给性生产占的比重大，提供的商品粮和肉类、蔬菜等副食品少，限制了城市人口的发展。

因为农业落后，农业能够提供的棉花、油料、糖料等轻工业原材料不足，限制了轻工业的发展，已有的轻工业工厂也因原材料供应不上而开工不足。

因为农业落后，发展缓慢，不能为国家提供大量积累和资金。20世纪50年代我国是农业的纯出口国，我们主要靠出口农产品换回各种机器和设备，但自1961年以后，我们开始进口粮食，至今一直不能摆脱这个困境，近几年还进口油料，加上棉花和食糖，每年要支出10多亿美元的外汇，加上运费总额在数10亿美元，占进口总数的一个很大的比重。

因为农业落后，农业上占用了大量的劳动力，我们是劳动力资源最丰富的国家，全国有4亿多劳动力，但75%～80%以上被用在农业上，致使急需发展的工业、交通、教育、卫生、科研、国防等事业，不能扩大，不能放手发展。

因为农业落后，7.7亿人在搞饭吃，我们党的领导机构，主要精力要放在农业上，这就必然影响到对其他事业发展的领导和注意，而这在现在我们又不能不这样做。历史的经验表明，哪一年我们的农业丰收了，各方面的日子就好过；如果农业出了问题，日子就不好过，各方面就紧张，各省各县是如此，全国也是如此。从这点看，我们基本上还是个农业国家，虽然从价值上看，我们的工业总产值已大大超过了农业总产值。1976年全国工农业生产总值中，工业约占74%，农业约占26%（其中有价格上的因素，我们的工业产品价格高，农产品价格低），但我们的社会结构还是基本上没有变，农业人口占83%以上，工业人口只占百分之十几。所以到现在为止，农业在整个国民经济生活中，还起着举足轻重的作用，在一定意义上讲，甚至可以说起着决定作用。例如，四川省前几年被"四人帮"搞得一塌糊涂，中央调整了四川省委领导班子之后，经济上首先抓农业，当年大增产，农民有饭吃了，市场供应好了，社会秩序安定，工业上去了，人们喜笑颜开，干社会主义有劲头了，四川有希望了。

为什么我们有这么多人搞农业，花了这么大的力量，农业仍然落后，仍然不能适应国家发展的需要呢？重要原因之一，是我们的农业基本上还是手工生产，还处在农业机械化、现代化的过程中，农业还没有用现代化生产资料武装起来，我们每个农业劳动力平均所使用的现代化生产资料太少了。与各国的情况相比较，问题是很明显的。

表 2　中国与其他国家农业生产资料情况

国别	农业劳力总数（万人）	耕地		拖拉机		收割机	
		总数（万亩）	每农业劳力平均拥有亩数	总数（万台）	每农业劳力平均拥有（台）	总数（万台）	每农业劳力平均拥有（台）
中国	30000	180000	6	40 手扶 150	0.003	—	—
美国	430	264660	615	426	1	67.8	0.15
苏联	2600	337950	130	240	0.09	69	0.026
日本	561	8358	14.9	72	0.13	42.8	0.076
西德	130	15106	116	143.7	1.1	16	0.12

国别	农业劳力总数（万人）	农用汽车		农业用电		化肥		备注
		总数（万辆）	每农业劳力平均拥有（辆）	总数（亿度）	每农业劳力平均使用电（度）	总数（万吨）	每农业劳力平均使用（斤）	
中国	30000	2.1467	0.00007	132	44	3400	227	—
美国	430	288	0.67	910	21163	8430	392067	1975 年数据
苏联	2600	140	0.054	740	2846	6387	4913	1975 年数据
日本	561	124.6	0.22	25.7	458	—	—	1975 年数据
西德	130	146	1.12	65	5000	299	46015	1975 年数据

在上列数字中，我国与美国相比较，同样一个农业劳力拥有耕地面积相差 102 倍，拖拉机相差 300 倍，汽车相差 1 万倍，用电量相差 500 倍，化肥使用量相差 1726 倍。如果仅此几项，以我国的市场价格折算（耕地除外），美国一个农业劳力使用的生产资料价值约为 35570 元，我国 1976 年全国人民公社三级固定财产平均每人 96 元，加上化肥和电费共约为 134 元，

相差 265 倍。这是大致的比较。举一个实际的例子，据 1976 年中国农业机械化考察组的报告，前任美中友协①主席韩丁，一人种 1600 多亩地，1976 年产玉米 150 万斤，他用的主要农业机械有两台轮式拖拉机，一台玉米收割机、一辆卡车、一台玉米播种机、一台喷雾机和一套烘干设备，以中国一个农业劳力所使用的农业生产资料与韩丁的相比，相差何止千倍。据外刊报导，1976 年美国 300 万个农场的资产总值为 5300 亿美元，而石油企业的总资产只有 2000 亿美元，汽车工业的总资产只有 500 亿美元，美国当年有 430 万农业劳动力，每个劳力平均使用的生产资料总值约为 12.3 万美元。

综合上述材料，问题很清楚，我国目前农业劳动生产率太低的重要原因之一，就在于我国农业还没有完成现代化的技术改造，农业生产资料太少。现在我国一个农业劳动力每年平均生产的农产品比美国一个农业劳力所生产的要少 70 倍。之所以如此，重要原因之一，是美国一个农业劳力所使用的农业生产资料价值要比我国的一个农业劳力所使用的多 265 倍。马克思说："一定量的劳动所推动的生产资料的价值和数量是同劳动的生产效率的提高成正比例地增加的。""使用一架强有力的自动机劳动的英国人一周的产品的价值和只使用一架手摇纺车的中国人一周的产品的价值，仍有大得惊人的差别。在同一个时间内，中国人纺一磅棉花，英国人可以纺好几百磅，一个几百倍大的价值总额使英国人的产品的价值膨胀了，……。"② 应该指出，上述对比并不精确，因为我国目前的农业和美国的农业在生产上处于两个不同的发展阶段。我国现在还处于基本实现农业机械化的过程中，而美国在 1940 年已经基本实现了农业机械化。这 30 多年来又进一步发展，进入了普遍实现机械化的阶段，而且实现了电气化、化学化。他们播种、施肥、洒农药、洒除草剂都使用了飞机，据报导仅喷洒农药的飞机就有 6000 多架。虽然如此，我们从这些数字的对比中，也可以看到，我们要大办农业，要加速农业技术改造的进程，加速实现农业机械化的必要。

农业落后、农业发展缓慢的另一个也是更重要的原因是，我们的农业政策不尽恰当，广大农民群众的社会主义劳动积极性没有充分发挥，这是问题的症结所在。

① 指美中人民友好协会。——编者注

② 马克思：《资本论》第 1 卷，中共中央马克思恩格斯列宁斯大林著作编译局译，北京：人民出版社，1975 年 6 月，第 665 页。

前几年"四人帮"倒行逆施,搞乱了思想,搞乱了组织,破坏了党的优良传统和作风,破坏了党在农村的一系列经济政策,农民遭了灾难,农业生产遭到严重破坏。特别是如云、贵、川、闽、浙、赣和保定等地的农民,遭"四人帮"及其帮派体系的糟蹋,弄得集体经济削弱,资本主义泛滥,社员劳动情绪低落,生产停滞徘徊,社员分配收入减少,生活困难,有的甚至被逼逃荒要饭,卖儿典妻,流离颠沛,苦不可言。

前些年,农民的负担是加重了,各种各样的负担都落到农民头上,例如陈伯达、"四人帮"搞的所谓贫下中农管理学校,把农村的中小学"下放"给社队。这一项就把几百万中小学教员的工资以及大部分学校的教育行政开支都转嫁到农民身上。据山东省统计,全省 73.2 万中小学教员,其中 47 万,占 65% 的是民办教师,有的县民办教师达 85% 以上。现在,全国 800 万中小学教师,约有 450 万人是民办教师。仅工资一项,每年就要开支 16.2 亿元(以每人每月平均 30 元计)。加上校舍的修建,教具的添置及其他财政开支,总数约在 20 亿元以上。这比"文化大革命"前是大大加重了。其他以各种名目,转到农民身上的负担还有很多。诸如兴办大规模的水利事业,修筑道路,以及各种各样的派工派差等等。应该指出,在农业生产发展到相当水平的条件下,农村社队分担一些国家经济文化建设的开支是可以的。问题是现在不少社队很穷,基本上还是在简单再生产圈里,加重了农村社队的负担,这就必然要削弱这些社队扩大再生产的能力,这就必然要减少农民已经很少的收入。

前些年,工农业产品价格的剪刀差扩大了,而不是缩小了。工业产品以各种各样的名义涨了价,但农产品价格基本上没有动;不少生产工业产品的厂矿的劳动生产率提高了,但多数农村社队农业劳动生产率没有提高(总产量有所提高,但人口增加了,劳力增加了)。尤其严重的是,前几年工厂的规章制度被"四人帮"破坏殆尽,产品质量低劣,农民辛苦积攒、凑钱买的拖拉机、柴油机,回去用不多长时间,成了一堆废铁。河南农民批评这种状况说:"许昌的卷烟两头空,郑州出的柴油机只转十分钟。"由于工农业产品价格上的问题,这几年出现了增产不增收、增产反而减收的问题,出现了高产穷队。广东的蔗农算了一笔账,如果国家不对超产的甘蔗加价收购,那么,甘蔗越高产,赔本就越多。苏州地区,有时晚稻遇到虫害,按理喷一次药就可以灭虫增产,但农民考虑到农药的价格高,喷洒的费用比治虫后增产的部分还贵,有些社队就不治了。

前些年,城乡的差距是扩大了,而不是缩小了。由于"四人帮"的破坏，城市这些年也没有多少建设，工人、职员、干部的工资只有少量的增加，但不少农村几乎是没有进行什么新的建设。就全国而言，有统计材料说明：1974～1976年，全国农民的平均口粮减少了，平均收入减少了。如广东高鹤县西安公社塘边大队，在林彪、"四人帮"的干扰下，近10年来生产严重下降，1976年与1967年相比，社员年终分配，从每人平均198元下降到121元，减少了38.8%。在云、贵、川、闽、浙、赣等省区"四害"猖獗的地方，则减少、下降得更多。更值得注意的是，这些年来，我们不少县的县城是建设起来了，不仅建了相当规模的工业、商业、交通运输等设施，而且有相当多的县也仿照大、中城市的样子，建设了自己的楼、堂、馆、所。有的县建了能容纳上千人以至数千人的招待所大楼，有相当富丽堂皇的礼堂，有高层的办公大楼，有按大城市标准建设的干部宿舍楼；车辆也多了，出入有小轿车、吉普车、旅行车。所有这些，在生产发展之后，农民生活有了改善之后，城镇搞些这类建设是可以的。问题是有不少县的农业生产依然故我，山河依旧，农民的生活也并没有多少改善，口粮甚少，衣被不够，作为县社的领导机关，还大搞这些建设（有不少是以无偿平调社队的财物，派公差，让农民无偿出工的形式搞的），就太脱离群众了，造成的影响也不好，农村的基层干部、农民群众对此是有意见的。

前些年，"四人帮"肆意践踏毛主席亲自制定的"人民公社六十条"①，破坏党的农村经济政策，动不动用"搞修正主义""搞资本主义"的棍子整农民，整农村干部。他们借口割资本主义尾巴，任意取消社员的自留地，不仅减少了社员的收入，而且使社员家庭成年成月没有菜蔬吃（生产队又不安排集体种菜）。他们还不准社员在自己宅旁种树，把社员已种的树，不是任意砍伐就是收归"公"有。广东是个得天独厚的地方，农民在自己宅旁种些龙眼、香蕉之类的果树，不仅够自家食用，而且可供应市场，有一些收入。但在前几年，广东有些地区，却指责这是资本主义，要一律砍伐。社员说："这些树木我统统献给集体，收入归集体，树不要砍了吧！"有关方面还说不行，归了集体，资本主义的尾巴还没有割净，要与资本主义彻底决裂，硬是把长得好端端的果树给砍光了！结果社员减少了收入，市场也就没有龙眼、荔枝和香蕉了！

① 指《农村人民公社工作条例（修正草案）》（简称"人民公社六十条"，或"农业六十条"，下同）。1961年3月中共中央工作会议通过了《农村人民公社工作条例（草案）》。1962年9月27日中共八届十中全会通过了《农村人民公社工作条例（修正草案）》。——编者注

"四人帮"视客观经济规律为儿戏,在他们的毒害下,有些省区,前几年随意关闭集市贸易,任意取消社员的家庭副业,不准社员养母猪,不准社员养鸡,不准社员养蜂,不准社员编织,不准社员种"四辣"(葱、蒜、姜、烟)……。有的地方有"七不准",有的地方有"十不准",各种各样的土政策,名目繁多,社员动不动被戴上"以副害农""自发势力""搞资本主义"的帽子,有的地方甚至连妇女社员在集体劳动休息时做点针线活也被禁止,被斥为"私心太重,不能一心为公"。他们还任意改变原来行之有效的国家收购农副产品的奖售政策,收购生猪不给或少给粮,收购禽蛋不给或少给饲料,收购棉花不给布票,收购糖料不给糖票,……,想方设法地卡农民。他们这样任意破坏经济法则的结果,农民固然减少了收入,国家也备受损失。卡的结果是,城市没有肉没有蛋供应了(农民干脆不养了)。于是他们又强行向农民派购生猪,派购鸡蛋等。"四人帮"的死党毛远新在东北搞的所谓"哈尔套经验",就是这样搞的。农民没有鸡,没有蛋但还要完成派购任务,只好高价去黑市买蛋,然后送到镇上以官价"卖给国家"。

遗憾的是,受"四人帮"这套假左真右、肆意破坏农村经济政策,损害农民利益的流毒影响,类似做派现在多地还时有发生。1977 年 12 月浙江吴兴县使南公社派到潘店大队的工作队还以割资本主义尾巴为名,强迫全大队的社员把自留地上的 4000 棵桃树全部砍光,使这 100 余户社员,每年每户损失 100 元的收益。1978 年 1 月,贵州惠水县雅水区,有关部门还向没有养鸡的苗族农民派购鸡蛋,还说不交,就是对华主席的态度问题。有的地区还在强行关闭集市贸易,继续强收社员的自留地。

这些年来,像"四清运动"这样全国规模的轰轰烈烈的农村社会主义教育运动好久没有搞了,"文化大革命"中各省区分别在农村搞过基本路线教育,但也因"四人帮"的干扰破坏,没有得到应有的效果。农村的阶级斗争仍然严重存在。一方面,地富反坏的破坏活动依然存在;另一方面,有些干部利用职权,贪污盗窃,投机倒把,超支挪用,多吃多占。有的不参加集体劳动,无偿占有集体果实;有的假公济私,搞不正之风,生活特殊化;有的还利用宗族门头,父老子继,拉亲结伙,搞家族党,形成"地方势力";有的依仗职权,利用制定"土政策",管、卡、欺压群众,动不动就不准社员出工,扣工分、扣口粮、罚款、罚苦工。海南岛某地还私自规定,社员外出(包括上街赶集)要有队长批准的条子,并派民兵在多处把口设卡,查到没有条子外出的农民,就以破坏"农业学大寨"

运动论处，就地罚做苦工，不给报酬。有些受"四人帮"及其帮派体系控制的地方，甚至不顾党纪国法，私设公堂，随意抓捕、关押群众，美其名曰"办学习班"，在"班"里，他们对社员斥骂体罚、侮辱人格、严刑拷打，以致迫害致残致死。仅据吉林省东丰县五个大队的统计，1974～1976年3年间就有174名社员被送去"办班"，有137人挨打，8人被打死，13人致残。

前些年，广大农民群众经济上、政治上、文化上的权益受到损害，严重地挫伤了亿万农民的生产积极性，这是农业生产发展停滞、缓慢的根本原因。西汉的晁错在他的《论贵粟疏》里说过一句名言："今法律贱商人，商人已富贵矣；尊农夫，农夫已贫贱矣！"① 以此来说明当时农业生产搞不好，国家不富强的原因。晁错是一个地主阶级中重农的思想家，他把发展农业生产看作是巩固封建统一政权的一项重要政策，晁错总结的这个历史经验教训，对我们也有一定的借鉴意义。我们有关同志不妨读一读他的《论贵粟疏》。我国农业正处在机械化的过程中，主要的、大量的农活，要靠人的手工劳动去完成，离了亿万农民的劳动积极性，肯定是搞不好的。就是实现了机械化，如果农民没有劳动积极性，或是劳动积极性不高，同样也不能增产，也搞不好。苏联的农业，就是前车之鉴。所以，要把农业搞上去，要加速农业的发展，根本的一条，就是要调动亿万农民的劳动积极性，把我国8亿农民的积极性真正调动起来了，山河就会巨变，农业就会大上。靠什么调动农民的积极性？靠党的正确的政治路线，靠正确的发展农业的方针和政策。粉碎"四人帮"以后，以华主席为首的党中央制定了"抓纲治国"的战略决策，制定了新的历史时期的总任务，我们的政治路线是完全正确的。只要我们制定的发展农业的方针政策符合经济发展的客观规律，符合群众的政治、经济的利益和愿望，我们就一定能把亿万农民的积极性调动起来，把农业迅速地搞上去。多年来的实践已经证明了这一点，一年多来的实践也证明了这一点。我们大多数的地区，能够联系实际，真正揭批"四人帮"，搞好多方面的整顿，调查研究，实事求是，清理被"四人帮"破坏搞乱了的农村经济政策，该恢复的就恢复，该调整的调整，废除帮章帮法，禁止土政策，革除帮政，拨乱反正，按照客观的经济规律办事，按照广大农民群众的利益和愿望办事。但凡这样做了，群众就心情舒

---

① 晁错：《论贵粟疏》，载《汉书·食货志》。参见《晁错著作选注》，兰州：甘肃人民出版社，1976年2月，第26页。

畅，干劲十足，农业生产面貌大变，欣欣向荣。而有些地区不是这样，他们空喊"高举"，揭批"四人帮"不联系实际，不调查研究，不顾客观经济规律，不关心群众的疾苦痛痒，不解决具体政策问题与群众犟着劲，搞形式主义，实在是依然故我。举凡这样做的，农民就等待观望，农业发展缓慢停滞，有的甚至还减产、倒退。

诚然，我国农业落后、发展缓慢还有一些其他主客观原因，诸如我们的耕地太少（我国人口占世界 1/5，耕地只占 1/7）；我国的农业科学技术太落后；我国的农业经营管理水平低；农业机械不仅太少，而且实际利用率太低；我国每年对农业发展的投资太少，支援农业的基金太少等等。但主要是前面讲的两条，一条是我们的农业还处在技术改造的过程中，还没有用现代化生产资料武装起来，每个农业劳力平均使用的现代化生产资料太少；另一条是由于林彪、"四人帮"的干扰，搞乱了思想，破坏了党在农村的政策，使农民在政治、经济、文化等方面的利益受到损害，挫伤了亿万农民群众的劳动积极性。这后一条是最根本的。

二　调整、落实党的农业政策是加速农业发展的关键

要加速农业发展，提高农业劳动生产率，就目前来说，最重要的是要揭批"四人帮"假左真右的反革命修正主义路线，拨乱反正，调整和落实党在农村的经济政策和各项政策，使之真正有利于促进生产力的发展，有利于改善农民的政治、经济、文化生活，有利于巩固和发展集体经济，有利于加强工农联盟和党的领导，以调动广大干部和社员群众"大干社会主义"的积极性。政策自有回天力，只要调整落实了我们的农业政策，把 7.7 亿农民的劳动积极性调动起来了，农业生产的面貌就会很快改变，农业机械化的进程就会大大加快，农业劳动生产率就会很快提高。

在这里我们不妨回顾一下历史，新中国成立 28 年来，我们有几个农业发展较快较好的时期，都是我们党调整、制定了恰当的农业政策，调动了亿万农民群众劳动积极性的结果。

1950 ~ 1952 年，党中央、毛主席领导全国进行了伟大的"土改运动"，发出了互助合作的指示，改革了旧的生产关系，解放了生产力，农民的生产积极性空前高涨，农业发展很快。三年间粮食增产了 900 亿斤，平均每年增长 12.5%。

1955 ~ 1956 年，调整了征购政策，农业合作化进入高潮，毛主席亲自

制定了"农业发展纲要四十条"①。那两年粮食每年递增 220 亿斤，平均每年递增 6%。

1958 年，党中央、毛主席制定了"鼓足干劲，力争上游，多快好省地建设社会主义"的总路线，农村进行社会主义教育运动、人民公社化，全国人民意气风发，当年农业生产获得空前的丰产。

1960～1962 年，在三年自然灾害后，党中央提出了"调整、巩固、充实、提高"的方针，制定了"人民公社六十条"，纠正了"一平二调""瞎指挥"的歪风，调整了农业政策，农业生产很快得到恢复和发展，比预料的要快得多、好得多。

1970 年，周总理主持召开了"北方地区农业会议"，批判和抵制了林陈、"四人帮"一伙破坏农村经济政策的罪恶活动，重申了党的农村经济政策，使不少省区和地县的农业走上了轨道，农机化和农业生产有了较大的发展。

总结这 28 年来农业发展的经验和教训，我们更可以深刻体会毛主席关于"政策和策略是党的生命"这个英明指示的无比正确。正反两方面的经验都反复证明，当我们通过调查研究，正确制定了政策，又在实践中贯彻执行了，农业就前进，就发展得快；反之，当我们的政策不符合实际，或者有了正确的政策，不能很好地执行时，农业就停滞、徘徊以致倒退。甘肃的同志总结得好，他们说："政策和策略是党的生命，政策对了，人心齐了，农业就大发展；政策乱了，人心散了，农业就大倒退。"

可见，要加速农业发展，当务之急就是要调整落实我们的农业政策。关于我们农业政策方面的问题，现在有三种情况。

第一种情况，我们原来制定的政策，基本上仍是适应目前农村生产力发展水平，适应社员群众的利益和要求的，多年来证明是行之有效的，只是由于林彪、"四人帮"的干扰破坏，造成了混乱，没有得到很好贯彻执行。现在需要加以重申施行的是，如按劳分配，多劳多得、多产多吃的政策；自留地、家庭副业、集市贸易的政策；粮食和农村副产品的奖售政

---

① 指《一九五六年到一九六七年全国农业发展纲要》（简称"农业发展纲要四十条"，或"纲要"，下同）。纲要草案于 1956 年 1 月由中共中央政治局下发征求意见。1957 年 10 月及 1958 年初中共中央对纲要草案作了必要的修改和补充，相继产生了第一、第二次修正草案。1958 年 5 月 23 日中共八届二次会议基本通过纲要的第二次修正草案。1960 年 4 月 10 日第二届全国人民代表大会第二次会议正式通过该纲要。——编者注

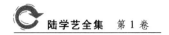

策等。

第二种情况，我们已定的政策，经过 20 多年的发展，政治、经济等多方面的客观实际情况都有了很大变化，需要实事求是地加以调整，以适应变化了的情况，如工农业产品的价格政策、征购政策等。

第三种情况，由于工农业的发展，在实际生活中出现了新的产物，过去还没有制定统一的恰当的政策，现在需要加以创立制定的，如农机政策、农业科教政策、社队企业政策、农田基本建设中的经济政策等。

针对第一种情况，现在安徽、四川等省在深入揭批"四人帮"的基础上，全面理清了被"四人帮"破坏扰乱的农村经济政策，根据党中央以前的有关的政策文件，调查研究制定了现在贯彻执行的具体规定，得到了广大干部和群众的衷心拥护，调动了他们的积极性，起了很好的作用。后两种情况则需要有中央有关部门，通过调查研究，实事求是地根据多方面的情况，统筹兼顾，调整和制定相应的政策。

三　关于若干农村经济政策的建议

下面我着重就第二、第三种情况，提出一些建议，供有关方面参考。

（一）要调整工农业产品的价格政策

从整个情况来说，目前农民的负担过重，要减轻农民负担，其中一个重要方面就是要调整价格政策。缩小剪刀差，合理提高农产品的价格，适当降低工业产品的价格，特别是农业生产资料（农机具、化肥、农药、燃料油等）的价格。

20 多年来，我们工业生产的劳动率平均提高了大约 1~2 倍，但农业的劳动生产率提高不多，以 1976 年与 1952 年相比，大约只提高了20%~30%。这 20 多年的工农业产品的价格，基本上是稳定的（其间农产品曾提高过收购价，部分工业品降过价，但幅度都很小）。这就造成了农业产品和工业产品之间交换不平衡。这几年，剪刀差扩大了。我们知道，商品的价值是由生产商品的社会必要劳动时间决定的，商品交换则依据商品的价值来进行（商品的价格是商品价值的货币表现）。商品价值的大小，是由凝结在该商品中的劳动时间来测量的。现在工业产品劳动生产率提高了 1~2 倍，生产某个工业产品的劳动时间减少了 1~2 倍，而农产品的劳动生产率提高甚少。按照价值规律，工业产品的价格应该下降 1 倍多，或者农产品的价格要提高 1 倍多，才能使农产品和工业产品的交换得以平衡。

举个例子来说，我们在解放初期，国内生产的石油很少，依靠进口原油、汽油、煤油、柴油和其他石油产品。在那种情况下，我们规定汽油、煤油、柴油等的价格高一些，当然是合理的。20 世纪 60 年代以后，在毛主席革命路线指引下，我们自己生产了，石油自给，并且出口了。生产石油的成本大大下降，据此，适当地降低汽油、煤油、柴油等的价格是应该的。现在大庆生产一吨原油的成本是 18 元，国家收购的价格是 100 元一吨，而现在国家销售的汽油是 800 元一吨，20 号柴油是 270 元一吨，0 号柴油是 320 元一吨，这显然是太高了。

石油产品价格是个突出的例子，其他如化肥、农药、农机具等的价格也有类似的情况。

因为工农业产品比价不合理，交换不平衡，引起了许多问题。最直接的结果是由于农业生产中，农机日益增多，燃料油、机油的用量日益增大，化肥、农药的施用量大量增加，加上这些工业品价格偏高，致使农业生产成本大幅度增加，农村中出现了增产不增收，甚至由增产反而减收的不合理情况。表 3 反映的是无锡县一个生产小队的情况。

表 3　1963 年、1976 年无锡县某生产小队农业收支情况

年份	人口（人）	粮食总产量（斤）	平均亩产（斤）	农业总收入（元）	副业总收入（元）	农业总支出（元）	农业总支出占收入之比（%）
1963 年	80	43311	619	6397	597.11	1672.6	26.1
1976 年	97	86892	1241	12347	675	6122	49.6

年份	副业总支出（元）	农业净收入（元）	农副业总收入（元）	农副业总支出（元）	农副业净收入（元）	农副业净收入占总收入（%）
1963 年	224.78	4724.4	6994.11	1897.38	5097.73	72.9
1976 年	425	6225	13022	6547	6475	49.7

从表 3 看出，这个队 1976 年的粮食单产、总产和农业总收入都比 1963 年增长了 1 倍以上或接近 1 倍，但是这个队的农副业可供分配的净收入只增长了 27%。而且人口又增加了 21%。所以 1963 年，每人口的农副业净收入为 63.74 元，1976 年每人口的农副业净收入为 66.75 元，仅增长了 4.8%（这个队 1963 年的实际分配是每人 50.71 元，1976 年每人实际分配是 80.8 元，还是增长了接近 60%，原因是 1976 年有 6 个劳力参加无锡市的工业劳

动，全年有 2403 元的劳动收入，还有 6 个劳力在公社办的企业劳动，全年有 1965 元的"亦工亦农"的收入）。

那么，为什么农副业总收入增长了 86%，而农副业净收入却只增长了 27% 呢？主要是农业开支太大，增长了 266%，其中尤以农机、化肥的支出增长太多（见表 4）。

表 4 1963 年、1976 年无锡县某生产小队农业支出情况

单位：元

年份	农业总支出	种子支出	化肥支出	农机具修理支出	农药支出	机耕支出	水电支出	农家精肥料支出
1963 年	1672.6	275.56	263.67	111.41	94.8	—	326.54	600.62
1976 年	6122	1135	1573	472	600	221	282	1846

从表 4 可以看出，1976 年，光是农机修理、机耕、化肥、农药、水电五项支出就达 3148 元，占农业总支出的 51%，为农业总收入的 25% 以上，而尤以化肥、农药支出增长最多，化肥支出增加了 4.97 倍，农药支出增加了 5.33 倍。

从这个队的农业生产看，13 年间，农业生产（粮食总产量和农业总收入）增长了 1 倍左右，每年平均以 5.2%～5.5% 的增长率递增，这在全国来说，生产发展是很好的。但由于农业开支过大，化肥农药等支出增长过大，农业总开支 13 年增长了 266%，每年平均以 10.5% 的增长率递增，所以农业净收入增长只有 27%，即每年只递增 2.1%。如果这个队没有社队企业等的劳务收入，分配就不能增加什么，也就是说，增产没有增收。

从这个队的农业生产看，如果我们不适当调整工农业产品的价格，农业增产了，农民的收入不能增加，增产不能增收，这显然对调动农民的生产积极性是不利的，对发展农业生产也是不利的。

1977 年底农林部召开的座谈会上谈到的材料也说明这个问题。山东省 1976 年比 1975 年增产了 50 亿斤粮食，农业总收入比 1975 年增长 3.8 亿元，但成本开支增加 4.9 亿元，结果社员分配反而减少 1.1 亿元。北京市 1976 年比 1970 年农业总收入增长 18.7%，每年递增 2.9%，而同期成本开支增加 58%，平均每年递增 7.9%。

从全国整个农业生产看，更可以看到剪刀差问题的严重性。这次农机会议上初步确定了 1980 年农业化发展的规模。到 1980 年，要向农村提供的产品总值如下。化肥 6000 万吨即 1200 亿斤，以每斤平均价格 0.15 元计共

为 180 亿元。燃料油、机油 1650 万吨，其中柴油 1500 万吨即 300 亿斤，现价格，20 号油 0.27 元每公斤，0 号油 0.32 元每公斤。平均每公斤以 0.30 元计，共为 45 亿元。汽油 90 万吨即 18 亿斤，平均每公斤以 0.80 元计，共为 7.2 亿元。机油 60 万吨即 12 亿斤，平均以每公斤 1.05 元计，共为 6.3 亿元。合计为 58.5 亿元。高效农药 25 万吨，每公斤以 1 元计，为 2.5 亿元。塑料薄膜 20 万吨，每公斤以 2 元计，为 4 亿元。电 400 亿度，每度以 0.06 元计，为 24 亿元。农机具，据财政部目标 1978～1980 年全国购买农机具共需 300 亿元，其中 15 亿元为国营农牧场购买，社队集体购置费为 285 亿元，其中国家支援 100 亿元，社队自筹款为 185 亿元。这 3 年中以头年购置 25%，第二年购置 32%，第三年购置 43% 计，则全国社队集体在 1980 年共需开支购置农机具款为 80 亿元。以上这六项合计，1980 年农业要拿出 349 亿元去交换农业生产资料。

那么，1980 年农业能拿出多少产品来和工业品交换呢？1980 年按照国家计划，粮食总产为 7000 亿斤，提供商品粮 1400 亿～1500 亿斤，今后 3 年每年递增 400 亿斤，递增率为 7%。棉花总产 6000 万～6750 万担，比 1976 年增加 1900 万～2650 万担。油料总产 10500 万担，比 1976 年增加 2500 万担。糖料总产 7.6 亿担，比 1976 年翻一番。假定 1980 年这些计划都能实现，能收入多少现金呢？商品粮食 1500 亿斤（原粮），每斤以 0.10 元计，共为 150 亿元。油料 10500 万担，商品率以 60% 计为 63 亿斤，平均每斤以 0.30 元计，共为 18.9 亿元。棉花 6750 万担，商品率以 90% 计为 60.76 亿斤，平均每斤以 1 元计，共为 60.75 亿元。糖料 7.6 亿担，商品率以 100% 计，共为 760 亿斤，每斤以 0.02 元计，共为 15.2 亿元。四项主要农产品共为 244.85 亿元。我们再假定这四项主要农产品换的现金全部去交换上面六项工业产品的农业生产资料，两者相交换还差 104.15 亿元。

这种工农业产品交换的不平衡情况，如果我们不调整价格政策，不采取相应的措施来解决，随着农机化事业的发展，现代化农业生产资料大量投入农业，问题会越来越复杂严重。这就必然使得目前已经在不少地区增产不增收和增产反而减收的不合理情况更加增多，这对调动农民的社会主义劳动积极性不利，对农业生产不利，对农机化发展不利，归根结底对工业生产本身也是很不利的。

早在 1959 年毛主席就指出："工人和农民在价格问题上、税率问题上的矛盾，在我们这里也存在。比较起来，我们在税率问题上的矛盾比价格问题上的矛盾要小一些。"① 毛主席当时就指出了工农业产品在价格问题上的矛盾，19 年来，这个问题是更加严重了。我们应该采取措施，设法解决这个矛盾。这不仅是个经济问题，而且也是直接关系到工农联盟的政治问题。"调整价格，就是调整工人和农民之间、生产者和消费者之间的经济关系和政治关系。"② 适当地合理地调整工农业产品的价格，使之符合客观经济发展的规律，有利于促进农业、工业的发展，也有利于进一步巩固工农联盟。毛主席曾经指示过："工农业产品的交换不能够完全等价，但要相当地等价。"③ 现在工农业产品的交换不平衡的情况比较严重，我们做怎样的调整，比较合适？

调整工农业产品的价格，这个问题涉及的面很广，关系到 7.7 亿农业人口和 1.6 亿城市人口的生产生活问题，需要从长计议。我们一面要下决心进行调整，不能因为问题复杂而久拖不决，不做调整；一面又要郑重对待，考虑到各方面的因素，统筹兼顾，全面安排。我们可以分几个阶段来进行调整。

第一步，在 1978～1980 年 3 年内，先提高粮食、棉花、油料、糖料、肉类等的收购价格，提高的幅度平均可在 15%～20% 左右。同期内又可降低上述主要农业生产资料的价格，降低的幅度也可在 15%～20% 左右。做这样的调整，国家在收购农产品方面的支出大致每年要增加 30 亿～40 亿元。如果我们把各方面的工作做好，国家是有这样的财力的。1977 年仅粮食系统的亏损就达 50 多亿元。据《参考消息》报导，1977 年我国进口了1100 亿斤粮食，大约需要支出 15 亿美元，再加上运输等费用，折合人民币总额在 40 亿元左右。如果我们做了工作，农业上去了，这部分外汇资金就可省下来。工业支农产品的价格降低 15%～20%，会使这个系统的工业企业少收入 30 亿～40 亿元。这个差额可以通过在这些行业中提高劳动生产率、降低成本来弥补。这两项合计可以使全国农民每年大约增加 60 亿～90 亿元的收入，这对农业是一个极大的支援。

第二步，在 1981～1985 年期间，我们再做一次调整，使农产品价格再

---

① 参见中华人民共和国国史学会编《毛泽东读社会主义政治经济学批注和谈话（国史研究学习资料·清样本）》（上），1997 年 7 月，第 117 页。——编者注

② 参见中华人民共和国国史学会编《毛泽东读社会主义政治经济学批注和谈话（国史研究学习资料·清样本）》（下），1998 年 1 月，第 918 页。——编者注

③ 参见中华人民共和国国史学会编《毛泽东读社会主义政治经济学批注和谈话（国史研究学习资料·清样本）》（下），1998 年 1 月，第 493 页。——编者注

提高 25% ~ 30% ，使支农工业产品再下降 25% ~ 30% 。这样调整几次，使剪刀差逐渐缩小，逐步做到毛主席指示的工农业产品价格相当地等价交换。

（二） 要减轻社队和农民负担

生产队、社员负担过重，这是一个比较普遍的问题，我们要采取多方面的措施，减轻生产队和农民的负担，以调动农民的社会主义劳动积极性，以增加社队的积累，增加扩大农业再生产的能力。对此毛主席曾经反复做过指示，在《论十大关系》这篇伟大著作中，毛主席还引用苏联的教训，谆谆教导我们说："苏联的办法把农民挖得很苦。他们采取所谓义务交售制等项办法，把农民生产的东西拿走太多，给的代价又极低。他们这样来积累资金，使农民的生产积极性受到极大的损害。你要母鸡多生蛋，又不给它米吃，又要马儿跑得好，又要马儿不吃草。世界上哪有这样的道理！我们对农民的政策不是苏联的那种政策，而是兼顾国家和农民的利益。我们的农业税历来比较轻。工农业品的交换，我们是采取缩小剪刀差，等价交换或者近乎等价交换的政策。我们统购农产品是按照正常的价格，……。我们在向农民供应工业品方面，采取薄利多销、稳定物价或适当降价的政策，在向缺粮区农民供应粮食方面，一般略有补贴。但是就是这样，如果粗心大意，也还是会犯这种或那种错误。鉴于苏联在这个问题上犯了严重错误，我们必须更多地注意处理好国家同农民的关系。"[1]

过了 10 年，毛主席在关于农业机械化问题的一封信中又说："苏联的农业政策，历来就有错误，竭泽而渔，脱离群众，以致造成现在的困境，主要是长期陷在单纯再生产坑内，一遇荒年，连单纯再生产也保不住。我们也有过几年竭泽而渔（高征购）和很多地区荒年保不住单纯再生产的经验，总应该引以为戒吧。现在虽然提出了备战备荒为人民（这是最好地同时为国家的办法，还是百姓足君孰与不足的老话）的口号，究竟能否持久地认真地实行，我看还是一个问题，要待将来才能看得出是否能够解决。苏联的农业不是基本上机械化了吗？是何原因至今陷于困境呢？此事很值得想一想。"[2]

①　毛泽东：《论十大关系》(1956 年 4 月 25 日)，载《毛泽东选集》第 5 卷，北京：人民出版社，1977 年 4 月，第 274 页。

②　参见《建国以来毛泽东文稿》第 12 册，北京：中央文献出版社，1998 年 1 月，第 20 页。——编者注

在这次人民公社经营管理座谈会①上，讨论提出了要减轻生产队和社员的负担问题。这个问题提得好，据这个会的统计材料，目前农村中普遍存在着农业劳动力"三多一少"（调离生产队的劳力多，非生产人员多，非生产用工多，实际从事生产队农业劳动的少）的问题，现在一般离队劳动力占 20%～30%，高的达 50%，基层干部参加劳动少，所得工分反而多。有的大队非生产人员占 8%～9%，非生产用工占 14%～15%，外出劳力还要补钱、补粮，加上各种摊派，生产队负担非常惊人。有的队留队劳力，每人每年平均负担高达 150 元。

生产队负担过重，也就是农民负担过重，不少地方是重犯了"一平二调"的错误，这在我们历史上是有严重教训的。农民整年辛勤劳动，结果多产不能多吃，多劳不能多得，劳而少获，这怎么能调动农民的生产积极性呢？生产队负担过重，生产队基本没有积累或积累甚少，有不少的生产队穷得连一般生产开支的现金都没有，怎有能力去扩大再生产呢？

农业要大上，就一定要调动农民的生产积极性，减轻社队和农民的负担是一个很重要的方面。要贯彻毛主席历来关于要爱惜民力，要藏富于民，藏粮于民的指示，全国上下都来做好这件事。上面讲的调整工农业品的价格政策是重要的一项，还有我们的计划部门，文教、卫生、工交、邮电等部门，在举办本部门事业的时候，一定要考虑到农村、农林，水利部门在搞农田水利基本建设的时候，要兼顾到长远利益和目前利益，切不可在自力更生的借口下，把负担都转到农村社队身上。如文教事业，现在农村的民办教师所占比例太大。我在襄阳调查过一个大队，共有 1951 人，整半劳力 866 个，七年制学校一所，教师 17 个，其中民办的 15 个，国家发给每个民办教师每月 12 元，教师本人得 6 元津贴，其余留在学校作办公费。这 15 个教师在队里记工分参加分配，每人一年 3650 分，仅此一项，每个劳力（包括半劳力）就要每年负担 63 个工分。

举办农田水利基本建设工程，修大水库、水渠，这是直接于农业生产有利、使农民受益的，但也要统筹兼顾，既照顾到长远利益，也要顾虑当年受益，要使两者比例适当。据钱正英部长讲，现在我们全国的农田水利专业队有 2800 万人，常年搞农田水利工程。每年冬天春天，也大搞农田基本建设，去冬有 8000 万人参加，扣去 2800 万专业队伍，有 5200 万民工参加。以每年四个月计，等于全年又有 1700 多万劳力参加，这两项共计为

---

① 本文中指 1977 年全国农村人民公社经营管理座谈会，下同。——编者注

4500 多万人，占整个农业劳力的 15%。这 4500 多万个劳力的费用，几乎全部是在生产队里记工分分配的，还要补粮补钱，以每个劳力每年平均分配 150 元计，仅此一项全国农民每年投入水利建设的工分值就达 67.5 亿元，有的搞大型水库建设，搞大的河流治理（如淮河、海河地区），社队投入水利建设劳力还远远要超过 15% 的比例。考虑到有些大中型水库，大的河流治理，这是国家的基本建设工程，城市、工业、交通部门也是受益的，也应该负担适当的一部分。特别是对那些农业生产发展水平还不高，经济比较困难的社队，多给一些补贴是应该的。

国家要爱惜民力，注意减轻农民负担，直接抓农业的各省各地各县更应该如此。每做一件事，都应该想一想于农业生产，于减轻农民负担有利没有利，有利则多办，无利则少办或不办。你要发展农业，把农业搞上去，你就要注意减轻农民的负担，"要为一部分人民至今口粮还不够吃、衣被甚少着想；……要为全体人民分散储备以为备战备荒之用着想"。① 有人总结过这若干年来我们农业政策的经验，他说：你向农民要得越少，结果农民向国家贡献得越多；你向农民要得越多，结果农民向国家交得反而少了。这个总结并不全面，但也确实反映了一些实际状况。

合作化初期定下来的社员参加社里生产，按劳动记劳动工分，年终按劳动工分分配。这几年不注意，劳动工分这个内容复杂了，许多与社里、队里根本不相干的事都记工分，最后都要参加队里分配。例如，民兵训练要记工分，参加文艺演出要记工分，清明扫墓要记工分，计划生育、做流产、绝育手术也要记工分，花样名目繁多，枚不胜举，动不动都要生产队记分，所以工分越记越多，工分值也就越来越少。合作化初期，一般核算单位，平均每个劳力在 3000 分（300 个劳动日）上下（多数是超不过 3000 分的），现在要记到 4000~5000 分。有的平均在 5000 分以上。1977 年山东省藁城县有个生产队，200 人 80 个劳力，年终分配的共有 35 万分以上，其中有 8 万分是各种各样的非农业劳动的工分，当地称之为副业工分（山东叫"标工"，江苏叫"大队工"，即是由大队转下来的、要参加本队分配的工分）。

这非农业劳动工分中很重要的一项是开会分。现在在不少地方，开会都要记工分。党团员开会要记分，支委开会要记分，民兵开会要记分，妇

---

① 参见《建国以来毛泽东文稿》第 12 册，北京：中央文献出版社，1998 年 1 月，第 20 页。——编者注

女、青年开会也要记分，甚至连社员大会也要记分。我在无锡时曾调查过一个队，各种各样的开会分，名目有14种之多，一年的开会分，有好几万分。我们常常在文件中看到"会议成灾"的词儿，这在城市是不大体会此话的意思的，到农村看见这些情况就体会了。在这里会议太多，确实成了"灾"，而且对于农民来说，实际成了一种无形的"税"。必要的会当然是要开的，但正如中央三令五申讲的，要开小会短会，不要开那些形式主义的无准备的、效果也并不好的长会。现在有些县社的领导，动不动就要开万人大会、几十万人大会，应该知道，这在农村，这样一个会，要记几百万分的啊！

（三）调整征购政策，要考虑级差地租的问题

生产队和社员的负担过重，这是全国比较普遍的问题，但就各个地区说，就每个地区各个社队说，负担也不完全一样。根据20多年来的情况变化，调整征购政策，使负担比较合理，也有利于促进农民生产积极性的提高，有利于发展农业生产。

征购（粮食和经济作物产品），是农民对国家贡献的一种主要形式。完成征购多少是农民对国家贡献多少的重要标志。目前我们的征购方法基本上是1954年统购统销和1956年合作化后定下来的，可以说基本上是"三定"——定面积、定产量、定统购（总产减去人口粮、种子、饲料等）——的延伸，而农业税则另外以征购粮的折款来交。

在这种征购的办法里，面积多是征购多的主要因素，而人口则是减少征购的因素。同一地区里，两个相同耕地面积的队，人口多的队比人口少的队交的征购任务要少。一般说，人口多的劳力也多，劳力是生产力的主要因素，劳力多，征购任务反而少，这是不完全合理的。

另外，经过了20多年的发展，各个地区之间、各县之间、各个社队之间，生产的发展很不平衡，差别是很大的。诚然，我们已经根据情况对征购任务做了一定的调整，但偏轻偏重的情况还是存在的。应该根据这20多年来的发展变化了的情况，做适当合理的调整。例如，有些地区，生产条件根本改变了，农业生产大幅度增长了，而较长时期里，征购任务并没有做相应的适当的调整；而另一些地区，征购任务则偏重了些，也是长期没有调整。毛主席曾经反复强调，绝对不容许征购"过头粮"。而这些年来征购"过头粮"的，各地还是时有发生，影响很不好，对国家、对农民都造成损失。产生这样的事，有政治原因（干部浮夸，官僚主义等）、经济原

因，我们应该制定适当的政策，禁绝这种事情发生。

在征购工作中，有一个问题是应该讨论研究解决的，就是在社会主义社会中有没有级差地租？以及我们应制定何种政策来对待这个问题？

马克思主义认为，在资本主义社会的农业生产中，存在着级差地租。由于耕地的肥沃程度不同，交通条件不同，通常可以把土地分为优等地、中等地和劣等地三种，又由于土地是一种特别的生产资料，在一定条件下，它总是有限的，优等地和中等地尤其是有限的，谁先租种了优等地和中等地，谁就获得了对这种土地经营的垄断，其余的人就只好去租种劣等地。因此，农产品价格就要由劣等地的生产条件来决定。从而经营优等地和中等地的农业资本家也就能经常获得一定的超额利润（由于生产条件优越，资本家投入同样的资本，经营优等地、中等地的就能获得更多的农产品），这种超额利润就是级差地租。这个级差地租的数量决定于劣等地的生产条件所决定的一般生产价格和优等地与中等地的个别生产价格之间的差额。在资本主义社会里，这种级差地租是由农业资本家交给土地占有者的。

关于级差地租的问题，列宁曾经说过："一种是土地经营（资本主义的）的垄断，这种垄断是由于土地的有限而产生的，因此是任何资本主义社会的必然现象。这种垄断的结果使粮食价格取决于劣等地的生产条件，对优等地的投资，或者说，生产率较高的投资所带来的额外剩余利润，则构成级差地租。级差地租的形成和土地私有权毫无关系，土地私有权只是使土地占有者有可能从农场主手中取得这种地租。另一种是土地私有权的垄断。无论从逻辑上或历史上来看，这种垄断同前一种垄断并没有密切的联系。"[①]

社会主义社会的农业生产中存在不存在级差地租？我国的学术界20世纪60年代曾经讨论过。一种意见认为也存在，一种意见认为不能这样提。后来没有讨论下去，没有取得肯定的意见。

新中国成立20多年来，在农业生产中，有一个比较普遍的现象是我们大家都看到的。一般说来大中城市郊区的农业生产都比较好，发展得比较快（全国六个上"纲要"的省市中，北京、天津、上海三大城市的郊区农业生产都上了"纲要"）；近郊区又比远郊区好，远郊区比县区好。一般说来，平原地区比山区好，普通山区又比深山区好。交通发达的地区比交通

① 列宁：《土地问题和"马克思的批评家"》，载《列宁全集》第5卷，北京：人民出版社，1959年1月，第103页。

闭塞、不便的地区好，土地肥沃的地区比贫瘠的地区好，有矿产资源的比没有的好，原来农业生产比较发达的地区比农业生产条件较差的地区，发展速度更快一些。如苏州地区、珠江三角洲地区、都江堰地区等原来的高产区，解放后这些地区农业增长速度大大超过全国农业发展的平均增长速度，这是为什么呢？这说明在社会主义条件下，土地的肥沃程度，土地的地理位置，交通条件同样是有作用的。投入同量的农业生产资料，同量的劳动力，在土地肥沃、交通条件好的地块上，收获就比土地贫瘠，交通不便的地块要好得多。但国家下达的征购任务，并没有把土地的丰度、交通、运输等条件考虑进去，致使富庶的地区，生产发展得快；土地贫瘠、交通不便的地区，则长期改变不了生产面貌。如我们有些地处偏僻的老根据地，解放 20 多年来还是缺衣少食。

例如河南省息县那一带地方，缺乏煤、柴油这些动力资源，要从 300 多里外的信阳去运，一吨煤，在信阳是 20 多元，但是到息县则要加差不多 20 元运费，柴油也如此。仅此一项，息县的农业生产成本，就要比信阳附近的农业生产成本高出很多，但我们收购农产品的价格却是完全一样的。如果我们在征购政策等方面不对这些地区作适当的照顾，不考虑这些因素，那么这些地区的农民，花出同样多的劳动，得到的要比交通方便地区的农民要少得多。

由于土地的丰度不同，所处位置、交通条件不同，而引起的生产结果不同，在社会主义农业生产中也是存在的。不管我们沿用旧的概念称作"级差地租"也罢，还是叫"级差收入"也罢，这是客观存在。对此，我们在制定价格政策，确定征购任务等方面，要把这个因素考虑进去，这也是调整负担的一个方面。原则上说，这种"级差地租"应该归国家，我们在调整征购政策时，对土地丰度好、交通便利、农业生产发展较好（现代化农业生产资料多一些）的地区，征购任务要定得高一些；反之，在土地比较贫瘠、交通不便、农业生产较差的地区，征购任务要定得低一点。在价格政策上，给后一种地区以特殊照顾比较困难一些，但可以采取其他经济补助的办法来解决。

（四）逐步解决土地、人口、产量统计不确实的问题

社会主义经济是计划经济，是要建立在严格的统计、监督的基础之上的。但是，现在我们全国到底有多少人口？到底有多少亩耕地？每年到底生产多少粮食？确实的数字是不清楚的。1972 年 8 月，李先念同志对日本

航空公司代表团说："供应和粮食部门的干部使用的人口数字是八亿，粮食部门以外的干部使用的数字是七亿五千万，商业部证实中国人口为八亿三千万，而计划部门则坚持中国人口不到七亿五千万，遗憾的是，在这方面没有一个确切的数字。""没有一个确切的数字"是从 1957 年开始的，从那以后，农村的耕地越报越少，人口越报越多。

1965 年 1 月颁布《农村社会主义教育运动中目前提出的一些问题》（简称"二十三条"）时，专门列了一条（第十二条），叫做"宣布对隐瞒土地的政策"。该条文讲："瞒地，经过群众讨论，自愿公开后，国家对这部分土地，五年左右，不加负担，不加征购。"① "四清运动"并没有完全解决这个问题。1965 年 11 月，周总理在计划工作会议上讲："现在有四个隐瞒，粮食、土地报少不报多，人口、灾荒报多不报少。"

表5 1949～1962 年全国总耕地面积统计

年份	1949 年	1952 年	1956 年	1957 年	1958 年	1960 年	1962 年
总耕地面积（亿亩）	14.68	16.18	16.77	16.77	16.04	15.73	15.40

资料来源：参见国家统计局国民经济综合统计司编《新中国五十年统计资料汇编》，北京：中国统计出版社，1999 年 11 月，第 32 页。——编者注

1970 年，周总理与斯诺谈话时讲："我国现在有 18 亿亩耕地。"这是周总理根据各方面实际情况，推算出的接近于实际的数字。1972 年，国家统计局得到的总耕地数字是 150921.1 万亩②。

人口统计也是如此，1973 年 5 月周总理在中央工作会议上讲："据中央统计的人口数字是八亿六千万人（不包括军队和台湾），我不相信这个数字，无非是想多要粮票、布票。"

新中国成立 20 多年来，我们的人口和土地，没有一个确切的数字，耕地相差 3 亿多亩，人口相差几千万。我们是社会主义国家，是搞计划经济的，统计如此不准确，这怎么办呢？

产生这些问题的原因是多方面的，其中主要的是目前农业征购政策上有不合理的方面。前面讲过，我们现在的征购办法是沿袭统购统销时的

---

① 参见中共中央文献研究室编《建国以来重要文献选编》第 20 册，北京：中央文献出版社，1998 年 5 月，第 28 页。——编者注

② 参见国家统计局国民经济综合统计司编《新中国五十年统计资料汇编》，北京：中国统计出版社，1999 年 11 月，第 32 页。——编者注

"三定"方法来的。一个队有多少土地，根据平均亩产，得出总产；有多少人口，根据平均口粮，得出总口粮；总产减去总口粮，再减去种子、饲料，定出总征购任务。征购任务是根据土地多少来的，同样条件下，土地越多，征购任务就越重。而农业生产的另一要素，人口（劳动力）却是作为减少征购任务的一个因素，同样条件下，人口（劳力）越多，留的口粮越多，征购任务就越少。所以某些社队，由于政治觉悟不高，为了减轻自身的负担，主要的办法就是少报土地，多报人口，少报产量，多报灾荒，这是"四个隐瞒（不确实）"的主要原因。

另一个原因是，有的地方和社队的领导，政治路线不端正，通过少报地亩，以提高单位面积产量，借以显示所在单位的成绩。表面上看这个单位、这个地区的单位面积产量年年增加，今年"上纲要"明年"过长江"，但因为少报了土地，总产量却没有增加，或者增得不多，对国家的贡献（完成征购任务的数量、质量）也没有增加。所以某些所谓"上纲要"的社队地区，事实上并不先进，他们在数字上玩了花样，搞了名堂。

其他还有一些原因，但这两条是主要的。我们如果能够合理调整征购政策，改变目前基本上只以单位面积产量作为先进的主要标志的办法，提出比较完整的农业生产的经济指标，并且大力加强政治思想工作，提倡恢复我党的实事求是的优良作风，做老实人，说老实话，办老实事，再加上建立和健全严格的统计监督机构和制度（对如实申报的要奖励，对弄虚作假、浮夸虚报的要批评，要惩罚），从政治上、经济上两方面入手，逐步地是能够把"四个隐瞒"、不确实的问题解决的。

（五）提出每农业人口年生产 1000 斤、1200 斤、1500 斤、2000 斤粮食的奋斗目标

20 世纪初，西方经济学家有个理论认为：搞农业生产，在人少地多的国家，要充分发挥人的作用，以提高农业劳动生产率为主，而在人多地少的国家，要充分发挥土地的作用，以提高土地生产率为主。这个理论把生产力中最活跃的因素——劳动力同生产资料中的土地（一种特殊的生产资料）并列是错误的。现代农业生产的历史表明，无论在人少地多的国家，还是在人多地少的国家，都要以提高农业劳动生产率为主要目标，否则就改变不了农业的面貌，就不能适应整个国家经济发展的需要。在人少地多的国家，要充分发挥农业劳动力的作用，提高劳动生产率，使尽可能少的人，耕种较多的土地，多产粮食和农产品，多提高农业产品，就是在人多

地少的国家，也要搞农机化，搞集约化农业，使农业劳动力尽量能产出更多的粮食和农产品，以便腾出劳力去从事农业以外的经济文化事业。如果农业虽然产量高了，但占用的劳力过多，农业劳动生产率不高，别的经济文化事业也还是发展不了。

我国是个人多地少的国家（我们的耕地只有美国的1/2，要供养的人口比美国要多4倍），这是我们农业生产中的一个很严重的不利因素。我们当然应该充分利用我们的土地，发挥土地的潜力，精耕细作，提高单位面积的产量。但这种精耕细作，要有一定的限度，这个限度就是要不断地提高劳动生产率。如果投入的劳动力过多，虽然单位面积产量提高了，但由于投入的劳动力太多，劳动生产率不高，所产粮食基本上自己食用了，提供不了多少商品粮，这就不能适应城市工业和各项事业发展的需要。如福建省的杨眉大队每农业人口才4分土地，虽然粮食亩产已超过了2000斤（超过"纲要"1倍半），但就劳动生产率说，每农业人口还不足1000斤，每劳力年产2000斤左右，与全国平均水平差不多。土地利用率很高，单位面积产量很高，但提供的商品粮还是很少。

就全国范围讲，我国是人多地少，但我国又是一个幅员辽阔的国家，各地情况不同，土地和人口分布很不平均。如果在我国地图上，把黑龙江省的爱辉县和云南省的瑞丽县这两点之间连一条直线，我国可以分成两大部分，左上方占全部国土面积的3/5强，右下方是2/5弱。但就在这不到2/5的国土上，却居住着全国90%以上的人口，而在另一部分占3/5强的国土上，只居住不到全国10%的人口。

就各大区讲，华中、中南两大区居住的人口占全国人口的57%，耕地只占全国总耕地的44%，每人不到1亩6分地。东北、西北两大区，居住人口不到全国总人口的15%，耕地占全国总耕地的26%，平均每人在4亩以上（而且开垦的荒地主要也集中在这两个大区）。

现在广东、福建等省的不少社队，每农业人口的耕地不足1亩，有些队只有2~4分，而在新疆、黑龙江的不少社队，每农业人口占有的耕地有20~30亩（还有大量可垦荒地），相差好几十倍。

所以，就我们全国来说，既有人多地少的地区，也有地多人少的地区。1956年，毛主席亲自主持制定了"农业发展纲要四十条"，提出"从1956年开始，在12年内，粮食每亩平均年产量，在黄河、秦岭、白龙江、黄河（青海境内）以北地区，由1955年的150多斤增加到400斤；黄河以南、淮河以北地区，由1955年的208斤增加到500斤；淮河、秦岭、白龙江以南地区，由 1955 年的 400 斤增加到 800 斤"①。这个号召，新中国成立 20 多年来成为亿万农民的行动纲领，成为农业生产中开展社会主义劳动竞赛的主要目标，调动了广大群众和干部的积极性，推动了农业生产的发展，发挥了巨大的作用。

经过这 21 年的发展，有些情况变化了。为了适应发展变化了的情况，适应社会主义建设日益发展的需要，对农业生产提出了更高的要求，要大大提高农业劳动生产率，分别情况提出每农业人口每年生产 1000 斤、1200 斤、1500 斤、2000 斤粮食的战斗目标是必要的。

随着农业机械化的实现，农业生产的进一步发展，农业也像工业有八项经济指标一样，提出若干项标志农业发展情况的经济指标来，以反映农业发展的水平。如可以提出农业劳动生产率、每农业人口年生产粮食、总产量、单位面积产量、农产品商品率（对国家贡献）、农机利用率等，而把每农业人口年产粮食量作为主要指标。一个县、一个社、一个队每年平均每农业人口生产多少粮食（经济作物区，可以定出相应的每农业人口每年生产多少棉花、油料等指标），可以看出这个县、这个社、这个队的工作水平和生产水平（而单从亩产多少，由于人少地多，人多地少的原因，往往看不出这种水平来）。

提出按每农业人口年产多少粮食作为主要指标，还有利于克服目前有些地区少报土地，多报人口，少报总产，多报单位面积产量以显示成绩的虚夸倾向。

我们提出每农业人口年生产 1000 斤，1200 斤，1500 斤，2000 斤粮食的目标，各个地区、县、社、队可以分为若干阶段来实现。就全国范围说，我们可以作如下设想（见表6）。

表6　1977～2010 年我国每农业人口年生产粮食产量的设想

年份	总人口（亿）	农业人口（亿）	城市人口（亿）	每农业人口产粮（斤）	全国每人有粮（斤）	粮食总产量（亿斤）	粮田总面积（亿亩）	粮食亩产（斤）
1977 年	9.3	7.7	1.6	746	617	5750	11.4	504
1980 年	9.6	7.9	1.7	886	729	7000	12.0	583

---

① 参见《一九五六年到一九六七年全国农业发展纲要（草案）》（1956 年 1 月 23 日），载《建国以来重要文献选编》第 8 册，北京：中央文献出版社，1994 年 8 月，第 49 页。——编者注

续表

年份	总人口（亿）	农业人口（亿）	城市人口（亿）	每农业人口产粮（斤）	全国每人有粮（斤）	粮食总产量（亿斤）	粮田总面积（亿亩）	粮食亩产（斤）
1985 年	10.1	8.0	2.1	1000	792	8000	12.5	640
1990 年	10.6	8.0	2.6	1200	906	9600	13.0	738
2000 年	11.6	7.6	4.0	1500	983	11400	14.0	814
2010 年	12.5	7.0	5.5	2000	1120	14000	15.0	933

如果我们能按上述设想实现，那么，农业将基本适应"四个现代化"发展的需要。而要实现这个计划设想，主要靠调动8亿农民的劳动积极性，加速农业机械化，提高农业劳动生产率，耕地也要适当增加（到2000年要增加2.6亿亩粮田，根据我们目前的荒地调查，再增加几亿亩耕地是可能的，大致到2000年，耕地应达到22亿亩，大致是每人2亩地的样子，还比日本高，略等于西德、法国的水平）。平均亩产要达到814斤这也是可能的。

（六）实现国家工业化、地区工业化、公社工业化

现在世界上经济比较发达的国家，都经过了工业化的道路。通过大办轻工业—重工业，或是大办重工业—轻工业的办法，改造整个国民经济体系，使国家经济现代化，解决本国的经济问题。工业化的过程，一般是有一个使劳动力从劳动生产率较低的农业部门逐渐地转到劳动生产率较高的工业部门的过程，有一个变农村人口为城市人口的长过程。例如美国（见表7）。

表7 1840～1970年美国农业人口、城市化及农业产值在国民经济总产值中的比重情况

年份	总人口（万人）	农业人口在总人口比重（%）	城市人口在总人口的比重（%）	农业产值在国民经济总产值中的比重（%）
1840 年	1710	89.2	10.8	74.0
1860 年	3150	80.2	19.8	63.8
1900 年	7610	60.3	39.7	38.2
1940 年	13190	44.0	56.0	–
1950 年	15120	36.0	64.0	18.4
1960 年	18050	8.8	91.2	11.9
1970 年	20800	4.6	95.4	3.0

在经济比较发达的国家，在工业化过程中，一般都遇到了劳动力不足的问题，其中尤以美国为最甚。所以，美国在工业化过程中，不仅是使大量的农业人口逐步转变为城市人口，而且每年还有大量的外国侨民进入美国就业。

我们现在正处在工业化过程之中，正处在发展之中，我们遇到了反映时代特点的新情况。我们是在科学技术已经到了如此发达的条件下来进行经济建设的，我们是一个拥有 9 亿人口的大国，在这样的历史条件和我国特有的条件下，我们不能走各国走过的老路。

我们遇到新课题之一是我们如何充分发挥这 9 亿人口的巨大作用，以往的经济发达国家在工业化过程中，都遇到了本国劳动力不足的问题，而我们现在却有劳动力过多的问题（多种待业人口甚多）。以往的经济发达国家在工业化过程中，一般都是农业人口逐年减少，城市人口逐年增多，而我们在 20 世纪 50 年代也曾经是这样，但 20 世纪 60 年代以后，情况就变了。这些年城市人口虽也略有增加，但城市人口占总人口中的比重反而缩小了（见表 8）。

表 8　1949～1972 年我国农村人口及城市人口变化情况

年份	总人口（万人）	农村人口（万人）	农村人口在总人口中比重（%）	城市人口（万人）	城市人口占总人口比重（%）
1949 年	54167	48402	89.3	5765	10.7
1952 年	57482	50319	87.2	7163	12.8
1956 年	62829	53643	85.7	9186	14.7
1957 年	64657	54704	84.6	9949	15.4
1959 年	66717	54439	81.6	12278	18.4
1960 年	66207	53134	80.3	13073	19.7
1962 年	67296	55636	82.7	11660	17.3
1972 年	87672	73181	83.5	14491.5	16.5

1973 年以后，这里没有确切的数字，但有一点可以肯定，这 6 年中农村人口的绝对数和在总人口中的比重都是增加的，估计现在[①] 9.3 亿总人口中有 7.7 亿～7.8 亿是农业人口，约为总人口的 84%。

我们现在约有 1.6 亿城市人口，以自然增长率 1% 计，每年纯增 160 万人，也就是说每年大约有 160 万城市劳动力要就业。按我们现在经济发展的规模，每年大约需要增加 150 万～200 万新职工。因此，城市每年新增的劳

---

① 此处指 1976 年。——编者注

力基本上就可满足城市工业和其他事业发展的需要（前些年，受"四人帮"破坏，城市还容纳不了本市增长的劳力。现在还有 900 万城市知识青年在农村，还有相当数量的城市社会劳力在待业）。我国农村现在约有 7.7 亿人，按 13‰的自然增长率计，每年纯增 1001 万人，新增 1000 万农村劳力，目前还基本只能安排在农村就业。

按照这种建设规模和形势发展，由于城市的青年在城市就业，农村的青年在农村就业，而农村的人口自然增长率高于城市，发展下去，像前几年那样，我国的农业人口、农业劳动力无论在绝对数量和在总人口中相对比例，还会增加。城市人口虽然增加了，但相对比例反而还会减少，若干年后，我国的工业规模、工业产值是相当可观了（1980 年我国的工业产值将达到 5000 亿元，1985 年约为 8800 亿元）。但我们的农村问题、农业问题仍未能真正解决。其中问题之一是 7.7 亿人搞饭吃的局面仍未改变。农村劳动力多余的问题将越来越严重。有人估计，在 1980 年我们基本实现农机化和到 1985 年进一步实现农机化的时候，我国农村可以腾出 1 亿以上的劳动力来。

人是最宝贵的财富，劳动力是起决定作用的主要的生产力，"全人类的首要的生产力就是工人，劳动者"[1]。我国现在有近 4 亿劳动力（大约有 1 亿在城市，3 亿在农村），这是我国最伟大的国家财富，是我们国家的力量源泉，潜力是无穷的。问题是要适当地安排和充分地利用。毛主席曾经说过："经济的发展，人口的多少是个因素。美国在资本主义世界中经济发展最快，有六千多万人就业，是一个重要的原因。"[2] 我们的劳力比美国多得多，安排利用得好，我们的经济发展将会是很快的。

如何安排好目前农村 3 亿多农业劳动力，充分发挥他们的作用，并且为不少地区腾出来的多余劳力找好适当的出路，这是我们应该讨论、应该解决的大课题。在这方面，我们应该制定相应的政策，这是一项具有重要意义的大政策。

如此众多富余的劳动力怎么安排？总的原则是要向工业生产和农业生产的广度和深度进军。毛主席早就这个问题作过指示："社会主义工业化过程中，随着农业机械化的发展，农业人口会减少。如果让减少下来的农业

① 列宁：《关于用自由平等口号欺骗人民》，载《列宁选集》第 3 卷，北京：人民出版社，1960 年 4 月，第 843 页。
② 参见《毛泽东同志读苏联〈政治经济学教科书〉时的谈话》（1959 年 12 月），载《毛泽东年谱（1949～1976）》第 4 卷，北京：中央文献出版社，2013 年 12 月，第 284 页。——编者注

人口，都拥到城市里来，使城市人口过分膨胀，那就不好。从现在起，我们就要注意这个问题，要防止这一点，就要使农村的生活水平和城市生活水平大致一样，或者还好一些。有了公社，这个问题就可能得到解决。每个公社将来都要有经济中心，要按照统一计划，大办工业，使农民就地成为工人。公社要有高等学校，培养自己所需要的高级知识分子。做到了这一些，农村的人口就不会再向城市盲目流动。"①毛主席的指示，明确讲了农机化后，农业生产的人口要减少，人民公社要大办工业、办文化教育和其他事业。每个公社要有经济中心，农业人口不要都拥到城市里去。根据毛主席的指示，我们可以把解决农业腾出来的劳动力的问题，实则也就是解决农村经济问题的途径作如下的设想。

第一步，实现国家工业化，建立起独立自主、自力更生的比较完整的现代化工业体系，打好改造整个国民经济并使之现代化的基础。这一步我们基本上已经初步实现了，现在正在进一步实现它。待这一步完全实现了，我国的工业产值在国民生产总值中约占75%以上，工业和城市职工将达到1亿人，城市人口在总人口中约占20%。

第二步，实现地区工业化，要使我们国家真正富强起来，不仅国家要工业化，各省要工业化，各个地区也要工业化。毛主席在同斯诺谈话时说："中国应该学习美国把责任和财富分散到五十个州的那种发展办法。中央政府不能什么事都干，中国必须依靠地区和地方的积极性。"②我们是一个具有960万平方公里土地，9亿多人口的大国。目前30个省市自治区中，多数省的土地面积和人口都相当于欧洲的一个大国。从目前世界上现代化生产和技术的经济条件看，把这样的大省建成一个经济区域，还显得过大。我们可以设想把现有的211个地区（州）③和现有的100多个中等城市结合起来适当调整，划为100~120个地区，每个地区有3万~5万平方公里，500万~800万人口（大约相当于欧洲的一个中小国家或美国的一个州），有一个中等城市。今后若干年内，我们要有计划地重点建设地区这一级，

---

① 参见中华人民共和国国史学会编《毛泽东读社会主义政治经济学批注和谈话（国史研究学习资料·清样本）》（上），1997年7月，第197页。另参见《毛泽东文集》第8卷，北京：人民出版社，1999年6月，第128页。——编者注

② 参见武际良《报春燕纪事——斯诺在中国的足迹》，海口：南海出版公司，1992年4月，第353页。——编者注

③ 参见中华人民共和国公安部编《中华人民共和国行政区划简册》，北京：地图出版社，1977年，第1页。

实现地区工业化。在划分地区经济区域的时候，要考虑到自然水系、流域以及经济条件，这样有利于大规模地进行农田基本建设，有利于经济区域的农业发展；也要考虑到这个地区的矿产资源和经济发展的历史传统，以利于工农业并举、轻重工业并举和农轻重的全面发展。

实现地区工业化要与本地区实现农业机械化相适应。实现地区工业化要求本地区的农业有一个很大的发展，要能提供足够的粮食和原料；要求农业劳动生产率有相当的提高，才能腾出人力、物力来。这就要求以本地区实现农业机械化为条件，而地区要真正实现农机化，也要以地区工业化为条件。我国幅员广大，从南到北，迢迢万里，气候不同，土壤不同，作物不同，耕作传统习惯不同。因此，对于农机的品种、型号的要求是很繁杂多样的，单靠国家统一生产不行。1971年全国农业机械化会议规定，农机生产以地方为主的方针是完全正确的。要求多地区根据本地的情况和特点，建立农机工业体系，并要相应地建立更加完备的农机修配体系，要建立与农机工业相配套的其他工业系统，以及农产品加工和运输系统。所以说实现地区的农业机械化、现代化，也要以实现地区工业化为条件。根据这种经济发展的必然趋势，我们在今后若干年内，把工业建设的重点放在全国100～120个地区上，大力发展以农机工业和农产品加工业为中心的地县两级的中小工业，有计划、有步骤地把地区建成以工业为主导、农业为基础的经济体系，分期分批地实现地区工业化。把本地区的中等城市，建设成为适合于本地资源、历史传统和以为农业服务为主体的工业经济中心，相应地也使之成为本地区的政治、文化教育、科学卫生和交通运输的中心。

实现了地区工业化，同时实现了农业机械化，农业生产将会有很大提高。多地区的工业产值都要超过农业产值，全国的工业产值将要达到工农业产值的85%以上。全国的职工人数将达到2亿以上，城市人口将达到总人口的35%～40%。

第三步，实现公社工业化。1958年，毛主席在亲自制定的党的八届六中全会决议中说："农村人民公社制度的发展……为我国人民指出了农村逐步实现工业化的道路，农业中的集体所有制逐步过渡到全民所有制的道路。"① 之后毛主席又指示："在农业区，我们也要搞工业。"② "我国现有二

---

① 参见《关于人民公社若干问题的决议》（1958年12月10日），载《建国以来重要文献选编》第11册，北京：中央文献出版社，1995年1月，第599页。——编者注

② 参见毛泽东《读苏联〈政治经济学教科书〉时的谈话（节选）》（1959年12月），载《毛泽东文集》第8卷，北京：人民出版社，1999年6月，第122页。——编者注

万四千多个人民公社，如果其中有二分之一或四分之一的公社，在统一领导、计划安排下，利用当地的各种工业资源，办起各种形式的'小洋群''小土群'工业，包括钢铁的'小土群'，那就可以大大加快我国社会主义工业化的发展速度。"①

现在，我们 50000 多个人民公社，90% 的公社都办了社队工业，但是工业的数量还是很少的。在大多数的公社中，还是以农业生产为主，农业产值占总产值的绝对多数。

随着农业机械化、现代化的发展，农业劳动生产率的极大提高，农业生产的发展，那时，农村社队工业的大发展就有了需要和可能，最终会实现公社工业化，使绝大多数的人民公社的工业产值超过和大大超过农业产值，就可以实现"农民就地成为工人"，"使农村的生活水平和城市生活水平大致一样，或者还好一些"②。到了那个时候，我国人民公社的集体所有制将过渡到全民所有制，我国的工农差别、城乡差别将基本消灭，我国现有的农村问题、农民问题就基本上解决了。

（七）现在农村的劳动力是多了，不是少了

目前在我国农村里，相当多的地区，劳动力是富余的。我们现在只有18 亿亩耕地，而在农村的劳动力总数在 3 亿以上，平均每个劳力只耕种 6亩地，这在世界范围说是相当低的（美国一个农业劳力平均耕种 615 亩，苏联 130 亩，日本 15 亩）。就与我们解放初期比，也是降低了。1952 年每个劳动力平均耕种 8 亩地，何况与 1952 年相比，我们又增加了很多农业机械和化肥、农药等现代化的生产资料。所以，从全国范围来说，我们现在农业上的劳动力不是少了，而是过多了。

我们历史上曾经有过从农业上抽的劳力过多，致使农业第一线劳力过少，引起农业减产的严重教训。1961 年以后纠正了这个问题，提出了加强农业第一线的方针，这是完全正确的。在当时，增加农业第一线的劳力，就能增产粮食；而现在情况不同了，目前要加速农业发展，不是要增加农业劳力的问题，而是如何充分调动现有农业劳动力的积极性，如何充分发挥他们的作用，提高劳动生产率的问题（当然，在有些地区，由于经营管

---

① 参见中华人民共和国国史学会编《毛泽东读社会主义政治经济学批注和谈话（简本）》（国史研究学习资料），2000 年 2 月，第 225 页。——编者注

② 参见中华人民共和国国史学会编《毛泽东读社会主义政治经济学批注和谈话（国史研究学习资料·清样本）》（上），1997 年 7 月，第 197 页。——编者注

理、劳动管理不善，非生产人员过多，也还有加强农业第一线的问题）。

农业上劳力过多的问题，在那些人多地少的地区是很突出的，如有些社队，人口增殖多，加上城市青年下乡，平均耕地越来越少，生产虽有增加，但赶不上人口的增加，所以每人分得的口粮和收入却减少了。在目前我国的生产力水平下，每农业人口平均耕地在 1 亩以下的地区，劳动力都是相当富余的。另外，全国大多数农村，每年还有 3～4 个月农闲季节，这一段农业劳力则有更多的剩余。这种状况，随着农机化的迅速发展，大量的农业机械、化肥、农药等现代化生产资料下乡，农村劳动力过多的问题，将会更加突出。预计到 1980 年，我们将给农村增加 3000 万匹马力的农业机械，以每一马力顶替一个劳动力计，则将取代 3000 万个劳动力，到 1985 年则会更多。

如何安排好目前农村的 3 亿多农业劳动力，充分发挥他们的作用，为不少地区富余出来的劳动力找好适当的出路，这是我们在近几年内要研究解决的大课题。从社会发展的趋势看，农业劳力总要逐渐减少，工业和服务业的职工会越来越多。农村人口逐渐减少，城市人口会逐渐增多。我们应该尽量设法在城市增辟新的领域，使城市能接纳更多的劳动力，逐渐做到使城市的知识青年都在城市就业，并且还能逐渐吸收一部分农业上替代下来的劳力在城市就业。例如，我们可以多搞一些服务行业和轻工业的加工工业（如食品工业、服装业等），既可满足人民生活需要和增加外贸出口，为国家积累资金，也能容纳相当数量的劳动力。现在的问题，主要的还不是城市容纳不了人，城市的许多行业缺人、需要人，而是因为怕农业负担不了，所以不敢增加城市人口。在这个问题上，我们要正确总结"三年困难"时期的经验和教训，那几年城市人口增加得过多过快了一些，农业劳力调离农业的是多了一些，但这并不是造成困难的主要原因，主要的还是自然灾害，"苏修"撕合同，撤专家，"一平二调"瞎指挥。所以，只要我们的农业是稳步上升的，逐步减少一些农业劳力，有计划地逐步增加工业、服务业的劳力，增加城市人口也还是可以的。目前有些对发展城市工业、服务业，增加城市人口的限制过严的规定是值得商榷的。

当然，要使我们的农业迅速发展，还需要有一个调整的过程，按照目前我们经济建设的规模和速度，近几年城市还不能一下就容纳这么多农村富余出来的劳力，现在，主要的还只能在农村安排。可以有以下几个方面。

第一个方面，可以继续大搞农田基本建设。特别是要利用每年的冬春两季农闲的时机。搞农田基本建设，是改变我国农业面貌的一个重要方面，是我们农业的百年大计，一定要抓紧抓好。

搞农田基本建设，要根据各地的具体情况、规模，要定得适当，要注意几个方面的问题。一是要处理好农田基建和当年有收益的生产的关系。如果农田基建的规模过大，影响了农业生产，影响了社员的收入水平，超过了一定的限度，对于整个生产是不利的。二是从全国范围来看，我们每年的农田基建的规模是很大的，常年有 2800 万水利专业队伍搞农田基建，冬春有 7000 万～8000 万的青壮年劳力搞农田建设，这差不多等于美国的全部劳动力。这是件大事，主持这项工作的领导同志和专业计划人员一定要精心设计，精打细算，一定要讲究实效。群众说："我们不怕大干，就怕白干。"对于人民群众的这种呼声，我们一定要时刻记在心上。三是在一定的生产发展阶段里，农田基本建设总是有个底的。例如，在一个地区里，以建成一定数量一定标准的高产稳产田为目标，实现这个目标后，劳动力还是要找其他出路。

第二个方面，公社办工业，实现公社工业化。"使农民就地成为工人"，这是毛主席筹划解决农业劳动力出路问题的蓝图。毛主席认为由基本上生产队所有制过渡到基本上公社所有制，这是一个较长的过程。"这个过程即是农业机械化电气化、公社工业化、国家工业化、人民社会主义、共产主义觉悟程度和道德品质提高、文化教育技术水平提高的过程。"① 在这个过程中，公社要搞好农业，同时也要办工业、副业。在提高劳动生产率、办好农业的条件下，公社、生产队可以把一部分农业劳动力转到工业上去。这可以有两种形式，一种就是社队自己举办各种类型的工、副企业；一种是以各种适当的形式，使农村劳动力参加城镇的工交等事业的建设。

应当看到，国家要搞"四个现代化"，目前的这种 7.7 亿人搞饭吃的局面一定要改变。国家要工业化、地区要工业化、公社要工业化，相当一部分农业劳动力要逐步地以各种形式转到生产率水平较高的工业生产部门中去，这是历史发展的必然趋势。现在有些地区，有些县、社已经这样做了，如山东烟台地区、江苏的无锡县、河北的遵化县、湖南的攸县都有相当多的劳动力转到县、社、队工业企业里去了，结果是工业上去了，又促进了农业机械化的发展，农业生产也搞得更好了。如无锡县 1977 年的工业产值达到 5.5 亿元，超过了农业总产值。该县有个群联大队，工业产值已占总产

---

① 毛泽东：《在郑州会议上的讲话提纲》，载《建国以来毛泽东文稿》第 8 册，北京：中央文献出版社，1993 年 1 月，第 61 页。——编者注

值的 77%。由于农业得到了工业的支持，农业也大幅度增产，全县粮食平均亩产已超过了 1500 斤。

但是，现在有些地区，有些县社，不具体分析本地劳力的具体情况，不研究本地农业上不去的具体原因，笼统地规定不搞非农业生产。以为这样做了，就能把农业搞好，这种做法有片面性。有些地方还笼统地提出"人心向农，劳力归田"的口号。人心向农，各行各业支援农业，想着农业，这是对的，但要把农业搞上去，并不是非要把农业劳力全部投到农业上去不可。有些地区劳多地少，劳动力就是有富余，应该为这些富余的劳力安排出路。实践证明，不少先进的县、社，办了工副业企业，反过来促进了农业机械化，促进了农业生产。办农业，又办工业企业，统筹兼顾，安排得好，是能相得益彰的。前面说过，随着农业机械化的发展，农业的发展，会有相当一部分劳力转到工业生产中去，这是必然趋势，我们应该为农业劳力的充分利用广开门路，不要阻挡这种历史的趋势。

第三个方面，有领导有计划地创造条件进行移民垦荒。我国耕地不足，这是农业发展的一个很大的不利因素。全国现有 18 亿亩耕地。据估计在黑龙江、新疆、内蒙古等地区还有可垦荒地 4 亿亩左右，各省各地都还有一些可垦的小片荒地（所有这些荒地自然条件都比较差），分期分批地开垦利用这些荒地，也是发展我国农业生产的一个重要方面。

解放以后，这 20 多年中，我们曾经搞过几次规模较大的移民垦荒，但后来效果都不怎么好。我们也在边疆地区，举办大的国营农场，大片垦荒，但国家投资很大，而且亏损大，对财政是一个很重的负担（这里有农产品价格问题，也有经营管理等问题）。

如何开好这 4 亿亩荒地，是一个重要的研究课题。

福建的杨厝大队，经济条件较好，本来缺少耕地（每人只有 4 分地），主要依靠自己的力量，在百里外开垦了一大片荒地，效果很好，这个经验可以借鉴。

以后在人口稠密、耕地缺少、自然资源贫乏地区，移出一部分人到地广人稀的地区去总还是必要的，问题是要制定适当的政策，要有领导，要有妥善的安排。以往有几次移民之所以不成功，原因是多方面的，有政治原因，有经济原因，也有部分群众重土轻迁等传统观念的影响，但主要是经济政策不恰当的缘故（同样是北大荒，新到那里的林业工人就能在那里安居扎根）。移民垦荒是经济事业，应该主要采用经济的方法来解决。有关方面要制定恰当的经济政策，来推进、保证国家的移民垦荒的事业进行好。

如果我们把移民垦荒的事业办好了，国家可以安置几百万、几千万农业劳动力，扩大几亿亩农田，还可以为国家提供大量的粮食和农产品，是我们发展农业生产的一个重要方面。

（八）妥善解决全国 1/3 社员超支户的问题

普及大寨县座谈会的文件中说："增产不增收，多劳不多得，分配不兑现，是当前影响社员积极性的严重问题。一九七四年以来，全国人民公社的集体总收入每年增长百分之二、三，而开支却增长百分之八、九。社员每人分配收入一九七六年比一九七四年减少三元多，口粮减少三斤多，社员超支户占总户数的三分之一。"[①]

我国现在有 7.7 亿农民，共约 1.5 亿户。1976 年社员超支户占总户数的 1/3。就是说，有 5000 万农户，2.6 亿农民，辛勤劳动一年之后，除分得口粮、柴草等部分基本生活必需品之外，不但分不到红，还要亏欠生产队集体的钱，总额达 71 亿元（每户平均 136 元，每人平均 27 元）。

而凡是超支户多的社队，绝大多数是穷社、穷队，生产队集体家底薄，根本没有这么多钱来垫支社员的超支款。钱哪里来？就是欠劳力多、劳力强、人口少、负担轻、按账面结算应该分到红的社员的，这就使相当一部分社队年终分红不能兑现，应分钱的户只领到一张白纸欠条。这次会上，没有这部分社员户的数字，估计约在 1500 万户到 2500 万户之间（据 11 省市统计，一部分或大部分分配不能兑现的生产队占一半多）。

5200 万超支户，加上 1500 万到 2500 万应分红而分不到钱的户，两项合计约为 6700 万到 7700 万户，约占全国总户的 2/5 ~ 1/2（约为 3.3 亿人到 3.8 亿人）。他们劳动一年之后，除分到口粮、柴草等部分基本生活必需品之外，从生产队分不到什么钱。有很大一部分还欠着集体的钱。这种状况不仅给这部分社员的生活造成很大困难，而且精神上也是一个很重的负担，长期欠着集体的款，有这么多人背着"债"，在思想上是个很大的压力。

万里同志在《红旗》1978 年第 3 期的文章中引用贫下中农的话说："辛辛苦苦忙一年，年底分不了多少钱，哪有心思来种田。"[②] 在一些被"四人帮"干扰破坏严重的县、社、队里，社员口粮不足，被迫外流逃荒要饭，

---

① 《普及大寨县工作座谈会讨论的若干问题——汇报提纲》，载中华人民共和国国家农业委员会办公厅编《农业集体化重要文件汇编》，北京：中央党校出版社，1981 年 10 月，第 950 页。——编者注

② 万里：《认真落实党的农村经济政策》，《红旗》1978 年第 3 期。

不少社队无现金收入，劳动日值很低；一些老革命根据地的山区，有些贫下中农收入少，甚至连吃饭穿衣问题，都没有很好解决。毛主席经常教导我们要"关心群众生活"，要解决群众的生产和生活的问题。现在我们农村有2.6亿~3亿多的社员群众，不同程度地存在吃饭穿衣的基本生活问题，如果我们不采取迅速有效的措施去解决，我们怎么能把亿万农民群众的积极性调动起来，我们怎么能把农业迅速搞上去呢？

造成这么多欠款户的原因很多、很复杂，我们应该切实做好调查研究，分别情况，采取有效措施，妥善解决超支户的问题。这次人民公社经营管理座谈会的文件说：干部挪用侵占，该交款不交，实物分配过多，包生活范围太大等是造成超支户多的原因。并且提出：超支欠款的5200万户中，除20%困难户外，其余都是不该拖欠的，这是无偿占有他人劳动果实的剥削行为。干部要偿还，职工要交款，搞副业、单干的要限期交款，四类分子要责令归还。个别生活困难的要经同意从公益金中适当解决。要在今后二、三年中基本上解决超支户欠款问题。座谈会文件上讲到的超支户多的这些原因，只能说部分地区是这种情况，大部分地区超支户多的原因，不完全是这种情况。就全国范围来说，超支户多少与社队生产发展高低、分配高低有必然联系，凡是生产发展好、社员分配水平高，超支户就少，凡是生产落后、经营管理不妥，社员分配低，超支户就多。一般说，劳动日值在0.3元以下，那么这个队的超支户就会多达50%；劳动日值在0.4~0.5元，超支户在30%左右；如果劳动日值在0.8元以上，那超支户就很少了。

如昔阳县的城关公社，学大寨运动搞得好，生产发展好，1975年的劳动日值平均为1.3元，全公社仅社员存款就达80万元（80%以上的户有存款），超支户很少。而刀把口公社，自然条件就差，生产发展比城关公社差，超支户问题就比较突出。杨铺大队91户社员，超支户32户，占35%强，超支款为9700.47元。另一个刀把口大队，52户，超支户33户，占63%，超支款为7065.06元。而同一个公社的孔氏大队，学大寨好，农业生产好，全村430户有85%的户有存款，总额在4万元以上，超支户只有50多户，只占总农户的百分之十九。从杨铺大队超支户的情况看，多数是劳少人多，老弱人多的困难户。大队7个主要干部，6户是余款户，只有会计是超支户（8口人，5个小孩，1个老人，确有困难）。

1976年福建省全省农业人口平均分配，每人为54元，最高的沙县105元，最低的平潭县每人29元，连江县31元。在沙县超支户很少，而连江县全县的超支户就超过 50%，因为工分值低，仅分口粮、柴草就要超支（每人分 300 斤稻谷的口粮就要 30 元）。

1975 年农业学大寨会上，邓小平同志讲到，四川省每农业人口的平均产值只有 96 元，按 55% 分配，每人每年平均只有 53.6 元。所以像平潭、连江这样的县是很不少的。这次座谈会还讲到全国现在有 200 多个低产县，农业生产长期上不去，生产搞不好，分配当然就低，超支户必然多。

从这些材料看，困难户是绝不止 20% 的。所以人民公社经营管理座谈会文件提出的"干部要偿还欠款，职工要交款，搞副业单干的要交款，'四类分子'要责令归还"等解决办法，当然是很必要的。这样做，能解决一部分分配兑现的问题，现在不少地方执行了，效果是好的（如安徽等地）。但因为超支户多的主要原因，在相当多的地区是生产不发展，分配收入低，困难户多，所以仅这样做，还并不能完全或基本解决这个问题。而且上述解决办法，在执行中，也要分别情况，具体分析，具体处理，不能笼统地提干部退赔等口号，因为在超支挪用的干部中，有相当一部分也确是生活有困难，他们本身就是困难户。1974 年广东省在进行基本路线教育中，有部分地区笼统地提出，"破产退赔，破产还款"的口号，使得一部分基层干部卖房、卖家具、卖衣被退赔，造成的影响不好，后果也不好（对部分属于贪污、盗窃、侵占挪用、生活特殊的干部，这样做是可以的）。

那么，这 5200 万的超支户怎么解决？"白骨精"江青 1975 年在农业学大寨会上，提出要统统豁免，这是破坏我党历来的经济政策，在社员中制造矛盾，破坏团结，破坏生产的坏主意。邓小平同志当场驳斥，予以否决了。这么多的超支户，有部分是不该超支，不该拖欠的，如确有偿还能力的干部、职工家庭和副业户等，这部分当然不能免。另一部分是困难户，一时确实无力偿还，而困难户中的情况也不同，有部分是丧失劳动能力的或五保户，大多的情况则是劳少人多、劳病人多的，这部分户是会转化的。劳少人多的户，孩子大了，成了强劳力，渐渐就能变成余款户，对于这部分户，当然也不必免。所以有部分该免的可以免，而多数不该免的也不能免。笼统地免了，实在是转嫁负担，打击另一部分社员的积极性，于团结、于生产都是不利的。

造成这么多超支户的原因是多方面的，解决的办法也应该是区分情况，具体处理，而最主要的办法是国家应该制定相应的政策，减轻农民负担，调整农产品价格，调整征购政策，从政治上、经济上资助这 200 多个低产县和穷社穷队发展生产，改善经营管理，增加收入，提高农民的分配收入的水平。这才能从根本上解决超支户过多的问题，才能解决增产不增收，多劳不多得，分配不兑现的问题。

对于人民公社经营管理座谈会文件上提到的那些社员口粮在200斤以下，每人分配收入在30元以下的灾区、老低产区、穷社、穷队，那里的群众口粮不足，衣被甚少，已经成了严重的社会问题。国家和当地政府应该过问，关心群众生活，拨出专门的粮食和款项，采取救济和支援等措施，组织好那里的生产和生活，迅速解决那里的问题。1973年，我们敬爱的周总理发现了甘肃省定西地区的群众生活有严重困难，亲自过问，作了指示，派出专门的代表团去帮助解决那里的问题。像定西地区这样的情况，现在也还是有的，我们应该以敬爱的周总理为楷模，把人民的疾苦时刻放在心上。

分配工作中还有一个值得提出的问题，就是农村中穷队和富队之间的差别过大，分配中过高和过低、分配悬殊的问题要解决。1971年江苏省武进县戴季桥公社有个大队一个劳动日值（10分）是6元钱，而同年山西忻县一个队的劳动日值（10分）只有8分钱，两者相差74倍。这是两个特殊典型的例子，更高的我没有听说过，但比劳动日值8分钱还要低的，至今确实还是有的。一般像上海、北京等大中城市的郊区的富社富队，东北地区的一些富社富队，每个劳动日值都在1.5~2.5元，而在上述200多个县的低产区，劳动日值一般在0.2元钱左右，相差10余倍。如果加上这些富社富队，还有分配外的其他集体福利补贴（穷社穷队则基本没有），两者相差就更大了。

农村社队分配水平过高和过低都有问题，分配水平过高，于公共积累、基本建设不利。而且因为分配过高，超过了工人生活水平，给城市招工、军队征兵等工作都带来困难（农村社队的每个劳动日值超过1.5元的，就接近和超过了目前城市的一般工人、干部的生活水平，所以昔阳、大寨大队规定劳动日值不超过1.5元是很有道理的）。分配水平过低，则不能保证社员的基本生活，不能维持最低的生活水平。目前一个普通农民家庭，五口人，两个劳力，三个孩子（或两个孩子、一个老人），一年两个劳力做600个工日，口粮一人360斤，五个人共1800斤，柴草1800斤，这两项款就需198元。如果劳动日值是0.33元，正好可以把口粮和柴草分回来，如果劳动日值低于0.33元，那么就连分口粮和烧柴两项都要超支，更不要说还要买其他了。

所以，要制定相应的政策和措施来解决分配中的过低和过高的问题。解决过低的问题主要是靠有关方面帮助这些低产区，穷社穷队，通过学大寨发展生产，改善经营管理来解决，办法已如上述。解决某些地区分配水平过高的问题，主要是通过制定相应的政策来解决，要调整价格政策（某些产品的价格过高，如上述每劳动日值高达 6 元的队，主要是搞放养珍珠蚌，而珍珠价格较高）。要调整负担（相对地讲，城市郊区的负担轻了一些），要把"级差地租"收归国家（如对土地肥沃、交通便利的地区和有矿产资源的社队负担相对加重一些）。当然对那些确实是通过学大寨，自力更生、艰苦奋斗，付出了艰辛劳动，搞好了生产的社队，分配高一点也是应该的，不必强求一律，这于发展生产是有好处的。

（九）集市贸易中粮食价格问题

自"统购统销"以后，粮食就存在着两种价格，一种是国家的购销价格，一种是民间的市场价格。新中国成立 20 多年来，国家除两次提高收购价格和提高一次销售价格外（幅度都很小），基本上没有怎么变动。但粮食的市场价格却时起时落，几乎每年每月都在变动。市场价格的变动情况反映了我们国家的或某一地区的农业生产的发展情况（我们往往可以从某一地区的粮食的市场价格判定那个地区的农业生产和工作情况）。

1958 年以前，各地的粮食市场价格基本上是和国家价格一致的，出入有一些，相差不多。1960 年以后，我们遇上三年自然灾害，那时的粮食市场，价格暴涨。据我所知不少地区的粮价有涨到 4 元钱一斤的，一斤粮票要 3 元多钱。1962 年以后国家农业逐渐恢复，粮食市场价格逐渐下跌，到 1964 年，一般降到 0.5 元以下。"文化大革命"中，不少地区受到林彪、"四人帮"的干扰破坏，在受灾害最严重的地区，粮价又有超过 1 元钱一斤的。现在多数地区的市场粮价约比国家价格高 100% ~ 150% 的样子。如在河北、河南、湖南、江苏等地的城市的国营饭店里，主食售价每斤不给粮票的比给粮票的要高 0.2 元（北京卖黄油饼，一两一个，交粮票 0.06 元一个，不给粮票是 0.08 元一个，也是这种情况）。1978 年 1 月，我到南方出差，实地调查和访问到的市场价格见表 9。

表 9 1978 年我国部分地区粮副产品价格情况

地区	米（元/斤）	小麦（元/斤）	玉米（元/斤）	米糠（元/斤）	猪肉（元/斤）	母鸡（元/斤）	鸡蛋（元/个）
广州三元里	–	–	–	–	–	3.00	0.24
花县江高镇	0.06	–	–	0.18	2.40	3.00	0.20

地区	米 （元/斤）	小麦 （元/斤）	玉米 （元/斤）	米糠 （元/斤）	猪肉 （元/斤）	母鸡 （元/斤）	鸡蛋 （元/个）
湘潭	0.03	–	–	–	1.20	1.30	0.13
襄阳万山	0.33	–	0.28	0.08	1.10	1.10	0.12
四川江津	0.55	–	–	–	1.70	1.40	–
湖南冷水江	0.04	–	–	–	1.20	–	–
浙江温岭	0.45	–	–	–	1.60	–	–
辽宁凤城	–	–	0.40	–	2.00	–	–
山东苍山	–	0.37	0.28	–	1.10	–	–
河南罗山	0.20	0.25	–	–	0.80	–	0.06
苏北	0.50	–	–	–	1.10	1.20	0.14
安徽芜湖	0.25	–	–	–	–	–	–

前四项是我实地调查的材料，后面一些地方的市场价格是我访问到的。在调查中，我们看到，从粮食的市场价格的情况可以看到那个地区的农业生产状况。凡是市场粮食价格低的地区，一般说农业生产较好，社员生活比较安定、比较好；粮价高，则往往是那里的农业搞得不好，或者是遇到了自然灾害。市场的粮食价格与政治变动情况、自然气候有相当的关系。四川省江津地区、达县地区，原来粮价都在0.7元以上一斤，自打倒了"四人帮"，四川省委抓纲治蜀，一年就初见成效，粮价就逐渐下降，现在都已降到0.5元左右一斤，有的县区，粮价更低一点。山东临沂一带，1978年春节前后，小麦0.35元一斤，白薯干0.2元一斤。但开春后，小麦普遍长势良好，又下了场大雪，锦上添花，丰收在望，集市上的粮价就有反映，白薯干一斤下降到0.18元以下。

从调查访问中，我们还看到，凡是哪个地方的粮食集市大（买卖粮食的多），那个地方就存在着比较严重的缺粮问题（或者是遇上了自然灾害、严重减产，或者是购了回头粮）。真正吃黑市粮或曰高价粮的人，主要还是农民，城里人也有去县上买粮食的，但为数甚少，有些是定量不够的职工，而多数还是在城里生活，但没有城市户口的农村去的临时工、合同工。

真正买高价粮、吃高价粮的主要是农民。这一点要引起我们足够的重视，我们要迅速发展农业，就一定要注意解决农民的生活问题，要采取一些必要的措施，解决集市贸易中粮价过高的问题。更有甚者，在某些购了"过头粮"的地区，农民一面以国家收购价格向国家交售粮食，一面又以高出国家价格数倍的高价买粮食吃。这就更加不合理了（凡是征了"过头粮"

的地区，粮价一定高）。

我们全国有一些老的低产区，如甘肃中部、宁夏固原地区、晋西北、陕北、陕南商洛和安康地区、鄂西北、云贵川山区、苏北、淮北部分地区、河北沧州和衡水以及山东惠民、聊城和豫东等部分地区，由于自然条件差，常常受旱涝灾害，生产、生活长期翻不过来，使生产老陷在简单再生产的圈子里，遇到大的灾害，连简单再生产也保不住。解决这些地区的问题，当然主要是要加强领导，发展生产，根本改变那里的生产面貌，但要保证那里群众的基本生活问题也是一个重要方面。凡是这些地区，粮价都是很高的。这里的社队，集体的家底薄，集体和社员家庭，都没有什么储备粮，所以一遇大的自然灾害，集上的粮价，马上就暴涨。因为严重地缺粮，社员又不得不买高价粮吃。钱从哪里来？有外来收入的靠外边寄，大多数的社员群众，就只好靠卖衣服、家具等物品以换取粮食，所以这些县地和社队，经过一场严重自然灾害，不仅是集体生产力受到破坏，不能维持简单再生产，而且社员基本生活不能保证，家庭经济也受到严重损害，若干年恢复不过来，这当然会直接影响到农业生产的恢复。从关心农业生产、人民生活的观点出发，我们不能放任不管，但这种干预不是采取禁止、硬性定价的办法可以奏效的，而是必须采取经济的措施。因为灾区集市贸易的粮价过高，主要原因是那里严重缺粮，求过于供。解决的办法，是要国家设法调运粮食进去。能否做得到呢？国家过问了，有关部门重视了，是可以办得到的，例如，河南省的信阳、罗山一带，这些年农业生产较好，集市上的米价只有 0.2 元左右一斤，而豫东商丘一带，严重缺粮，小麦价格总在 0.4 元左右一斤（有时更高）。两者相差近一倍，这是在一个省里。又如广西，这 10 余年来，农业连年增产，粮食比较充裕，集市米价在 0.25 元左右，而邻省的广东，林彪死党黄永胜在时搞破坏、搞浮夸，造成的后遗症大，农业遭到打击，不少地区缺粮问题比较大，集市米价高，要 0.5 元左右一斤，有的地区有时竟有超过 1 元钱一斤的。两省的米价相差一倍还多。

信阳和商丘是在一个省里，广西和广东是邻省，距离都不算远。一个粮食比较多，一个则严重缺乏，国家能否从余粮区调运一些粮食到缺粮区去呢？我想只要制定相应的政策，采取妥善的措施，是可以解决一些问题的。现在我们在某些地区，还层层设卡，不让群众自己携带粮食到缺粮区去（理由是打击投机倒把活动），这不是更加促使缺粮区粮价的高涨吗？这些地方，因为缺粮群众生活不安定，搞投机倒把、搞资本主义的活动是有的（而且一般来说比农业生产好，群众生活安定的地方严重）。但我们一定要把属于从外地运粮自己食用的活动和搞投机倒把的活动分开，不能因为有人搞投机倒把活动，而一律禁止。

国家有关部门应该掌握各地集市贸易中粮价的变动情况，这也是了解各地农业生产和人民生活状况的一个渠道。对于集市粮价过高的地区，要采取必要措施，调运粮食进去，解决群众的基本生活问题，这是保护生产力，促进那些地区生产较快地恢复和发展的一个重要方面。

（十）扩大城市的农业区，促进工农结合，城乡结合，这是加速农业发展的重要途径之一

实践的经验表明，大、中城市郊区的农业一般都比其他地区发展得好些，农机化发展得快些，增产幅度大一些，农业劳动生产率高一些，农民生活也好一些。例如北京、上海、天津3个市的农业都是较早地超了"纲要"，吉林市辖的5个县，在1972年前都上了"纲要"。

现代农业的发展，需要城市的支援，工业的支援。农业要进行技术改造，需要城市工业的装备；农业发展需要肥料、农药，可以从城市就近取得，农业科学种田，需要城市的文化科学技术力量。而且城市工业本身的发展，也需要农业的支援，除了需要农村提供粮食之外，还需要适时提供蔬菜、水果、肉类和其他副食，需要农村劳动力的补充等。

目前，我们全国有180个市，其中3个直辖市、78个省辖市、99个地辖市。北京、上海、天津3个直辖市，除了本市郊区外，还有24个县归这三个市领导。78个省辖市中，29个有直属的县（共84个）作为农业区，多数则除了本市郊区外，没有农业区。像无锡这样一个县有50多万人口的中等城市，只有一个10万人口的郊区，而没有市属的县。无锡市有很大的支农工业潜力，得不到充分发挥，而它本身发展需要的农村支援也不易得到。无锡市有些工业设备和产品是可以脱壳下放给农村社队工业的，但因为自己没有农业区，也得不到适当的安排。由于领导体制的问题，市和临近几个县发生了一些本来可以很好解决但却得不到解决的矛盾。

现代经济事业的发展，要求工业、农业有紧密的结合，城市、乡村有更紧密的结合。所以我们应该在行政区的划分下，适应"四个现代化"发展的客观要求，使之有利于工农结合，城乡结合，有利于经济和各项事业的发展，也有利于加强工农联盟，缩小城乡之间、工农之间的差别。像无锡这样的中等城市，可以把周围的无锡、沙州、江阴、宜兴、溧阳等5个农业县划归它管辖，形成一个以无锡市为中心的工农业并举的经济区域。

这样做对于农村、农业生产的发展是大有好处的。

一是有利于加速农业机械化、电气化、现代化的进程。城市工业的设备、技术力量可以更好地支援农业，这对于像苏南这样农机化程度较高的地区仍然是很需要的，更不要说目前正在实现农机化的县社了。

二是有利于农村社队工业的建立和发展。在农村发展社队企业，不缺劳力，不缺资源，困难的是缺资金、缺设备、缺技术力量，如果同城市的工业结合起来，在统一的领导下，有计划、有安排、有步骤地搞，发展将会是很迅速的。即使像无锡县的社队工业发展得比较好的地方，仍需要同城市大工业结合，以便更好地分工，更好地提高，纳入国家总的规划。

三是有利于加强党对农村的领导，利于城市的各项事业支援农业，推广前些年有些城市行之有效的"厂社挂钩""校社挂钩""店社挂钩"的支农组织形式，各种力量支援农业，促进工农结合、城乡结合。

四是有利于农村的文化教育、科学研究事业的发展。现在城市的青少年在城里上学，农村的青少年只能在农村就学。这样城市中学的学生来源单一，质量得不到保证，农村一些有培养前途的青年，得不到好的学校培养。这种情况急需改变。城市扩大农业区后，教育也统一管辖，农村有培养前途的青少年，也可以有条件得到城市中学的教育。

五是有利于试办一些"农工联合企业"。这种经济形式在南斯拉夫等国家已有比较好的成就，我们可以根据我们人民公社的特点，同城市的食品加工等工厂企业结合起来，搞些典型试验。

而且，扩大城市的农业区，对城市本身发展，也是大有好处的。

一是有利于工业更合理布局，城市更合理地布局。例如有些不适合在人口居住稠密的城市中办的工厂企业，可以安排到比较宽广的农村山区去。

二是有利于工业的调整。使一些适合于分散经营的产品和零件可以脱壳和下放到社队企业去，城市工业可以集中力量向生产高精尖产品发展。

三是有利于在未来城市工业和其他事业的大发展中得到农村的配合和支援，特别是劳力的支援。

四是有利于从农村获得蔬菜、水果和副食的供应。天津市划为直辖市后最初几年，没有划农业县，那几年城市的蔬菜供应一直很紧张。现在有相当数量的城市也还没有很好解决这些供应问题。扩大城市管辖的农业区，统筹安排，将可以有条件解决这个问题。

根据这些理由，我们在行政区划分上做适当的调整，扩大城市管辖农业区是有必要的。如果我们给每个大城市划 10～15 个县，给每个中等城市划 3~5 个县，给每个小城市划 2~3 个县作为市属农业区，那么归市属的农业县将有 700~800 个县。这些市属农业县，在城市的支持下，3~5 年内做出成绩来，这对我们全国的农业发展将是一个很大的推动。

（十一）目前农村建设的重点在大队

1960 年制定"人民公社六十条"的时候，毛主席亲自规定了农村人民公社集体所有制为"三级所有，队为基础"的原则。1961 年 9 月，毛主席又明确指示，基本核算单位定在生产小队一级，而且还要求向社员主体宣布这个体制 30 年不变。这个英明决策，保证了农村集体经济的健康成长，促进了生产的发展。实践证明，这个体制是完全适合我国农村生产力发展水平的。"文化大革命"中，农业连续十多年丰收，靠什么？坚持"三级所有，队为基础"是很重要的一条，这是"人民公社六十条"核心的一条。

现阶段农村人民公社"三级所有，队为基础"的体制在全国多数地区来说，和农村生产力水平还是基本适应的，它还有优越性。但随着建设"大寨县"运动的普及、提高，农田基本建设规模的扩大，农机化的发展，公社、小队两级经济的壮大，以生产队为基本核算单位要过渡到以生产大队为基本核算单位，以进一步发挥人民公社"一大二公"的优越性，这是历史发展的必然趋势，这一点是没有疑问的。

问题是现在是不是已经到了要向大队核算过渡的阶段？应该说，目前对全国大多数地区的社队来说，条件还不成熟。由小队为基本核算单位过渡到大队为基本核算单位，这是我国农村集体所有制的一次重大变革，是一件大事情。对此，既要看到这种过渡的必然性，要采取积极热情的态度；又一定要看到所有制的复杂，必须根据生产力发展的水平，要具备客观的经济和政治的条件，要采取极其郑重的态度。认为大总比小好，提早过渡，操之过急是不行的。条件成熟一个，过渡一个，拔苗助长，一窝蜂是肯定要吃亏的，不要再犯"一平二调"的错误。我们应该积极从各方面创造条件，因势利导，水到渠成。

由以小队为基本核算单位过渡到以大队为基本核算单位的时间，就全国、就各省区来说，应与全国、与各个省区基本实现农业机械化的时间相适应。林彪、特别是"四人帮"的破坏，给农村多方面的工作造成了极大的祸害。去年①，华主席提出"抓纲治国"的方针，目前农村正在进行各方

---

① 此处指 1977 年。——编者注

面的整顿，拨乱反正，需要稳定。农机化运动，也正在进展之中，这都需要一定的时间。所以，安徽省委在农村经济政策问题的规定中提出，现阶段人民公社"三级所有，队为基础"的制度在多数地区"不要轻易变动"，是完全恰当的。这次在"普及大寨县工作座谈会"上，提出过渡的三个条件（1. 经过整党整风切实建设起一个好的领导班子；2. 大队经济有一定的基础，生产队之间贫富悬殊不大；3. 群众自愿）。原则是对的，不过还应该定具体些，不然，下面可能做出各种理解。从各地的情况看，现在农村里，大队一级以上的干部要求早一点过渡的人比较多，而生产队长以下的基层干部和社员，则多数主张要稳定。地位环境不同，反应是不一样的，我们在听取意见时，一定要具体分析。在目前农业生产中主要还是靠手工劳动的情况下，在体制问题上，我们还是主要要尊重生产队长们和多数社员群众的意见。"不要轻易变动"，这在目前是得人心的，是有利于农业生产发展的。甘肃的群众说，要把农业生产搞上去，要恢复"解放初期的作风，合作化时期的管理，1962 年以后的农村经济政策"，这个要求很值得我们考虑。但也有要早一点快一点过渡的地方。湖北襄阳专区 8 县 1 市，其中随县、襄阳两个大县和襄樊市郊去年秋天就已经大部或全部过渡为大队核算了。去冬年终决定分配时，产生了一些新的问题。襄阳县的有些社干部反映，权是收上来了，担心生产队长们撂挑子，放松对生产的领导，那就成问题了。

全国大多数地区的社队，现在还不能由小队基本核算向大队基本核算过渡，但不久的将来一定要过渡。目前的任务就是要从多方面积极努力，为实现这个过渡创造必要的条件。而其中最关键、最重要的条件，就是要把生产大队这一级的经济、政治等方面的建设搞好。所以，从全国来说，目前农村建设的重点在生产大队。

我们要像大寨那样，通过整党整风，把以党支部为核心的领导班子建设好，使大队这个社会主义政权组织的最基层单位的政治、经济、文教、科技、卫生、公安、民兵等工作的领导权，真正掌握在贫下中农手里。要把贫协、妇联、青年团等基层群众组织建设好。要坚持党的民主集中制，恢复和发扬我党历来的优良传统和作风，这是大队的政治建设。

我们要进行以农田基本建设和农业机械化为中心的生产建设，建成相应数量的旱涝保收、高产稳产田。同时也要建立和发展以农副产品加工为主和利用当地资源的工业副业的大队企业，逐年增加公共积累，增强大队一级的经济力量，为将来过渡时，小队可以"共大队的产"创造经济条件。

我们要进行以大队财会制度为中心的多项规章制度的建设。搞好劳动管理，财务管理和计划管理，根据按劳分配的原则，搞好劳动工分、收入分配等方面的工作，进一步调动社员群众的社会主义劳动积极性。

我们要把大队七年制学校、大队农业科研组、卫生所等农村基层组织的教育、科学、文化单位建设好。提高文化科学水平，培养教育后一代，为实现四个现代化准备人才。

（十二）建立全国农业生产建设委员会

实现四个现代化，要有组织上的保证。工业现代化有国家计委主管，科学技术现代化有国家科委主管，国防现代化有中央军委主管，作为四个现代化的基础，农业现代化，也应该建立一个相应的主管机构。目前的农林部管辖的范围太窄，职权太小，不能适应实现这个伟大任务的需要。实现农业现代化是一项艰巨的任务，是四个现代化最基础、最困难的任务，涉及的面很广，而现在这些部门是分属好几个主管机构管辖。如农机工业是由一机部管的；化肥、农药、塑料薄膜等是由化工部管的；水利建设、南水北调，黄、淮、海的治理是归水利部的；分子生物学、遗传工程学等重大科研项目是归科学院的；农林部主管着农业生产、科研、农垦等事业。应该建立一个强有力的农业生产建设委员会，把为加速农业发展，实现农业现代化的各种工作统管起来。

实现农业现代化，当然主要要依靠8亿农民，要依靠各省、各地、各县的党委。但我国是一个如此幅员广阔、农民众多、情况又千差万别的国家，实现农业现代化，需要做很多很多工作，克服很多很多困难，需要有一个总参谋部来进行规划，进行指挥，进行协调，进行监督和检查。例如，要制定全国农业赶超世界先进水平，实现农业现代化的设想规划步骤；要统管实现全国农业机械化的各项工作；要把开发、治理长江、黄河、淮河、海河等跨省区的巨大水利工程和建设统一管理起来；要部署全国农田基本建设的规模和步骤；要具体抓好全国若干个大的商品粮基地和十多个农业低产区的建设；要建立和健全全国农业科学技术教育和研究的体系；要提出调整和制定为实现农业现代化在各个方面、各个时期的具体政策和建议。

包产到户问题应当重新研究[*]

1979 年夏天，我们到安徽农村调查，肥西县委的同志曾向我们介绍说，今年小麦丰收。预计：按生产队老办法干的，比去年增产一倍；包产到组的，增产两倍；包产到户的，增产近三倍。后来，省农委的同志寄来了三份关于肥西县山南区的调查报告，里面讲到夏收的结果，证实了原来的估计。山南区包产到户的队占 77%，1979 年夏粮总产 2010 万斤，比 1978 年增长 265%，国家征购 1149 万斤，比 1978 年增长 5.7 倍。

据我们了解，山南区的包产到户，是 1978 年大旱，在秋种时遇到很大困难的情况下，群众自发搞起来的，省、地、县的领导没有明确表态。1979 年 3 月 15 日《人民日报》发表批评包产到组的信①之后，县、区领导曾经准备纠正。当时省委考虑，春耕大忙已到，劳动组织、计酬形式等如果再变，于生产不利，所以表示山南区可以试着干，待秋后再说。现在，夏粮已经到手，秋粮也大丰收在望，实践的结果是大增产。80% 以上的群众要求再这样干下去。但肥西县委已经下令要"纠正包产到户，要求农民重新组织起来，走社会主义道路"。据我们了解，肥西县委对包产到户后增产效果显著，对农民要求再干的迫切愿望是清楚的，他们主要是怕担担子，怕戴"走资本主义道路"的帽子，才采取了这个"收"的措施。

* 本文源自《农业发展的黄金时代——包产到户的调查与研究》（陆学艺著，兰州：甘肃人民出版社，1983 年 3 月），第 1~8 页。该文首次发表于中国社会科学院内部刊物《未定稿》1979 年 11 月 8 日（增刊），第 23~30 页，作者：陆学艺、贾信德、李兰亭。据陆学艺本人回忆，《未定稿》增刊发表该文后，曾引起万里、李登瀛等领导同志关注，并被万里称作"最早为包产到户做宣传的文章"（参见本书第 7 卷收录的文章《农村第一步改革的回顾与思考》）。该文还收录于内部资料《包产到户资料选》（一）（中国农村发展问题研究组编，1981 年 4 月）、《当代中国农村与当代中国农民》（陆学艺著，北京：知识出版社，1991 年 7 月）、《陆学艺文集》（陆学艺著，上海：上海辞书出版社，2005 年 5 月）。——编者注

① 《"三级所有，队为基础"应该稳定》编者按，《人民日报》1979 年 3 月 15 日第 1 版。

基层干部和社员的态度很明确，他们要求再干一段。他们问："增产粮食犯不犯法？""实践是检验真理的唯一标准在农村兴不兴？""为什么证明了能够大增产的办法不让搞？""我们国家至今还吃进口粮，作为一个中国人，感到不光彩，这个办法难道不比吃进口粮好？"基层干部和农民的这些话，讲得理直气壮。

肥西县的干部现在思想很矛盾。他们问："搞了二十多年的农业工作，往往把粮食搞减少了，或者只是徘徊不前，反而说大方向正确，路线正确；而把粮食搞得大幅度增产了（如 1961、1962 年以及今年夏季），反而说是大方向错了，路线错了。这到底是什么理论？"他们还说："什么是资本主义？什么是社会主义？现在糊涂了！"他们对包产到户是又想又怕，想的是包产到户后，农民生产积极性倍增，粮食产量陡升；怕的是将来上级说包产到户是资本主义，自己担不起担子。他们在行动上不敢去领导，不敢去总结经验，更不敢去解决问题。在群众面前，说话吞吞吐吐，写文件更是字斟句酌，留好后路。他们在等待，等上级表态，等有关方面说话。

是继续试验，还是就此刹车？到了要做决定的时候了。对于干部和农民提出来的问题，我们也应该在理论上加以阐明。我们认为，对于包产到户问题，应该进行调查研究，实事求是地重新做出恰当的评价。根据我们在安徽的肥西、安庆、岳西、芜湖、宣城等地的调查，提出下面几点看法、供有关方面参考。

一　包产到户不是分田单干

分田单干是集体经济瓦解，退到农民个体所有和个体经营的状况，而包产到户则不是这样。

1. 包产到户是生产责任制的一种形式。集体经济的所有制没有变，土地、牲口、大农具、水利设施等仍归生产队集体所有，由生产队支配，社员只有在规定时间内的使用权。土地、牲口、大农具在社员间不能买卖，更不能依此去剥削别人。

2. 包产到户后，生产队仍能坚持集体经营，表现在可以统一种植计划，统一兴修水利，统一用水，统一抽调劳力，统一核算、分配等。山南区的做法是在生产队统一领导下，实行包产到组、责任到户的个人岗位责任制。

3. 包产到户也是联系产量计算报酬的一种形式。据我们在肥西县柿树公社东大圩子生产队的调查，社员户对生产队包产，秋后，按包的产量向生产队交粮食和其他农产品，生产队根据各户交的粮食和其他农产品，统一核算，统一分配，对社员分配实物和现金。生产队对国家的征购照样交，生产费用、公积金照样留，"四属""五保户"继续可以得到照顾。生产队对社员按交产记工、社员按工分得到集体分配收入，另外他还可以得到超产部分的奖励粮食和农产品。东大圩子生产队会计对我们说："我们按包产的收入做账，有工分值、有口粮数、有公积金、公益金、集体提留，同其他生产队是一样的。"

4. 包产到户后，集体经济的优越性可以继续得到发挥，而且因为调动了社员的积极性，大增产了，就可以有充裕的物力财力，去办过去力不能及的许多事情，例如对"四属""五保"困难户的照顾。据山南区调查，这些户在包产到户后，有不少户增加了收入，困难减少了，仍然困难的，由于集体增产富裕了，也有力量补助他们。山南区委还设想："如上级允许继续干下去，今后 3 年，每亩按 4 元和 50 斤粮食提公共积累，全区可以积累 180 万元、2250 万斤粮食，超过以往 20 多年积累的总和。拿这些钱和粮，可以办许多集体要办的生产和生活福利事业。"

从这些方面看，包产到户和分田单干是不同的，包产到组和包产到户只是生产责任制的不同的组织形式，它并没有改变生产队的集体所有制，生产队对社员实行包工包产，生产队是主体，是生产资料的所有者、支配者，社员户并不是一个独立的生产单位。而分田单干的单干户，则是个体经济的所有者、支配者，是独立的小生产单位。所以，不能把包产到户与分田单干等同起来，更不要把搞包产到户批为单干风。建议在修改《人民公社六十条》时，要考虑分田单干和包产到户这两种不同的情况，在政策上，要有所区别，分别对待。

二 包产到户是搞社会主义，不是搞资本主义

列宁说："人类从资本主义只能直接过渡到社会主义，即过渡到生产资料公有制和按劳分配。"实行包产到户，第一，没有改变生产资料集体所有制的性质；第二，生产队对社员实行交产记工，按工分分配实物和现金，这也是联系产量、计算报酬的一种形式，类似手工业上的计件工资、定额到人的性质，还是按劳分配。实行包产到户后，能够更充分地发挥社员的生产积极性，调动农民的劳力、物力、财力投入农业生产（如山南区 1979 年社员自筹 300 多万元生产资金，比往年多 3~5 倍），农业能较多地增产，

高速地发展，这就可以从根本上巩固集体经济。增产之后，国家可以多征购，集体可以增加积累，农民也可以多得分配收入，于国家、集体、个人三者都是有利的。农民增产的粮食和其他农产品大部纳入计划收购，多余部分进入国家商品流通领域，少部分进入集市贸易市场，这只能丰富国家经济而不至于造成危险。所以，应该说包产到户也是搞社会主义，而不是搞资本主义。

我们应该相信，像山南区这些要求继续试行包产到户办法的广大农民群众和基层干部，他们是要走社会主义道路的，而绝不是要搞倒退、走回头路。至于在实行包产到户的过程中，发生了一些诸如争水、争牛等矛盾，以及有些社队出现了一些削弱集体经济的倾向和问题，这多数是工作问题，而不是包产到户本身的问题。如果各级领导因势利导地加强领导，敢于去解决问题，而不是回避问题，那么，这些问题是可以克服的。

有的同志担心包产到户会引起两极分化，这是误解。马克思主义讲的两极分化，指的是这样两种情况：一种是指在生产资料私有制条件下，由于竞争的结果，小商品生产者发生两极分化，一部分小生产者处于有利地位，上升为资产者，而大部分小生产者破产，沦落到无产阶级队伍中来；还有一种是指在资本主义社会里，由于资本积累而造成的两极分化，一方面大量资本财富日益集中在少数亿万富翁手里，一方面是广大工人和其他劳动人民在日益贫困、破产。实行包产到户后，由于各户的劳动力强弱不同，收入会出现差别。但这种差别，同因剥削关系造成的贫富两极分化有着本质的差别，而且，由于包产到户促进了生产的发展，生产队就可以多提公益金，增加对困难户、五保户的照顾，社员之间生活上的差距也可以缩小，这比"绑"在一起大家受穷不是强得多吗？

前些年，广大农村干部和社员被林彪、江青反革命集团手中挥舞的"资本主义"这根大棍子打怕了，也打穷了。"宁要社会主义的草，不要资本主义的苗"，宁愿大家受穷，也不敢变动一下，让生产发展起来。这种极左的理论，至今还像镣铐一样禁锢着我们一些同志的思想，这些问题如果不解决，我们的农业生产就很难有根本的好转。

有的同志说，包产到户是一种倒退。我们认为，从形式看，包产到户比起生产队集体操作的规模来是小了，形式上好像是一种倒退，但实际上是退一步进两步，因为衡量一种措施是进步的还是退步的，只能有一种标准，即看它是否促进了生产的发展，而不管它操作规模的大小或公有化程度的高低。革命就是为了解放生产力，这是众所周知的真理。实践是检验真理的唯一标准。哪一种生产关系适合当地生产力水平，哪一种生产责任制比较好，这只能由生产实践来检验，而不能由某个长官的意志来决定。凡是实践证明在社会主义公有制的条件下，能够促进生产力发展的，就是好办法，我们就要坚持。凡是实践证明于生产力发展不利的就不是好办法，我们就要抛弃。山南区包产到户的试验结果是好的，促进了生产的发展，受到了绝大多数社员的欢迎，我们有什么理由说它是退步的呢？

有人说，这只是一时一地的权宜之计。这样说当然也是可以的。因为马克思主义认为，一切事物都在发展变化，一切都要根据时间、地点、条件来决定。我国幅员辽阔，各地农村情况千差万别，机械化水平不同，土地、劳动力多少不同，穷队、富队不同，山区、平原不同，交通条件不同，……因此，生产责任制也要因地制宜，允许采取不同的形式，可以继续以队生产，可以包产到组，也可以包产到组、责任到人（也就是包产到户），以适合本地区的生产力水平，适合群众和干部的觉悟水平，能够促进生产发展为原则。包产到户这种方法在今天，在山南等地区，在一些交通不便的分散的山区，促进了生产的发展，受到群众的欢迎，那就应当允许存在或继续进行试验。领导要和群众一起，研究总结经验教训把它搞好。到了将来，随着各种条件的变化（比如，机械化水平大大提高，……），当包产到户这种方法已成为生产力进一步发展的桎梏，群众确实要求改变时，那当然应当相应改变。但是，没有现在就没有将来。我国目前还有许多穷队，条件很差，机械化水平很低，广大社员还过着十分贫困的生活，连简单再生产都很难维持。造成这种现象的一个重要原因就是生产关系的一些重要环节与当地生产力水平不相适应，不能充分调动群众的积极性。包产到组、包产到户等责任制，在这些地区之所以受到群众热烈拥护，一经实行，农业生产迅速发展，产量上升，就是因为这些责任制适合当地的生产力水平。我们要实事求是地研究、解决这些问题。如果连眼前燃眉之急都解决不了，哪还谈得上什么将来的机械化、现代化呢？

三　对 1962 年包产到户的问题，要重新调查研究，实事求是地做出结论

包产到户这个办法是农民群众在"三年经济困难"时期自发创造出来的。最早从群众中总结起来并加以全面推广的是原安徽省委第一书记曾希圣同志。后来，包产到户成了他的一大罪状。包产到户在安徽作为政治路

线错误，被批了十多年，许多干部因此而被批为"走资派"，许多社员因此受到了冲击。我们这次在安徽调查，在六安、安庆、芜湖三个专区，对100多个干部和社员进行访问、座谈，当谈到1962年包产到户问题时，他们大多是称赞的。认为责任田是救命田，是解决由于"五风"造成的严重灾难的一个应急措施，对恢复和发展农业生产起了很大的作用。但是也有些干部认为，包产到户是复辟倒退，已经被批得臭不可闻，绝不能再走回头路；还有的干部则认为，当时包产到户搞的面太大了，对发展集体经济不利。对于这样一个在安徽省涉及千百万人政治和经济生活的大问题，大多数干部和群众对当时的结论有看法、有意见，现在实践中群众又重新提了出来。当我们去总结三十年来农业发展的经验和教训的时候，对这个问题，建议有关方面进行重新调查研究，实事求是地做出恰当的结论。这对于安徽，乃至对全国的农业发展，都是很有意义的。

包产到户的由来和今后的发展[*]

——关于甘肃省包产到户问题的考察报告

  1980 年 8 月 25 日到 10 月 1 日，我们在甘肃省农村调查，先在省里听了有关部门的介绍，然后到兰州市郊区的榆中县和定西地区的定西、陇西、渭源等县作了实地调查。党的十一届三中全会以来，中共甘肃省委解放思想，在农业生产中实行了各种形式的责任制，其中最受欢迎的是大包干作业组。去冬今春[①]，一些地区的社队开始搞了包产到户的试点，在全省广大地区、特别是困难地区，产生了极大的反响。很多群众认为这个办法好，纷纷强烈要求实行包产到户。对于广大群众的这种要求，省委本着实事求是、因地制宜和放宽农村经济政策的基本原则，积极领导，有组织、有计划、有步骤地满足群众的要求。到 1980 年 8 月中旬，搞包产到户的生产队已占全省 111428 个生产队的 38.76%。夏收以后，在省委统一领导下，中部干旱地区和部分困难地区实行包产到户的工作已全面迅速展开。据省农委介绍，应群众强烈要求而计划在 1980 年秋后搞包产到户的生产队，平凉地区和临夏自治州均达 70%，定西和武都地区均达 80%，天水地区达81%，张家川自治县达 99.7%。初步匡算，除河西三个地区原则上暂不搞

---

 * 本文源自《农业发展的黄金时代——包产到户的调查与研究》（陆学艺著，兰州：甘肃人民出版社，1983 年 3 月），第 9~42 页，文中涉及的相关地区农村经济社会发展数据源自作者调查过程中获得的资料。该文首次发表于中国社会科学院内部刊物《未定稿》1980 年第 30 期，发表时间：1980 年 11 月，作者：陆学艺、王小强。《农业经济丛刊》（该刊现改为《中国农村观察》）1981 年第 2 期以《包产到户的发展趋势》公开摘要发表了该文第三、第四部分。该文还收录于《农业发展的黄金时代——包产到户的调查与研究》（陆学艺著，兰州：甘肃人民出版社，1983 年 3 月），《当代中国农村与当代中国农民》（陆学艺著，北京：知识出版社，1991 年 7 月）、《陆学艺文集》（陆学艺著，上海：上海辞书出版社，2005 年 5 月）。本书编者根据《未定稿》刊发文和《陆学艺文集》收录文校订增补了少量文字。——编者注

 ① 此处指 1979 年冬 1980 年春。——编者注

包产到户外，秋后搞包产到户的生产队将达到全省生产队总数的60% ~ 70%。从我们在农村接触到的许多干部、群众和农业生产的实际情况看，中央领导同志关于在地广人稀、经济落后、生活困难地区索性实行包产到户的指示，确实符合这些地区农业生产力水平的实际，代表了广大干部和社员群众的心愿，合乎民意，大得人心。

一 包产到户产生的必然性

广大农民群众为什么这样强烈地要求实行包产到户？这个问题很值得我们深思。通过对甘肃部分困难地区农业生产力现实状况的粗略考察，我们深切体会到：新中国成立三十年来，尽管我们的农业社会主义改造取得了很大成绩，但仍有相当一个数量的困难地区，目前的生产关系与生产力不相适应。原有的体制限制了这些地区农业经济的发展，限制了农民改善生活的努力。农民群众实行包产到户的意愿，正是生产力要求调整生产关系的表现。

必须看到，农业合作化以后，在工业生产发展的带动下，农村的交通、电力、机械都获得了相当程度的发展。许多农村植树造林、兴修水利、普及文化教育、发展医疗卫生事业、建立商业网点，使很大部分地区农业生产的基本条件，发生了显著变化。对这些成绩，无疑是应当充分肯定的。但是，这些成绩是不是就足以使农业生产力的性质发生根本变化？这些变化是不是就足以成为不断变革生产关系、搞"一大二公"的根据？这就很值得研究。

据我们考察，在甘肃，特别是在占全省耕地面积40%的中部干旱地区以及相类似的困难地区，农业生产的自然条件，三十年来并没有发生根本性的变化。事实上，在"一平二调"的"共产风"和"大炼钢铁运动"中，在"以粮为纲""牧民不吃亏心粮"等错误口号指导下，原有稀少的植被不仅没有得到保护和发展，反而经常处于十分严重的破坏之中。长期以来，在单一抓粮、孤立地治水改土、平均主义吃大锅饭、人口增长等一系列因素的综合作用下，破坏生态平衡的情况已极为严重。近年来，甘肃省中部干旱地区水土流失面积已占全区总面积的91%，每平方公里年流失土壤5000 ~ 9000吨。其结果，一方面使该地区30年发生了20多次旱灾；一方面粮田越种越瘠瘦，加剧了农业生产上的恶性循环。另外，由于人口逐年增长，人均占有耕地面积也逐年减少。从这个情况看，可以说相当一部分地区农业生产的自然条件并没有明显的改善，有的甚至不如农业合作化以前。

从生产工具的现实状况看，新中国成立三十年来农用机械和电力的发展，确实使农业生产的条件有了很大改变。但是在大部分山区和丘陵地带，山高坡陡，沟壑纵横，机械和电力发挥作用的领域，往往只限于磨面、碾米、打场、排灌、公路运输等农产品加工和辅助性生产。农业生产主要依靠的还是畜力，即所谓"二牛抬杠"。然而，今天许多地区的大牲畜，数量和质量都不如合作化以前了。例如榆中县，合作化以前有大牲畜 38683 头，其中役畜 32928 头。1979 年统计，牲畜头数减少 920 头，役畜减少 2509 头，牲畜质量普遍下降。另外该县 1954 年只有农业户 23514 户，平均户有大牲畜 1.64 头；如今农业户数增为 62977 户，平均户有大牲畜仅 0.6 头。因畜力不足，个别地方还是人拉犁，所以群众有"耕地不用牛，套的剪发头"①之说，至于农民手中的生产工具，除了部分铧犁有所改进外，大部分与过去并无差别。群众曾风趣地自嘲说，"我们是 1007 部队"，即一根扁担、两个筐、一张锄。不能不承认，这是对相当一部分农村生产力水平的真实写照。

再从最主要的生产力——人来看。新中国成立 30 年，我们普及文化教育的成绩是不容否认的。但是，在很大一部分农民吃不饱肚子的情况下，文化教育也很难不受影响。各地农村，特别是困难地区，都有大量文盲、半文盲存在。例如，原甘肃文教中上水平的陇西县，全县农村青壮年（16~45 岁）120139 人，其中是文盲半文盲的就有 78185 人，占 65%。显然，在一些用豆子、树枝计算工分的地方，一方面干部不可能用结绳记事的方法来把握几十、上百人的集体经济；一方面群众也不可能用同样的方法去理解集体经济。另外，这些农民读不懂《资本论》，因而不可能通过抽象的逻辑思维去超时空地建立起共产主义信仰体系。②如果他们的生产条件和生活条件没能得到根本的改变，他们是决不会凭空启迪出"穷过渡"论者念念不忘的"极大的社会主义积极性"来的。

从以上我们对生产对象、生产工具和人三个方面的简单考察可以看出，这种生产力水平，与"一大二公""政社合一""三级所有"的体制是不相适应的。而在这种生产力水平上硬要靠行政权力建立起一套行政的管理体

① 指妇女拉犁。——作者注
② 以上一句（楷体字部分）根据《未定稿》1980 年第 30 期第 4 页增补。——编者注

系，则必然要发生与建立者的理论教条相违背的"异化"，必然会很容易地使这种行政管理体制向封建主义性质的统治演化。不错，用算术的眼光看，即便是小生产的简单集合，也会提高劳动生产率和完成单个小生产所不能完成的巨大工程。秦始皇的长城、隋炀帝的运河，就是明证。① 但是，如果把这种临时性质的劳动组织形式，在平均主义的分配原则下，用行政管理手段，将其作为一种社会生产形态固定下来，就必然会带来一系列无法克服的弊病，从而挫伤直至泯灭劳动者的生产积极性，阻碍直至窒息社会生产力的发展。

第一，农业生产种植种类繁多，经营项目广泛，其结果又受地理环境、气候、生产能力、市场供求等多种因素的影响，本来就是一个较复杂的过程。在各地自然条件不一，生产水平各异的情况下，将几十户农民组织起来共同生产，需要相当程度的文化水平和管理水平。可是许多地区的基层干部却缺乏甚至不具备管理集体生产的能力。例如，陇西县生产大队、生产队两级干部8454名，其中文盲半文盲2536名，占30%，这当然会使许多生产队的农业生产，完全处于盲目的被动状态。据我们了解，很多干部除了机械地照搬上级的指令以外，既没有本事合理组织和使用现有的生产能力，也没有能力安排、计划本队的集体生产。许多困难队，年年换队长，年年生产上不去。渭源县祁家庙公社上对坡生产队，全队21户，1962年以来有18户人当过生产队主要干部（队长、副队长、会计），其中8户有人当过生产队长，却连一个小学毕业生都没有。另外，在我们"政社合一"的体制中，负指挥农业生产之责的国家干部，对生产结果并不承担任何经济责任，这就为凭主观意愿的"瞎指挥"大开方便之门。合作化以来，大炼钢铁、农业学大寨、以粮为纲、农田基本建设运动中一系列违反客观规律的"瞎指挥"更给本来处于盲目混乱状态的集体生产平添了无穷的灾难。

第二，组织集体生产不容易，管理集体经济则更需要相当程度的会计水平。在许多群众食不果腹、衣不蔽体的条件下，大量文盲半文盲的存在必然造成大量集体经济财务管理的混乱。据调查，定西地区10124名会计人员，能记上账的6034人，工作能力差到干脆不适合做会计工作的4090人，占40%。该地区去年②调查了7148个生产队，其中账目较清楚的3337个队，占46.7%，大致有账的3023个队，占42.3%；账目混乱不堪的有788

---

① 以上一句（楷体字部分）根据《未定稿》1980年第30期第4页增补。——编者注

② 本文中指1979年。——编者注

个队，占 11%。据陇西县 1977 年调查，全县生产队会计，业务生疏到不会记账程度的约占 30%，财务混乱，不能按时向社员公布账目的约占 41%。其实在这些经济困难、文化落后地区，会计即使能算清账，能按时公布，群众也看不懂。我们接触的许多农村干部和社员群众，能说得上去年分配大致情况的没有几个。这种情况下，"民主办社"必然成为幻影。

第三，在物质生活资料普遍缺乏的贫困条件下，集体经济管理和财务的混乱，必然给少数人多吃多占和挥霍浪费集体财产、混水摸鱼提供可乘之机。定西县去年在 1872 个生产队搞了财务检查，其中有经济问题的（贪污、挪用或缺款不清）就有 192 个队，占 10% 以上。临洮县新甸公社新甸大队的 5 个生产队，从 1966 年到 1975 年，10 年时间竟干脆没有记账，分配时有多少分多少，多拿的就多拿了，少拿的就只好少拿。靖远县水泉公社陡城大队 20 个生产队中，有 14 个去年没有分配账目，钱在谁手里就是谁的。据陇西县云和公社 1977 年统计，全社用于请客送礼等不合理开支耗费的[1]粮食 4910 斤，洋芋 1559 斤，买烟、茶、酒等花现金 872.52 元。该社双湾生产队因侦察失盗小麦 550 斤一案，又吃掉粮食 550 斤，洋芋 1040 斤，尚未破案。碧岩公社庞坪生产队队长贾思义，在社员们没米下锅的情况下，还两次贪污 476 元。我们听到不少干部群众反映说：如果现在再搞一次"四清"，问题肯定会比当年大得多。

第四，在农业生产力水平很低，基本生产过程尚无需专业化分工的情况下，用行政办法集合起来的集体生产中的人为的分工，只能对农业生产起到阻碍作用。首先越来越多的基层干部脱离直接生产劳动，已成为群众的沉重负担。很多群众气愤地说："我们过去几个村养活 1 个保长，现在一个村养活几个保长。"据我们调查，情况确实如此。例如榆中县上庄公社，26 个自然村，解放前属 3 个半保，有保长、保队副、保丁 10 余人；解放初原 3 个乡，也只有干部 10 名左右；目前，按实行包产到户精简之后的编制计算，除去 18 名公社干部外，还有拿固定补助的 6 个大队的干部 26 名，49 个生产队的干部 98 名，三项合计 142 人，如果算上民兵干部、妇女干部、共青团干部、社办企业干部、计划生育等其他干部的补助，群众负担就更多了。另外，在三级所有的体制中，各种企事业对农业劳动力的平调，各种人为的专职分工，普遍造成农业生产劳动力严重不足，更成为农业生产者不堪忍受的沉重负担。例如，陇西县渭河公社 1977 年共有 3906 个劳动

---

① 　根据《陆学艺文集》收录文增补"耗费的"3 字。——编者注

力，实际上在农业生产上的仅有 2224 个，占 57%；该社渭北大队 1354 个劳力，抽调外出（大都是精壮男劳力）的合同工、临时工、公社和大队企业工、水电工、护路工、护林工、农田水利基本建设专业队和各种非生产人员共 508 人，长期有病和其他原因不能劳动的 135 人，农业生产上只剩下 711 个劳动力，占 52.5%。我们还调查了渭源县祁家庙公社布世生产队，该队 52 个劳力中有男劳力 35 人，最好的男劳力中，养牲口 4 人、放牛 2 人、养羊 2 人、开磨面机 2 人、开手扶拖拉机 2 人、护林员 2 人、赤脚医生 1 人、林场和公社医院的合同工 2 人、民办教师①2 人、常年基建队（1978 年取消）5 人，再加上基本脱产的正副队长 2 人、会计 1 人、保管 1 人、记工员 1 人，共计 29 人，真正在农业生产上的男劳力只有 6 人，其余全部是妇女、儿童和老人。老百姓曾自嘲说：我们是"3861 尖兵部队"②。不宁唯是，那些不从事农业生产的干部和专职人员，不仅要从生产队分粮食，而且工分普遍比农业第一线的妇女、儿童、小脚老太婆挣得多，还要农业生产者来特殊养活。

第五，干部和专职人员的补贴，生产费用的浪费，不合理的开支和挥霍，上级企事业的平调以及部分干部多吃多占和贪污挪用最后都要由社员群众负担。这就必然增加集体经济的提留，减少社员分配。据我们调查，许多地区的社员分配（其中还包括队干部和专职人员的补贴），一般都不能占到当年总收入的 60%。例如，渭源县 1977 年农村总收入 22341045 元，扣除生产费用、国家税收、集体提留，社员分配的只有 11831942 元，仅占 53%。该县 1977 年粮食总产 131205427 斤，集体提留 39071826 斤，占去 30%，其中仅所谓"其他"一项就有 1696139 斤，社员分配只有 76871696 斤，占总产的 58%。就在这不到 60% 的分配额中，社员的劳动所得，仍少得可怜。例如，陇西县花园生产队 1976 年参加分配的总工分 25682 个，除去合同工、民办教师、大队干部补贴、饲养员工分、农田水利基本建设工和 820 个肥料工，真正参加农业劳动的社员所能分配的工分只有 16392 个，占 63.1%。就是在这两次折扣之后剩下的产品分配中，又普遍实行平均主义的分配原则，是人就有一份口粮，多劳不能多得。即便承认少数劳多人少户有多得的份额，也往往是一纸空文，由于大量超支户的拖欠而无法兑现。例如榆中县 1978 年分配，全县 64530 农业户中，累计超支户 24012 户，

---

① 原文为"民请教师"，根据《陆学艺文集》收录文改为"民办教师"，下同。——编者注

② 三八妇女节，六一儿童节，指妇女和老人孩子组成的队伍。——作者注

累计分空户 12790 户。分空户占收益户的 322%，加上超支户，不算收入相抵和仅收入几元钱的户，就有 57% 以上的农户劳动一年一无所得。这样劳动的结果，怎么能调动生产者的积极性？定西县的社员说集体劳动是："队长乏了打转转，会计乏了打算盘，保管乏了数圈圈，男人乏了煨旱烟，妇女乏了作针线，年终分配六两半[1]，大人娃娃都傻眼。"

综上所述，脱离生产力的发展水平，用行政手段把人们绑在一起吃大锅饭，必然带来许多弊病，使广大农民丧失信心和劳动兴趣，严重阻碍社会生产力的发展。新中国成立 30 年了，但截至 1978 年，甘肃省农业人口平均收入仍只有 60 元，35% 的生产队人均收入在 40 元以下，每个农业人口平均分配口粮 354 斤，其中 300 斤以下的就有 24 个县。全省有 9 万多个[2]生产队拖欠国家贷款，占生产队总数的 80%，负债总额达 5 亿多元，人均 31 元。定西地区 1971 至 1979 年，9 年中社员口粮超过 300 斤的只有 3 年。1977 年算好年成，全区 12529 个生产队中，口粮在 290 斤以下的还有 5436 个队，占 43.4%；其中口粮在 100 斤以下的有 1645 个队，占 13%。1971 年以来，仅定西地区，国家就拨救济款 4423.22 万元，返销粮 105897 万斤。但截至 1979 年 8 月底，全区集体和社员欠债总额仍达 8051 万元之多，平均每个生产队负债 8348 元，每农户平均 189 元，人均 33 元。集体经济负债累累，社员群众也债台高筑。很多社队，日工分值只有二、三角钱，甚至几分钱。很多地方人均口粮在百斤以下，但每月二十几斤返销粮，尽管国家补贴一半，仍有许多社员困难到必须高价卖掉部分救济粮才能买回其余救济粮的程度。一些困难地区，社员生活的困苦状况，若非亲眼所见，决难置信。榆中县上庄公社中等水平的上庄四队，去年日分工值 0.19 元，全年人均口粮仅 40 斤。全队 32 户，179 人，竟没有 1 床褥子。全村共有棉被新的 3 床，旧的 35 床，烂得漆黑一团经纬不分的 27 床，平均 3 人一床。全村只有旧毡 13 张，平均 3 户才有 1 张。有的社员肮脏的土炕上连炕席都没有，铺的是包装水泥的牛皮纸袋！全公社 1405 户，除房屋家畜外，全部家当价值 30 元以下的 188 户，占 13%；15 元以下的 41 户，平均 30 户中就有 1 户。全社 7643 人，竟有 4371 人无棉衣、裤或棉衣、裤破烂不堪，这是在海拔 2400～2800 米的高寒阴湿地区。难怪有些社员对负债累累的集体经济满

---

[1]　指国家返销粮，人均一天六两半。——作者注

[2]　原文"7 万多个"，根据《农业发展的黄金时代——包产到户的调查与研究》收录文改为"9 万多个"。——编者注

腹牢骚，说三级所有是"三级没有"。岂止是"没有"，简直是"负数"。实际上，在许多社员劳苦一年尚不足温饱的地区，早已不是集体经济养活社员，而是社员群众用自己的劳动和所换得的饥饿养活集体，集体经济已经成为社员群众发展生产、改善生活的累赘。

合作化以来，为了能促使农民干起来，人们在这种与生产力水平、管理水平、群众思想觉悟水平不相适应的体制中，用尽了行政、政治手段。从 1957 年社会主义大辩论，每年的整风整社，1964 年的农村社会主义教育，十年浩劫中的"农业学大寨"，基本路线教育，一直到冼恒汉的"用无产阶级专政的办法办农业"，一次运动接一次运动，一次折腾接一次折腾，用教育、用批判、用围攻、用斗争会、用民兵专政等办法来管制农民，强迫农民干。在这种强制管理下，农民虽然不得不早出晚归地干，但是他们无心干活，他们只有一条路，就是用消极怠工来表示自己的不满。所以，这样"干"的结果，只能是生产率越来越低，农业生产越来越上不去，直致使国民经济两次面临崩溃的边缘。[1]

粉碎江青反革命集团以后，特别是党的十一届三中全会以来，我们开始用经济的办法调动农民的生产积极性。由于逐步放宽和落实农村经济政策，农业生产的状况有了很大好转。但是，从评工记分到定额管理，从队为基础的小段包工到大包干的作业组，我们仍没能彻底解决平均主义的问题，实行评工记分本身就只能记个"大概工"。实行小段包工，其结果又是"只要千分，不要千斤"，只图数量，不顾质量。实行联产作业组，虽然经济核算单位缩小了，群众利益比过去直接了，但仍有群众算不清账，仍然改变不了"出工人等人，干活人看人，收工人赶人"的现象。分组以后，三级所有又多了一层组长，很多地方时间一长，组长又成了"甩手掌柜"不干活，生产队的"大锅饭"又成了作业组的"二锅饭"，有些组甚至已经划到了三几户人家的规模，也还是搞不好。

另外，党的十一届三中全会以后，发回和扩大了自留地，有些地方另外划分了饲料田、口粮田、部分责任田，都收到了极其显著的效果。"私田"里的庄稼长得普遍比公田好，即便是同样遇到自然灾害，"私田"的抗灾能力也要比"公田"强得多。既然部分土地归社员个人使用，即能收到显著的效果，为什么不可以将大部分土地包给社员，使大面积土地同时获得增产？既然三两户的作业组能够在很大程度上调动社员的生产积极性，

---

[1] 以上两段（楷体字部分）根据《未定稿》1980 年第 30 期第 8~9 页增补。——编者注

为什么不能把责任制落实到户，使社员群众的生产积极性全部发挥出来？实践证明，在农业生产工具能够被一家一户的农民单独操作，农业生产的最终产品只是收获了的农作物，农业生产中的社会分工尚未像工业那样发达到劳动者只能从事整个生产过程中的某一特定环节的程度，劳动者还完全能够独立从事农作物生产从播种到收获的全过程，一家一户完全能够计划、组织自己独立的生产活动，即完全能够成为一个独立的生产单位，在这样一种生产力水平下，劳动者劳动质量的好坏，除去受自然条件影响而外，只能体现在农作物的产量上。按劳分配，也就表现为联产计酬。要想调动劳动者的生产积极性，准确地实现联产计酬，就只能使劳动者的劳动在空间上固定起来，使劳动者与主要生产资料——土地联系起来。而所有把劳动者简单集合起来的集体生产，都必然打破劳动者的劳动与产品在空间上的直接联系。所以，在这种体制中，是很难彻底调动生产者的积极性的（从这个意义上说，那些集体经济搞得略好一些的地方，也并非不存在吃大锅饭，管理、财务混乱，不合理开支，浪费以及少数干部多吃多占等痼疾，只是那些地方由于种种主、客观的原因，使得这些弊病表现得不如困难地区那样突出罢了）。许多群众在谈到农业发展的出路时说："远看六二年，近看自留田。"这句话深刻地向我们揭示了：要真正调动农民群众的生产积极性，只有真正实现劳动者与生产资料的直接结合。党的十一届三中全会以来，我们党、广大干部和农民群众都在思索农业落后的原因，都在寻找把农业搞上去的出路。正是在我们缩小生产队规模、小段包工，联产计酬的作业组和扩大自留地、饲料田、实行口粮田、部分责任田这一步步调整生产关系的实践中，广大劳动农民从最切身的物质利益出发，重新创造性地找到了包产到户这种与生产力水平相适应因而能够最大限度地发挥劳动者生产积极性的责任制形式，从而找到了目前生产条件下发展农业的一条根本出路。

二　实行包产到户效果非常显著

实行包产到户，部分调整了农村的生产关系，从而促进了农村生产的大发展，带来一系列的变化。许多农村干部都深有感触地对我们说，包产到户这个办法真灵，解决了多年来解决不了的许多问题。例如，干部要参加劳动，不多吃多占；推广良种、科学种田；因地制宜，不误农时；随收随打，颗粒归仓等等，这些问题从合作化以后就存在，真是年年讲，月月讲，就是解决不了。一实行包产到户，有些是从根本上解决了，有些也基本解决了。我们在各地访问时，正值秋收时节，到处可见金黄的庄稼，到处充满了喜庆丰收的笑声。特别是那些已经实行了包产到户的社队，庄稼长得尤其好，群众的笑声尤其响亮。通过观察，通过和干部、社员们在一起座谈、算账，我们感到包产到户好处很多，归纳起来，大致有如下一些。

第一，社员当家作主了，农民的生产积极性调动起来了。包产到户最大的一条好处就是使劳动者同生产资料结合起来了，使社员能够自主经营农业生产，从而极大地调动了他们的积极性，彻底改变了过去那种混工分的状况。怎样才算是政策落实了？会宁县的一个老农说："什么时候公家人（指脱产干部）晚上睡得好觉了，庄稼人睡不好觉了，政策就落实了。"过去干部整天忙着催种催收，社员却只能万事一个"等"字，着急也没用。如今包产到户，干部负担减轻了，社员白天干活，晚上睡在炕上，还计划安排今后的生产。

包产到户以前，年年讲加强农业生产第一线，年年讲劳力归田，但因为集体经济长期搞不好，工值低，分配又不兑现，农民无心种田。实行了包产到户，外流的劳力回来了，退休的老人出勤了，在"后勤"的都下田了，干部也参加劳动了，现在下田的人都大大超过了在册的劳力总数。渭源县的群众说：现在是"老人年轻了，娃娃长大了，病人没病了，懒人不懒了，干部也劳动了"！不仅出勤率大大提高，而且劳动效率也大大提高了。过去社员干活没有积极性，早上上工，"喇叭喊了门上叫，喊了一个太阳照，社员还在门口瞭"，好不容易喊出来，也是"上工一条龙，到地一窝蜂，干活磨洋工"。现在是"联产如联心，联谁谁操心"。社员种田像个种田的样子了，干活真出汗了。过去锄草"剃个头"，现在锄草连根挖，锄了一遍又一遍。

实行了包产到户，把社员的劳动和产量联系起来，把发展生产同社员的收入直接联系起来，这就把社员的劳动积极性充分调动起来了。这是最根本的变化，有了这个变化，就引出了农村的一系列新变化。

第二，农民爱惜土地，农田建设好了。以前种地既不深翻，也很少施肥，耕地越种越薄。犁地时地边越留越宽，地角越种越大，方形的田块种成了圆形的田块。渭源县祁家庙公社今年①实行包产到户后，社员们把地边地角都犁过了，使圆田又变成了方田。该公社仅此一项就恢复了耕地 1220

---

① 本文中指 1980 年。——编者注

亩，增加了2%。我们在陇西访问时，看到有的生产队上午划定了土地，下午就有社员全家下地干活。男的前面犁地，妇女小孩在后面拣草根、拣石头，有的往田里送粪。有的地要犁好几遍。社员真正爱惜土地、培养地力了。

第三，农民爱惜牲口，大牲畜增加了，农具也大量增加了。在城里时常听人说，实行包产到户，用水打破头，耕地累死牛。下来一看，全然不是如此。畜力是陇中干旱地区的主要生产资料，社员要增产，岂有不爱惜牲口的道理。包产到户以后，一般实行牲畜"公有私养，繁殖分成"或"折价到户、造册登记，私养私用、繁殖归己"两种办法。这个政策实行以后，社员可爱惜牲口了。过去集体喂养的牲口长得瘦骨嶙峋，现在个个都是膘肥体壮、油光闪亮的，过去政策不落实，母畜很少下驹，下了也不易成活。现在的母畜个个不空怀。渭源县寺头生产队12头母畜，包产到户第一年，就繁殖了13头幼畜（有头母牛生双犊）。繁殖之外，社员还攒钱买牲口。陇西县碧岩公社的大家畜多年来始终在1500头上下，今年实行包产到户，一下就增到1800多头，纯增20%。现在集市上，牛、驴的卖价高了，特别是母畜的价钱更高。

在城里还常常听说，搞包产到户，集体的生产资料都弄光了。到农村一看，情况也不是这样。集体生产资料部分固定给社员使用，社员为了搞好生产，不仅保管维修好了这些旧农具，而且大量添置新农具。渭源县祁家庙公社一年中修好架子车811辆，新买了670辆，新买木犁1222部，木耱627盘，各种小农具2138件，差不多比原来增加了一倍。

第四，生产上的瞎指挥、一刀切被顶住了，农民因地制宜种庄稼，科学种田推广了。陇中地区山高沟深，一个小小的生产队，也有川地、山地、阴坡、阳坡，生产条件很不一样。这几年反对瞎指挥，提倡因地制宜，但常常还是免不了一刀切，该种莜麦的种了谷子，该种小麦的种了玉米，造成减产。如今农民有了自主权，真正因地制宜种植了，什么地该种什么，农民都有很好的算计，做到了地尽其利；比如前几年搞的梯田，打乱了土层，长不好庄稼。现在社员在生土那一段种豆类，在半生半熟的地段种青稞、莜麦，在熟土里种小麦，同一块地里，也做到了因地制宜。

以前年年讲推广良种，由于生产队管理混乱，社员无心种田，就是上级调来了良种，也常常搞混杂了。今年社员自己种责任田，千方百计兑换良种，有的队一年就实现良种化了。包产到户以后哪家引来个什么新品种，用了一个什么新技术，远近的社员都自动赶来参观、学习、取经。

第五，农业生产大幅度增长，各种作物全面丰收。今年陇中干旱地区气候较好，雨水合节，整个农业生产普遍收成好。定西地区今年夏粮总产7.5亿斤，比去年的4.9亿斤增产53%。但是，在同样的自然条件下，由于实行的责任制形式不同，增产的幅度也大不一样。一路上，陪同我们的社队干部，根据庄稼的不同长势，可以很容易地向我们指出，哪片地是生产队种的，哪块是作业组的，哪块是包产到户的。三种形式，三样庄稼，"三层楼"！今年春上就实行了包产到户的会宁县清江公社，去年全年总产230万斤，今年夏粮一季就达219万斤，加上秋粮，全年总产预计可达474万斤，增产106%。渭源县祁家庙公社去年总产480万斤，今年夏粮一季就达726万斤，全年总产可达1100万斤，超过历史最高水平，比去年增产129%。这样大幅度的增产，在历史上也是罕见的。虽然去年遭了灾，基数低一点，但在同样的地区、同样的气候条件下，实行生产队老办法的只增产五六成，包产到组的也只增产七八成，而包产到户却成倍地增产。所以当地干部群众都满有信心地说，只要包产到户这个好政策不变，有一般年景，二、三年内，我们这个长期吃返销粮的困难地区就可以自给有余了。①

第六，社员收入大幅度提高，群众生活明显改善了。包产到户以后，社员收入提高的原因有三条：一是生产大幅度增长；二是生产费用、成本大大降低，减少了浪费损失；三是各种负担减少了。以前秋收之后，除了要上交公粮以外，还有各种提留，"苛捐杂税"，能分到社员手里的一般不到总收入、总产量的60%，有的甚至在50%以下。现在，每户向生产队签订承包合同，只交国家的公购粮任务和固定的集体提留，二项合计，一般不过10%～15%，加上留饲料、籽种（这都留在社员家里）也不超过25%～30%，社员分配一般在70%以上，这也是社员非常欢迎包产到户的原因之一。

我们到过的已包产到户的社队，今年一般人均口粮都在500斤以上，有的高达1100斤。人均收入一般都在80元以上，有的高达300元。在定西地区，凡是今年上半年实行包产到户的社队今年都可以不要返销粮。渭源县金家坪大队上对坡生产队是个有名的"草包队"。合作化以后不久就吃返销粮、要救济，集体经济长期搞不好，有十几个人长年流浪在外。去年人均口粮才187斤，当年全队吃返销粮9600斤，人均77斤。今年实行包产到户，粮食总产可达10万斤，超过1975年8.4万斤的历史最高水平。全队21户人均产粮超过千斤的就有16户。今年全队人均口粮可超过700斤。加上

---

① 以上一句（楷体字部分）根据《未定稿》1980年第30期第13页增补。——编者注

社员普遍种了当归、胡麻、黄芥等经济作物，预计社员的经济收入也相当可观。不少户已在准备盖新房了！据祁家庙公社统计，全社 2886 户中，今年要盖新房的就有 850 户。我们在该社时正临近中秋佳节，社员们家家户户称油割肉，买蜜烙馍，一派欢乐景象。

第七，穷队翻身，落后队真正转变了。穷队、困难队、后进队，这个问题自合作化以来就存在，年年讨论，年年下决心，上级派工作队整顿，领导干部蹲点，减轻征购任务，给予大量的物资支援，发放救济款，以至撤换领导干部，划小生产队规模等等，可谓办法用尽了。但大多数困难队依然困难，落后队依然落后。因为任何办法，总不能代替社员去干活，社员种田没有积极性，穷队的面貌就改变不了。实行了包产到户，一下子就把农民的积极性调动起来了，穷队很快就翻身了。渭源县祁家庙公社 187 个生产队中，有 31 个困难队长期落后。今年一实行包产到户，30 个队一年翻身，甩掉了落后困难的帽子，不吃返销粮，不要救济款了。最典型的实例是陇西县碧岩公社的红崖湾生产队。这个队 12 户 53 人，居住在海拔 2200 米的山坳里。12 户有 11 户姓何，都是一个祖父的后代，其中 7 户是亲兄弟，老三是队长，老五是会计。这样一个兄弟们组成的生产队，生产长期搞不好，老吃返销粮。1970 年改造落后队时，领导上把这个队一分为二，分别并到山下的生产队里，还是搞不好。1978 年又重新建队，穷得连个队部和仓库都没有。1979 年人均全年口粮只有 170 斤，劳动日值仅 0.12 元，吃了 7740 斤返销粮，用了 520 元救济款。就是这样一个穷队，1979 年冬天实行包产到户，1980 年一年就变了样。9 月中旬，公社袁书记带我们去逐家访问，全村人都笑逐颜开，没有一个不称道包产到户好的。据逐户计算，1980 年这个队交了征购、集体提留、留足籽种、饲料后，人均口粮为 948 斤，人均食油 26 斤，人均现金收入 120 元，三项合计，人均收入约 250 元。这个穷得有名的困难队，今年列入了全县收入水平最高的队。

第八，社会风气变好了，人与人之间的关系改善了。古人说："衣食足而知荣辱"，是有一定道理的。包产到户之后，生产大发展，社员生活大改善，物质生活一好，精神面貌也改变了。过去在队里分粮，分得少，不够吃，常常为多一点少一点吵嘴打架。现在都向生产队交粮，就少掉了许多是非，加上生产生活好了，大家都能谦让。不少队在包产到户以后，社员自愿结合，搞起耕作的互助组，谁家有了困难，也能相互帮助。祁家庙公社去年 1~4 月，到公社"打官司"的民事纠纷有 140 起，包产到户后，今年上半年只有 3 起。群众说，大家忙着搞生产，谁有工夫闹是非。过去每年秋季，公社大队都派有民兵巡逻，但偷青的事，年年总有发生。今年遍地是庄稼，到处是粮食，不派民兵巡逻了，也没有人偷了。

第九，干部参加劳动了，作风改变了，干群关系密切了。过去干部参加劳动少，名为不脱产，实际上不劳动，少劳动的干部越来越多。这也是合作化以来多年想解决但解决不了的问题。一实行包产到户，干部也都包了责任田，不用教育，不用号召，干部们都去劳动了。会宁县崖坡大队支书程建业说："我以前十多年干的活，也没有今年半年干的多！"现在干部也减少了，一般大队留3个干部（支书、大队长、文书），生产队留2个干部（队长、会计），起到了精兵简政的作用，减轻了社员负担。包产到户之后，干部不用催种催收，也不要敲钟喊人了，一般行政工作就好做得多，所以现在也没有躺倒不干的干部了，公社干部也免掉了"扶队长"这个工作。原来有些地方，干部不劳动，多吃多占，贪污挪用，群众有气，干群之间关系很紧张。现在干部参加劳动了，队里的"提留"有数了，多吃多占、克扣群众的现象基本上没有了，干群之间的关系就得到根本上的改善。

第十，政策符合民意，党和政府在群众中的威信大大提高。我们到几个今年已经实行了包产到户的社队访问，社员、干部们差不多是异口同声地说，今年是"人努力，天帮忙，政策落实多打粮"。有的说，党的十一届三中全会以来，党的农村政策一步一步放宽，步步都符合我们农民的心意。党中央领导同志说索性实行包产到户，这话说到我们农民的心坎上了。渭源县祁家庙公社党委书记张均，去年真理标准讨论后，就在全公社实行了包产到户。当时各方面对他的压力很大，也有些好心的同志劝他不要冒险。他在党委会上说："'当官不为民做主，不如回家卖红薯'，古人尚能做到，我们共产党员为什么还做不到？搞包产到户能增产增收，就是我坐了牢，也有人给我送饭。"在公社党委的带动下，全社的包产到户坚持下来了，这个社一年就翻了身。当地农民亲切地称他为"张爱民"。我们这次到祁家庙公社，张均激动地对我们说："中央领导同志的指示真及时啊！中央真是了解下面的民意啊！"

农民称赞党的政策好，不仅表现在言语上，而且表现在行动上。今年定西地区几个已经实行了包产到户的社队，都是提前交公粮、交好粮。我们在陇西县红崖湾生产队时，社员们正在交公社的头一份公粮。队长告诉我们，麦子还在打场的时候，周围的群众就来催促说，你们是带头搞包产到户的，今年一定要早交粮、交好粮，这不光是你们的事，这也代表我们啊！我们在渭源县时，魏县长告诉我们，截止到中秋节，入库的公购粮总数是80万斤，其中祁家庙一个公社就占40万斤。包产到户在甘肃的实践，和在安徽、河南等地一样，很短时间内就使农业生产大发展，社员生活大改善，精神面貌大变化，社会风气大改变，并且使在原来那套体制下长期克服不了的弊病和解决不了的矛盾，很快地克服了、解决了。包产到户还刚搞不久，它对于农业发展的更大作用，它的优越性，必将在今后一个阶段内日益显示出来。

三　包产到户的发展前途宽广

包产到户能够增产、增收，能够治穷、治灾，这点已经被千百万群众的实践证明，逐渐为人们所接受了。但是，包产到户将来会怎么发展？她的前途是什么？包产到户仅仅是权宜之计，还是有广阔的发展前途？这些问题是广大农民群众极为关心的。我们带着这个问题在农村进行了广泛的调查，听取了各方面的意见。虽然这些地区实行包产到户时间不长，有的只搞了一年多，但已经可以看出包产到户未来发展的端倪，看到它发展的趋势。应当说：包产到户有强大的生命力，它不仅是解决农民温饱的临时措施，而且可能成为农业向专业化、社会化发展的桥梁，很可能成为中国农业现代化的一个起点，从此走出一条适合中国国情的农业现代化的道路来。

在甘肃，我们从省委，从地县的领导部门，从公社、大队、生产队的干部那里听到：搞包产到户之后，再要回到原来搞农业的老办法上去是不可能了。一是农民不会答应，二是生产发展了，各方面会发生新的变化，也完全没有必要再回到老一套的形式中去。那么包产到户之后，农村将会怎样发展呢？我们从广泛的调查中，看到的轮廓大致是这样的。

第一，实行包产到户会促进农业生产大幅度增长，三、四年内，农村就可以改变原来那种吃饭靠返销，花钱靠救济、生产靠贷款的被动局面。在农业生产大发展的过程中，农村的情况，会发生显著的变化。据我们和不少县、社、大队干部座谈，实行包产到户三二年之后，有一部分人（大约是 30% ~40%）会先富起来，有一部分人（大约占 40% ~50%）会比现在显著地好起来，有少部分人（大约占 10% ~20%）虽然会比现在好，但生活还会有困难。

30% ~40% 先富起来的农户主要有以下几类。一是劳动力多，劳动力强的户。这类家庭兵强马壮，在包产到户之后，勤奋肯干，务农有一套技术。有的第一年就收入几千斤粮、上千元现金，不要几年就富起来了。如陇西县红崖湾生产队张魁，4 口人，3 个强劳力，包种 34 亩地，今年 29 亩粮田，产粮 5510 斤，扣除任务、饲料、籽种后，人均口粮还有 1067 斤；6 分当归，收入 300 元；4 亩油料，能榨油 120 斤，扣除任务 16 斤，人均 26 斤；另外还养 12 只羊，2 个驴，一口猪，10 只鸡，年收入 800 元以上。二是农村的五匠，木工、瓦工、毡工等等这类人有技术，有现金收入，又包种了土地。过去工钱收入要大部分交队记工分，分口粮，现在不用交了。三是农村的能人，有种瓜、菜、药材或养猪、羊、鸡、蜂等特长的把式，他们的专长有条件发挥了。四是干部、工人家属，特别是本县本乡的干部、工人，他们既有工资收入，同时回家方便又可以把田种好，可以兼得城市、农村的各种好处，老百姓称他们是"工农联盟户"。五是公社、大队、生产队的干部，他们一般分的土地好，关系多、门路广、容易买到优良品种、化肥、农药，而且还有补贴等现金收入，他们中的多数会先富起来。这五种人的共同特点是有较强的劳动能力、有专长、有资金、有门路。包产到户之后，同所承包的土地结合起来，农业生产会很快提高，再加上其他收入，两三年就会富起来。

40%～50% 的农户会比现在显著好起来。多数农户虽然没有上述五种人的条件好，不会像他们那样富得快，但是因为包产到户之后，调动了积极性，生产也会很快搞上去。加上负担减轻了，提留少了，收入也会增加，生活也会很快好起来。

10%～20% 的农户可能还会有困难。这部分人就是农村的困难户，他们劳力少而弱，或者主要劳动力有病，或者不会经营，不会计划，又没有务农的技术专长。在山区还有一些家庭主要劳力是呆傻病人。这些农户在包产到户之后，独立耕种有困难，种不好，管不好，生活会有困难，个别户甚至比过去还要差些。另外就是一些二流子、懒汉，他们好逸恶劳，东游西逛，过去就是靠吃大锅饭、吃集体，这些人中的有些人包产到户后也不会好好干。

农村实行包产到户几年之后，就会发生上述分化。这是否就是有些人担心的两极分化呢？对此要作具体分析。我们认为包产到户之后，农村会发生分化，但这不是在生产资料私有制基础上的两极分化，这是任何生产发展进程中不可避免的。包产到户之后，在农业生产大幅度增长的发展过程中，一部分农民由于勤奋劳动、善于经营，先富起来，一部分农民由于条件限制，后富一些。只是富裕程度不同，先后不同，两者不能相提并论。而且这种差别在原来集体经济中就是实际存在的。事实上，只要生产发展起来，国家和集体就有力量通过社会福利（包括社会救济）来帮助那 10% 左右的困难户。实践证明，用拉平的办法来照顾他们，结果限制了大部分人，特别是劳动力强的那部分人的积极性，生产搞不起来，只能是大家绑在一起穷。这个教训，我们千万不要再重复了。

第二，包产到户之后，社员之间不仅会有富裕程度的差别，而且还会出现职业上的分化。若干年之后，农村会出现经营各种副业的专业户。他们会从农户中分化出来，那时农村的多种经营就真正发展起来了。

我国大部分农村，由于人多地少的缘故，社员单靠经营农业，特别是单搞粮食，是富不快的。"若要富，要搞农工副"，这是农民已经总结出的经验。我国农村有兼搞工副业的历史传统。在像定西等地区集体经济比较薄弱，无力搞较大规模工副业的农村（1979 年定西地区 7 个县社队企业总产值只 2498 万元，只相当于发达地区一个公社的工副业产值），在包产到户以后，农民劳动效率提高了，就会有大量自由支配的时间，加上政策放宽，就使得农村有了广泛发展多种经营的条件和可能。我们在榆中县、陇西县等地看到，农民都在积攒钱购买母畜，羊只增加得很快；有的在准备发展养猪、养鸡、养蜂；有的在准备种当归、党参和瓜菜；有的在筹备办粉坊，油坊，也有的在串联筹备砖瓦窑，石灰窑。

未来农村发展的趋势已很明显，大致可分为三个阶段。

第一阶段，土地按户承包，每个农户都是以农业为主的小而全的经营单位。这在集体经济薄弱，生产落后，社员口粮不足的情况下，先要解决社员的温饱问题，是非如此不可的。

第二阶段，多种经营事业蓬勃发展，兼业农户大量出现。农业生产发展起来，逐步解决了社员的口粮问题之后，农村的各种副业、各种养殖业，经济作物种植业以及其他工副业生产，就会广泛发展起来。他们在承包种植生产队的土地之外，有的会兼营畜牧业，有的会种各种经济作物，有的会兼营工副业，离城镇近的农户还会兼营饮食业，修理业和贩卖商货。开始他们是以农业为主的，逐渐地兼业收入会超过农业。例如我们在陇西县城关公社东街二队调查，这个队人多地少（人均 7 分田），包产到户之后，目前 140 户人中，有 70% 的户在经营各种副业和商业。

第三阶段，专业户和专业农户。生产进一步发展，农业基础雄厚了，兼业农户就会逐步发展为专业户和专业农户。这种专业户在甘肃省，在兰州市已经出现。8 月底我们参观了兰州市七里河区的专业户。专业养鸡户高学兰家，养莱杭鸡①320 只，扣除饲料、取暖设备等成本，年收入在 1500 元

---

① 即来杭鸡。——编者注

以上。专业养奶牛户马汝仓家，养奶牛五头，年产奶 1.2 万斤，年收入在 3000 元以上。这样的专业户在兰州市有 100 多户了。兰州市规定，每户养奶牛 2 头以上，羊 20 只以上，奶羊 10 只以上，猪 10 头以上，鸡鸭 150 只以上，蜂 20 箱以上，都可以申请为专业户。达到这些标准的户大致年收入都在 1000 元以上。

在兼业农户的兼业收入超过农业收入，而社会市场又能有保证地提供他们的口粮、饲料、副食等需要之后，他自然就会专心致志地发展他的兼业，而不愿也不再需要搞农业。这时就会有一部分人弃农经副、弃农经商，专业户就会大量出现。我们到那时要制定相应的政策，鼓励他们向专业户方向发展。专业户从农业中分化出来，交回了他们所承包的土地，这样留在农业的农户土地就会扩大，经营农业的规模就会扩大，这些农户就会成为专业农户。

在各种专业户和专业农户之间，逐步实行等价交换、互相协作。有的包产到户的队在内部逐步做到三分之一的户搞工业，三分之一的户搞副业，三分之一的户搞农业。这样的规划是具有方向意义的。

也许有人会担心，这样多的专业户弃农经工、弃农经副、弃农经商，农业这个基础不就削弱了么？这种认识是不对的。我国大部分地区人多地少，3 亿多劳动力种 15 亿亩耕地，要发展农业，不是劳动力少了，而是多了。所以要逐步减少农业劳动力去从事其他事业，否则农业劳动生产率提不高，农民富不了，农业也发展不快。其二，农业要发展，就要发展商品经济。目前我国农业 70% 是自给性生产，农产品商品率只有 30%，粮食的商品率只有 15%。农业不改变这种自给自足的自然经济状态，是没有前途的。包产到户以后，兼业农户，专业户，专业农户多起来，就会改变这种状况，兰州市的高学兰，一个专业户，每年可向国家市场提供几千斤鸡蛋，50 只活鸡，值 2000 元以上，商品率达到 95% 以上。甘肃全省 400 来万农户①，如果有 20% 的专业户或专业农户达到高学兰的水平，就可以提供 16 亿元②的农副产品，相当于目前全年收购的农副产品总数的 3 倍③。这样甘

---

① 原文为"300 万农户"，根据《农业发展的黄金时代——包产到户的调查与研究》改为"400 来万农户"。——编者注

② 原文为"12 亿元"，根据《农业发展的黄金时代——包产到户的调查与研究》改为"16 亿元"。——编者注

③ 原文为"两倍"，根据《农业发展的黄金时代——包产到户的调查与研究》改为"3 倍"。——编者注

肃的经济就活了。全国 1.8 亿农户，如果有 20% 的专业户和专业农户达到高学兰的水平，就可以提供 720 亿元的农副产品。这样，全国的农业就活了，经济就活了。可见，发展专业户，让一部分农民从单一经营粮食的传统农业中分化出来，不仅不会削弱农业这个基础，而恰恰是发展了社会分工，是发展农业的必由之路。

上面讲的是在集体经济比较困难的条件下，实行包产到户后，发展兼业农户、专业户和专业农户的一种模式。在甘肃，我们还看到了原来集体经济较好，生产队有家底，实行包产到户以后，发展兼业农户、专业户和专业农户的另一种模式。陇西县城关公社东街二队，146 户，912 人，有耕地 483 亩，集体经济已有一定的发展。全队有 20 多万元的公共财产，除了农业之外还经营油坊、豆腐坊、磨坊、砖瓦窑、轧面机、弹花、机修等十余个队办企业。过去，由于在这些工副业中也是实行评工计分的老一套办法，这些副业人员没有积极性，混工分，有的不但不能挣钱，反而要农业上补贴，弄得农、副之间矛盾很大，有的摊子已经关了门。这次该队在把土地包到户的同时，把这些工副业也分别包到户经营了。如原来的豆腐坊，三四个社员做豆腐，卖豆腐还要找会计、保管，豆腐常常卖不出去，煤电的浪费也很大，是个赔钱的单位。现在豆腐坊包给了罗清俊一家，他每年向队里交 1000 元。生产队供给房屋、设备。他家二个半劳力，一天能做三四个豆腐（一个 40 斤），又做又卖，豆腐坊一下就变了样。据说罗清俊一年能挣 2000 多元。

生产队的另外 9 项副业也分别包给了社员或自愿组织起来的小集体，每年共可收入包金 2 万多元。由此，社员承包的土地不要像其他队社员那样交农业税和集体提留了。生产队除了交农业税，支付干部、民办教师、五保户的补助和小型水利公共设施开支外，每年还有很多积累。队里准备用这笔积累今年再办一个砖窑，包给 20 多个社员去经营。据队上估计，若干年后，农业发展了，国家的粮食政策有了变化，社员的口粮和副食供应有了保证，像罗清俊等农户就会不再承包队里的土地，而去专门经营豆腐坊、油坊、砖瓦窑等行业，成为各种专业户，队上的农田也会再次集中起来，包给少量的专业农户去耕种。

第三，包产到户之后，社员们会逐步以各种形式再次联合起来。这种联合是经济的联合，是建立在等价交换、自愿互利基础上的联合，而不再是行政命令式的联合。这种联合已不再是低水平的集体经济，而是建立在商品经济发展基础上的集体经济了。

有人以为包产到户就是分田单干，其实随着生产力的发展，就会出现更高级的合作组织。例如，榆中县上庄公社马滩大队，就有几个会烧石灰的师傅串联了9户社员，包下了大队准备遗弃的石灰窑。陇西县城关公社东街二队的砖窑、油坊，也是由社员自己组织起来的新集体承包的。他们自选组长、会计，自定各种经营管理制度，自定分配办法。几个月来的实践证明，这种社员自愿合作，用经济办法联合起来的新集体，克服了原来用行政办法组织起来，不少都搞成官办企业的种种弊病。

　　生产进一步发展，当专业户、专业农户大量出现时，农村的经济联合、协作组织就会发展到一个新的阶段。例如，当某一个区、一个公社里高学兰式的养鸡户发展到几十户，几百户时，他们就会进一步要求建立在专业化基础上的经济联合或协作组织，比如种蛋公司、饲料供应公司、防疫保险公司以及销售公司等等的联合企业。广河县三家集上，回民有做皮筒子的传统，现在已经组织起来，成立了裘皮公司，统一加工、统一销售，每年可产2万件皮筒子，户均收入200多元。在这些各种专业户的联合企业之上，还会进一步要求建立大型的名符其实的农工商联合企业。现在试行的农工商联合企业，遇到了这样那样的困难，而最最关键的正是农业能提供的农产品商品太少。到了专业化生产大大发展之后，商品农产品大量涌现，有了雄厚的物质基础，农工商联合企业就会蓬勃发展起来。到那时，不用人为地提倡，想阻挡也阻挡不住了。

　　另外，在农村由于大量搞养殖业、搞副业、搞工业、搞商业的专业户分化了出去，他们交回了土地，留在生产队的农户的土地就再次扩大，成为专业农户。到那时，土地又成片了。农业劳动力的减少，使农业机械化成了真正的需要。农业现代化问题就提到议事日程。当然，农业专业化、机械化，现代化这是相辅相成的。我们在农村还看到，有的队实行包产到户之后，把手扶拖拉机也包给个别农户，机器的保养、维修、使用全归他，他再和其他农户订立包耕、包种、包打场、包运输的经济合同，逐步发展下去，这样的户也可成为农村的农机专业户。现在这些农机户，在人多地少的地方，主要还只是包些打场、运输等活路，将来农村专业户发展了，土地逐步扩大，这种农机专业户就会进一步发展。

　　总之，包产到户之后，农民的积极性提高了，农业生产一定会大踏步地向前发展。农民的温饱问题初步解决之后，多种经营一定会广泛发展起来。在此基础上，发展的必然趋势是专业户、专业农户的大量出现，实现农业专业化。而专业化又必然要求联合、协作，要求社会化。于是，建立在农业生产力大大发展，实现了专业化基础上的新的集体经济企业，就会成为我国农村的主要组织形式。可以看到，在相当一个时期内，原来的以行政管理办法为主的集体经济和新出现的以经济办法为主的、通过自愿互利等价交换原则建立起来的集体经济会有一个并存的时期。也可以预见，前面的这种集体经济会逐步发展到后一种以经济办法管理的集体经济。而包产到户这种责任制形式的建立，正是这种高水平集体经济的起点，是由目前这种低水平的、自然经济小生产简单集合的集体经济向高水平的专业化、社会化的集体经济过渡的桥梁。所以，我们说，包产到户发展前途宽广，其意义就在这里。

四　对包产到户必须加强党的领导

包产到户是农村生产关系的一次调整，是农业经营方式的重大改革。它涉及农村千家万户的生产、生活的一系列变化，涉及县、公社、大队、生产队各级领导机构工作内容、工作方法的一系列变化。这次改革的群众主体仍然是农民。我们不仅应当看到农民群众焕发出巨大的劳动热情这积极的一面，也应清醒地认识到农民作为落后生产方式中的小生产者，他们① 还有散漫、保守、狭隘的一面。所以，不管是在实行包产到户的过程中，还是在包产到户以后的经济发展过程中，我们党都决不能采取撒手不管的态度，而应当统一认识，加强领导，使农业经济朝着正确的健康的方向发展。

实践证明，在实行包产到户的过程中，凡是领导能够理解农民群众强烈要求摆脱长期贫穷饥饿的急迫心情，从而能够支持群众实行包产到户的要求，站在群众前面积极领导，那么，那个地区实施包产到户就搞得好，搞得稳，集体财产就能得到保护，许多具体问题就能得到妥善解决，干部群众矛盾就少，生产发展就快。而凡是当地的领导和群众拗着劲，把包产到户看作复辟倒退行为，视为洪水猛兽，不同情、不支持，以致用手中的权力压制群众的，群众就会在下面自发地搞。这样实行包产到户，就必然会搞得比较粗，就会留下一些具体问题，以致出现砍伐树木、宰杀牲口、拆毁公房、损坏农机、烈军属户生活困难无人照顾等等问题。其实，只要领导对包产到户有正确的认识，认真执行中央有关指示，这些问题都是不

---

① 　以上16字（楷体字部分）根据《未定稿》1980年第30期第23页增补。——编者注

难解决的。

甘肃省在中央解决省委问题之后，新省委即着手落实农村经济政策。特别是在党的十一届三中全会以后，通过实践是检验真理标准的讨论，逐步放宽政策，支持群众的要求，灵活实行了多种形式的生产责任制。1980年4月，中央领导同志指出，地广人稀、经济落后、生活贫困地区索性实行包产到户之类的办法。月底，省委书记宋平同志就作了关于贫困山区可以实行责任到劳的"责任田"制度的讲话，受到了农民群众的热烈欢迎。责任田、包产到户就在长期贫困的地区搞开了。6月，省委召开了河东6个地、州委书记座谈会，专门讨论了推行责任制问题，制定了座谈会纪要，提出"凡是集体生产长期落后，群众生活十分贫困，许多困难问题在短期内又不能解决的生产队，以及那些居住分散的山区社队，只要绝大多数群众要求，可以实行包产到户，至少几年不变"。从此，河东各地委，县委相继派出工作组，调查组深入农村，传达省委精神，听取群众意见，总结已经搞了包产到户社队的经验。在此基础上，很多地委，县委都作出了实行包产到户的具体规定。如我们在定西看到，地委在1980年7月5日，作出了《关于实行包产到户责任制若干问题的意见》，共16条，对包产到户的性质，对哪些地方可以实行，土地、牲畜、农具如何分配，包产合同如何订立，集体的机械、房屋、水利设施如何统一管理，大、小队干部、民办教师、赤脚医生如何补贴，烈、军属、工、干家属，"五保户"如何优抚照顾，社队企业及其职工的管理和报酬，生产队、社员的债务如何处理等一系列问题，都作了具体的说明和决定，地委宣传部还专门颁发了宣传材料。由于省委、地委的精神明确，各县和县、社干部们很快就统一了思想。在夏收之后，各地农村实行包产到户的工作就全面展开了。我们9月初到陇西县时，县委书记张自强告诉我们，这个县早就开了公社书记会议，学习了中央负责同志的指示，大家一致拥护，要求早搞，以免影响明年生产。8月份开始搞，一个多月的工夫，全县2225个生产队，有2220个生产队群众强烈要求实行包产到户，现在大部已经搞完。土地、牲口、农具已经划定承包下去，农民已经在准备秋播了，工作非常顺利。据我们到碧岩公社调查，工作队进村，从召开群众大会，讲明包产到户的性质和具体办法，讨论和制定划分土地、分配牲口、农具的具体方案，到最后划定土地、牲口、农具签订包产合同和处理具体问题，一般只要半个月左右的时间就足够了。工作队员和社队干部普遍反映，这个工作比以往什么工作都好做，顺利极了。群众对这次工作队进村特别欢迎，有许多地方的农民说，这是解放后第二个最好的工作队（第一个是土改工作队）。

甘肃省的各级领导，顺应民意，支持贫困地区的农民要求实行包产到户的愿望，只有几个月的时间，就在全省70%的地区，实现了这场生产关系的调整。我们一路看到社会秩序安定，生产生活生气勃勃，蒸蒸日上，整个农村洋溢着热烈的气氛。甘肃省这种有组织、有领导、有计划、有步骤地领导实行包产到户的经验是值得重视的。但是我们在甘肃也看到有个别市、县的负责同志，对包产到户仍有抵触，认为群众的这种要求是"分田单干"，是"想摆脱共产党的领导"。所以他们不顾上级的指示，不管群众的强烈呼声，在自己工作的地区顶着不办。群众批评他们是喇叭裤中间的那一截。上面中央、省委领导，下面人民群众，都放开了，唯有他们在中间卡着。他们影响了群众的情绪，损害了党的威信，很多搞了包产到户的社队也因为他们的做法而惴惴不安。社员群众气愤地把他们叫作"不怕老百姓饿肚子的人"。对于这样的领导，我们应当加强教育，帮助他们尽快从假社会主义和个人私心杂念的桎梏中解放出来，走上真正建设社会主义的轨道。

实现了包产到户之后，农业生产会大大发展起来，与此同时，也会有一系列新情况、新问题出现。对此，我们更要加强党的领导，改善党的领导，以适应变化了的情况。

第一，领导必须要有预见。包产到户以后，农业生产要回到原来的老模式中去，显然是不可能了。农村经济会怎样发展？我们在前面只是根据已有的迹象做了大致轮廓的描述，到底怎样发展，还要由实践来回答。但是，这个问题已经提出来了，农民群众也十分关心，他们也要求党组织能及早给予阐明。他们现在之所以普遍担心政策变，怕回到原来的"大呼隆"的老框框里去，一个重要的原因就是不知道包产到户以后将会怎样发展。为此，我们党应该及早作出说明，作出规划，以使广大干部、广大农民有所遵循。这样的规划是可以尽早作出来的。办法是按照马列主义的基本原则，研究我国的农民问题、农业问题，而特别重要的是加强对那些比较早实现包产到户的社队，尤其是那些生产发展较快、原来基础较好的社队情况进行调查研究，也可以参考南斯拉夫等国家①的经验，从中得出规律性的认识，预见包产到户以后农村发展的基本趋势，并由此制定出包产到户后农村发展的远景规划。当然，这样的规划是要在实践中不断完善和充实的。

---

① 原文"其他国家"，根据《未定稿》1980 年第 30 期第 26 页修改。——编者注

第二，包产到户的前途必然是专业化，社会化生产。农业生产发展起来之后，多种经营发展起来之后，专业户、专业农户会大量涌现。专业户、专业农户多了，必然要求联合，新的集体经济组织就会应运而生。因此，在实行包产到户之后，我们在促进农业发展的时候，就要有领导地向专业化方向引导，帮助发展各种专业户。专业户多了我们又要从政治上、经济上扶持建立新的经济联合组织。如专业养鸡户多了，我们就要帮助他们建立禽蛋联合企业，解决良种来源、饲料供应、防疫保险、推销禽蛋等个体经营不易解决的问题。对于这些专业联合组织，我们应从政治方向上加以指导。在经济上，要通过价格、税收、贷款等等经济杠杆去影响它的发展方向，再不要靠什么行政组织用行政命令的办法去管理了。

第三，农业要发展，离不开工业、商业、交通、金融等等事业的支持。包产到户以后，随着生产的高速发展，农副产品会大量增加。随着专业化的发展，农产品的商品率也会大大提高。这就要求商业系统能够根据市场需要，组织、指导发展生产和①帮助他们推销产品，供应生产资料。例如现在定西地区的几项主要经济作物，大麻、当归、党参，都因滞销而影响农民收入，影响继续生产了。陇西川区，今年产大麻 300 多万斤，而国家收购计划只下达了 80 万斤，大量的麻交售不出。国家收购牌价 1.5 元一斤，但不收购，农民只好几十里路肩背车推，弄到集市上，八、九角钱一斤，卖给中间人。

自从党的十一届三中全会调整和放宽农业政策以来，农副产品已经大量涌现，各地已有商业部门停收、拒收粮食、生猪、禽蛋、药材、蜂蜜等问题发生。包产到户农业向专业化发展之后，农副产品会更多，这个矛盾会更加突出。看来农业基础改变了，商业、银行等流通渠道也必须作相应改变，以适应农业生产发展的需要。

第四，为了加强和改善党对农民和农业生产的领导，我们要对目前的县、社、大队、生产队四级基层组织结构进行适当的改革。十一届三中全会提出党的工作重心要转移到经济建设上来以后，我们原来那一套以适应阶级斗争为纲那种状况建立和逐步发展起来的基层组织结构，就已经不适应了，特别是现在生产落后、生活贫困地区实行了包产到户之后，这种不适应就显得更加突出了。改革基层组织结构的任务已经提到议事日程上来了。

据我们在陇西县碧岩公社的调查，全部 21 个公社干部只有 5 个是搞农

---

① 根据《农业发展的黄金时代——包产到户的调查与研究》收录文增加"根据市场需要，组织、指导发展生产和"15 字。——编者注

业技术和财务工作的，占 23.8%。公社机关内没有一个搞农业经营管理的。陇西县级机关各类干部 886 名（不包括医生、护士和教职员），农林水利干部只有 169 名，占 19%，除掉水电干部 61 名，农林干部只 108 名，而公、检、法干部却有 106 人之多。这样的干部结构和组织结构显然不适应工作重点转移的要求。

包产到户以前，公社、大队、生产队干部忙于催种催收，忙于直接领导和指挥生产。包产到户以后，安排生产①的任务就落到社员身上，公社、大队、生产队干部的工作内容完全变了，所以各地在实行包产到户的过程中，大队、生产队干部都减少了。一般的做法，大队留支书、大队长和文书 3 人，生产队留队长、会计 2 人，有的地方大队设会计 1 人，生产队就不设会计了。有的生产队仅留队长 1 人（队委会还在）。讲了多年精简干部，减轻群众负担，现在一下子就解决了。

从多年的情况看，政社合一的弊病太多。公社可改为区或乡，成立党委和政府，专管党、政事宜。农业生产的经济组织可分两类：一类是农业技术指导推广机构，可由县农业局等业务部门领导，一类是经济联合组织，这些都是企业，按自愿互利原则建立，成立管理委员会，民主产生领导，对参加的农户或单位负责，为参加的农户或生产队服务，实行利益分红。

生产大队和生产队可以合并。实行了包产到户之后，还以现在的生产队为单位管理 20～30 户人就太少了，但大队 200～300 户又太大了。在条件成熟的时候，可以自然村或联村为单位，恢复村级政权，专管行政事宜。包产到户的社员，今后在经济上怎样联合，由今后各地的经济发展情况而定，实行自愿互利的原则，建立各种形式的联合组织，不必强求一律。但一定要与政权组织分开，不要再政企不分。

改革现行的基层政权组织结构，虽已势在必行，但这是涉及国家根本体制的大事，必须慎重。有关领导要进行调查研究，按照国家的政策，试点摸索，拟定出切实可行的方案，通过法律程序确定，予以施行。

总之，包产到户并不是所谓的"权宜之计"。作为一件关系到我国农业的发展前途和亿万人民生活的大事，它有着十分巨大的实践意义和理论意义。随着生产组织形式的改变，人与人之间过去那种单一的领导与被领导的行政关系也将随之发生变化。随着农业生产向专业化、社会化方向的发

---

① 根据《农业发展的黄金时代——包产到户的调查与研究》收录文增加"安排"2 字。——编者注

展，随着农产品商品率的提高，随着商品经济的繁荣，人们之间横向的经济联系，也会日益丰富起来。随着经济基础的变化，随着多种经济成分的共同发展，我们的经济管理体制以及整个上层建筑，也会自然地得到进一步改善。只要我们始终遵循马克思主义关于生产关系一定要适应生产力发展水平的基本原理，实事求是，解放思想，在经济调整的同时改善我们的体制和机构以适应生产力发展的需要，整个国民经济就能得到迅速的恢复和发展，四个现代化的宏伟目标就一定能早日实现。

关于包产到户的几个问题[*]

关于农村的联产责任制，争论较大的是包产到户问题。我把这两年在安徽和甘肃调查的情况作一点介绍，也谈一点看法，错误的请批评。

一　包产到户发展的情况

最早发展起来的是安徽。1978 年遇大旱，秋播冬小麦种不下地。省委决定每人种一亩小麦，但进度很慢。肥西县山南区群众提出用包产到组的办法，后来小组又包到户，搞"五定一奖"，结果进度很快，几天就种完了。这件事引起了震动。到了 1979 年 3 月份，《人民日报》发表了文章批评包产到组[①]，动荡较大，县委要改，但区委书记顶了一下，正好省委政研室的同志了解这里的情况，向省委负责同志作了汇报，批准了这个区搞试点。经过夏收和秋收，产量比常年增长很多，证明这种方法效果好，全县一下子发展起来了。

安徽总的发展过程是这样，1978 年底包了 1200 个生产队，占总数 0.4%。1979 年底 38000 个生产队，占总数 10%。1980 年春全省农业会议，肯定包产到户是生产责任制的一种形式。5 月底发展到 87000 个生产队，占 23%。麦收以后又有发展，到 10 月份，75 号文件下达时，发展到 176000 个生产队，占总数 41.6%。1980 年 10 月安徽召开省、地、县三级干部会

　＊　本文源自《农业发展的黄金时代——包产到户的调查与研究》（陆学艺著，兰州：甘肃人民出版社，1983 年 3 月），第 43～54 页，文中涉及的相关地区农村经济社会发展数据源自作者调查过程中获得的资料。该文系作者 1981 年 1 月 8 日在全国历史唯物主义讨论会上的发言摘要，原题为《包产到户的由来和今后的发展》，刊载于会议简报组编《全国历史唯物主义讨论会简报》，第五、六期合刊，1981 年 1 月 9 日。——编者注

　①　《"三级所有，队为基础"应该稳定》，《人民日报》1979 年 3 月 15 日第 1 版。

议，作出决定包产到户已搞的不纠，没搞的不再搞。但没有煞住，1980 年 12 月份突破 22 万个生产队，达到 53.9%，据说还在扩大，估计年底①会达到 60%。

开始是在穷的、落后的、困难的地方先搞，但接着旁边的生产队也要搞。因为以前讲年均收入 50 元以下的算是困难队，但困难队一搞包产到户，一年就翻上去了，原来的先进队说我这下子是困难队了，我也要搞。不光是富队搞了，富裕的地区也搞了。芜湖地区是平原，宣城县的金宝圩四个公社，亩产 1400 斤，去年②冬天也搞了，搞了也增产。从总的发展情况看，往往是收获一次扩大一次。因为一收就算账，不搞的吃亏了，马上搞起来，压也压不住。有的一个县几天就包掉了。所以农民讲，包产到户已成不可阻挡之势。

甘肃情况不同，生产条件更差，全国人均收入 84 元，甘肃是 74 元。1979 年夏天经过实践标准问题的讨论，秋收时开始搞了几个公社。1980 年 4 月中央长期规划会议，邓小平、姚依林同志提出，甘肃、内蒙古、云南、贵州等困难地区索性让它搞包产到户之类的办法。③ 传达到甘肃后，省委第一书记宋平 4 月底说可以搞责任田（实际上是包产到户），《人民日报》5 月 11 日登了消息④，报纸一到甘肃，群众称为"11 号文件"，贴在墙上，马上搞起来。和安徽不同的是甘肃不是自下而上，而是层层开会，传达中央领导同志讲话，打通思想，是自上而下和自下而上相结合。到了 8 月份，全省搞包产到户的生产队已占生产队总数的 38.76%，估计到年底可达 60% ~70%。

就全国而言，内蒙古、贵州、云南、河南、山东、河北都搞了，有的专区也搞到 60% ~70%，其他如山西等地也都在搞。1980 年 10 月份吴象同志的文章说全国已经搞到 20%，现在看来，75 号文件下达后，已经超过了。

包产责任制的形式，1979 年 10 月份第一书记会上，据农委同志讲有 14 种，最具有普遍性的有六种。

第一种，部分作物包产到户。

第二种口粮田，实际上是公田私用，把自留地扩大。这种形式不多，内蒙古搞得多一点，现在已经转为包干到户了。

---

① 此处指 1980 年底。——编者注
② 此处指 1980 年。——编者注
③ 参见《邓小平同胡耀邦、万里、姚依林、邓力群谈长期规划问题》，载中共中央文献研究室编《邓小平年谱（1975 ~1997）》（上），北京：中央文献出版社，2004 年 7 月，第 615 ~616 页。——编者注
④ 《适当放宽政策 因地制宜发展生产》，《人民日报》1980 年 5 月 11 日第 1 版。

第三种包产到户。

第四种按专业承包，联产计酬。

第五种包产到户。即土地或按人分配，定田、定牲口、定工、定费用、定产量、定奖罚，五定一奖。这种方法口粮多少、工分值多少，一年早知道，基本上都是有产可超。

第六种包干到户。也就是"上交国家的，留足集体的，剩下都是自己的"，现在大部分地区都是这种形式。

二　包产到户的由来和原因

农民为什么这样强烈地要求搞包产到户？安徽有的地方采取停电、不供化肥和种子等办法阻止包产到户，有个别县还抓人，但社员还在干。群众为什么要求这样搞？这只能从生产关系必须适合生产力水平的原理来解释。多年来，农业生产力长期发展缓慢，甚至停滞，根本问题是农业政策有这样那样的问题，生产关系和生产力不适应。农民要求包产到户的强烈愿望一方面反映了对极"左"路线的反抗，另一方面也反映了要求调整部分生产关系。新中国成立 30 年来，农业虽然有所发展，也有集体经济搞得好的，但全国有 960 万平方公里土地，8 亿农民，生产力水平差别极大，有全盘机械化的国营农场，又有刀耕火种，大部分是以手工劳动为主的传统农业，这是一种多层次的生产力结构。但我们实行的这一套办法，政社合一，三级所有，再加一刀切，主观主义瞎指挥，没有自主权，搞平均主义，多劳不多得，分配不兑现，使集体经济越来越搞不好，社员群众越来越不愿干，搞成了恶性循环。1979 年统计，全国有 200 多个县长期"三靠"，有的县生产力水平基至低于解放初。1979 年全国 504 万个核算单位，每人平均分配收入 40 元以下的占 16%，50 元以下的占 27.3%，60 元以下的占 38.8%，有这么多的农民生活在"贫农"水平之下。还有相当一部分地区连粮食也不够吃。1979 年北方旱粮区口粮 300 斤以下的占 19.8%，南方水稻区口粮在 400 斤以下的占 18.3%，两项合计共 15148 万人。这就是说，我国至今有 20% 以上的农民还没有解决"吃饱肚子"的问题。

国家对这些地区年年救济、贷款，但长期解决不了。困难县、穷社、穷队的问题合作化不久便提出来了，但 20 多年了，一仍故旧。根本原因是生产关系和生产力不适应。这些地区多数是在合作化时期从单干或互助组，一步登天的，以后又经过"大跃进"的折腾，十年内乱的浩劫，越搞越穷，越搞越没有积极性。

那么，怎样解释生产生活较好的地区也要搞包产到户呢？我们在安徽也做了专门调查。

例如，嘉山县张八岭公社蒋岗大队，这是全省的先进大队之一，书记秦年寿是省政协委员。这个大队1972年亩产就超了纲要。1979年劳动日值1.5元，1980年春上也包了，结果很好。1979年88万斤，1980年上到107万斤；人均收入从169元上升到283元。

这些生产生活较好的社队要求包产到户的原因如下。

1. 这些好的队还有潜力可挖。

2. 凡是好的队都有较好的领导，管得较严，集体分配高，但家庭副业差，因为社员自由支配的时间少，分开后虽然集体分配增加不多，但社员自由了，有时间搞副业。

3. 也存在几种矛盾，干部与群众、户与户之间有着各种各样的矛盾。虽然没有穷队那样严重，但是积极性也没有充分发挥出来。

可见，即使是农村的先进地区，也是有潜力的。有的同志说，农业上不去的根本原因是20年来农民没有积极性。有人说是"泡穷了，磨穷了，绑在一起绑穷了"。实际情况确实如此。新中国成立30年来，我们在农机、化肥、水利等方面花力量相当大，但是效果并不好。

从数字看，1952~1978年国家财政农业支出1407亿元，其中农业基本建设投资714亿元，新修水库8万座，蓄水4000亿立米，灌溉面积增加46000万亩。1979年大中拖拉机66.7万台，比1952年2006台增了332倍。手扶拖拉机167万台，农业排灌机械总动力7100万马力，全部农机马力1.8亿匹，比1952年25.2万马力增加了714倍多。电力1978年300亿度，比1952年5000万度增加了600倍。化肥1978年5000万吨，而1952年只有25.5万吨，增长了160倍。这样多的生产资料，农业生产率有什么提高呢？1952年每个劳动力产粮1893斤，1957年2020斤，1978年2080斤。1978年比1952年增加9.8%，比1957年增加2.9%。应该看到，我们多年来"以粮为纲"，把其他的经济作物都砍掉了，所以，用整个农业生产率来计算实际上没有增长。1955年，每个农业劳动力的产值是298元，1978年每个农业劳动力的产值是456元。因为同期农产品收购价格增加了68.8%，所以按1955年以来的不变价格计算，1978年每个农业劳动力的产值只有270元，实际上比1955年下降了10%。这是一笔账。

还可以算一笔账：1978年，全国农机总动力为1.8亿马力，按50%发挥作用计，每马力就算抵 4 个劳动力，等于投入了 3.6 亿个劳动力，比目前我国现有的 3.1 亿个农业劳动力还多，仅仅农机一项，劳动生产率就应提高一倍，但实际上生产率并没有提高。

第三笔账：还有 5000 万吨化肥，1000 亿斤，以每斤化肥增产 2 斤粮计，应增产 2000 亿斤粮。而从 1957 年到现在粮产量总共只增加 2000 多亿斤，化肥也未起到应有的效用。

第四笔账：灌溉面积增加了 4.6 亿亩，按每亩增产 200 斤粮计，应增920 亿斤粮，这些效率也没有达到。有的同志说，我们在农业现代化上的努力，都被"瞎指挥""大呼隆""平均主义"之害，弄得农民没有积极性而抵消掉了。

马克思在《资本论》第一卷里讲："劳动生产力是由多种情况决定的，其中包括：工人的平均熟练程度，科学的发展水平和它在工艺上应用的程度，生产过程的社会结合，生产资料的规模和效能，以及自然条件。"① 在这五种因素中，第二、四、五项要发挥作用必须依靠一、三两项的问题的解决。由于我们的劳动组织形式束缚了劳动者积极性的发挥，所以，尽管另外三项花了很大的力气，生产率也没有能够提高。

由于没有积极性，害处就是这么严重。所以调动积极性就成了搞好农业的关键，如何调动呢？可以回顾一下历史。新中国成立 20 年来想了很多办法，政治的办法，行政的办法，教育的办法，军事的办法。合作化后不久就发现没有积极性，因为 1949～1956 年粮产量年年上升，到 1957 年就下降了。当时采取的办法是搞社会主义教育，用教育的办法解决。之后又搞了整风、整社、四清、文化革命、基本路线教育、农业学大寨，最后是依靠民兵小分队"用无产阶级专政的办法搞农业"，"七斗八斗"。结果越搞越乱，事实证明这些办法不行，调动积极性基本上还应是经济的办法，应当使进行政治思想教育工作同让农民得到实际的经济利益结合起来。

打倒江青反革命集团后，逐步用经济办法搞农业。先是提出要搞按劳分配，农村中讲分配要兑现，然后明确提出评工计分，但这个办法几十年证明不行，于是发展到小段包工、定额计酬，类似工厂的计件制。但是这种方法要定很多种类的工分，有几百个定额，太繁琐，而且质量也不能保证。这种方法只能解决干不干一个样，解决不了干好干坏一个样。这样，就又提出了联产计酬。这块地包给你，连种带收都是你的，有多少产量计

---

① 《马克思恩格斯全集》第 23 卷，北京：人民出版社，1972 年 9 月，第 53 页。

多少分。这就解决了干不干、干多干少、干好干坏一个样的问题。但是这种方法仍有问题，联产是一个组，有许多户，还有个平调的问题。解决了大锅饭还有二锅饭，解决了大呼隆，又来了二呼隆，于是干脆分到户里。这整个过程实际上是用经济办法搞农业的必然结果。

现在又从包产到户发展到包干到户，原因在于包产到户计算过于复杂，各种作物不同，价格也不同，算不清楚，你算清了农民也搞不清。所以提出"先交国家的，留足集体的，剩下是我自己的"，这样就简化了手续，年初定下来，年终给钱给粮。在这个意义上，包产到户和包干到户是一回事，但又有不同的地方：

（1）包干到户可克服包产到户还要拿到生产队统一分配核算所出现的问题（如队干部多吃多占等等）。

（2）生产队统一分配还有户与户之间平调的问题，而包干到户没有这个问题。

（3）用合同办法解决好国家、集体、社员三者间的分配关系，生产队不再搞统一分配，以前是生产队分给社员，现在是社员向生产队交，倒分配。农民欢迎这种形式，更加放心了。

所谓农业要退够，我认为就是要退到这种形式。

我调查过几个包产到户的地区，农民既没有通气，也没有来往，没搞经验介绍，也没广播宣传，各地的办法想来想去都想到这上面来，从这一条看，是群众的创造，有其内在的必然性。

三　包产到户的效果

结合安徽、甘肃地区的情况讲几点。

1. 真正地、最大限度地调动了农民的积极性。

依我看，我国农业上不去的原因有两条，第一条是城市、国家、工业向农业拿得太多，表面上看每年只有 30 亿～40 亿农业税，实际上由于存在剪刀差，有的同志估计要拿到 300 亿～400 亿。第二条是管得太死。我国工业管理水平差，靠低工资来维持，而低工资是靠农产品价格低来维持的。这个问题在工业体制改革完成之前是解决不了的。就是说还要向农业拿。那么只有第二条出路放宽。所以中央提出农业靠政策放宽，调整生产关系，改变组织形式，调动人的积极性。包产到户好就好在真正调动了积极性，这是解决农村问题的关键。

2. 农村中多年想解决但解决不了的问题，实行了包产到户，有的基本解决了，有的将要解决了。比如说干部参加劳动，干部贪污，多吃多占，非生产人员过多，等等，讲了那么多年解决不了，搞了包产到户后一年就基本解决了。

3. 农村活了，促进了城市各项经济事业的繁荣，把整个经济都搞活了。农民有了大量的农产品就要出卖，卖得的钱又用来购买各种用品，所以，城镇集市繁荣了，各种经济事业如供销社、商店、饭店都发展起来了，城市待业青年也好安置了。社员经济状况改善还大大提高了商业部门的销售额。城乡银行信贷事业也发展起来了。以前银行放贷是给生产队，多去少回；现在是给农民个人，还款积极，信用比生产队好多了。另外，粮食局因为改调进粮食为调出，扭亏为盈。农机公司的拖拉机过去没有人要，现在供不应求。安徽嘉山县太平公社 1980 年社员私人购买拖拉机 118 台。

四　包产到户今后将怎样发展

包产到户能增产增收，能治穷，已经被实践证明，也逐渐为人们所接受。但包产到户将怎样发展，前途是什么，是权宜之计还是有发展前途？这是农民所关心的。因为农民还是怕变，不知将来会怎样。这个问题我们去调查了，进行了座谈，看到了新的趋向。

（一）包产到户发展的新趋向

1. 今后若干年农村会发生一种变化，一部分人会先富起来。包产到户以后几年，30% ~40% 的户会先富起来，40% ~50% 的户比现在显著地好，10% 左右会好一点，但仍困难，个别户会更困难。

30% ~40% 先富的有这样五种人：第一种是劳力多，强，肯干。这些人兵强马壮，马上就富起来了；第二种是"五匠"，过去出外干活向队里交钱，现在不交了，又包了地，拿双份；第三种是"能人"，会种菜、种花、养鸡、养蜂；第四种是干部、工人家属，特别是本地、本镇、离家近的，挣了工资，下班又下地干活多；第五种是基层干部、大队长、支书、会计，地分得到好的，工具拿得到好的，还有门路，搞得到农药、化肥，另外还有组织生产的能力和经验。

40% ~50% 会比现在显著地好，主要是因为生产发展了，加上负担减轻，原来在生产队挣不了多少钱，因为原来生产队生产的东西要扣除去各种"捐税",只有 50% ~60% 能分到社员手里,现在没有了,而且农本也下降了,因此 70% 以上能到手里。

10% 左右仍有困难的,是因为劳力少、弱、有病或者主要劳动力呆傻。还有二流子,以前就不好好种地,现在仍然不行的。存在这种差别,并不是两极分化,对这些困难户,以后可以用社会救济的办法来解决。

2. 解决了温饱问题以后,多种经营,多种副业就会大大发展起来。现在我国有 8 亿人搞农业,84% 的人口在农村,15 亿亩耕地,每人只有 2 亩地,充其量每亩打 2000 斤,每人 4000 斤,卖 500 元。要达到 1000 美元产值是不可能的。农民达不到,全国就达不到。所以,农村必须分化,但又不能向城市转移,因为城市还有待业人口。所以只有一个办法就是农村自己发展分工:一部分人搞工,一部分人搞商,还有搞林、牧、渔业等等。所以,应鼓励"弃农经工""弃农经商""弃农经副",发展社会分工。搞了包产到户后,解决了吃饭问题,副业就能搞了。设想有三个阶段。

第一阶段:现阶段实行包产到户,分散经营,小而全。这样会发展生产,解决温饱问题,因而是生产力的进步。

第二阶段:大量发展兼业农民。农民吃饱了,又从生产队中解放出来,有资金和剩余劳力,就可以通过多种门路搞副业。如灰窑、砖窑、修理、服务等等。越往后,农村光种田的农民就越少了,农业劳动生产率就能提高。

第三阶段:发展专业户、专业农户。这种形式甘肃已经出现了。兰州市作了规定:凡养鸡 150 只,猪 10 头,蜂 20 箱,奶牛 2 头,羊 20 头以上的,可退出农业变为专业户,国家供给粮食,我们如果规定一个政策,到了兼业农户的兼业部分超过农业时,就可以把土地交给集体,去搞他的专业,这样耕地可以逐步集中,种田的就可成为专业农户。

3. 将来集体怎么办?其实农民是有联合的积极性的,只是对"政社合一"的形式不满。有的地方上午在分,下午就自愿组织互助,这其实正符合合作化时的"自愿"原则,嘉山县 100 多台私人购买的拖拉机大部分是联合买的。牛也大部分是联合买的。这种联合是和上面讲的第一阶段相应的。

另外,大量出现兼业合作。因为农民要搞副业一家是不行的,现在安徽农村里农民大量地在串联办各种企业。这种自愿联合的兼业合作出入自由,很方便。但是性质怎么看?有一个民办拖拉机站,由 6 户农民联合买了两台 50 马力的大拖拉机,又请了 3 个师傅,收了 4 个徒弟。还自己办食堂,管理得很好，两个月就赚了 5000 元，带头的人打算明年第一步还完 2 万元贷款，第二步还完 8000 元集资，然后变成 13 个人的集体所有，进行按劳分配。按这种方式搞就是属于社会主义性质的。但是也有人要求不还 8000 元，留下分红利，这就和初级社差不多了。第三步就会出现农工商联合企业。搞专业化，大量农产品就会出现。如果一个公社有几百户养鸡的专业户，就必然会要求有搞饲料、搞推销等各种专业的联合公司。我们应该引导农民在自愿互利、等价交换的原则下建立各种形式的经济联合组织，使农业实现专业化。

总的来说，积极性提高了，各种经营、各种专业、兼业就会大量出现，就会推动经济的发展，出现新的经济形式。从这一点可以讲，包产到户是现代农业的起点、桥梁，是大有发展前途而不是权宜之计，也不必再走回原来三级所有、逐级过渡的老路。

（二）搞包产到户需要解决的问题

搞包产到户仍然存在不少问题和矛盾。有些地方已经提出"搞包产到户过程中要加强党的领导，包产到户以后还要加强党的领导"。问题有以下几点。

1. 土地更加分散零碎。如有好地一块，大家都要，有的割得只有几米宽。

2. 劳动力弱的，干部、军人离家远的，缺劳力、资金、技术的，困难比原来大，这就要依靠当地政府的照顾和救济。

3. 林业怎样包产到户？种田可以当年见效，种树要几年。

4. 民办教师也包了地，虽然因此得了"双份"，改善了生活，但教学质量普遍下降了。

5. 计划生育难办了。原来扣口粮、工分，现在粮食在自己家里，而且现在劳动力紧张，男劳力更显得重要。

总的看来，我国生产力多层次，生产关系也要多种形式，包产到户是很重要的一种。有的同志说生产关系也应"因地制宜"。只要我们调整生产关系使之适应生产力，经济状况就会迅速好起来。

安徽包产到户后的新形势和新问题[*]

1979 年 6 月，我们到安徽农村调查时，全省还只有肥西县一个区（山南区）搞包产到户的试点。1980 年 11 月再到安徽时，全省 424106 个生产队，已有 41.6% 实行了包产到户。据介绍，中央 75 号文件下达后，各地搞包产到户的面还在扩大，有的县，几天工夫，就大部分实行了包产到户。估计到年底，全省将有 60%[①] 的生产队实行包产到户。

包产到户为什么发展得这样快？农民为什么如此强烈要求搞包产到户？包产到户以后农村的形势怎么样？我们带着这些问题，走访了安徽省直有关部门，到了巢湖、六安、滁县三个专区的巢县、无为、金寨、霍丘、肥西、来安、嘉山等七个县[②]的十多个社队进行了广泛的调查，总的印象是包产到户的效果要比人们预想的大得多，包产到户后的形势要比人们预想的好得多，包产到户的发展要比人们预想的快得多。

---

[*] 本文源自《农业发展的黄金时代——包产到户的调查与研究》（陆学艺著，兰州：甘肃人民出版社，1983 年 3 月），第 55 ~ 77 页。原稿写于 1981 年 1 月 10 日，文中涉及的相关地区农村经济社会发展数据源自作者调查过程中获得的资料。该文首次刊发于非正式出版的《经济研究参考资料》1981 年第 33 期，发表时间：1981 年 3 月 5 日。《农业经济丛刊》1981 第 4 期（1981 年 7 月 14 日）以《包产到户遇到的新问题》为题摘发了该文第二部分。本书编者根据《经济研究参考资料》刊载文增改了个别文字。——编者注

[①] 原文为 50%，现根据《农业发展的黄金时代——包产到户的调查与研究》收录改文。——编者注

[②] 原文仅六县，无肥西县，现根据《农业发展的黄金时代——包产到户的调查与研究》收录文改。——编者注

一　包产到户后农村各方面的形势都很好

（一）包产到户经受了大水灾的严峻考验，在大灾之年，获得好收成

安徽 1980 年遇到了仅次于 1954 年的大水灾。6 月以后连阴雨持续了 80 多天，中间有几场大暴雨，造成了严重的洪涝灾害。在人民解放军的支援下，长江、淮河的大堤保住了，大的圩保住了。但还是破了一些小圩，全省受灾面积 1000 多万亩，有 200 多万亩地是绝产。在这样大的自然灾害面前，包产到户的社队怎么样？省政研室的一位同志说：秋后算账的结果，"安徽今年①的情况基本是，大搞包产到户的大增产，小搞包产到户的小增产，不搞包产到户的就减产"。拿粮食来说，全省今年减产 22 亿斤，但包产到户占 70% 以上的滁县地区还是县县增产，今年粮食总产突破 31 亿斤，比历史最高水平的去年②增产 9.4%。包产到户占 56% 的六安地区，基本平产（其中肥西、六安、霍丘等已基本实行包产到户的县继续增产，不搞包产到户的舒城县减产 1 亿斤）。坚决不准搞包产到户的安庆地区，县县减产，全地区今年要减产 11 亿斤。以县为单位来说，1979 年搞大包干到组的凤阳县，1980 年进一步搞了小包干到户，粮食继续增产，总产达到 5 亿斤；在 1979 年比 1978 年增产 49% 的基础上，1980 年在大灾情况下又增长了 13.5%。包产到户占 97% 的肥西县，1980 年继续增产，比 1979 年增加 2000 万斤。而同肥西毗邻、自然条件相仿的庐江县，因为县委书记坚决不准搞包产到户，立秋后一个星期还强迫农民栽双季晚稻，结果全县比 1979 年减产 32%，减产 28141 万斤。

1980 年梅雨来得早，安徽的小麦正在收割，雨季就来了。城西湖等一些国营和军垦的几个大农场，康拜因③开不进田去，有好几万亩小麦还没有割倒，穗上就出了芽。生产队的小麦割倒了，有的来不及运，在田里长了芽；有的运到场里，来不及脱粒，在场里出芽了、烂了，损失严重。包产到户的小麦，社员日夜抢割，运到家里，千方百计地打场、脱粒，有的硬

---

① 本文中指 1980 年。——编者注
② 此处指 1979 年。——编者注
③ 指联合收割机。——编者注

是全家老小用棒槌打、用手搓，把成熟的小麦抢到手。虽然还是有些损失，但比起国营农场，比起生产队来，要小得多。所以有的同志总结说，"1980年安徽的小麦，在连阴雨灾害下，国营农场的损失三、四成，生产队的损失一、二成，包产到户的损失不到一成"。

1980年的安徽，不但夏粮受灾，秋粮也受灾。秋季作物好不容易种上了，连续的低温多雨，田间管理十分困难。国营农场的中耕，除草机下不了田。生产队派了工，社员下了田也常常动不了锄，致使不少粮田、豆田、花生田、棉花田，杂草丛生，造成草荒减了产。包产到户的，联产如联心，社员在夏管季节，天一晴就下地，起早贪黑侍弄庄稼，就是在雨天，也戴着斗笠，披着塑料布下地，大锄小锄动不了，就用手拔。滁县地委负责同志告诉我们：今年我们这里，社员硬是用手把草一根根抠掉的。加上及时治虫治病，及时施肥，这些包产到户的地区，在大灾之年仍然夺得了丰收。对此，省里有位领导同志深有感慨地说："干责任制这一招，干对了，要不这么搞，今年这么大水，要死许多人的。"

在安徽这样一个自然灾害比较频繁、生产力水平比较低的地区，发展农业生产，首要的一环就是要用正确的政策，调动农民的生产积极性。而在现实条件下，实践证明，联产责任制，包产到户、包干到户是调动农民积极性的最好形式之一。实行了包产到户，社员有了积极性，大灾能减轻，小灾能抗住，一般年景就能有好收成。我们专门访问了安徽有名的穷县——嘉山县，这个县合作化前是个中等县，1955年人均产粮909斤，每年能调出一、二千万斤粮食。"大跃进"一场折腾，饿死了很多人，伤了元气，从此一蹶不振。1962年以后年年调进粮食，1978年产粮2.5亿斤，人均产粮才596斤，当年调进9332万斤粮，成了国家的大包袱。1979年搞联产到组的责任制度，一年小翻身，粮食产量35069万斤，人均815斤，结束了吃国家返销粮的历史。1980年搞包产到户，在大灾之年获得大丰收，粮食产量达到40455万斤，增长15.5%，人均919斤，超过了历史最高水平。全年征购超购粮食7750万斤，可上调给国家3000万斤。

1979年这个县包产到户只是少数队搞，个别冒尖户打10000斤粮食，就非常稀奇，被誉为"张一万""赵八千"，全县传为佳谈。1980年全县搞包产到户，秋后统计全县户产万斤粮的共4700多户，有的户人均产粮3000斤，4000斤，个别有达5000多斤的。洪庙公社小李生产队1980年粮食总产30万斤，人均产粮2700斤，户均卖粮10000斤。司巷公社是个有名的"要饭窝"，1978年前，每年有一、二千人外出逃荒要饭，县里派民政局长、粮食局长带了钱粮去救济、做工作，也稳不住人。1979 年搞包产到组，一年小翻身，产粮 1036 万斤，比 1978 年（灾年）576 万斤增产 79%，超过了历史最高水平。1980 年包产到户，更大翻身，达到 1569 万斤，又增产 51%。1980 年还产花生 150 万斤，比 1979 年的 40 万斤增产 275%。1979 年人均收入 56 元，1980 年可达 115 元。再没有外出要饭的了，再不要国家返销粮和救济款了，今年已完成征超购粮食 168 万斤，预计可达 200 万斤；卖花生 80 万斤，超过国家下达油脂任务的 10 倍。我们到这个公社的岗王大队访问，这个队有 303 户、1503 人，过去是个要饭庄，今年收了 220.6 万斤粮、53 万斤花生，人均口粮 1100 斤，人均收入 327 元，户产粮食超过万斤的有 80 户。这个队有个王有泰，46 岁，全家 9 口人，7 个孩子，4 个劳动力，前年①他的媳妇还领着女儿外出要过饭。今年他家包了 30 亩地（加上开荒，实种 40 多亩），产粮 25300 斤，花生 5700 斤，加上家庭副业，全年总收入 8200 元，人均收入 911 元。这个队还有个王全忠，9 口人，4 个强劳力，包种 34 亩田，家里办了一个油坊，还会做木匠活。他明年②计划要实现"四个一"（1 万斤小麦、1 万斤水稻、1 万斤花生、收入 1 万元钱）。这两家我们都实地去访问了，王有泰家有 3 间旧草房，东屋里是一囤稻子，西屋里是一囤花生，两个囤都很大很高，快到房顶了。王全忠的条件比王有泰还好，明年实现这个计划是有把握的。

王忠全全家收入 1 万元，这还是 1981 年的计划。其实，总收入超过万元的户，1980 年已经有了。滁县地委书记王郁昭同志给我们讲，前不久他就访问过这样的"万元户"。③ 这是定远县耿巷公社抗西生产队的李同全，他家 16 口人，4 个儿子没有分家。1979 年全家还超支 150 元。1980 年他家包种 65 亩地，全年收粮食 41100 斤、花生 2500 斤、油料 550 斤、棉花 50 斤。养母猪 2 头、肥猪 6 头、小猪 20 头。养牛 3 头、鸡 70 只、鸭 43 只、鹅 12 只。全部总收入是 11022 元。据介绍，这样的"万元户"各县都有几个。

20 多年来，我们在农田水利基本建设、农业机械化、化肥农药、科学种田等方面已经做了大量工作，农业生产的物质基础是大大加强了，但是由于过去存在着瞎指挥、大呼隆、平均主义等弊端，挫伤了农民群众的积极性，使这些生产潜力得不到发挥。搞了包产到户之后，农民有了生产积

---

① 此处指 1978 年。——编者注

② 本文中指 1981 年。——编者注

③ 以上楷体字部分根据《经济研究参考资料》1981 年第 33 期第 5 页增补。——编者注

极性，这些农业生产的物质条件被充分利用，所以农业生产在短期内就有了很大幅度的增长。安徽搞包产到户仅仅两年，就出现了这样多的"万斤户"和少数"万元户"，这件事本身说明了我们的农业生产有很大的潜力，说明了搞包产到户符合生产力的要求，促进了生产，因而是很有必要的。

（二）包产到户促进了城乡各项经济事业的发展，这一着棋把经济搞活了

实行了包产到户，农民的积极性极大地调动起来，粮油大幅度增产，农民有了自主权，多种经营真正发展起来，各种农副产品大量涌现，商品率大幅度增加，农村富了，农民的购买力提高，城乡的市场繁荣起来，推动了各项经济事业的迅速发展。集市贸易兴旺，中小城镇发展得很快。农民有了产品，要出售；农民有了钱，就要买工业品，集镇就繁荣了。我们在各地，看到一般公社所在地的集市贸易有上千人、几千人参加，区所在地的镇则有上万人，县城的集市则有几万人参加。每逢集日，集上人山人海、热闹非常。农民肩挑手提各种农副产品到集上去出售，买了各种工业日用品回去。这些集镇上的供销、商业系统的购销业务大增，各商业单位添设了不少门市部，而且现在还有不少个体工商户开业，仅肥西县山南镇就有经工商管理所批准开业的个体工商户 54 家，另外还有一大批摊贩。这样不仅使许多待业的知识青年有了安置，而且使这些集镇多年解决不了的下放户的问题得到了解决，使他们有了正当的职业和生活来源。

此间的干部和社员总结包产到户后的农民生活大改善的状况是："一年吃、二年穿和用，三年盖瓦房。"事实上，不少地方，一年大丰收之后，不仅解决了吃的问题，而且穿、用、住的问题就有明显的改善。这从商业供销系统的业务就可反映出来。肥西县商业局 1980 年 1～10 月商品零售总额为 2120 万元，比上年同期增长 31%；嘉山县供销社商品零售总额为 2108 万元，预计到年终将达到 2400 万元，比 1979 年增长 20%。商业系统的购、销、调、存业务全面增长。据嘉山县供销社调查，农民现在的购买力也在向中高档商品、耐用消费品发展。如自行车、缝纫机现在供不应求，来多少，销多少。手表、座钟、收音机销出的数量很大，但农民已有选择，如收音机要买台式的，有装潢可用作摆设的，而不满足于 20～30 元的小收音机了。据统计，嘉山县通过供销系统售出的自行车、缝纫机情况是这样的（见表 1）。

表 1　1958～1980 年嘉山县供销系统售出自行车、缝纫机情况

时间	自行车（辆）	每年（辆）	缝纫机（台）	每年（台）
1958～1965 年	394	49	729	91
1966～1975 年	602	60	706	71
1976～1978 年	1761	554	2030	676
1979 年	567	567	896	896
1980 年（1～11 月）	732		1104	

　　1980 年 1～11 月通过供销系统卖出手表 1415 只，各种收音机 19989 台。上面这些商品只是通过嘉山本地区供销系统销售的，农民从外地或其他方面购回来的还未包括在内。另外，1980 年农村销售的棉布量下降，而涤卡、涤确凉①和混纺化纤织品销量大幅度增长，特别是成品服装增加幅度更大。农民购买力的提高，扩展了整个农村市场，对于我国的商业、工业、交通运输等事业无疑是会有很大的促进。

　　原来农村穷，农民个人存款少，现在不同了。嘉山县 1976 年全县个人存款只有 20 万元，1977 年为 25 万元，1978 年 38 万元，1979 年增加到 107 万元，1980 年又猛增到 190 万元。原来放出贷款多，收回的少，现在也不同了。1978 年嘉山全县放农业贷款 414 万元，当年收回 103 万元，只占 25%；1979 年放贷 373 万元，收回 233 万元，占 62%；1980 年放贷 248 万元，已收回 198 万元，占 80%，这在嘉山历史上是从来没有过的好成绩。农业银行的同志说，"社员借贷还贷的信用比生产队好"。社员春上借，秋后一卖粮就送上门来还，有借有还，个人有信用，以后还好借。而生产队不同，春天借了，秋后你上门去要还往往要不到。队长、会计借钱靠上级的指标，不守信用，也不怕你不借给他。

　　包产到户开始的时候，有种意见说，社员都分地种田了，社队企业办不成了。事实不然，现在农村是田少人多，包产到户之后，劳动效率提高，多数社员是"半年种田半年闲"，劳力多的户还是愿意出来做工，而且农村富了，社员有钱投资。不少地方，社员自带资金，出来参加社队企业，肥西县有不少社队企业就是靠社员交来的资金办起来的。1978 年肥西县只有 1167 个社队企业，13058 人，1979 年就发展到 1218 个，从业人员增加到 18994 人，1980 年又有大的发展。发展最快的是建材工业。这两年肥西县新

---

　　①　又称涤纶、的确良。——编者注

办轮窑 22 座、小土窑 110 座。1978 年只产砖 2000 万块，1979 年增到 4800 万块，1980 年可达到 8000 万块，1981 年新轮窑都投产后，可达到 2 亿块。另外由于全县的油料大幅度增长，社队办的油坊也大量增加。

粮食丰收了，国家征购、超购的粮食多了，缺粮县变为余粮县，粮食部门业务量大增，工作好做，也扭亏为盈了。嘉山县以往是粮油调进县，每年要亏损几万元。从 1979 年起变为粮油调出县，今年能调出的粮油更多，可以有 40.9 万元的盈余，按规定可以有 6.6 万元的留成，职工有奖金可得了。肥西县更多，今年有 84 万元的盈余。

总之，实行了包产到户，农业生产大发展，农村富庶起来，推动了城镇各项经济事业的发展，使城镇繁荣起来，这是安徽实行包产到户各县的普遍情况。开始时，县直各单位的干部职工对包产到户也是议论纷纷，有意见的多，搞了一、二年，实践的结果良好，使城镇干部、职工对包产到户的看法也变了。我们在肥西、嘉山两县，曾经邀请商业、供销、农机、粮食、财政、税务、银行和工商行政管理等单位的领导同志座谈，他们现在都称赞农村实行包产到户这个办法好，都说这一着棋把城乡各项经济事业搞活了。

（三）包产到户促进了科学种田和农机化事业的发展

实行包产到户，农民有了生产自主权，农业生产实际上由集体经营改变为个体经营。那么，科学种田怎么推广？农业机械化怎么实现？农业现代化还搞不搞？一般人长期形成的概念认为：农民是小生产者，比较狭隘、保守、落后，让农民自主个体经营，科学种田、农机化等等就不行了。安徽搞了两年包产到户，实践的结果，完全不是这样。

多年来，我们搞科学种田，搞农业机械化是有成绩的。我们在这几个方面花了很大的力气，但农民对此并不十分关心（因为与他无直接的利益关系），所以，总的来说是事倍功半，收效不大，进展不快。不过，科学种田、农机化对农业生产的好处，农民是看到了，对他们有影响。一实行包产到户，使劳动成果和农民的利益紧密相关，农民就主动积极地起来搞科学种田，搞农业机械化，从而就大大促进了科学种田和农机化的进程。

使用化肥能够增产，这点农民已经深信不疑了，所以包产到户后，农民一面很重视积农家肥，一面大量使用化肥，使用量成倍增加。据嘉山县统计，1952～1967 年每年平均使用 45 吨，1958～1965 年每年平均使用 693 吨，1966～1975 年每年平均使用 1949 吨，1976～1978 年每年平均使用

16273 吨，1979 年增加到 23857 吨，1980 年又猛增到 31112 吨，比前一年增加 30.4%。农民现在是千方百计买化肥，有的甚至借债、出高价去买化肥。使用时也讲究科学方法。这里用的主要是碳酸氢铵和磷肥，以前一再提倡穴施，但总是做不到，所以浪费很大，成效受到限制。现在农民自己买化肥，几乎都是穴施，有的还专门创造了施肥器，一棵一棵地穴施，效果就好多了。

良种也是群众欢迎的。现在农民自主种田可重视优良品种了，千方百计地去串换和购买良种，如杂交稻种，在当地，农民有出三元钱一斤去购买的。过去推广良种很困难，好不容易调来了优良种子，也常常弄混杂了，年年讲片选、穗选，也不容易做到。现在农民自己不仅在田间搞片选、穗选，而且在下种前，把种子放在桌上，一粒粒地选。不少队一年就实现良种化了。

前面讲过，现在社员普遍地大量地购买半导体收音机，一个很重要的原因，就是用它听气象预报和农业科学技术讲座。以前公社的农技员要推广农业新技术，工作很困难。现在不同了，农业技术员成了农民最欢迎的人，不少农民还常常跑到公社找农技员登门求教。科技人员下乡办科学讲座，农民踊跃前来听讲，济济一堂，这种现象过去是少有的。

包产到户以后，农业机械化怎么搞？这是大家普遍关心的一个大问题。以往的农机化，存在着搞形式主义，为农机化而农机化，不因地制宜，效果不好，有的还因管理不善等问题，加重了农民的负担，因此农民并不十分欢迎。包产到户开始时，有些社队把拖拉机拆开分了，有的甚至卖了，这确有其事。但包产到户搞了一、二年之后，特别是那些生产条件比较好的地区和社队，农业生产发展了，农民富了。有了实行机械化的迫切要求，农民不仅把原有拆分开的拖拉机又重新组合起来使用，而且自动筹集资金，几户联合购买或者一户单独购买拖拉机，有的还几户联合集资办起了拖拉机站。有的公社，仅仅包产到户一年，就自筹资金买了百余台拖拉机，实现了农机化。实践这样快地向前发展，人们在搞包产到户时，是没有预料到的。

就包产到户后的农机化的问题，我们在安徽专门访问了两个公社。一个是霍丘县的陈嘴公社，还有一个是嘉山县的太平公社。这两个公社都在淮河边上、全部是湖田，土地平整，适于发展机械化，以前也都是当地机械化的试点。但搞了十多年，国家投资贷款给了很多，拖拉机站办不好，年年赔本，"化"不起来，机耕面积不到 40%。陈嘴公社，从 1962 年开进第一台拖拉机到 1979 年，17 年才发展到 23 台（大、中型）拖拉机。1980 年实行包产到户，第一年小麦大丰收，加上秋后红麻丰收，社员有了钱，1980 年 9 ~ 12 月，全公社社员自筹资金就买了手扶拖拉机 50 台、13 台四轮（15 匹）拖拉机和 4 台江淮 50 的大拖拉机，一年超过了十七年。当年秋耕的机耕面积就达到 70%，小麦播种比往年提前 15 天超额完成计划。公社书记说，照这样干，有 3 年就全部实现机械化了。

太平公社比陈嘴"化"得还要快。这个公社 1958 年就有拖拉机，21 年间共买了大、中型拖拉机 26 台，手扶拖拉机 90 台。1980 年实行了包产到户，秋后这个公社的社员，就集资购买了大拖拉机 2 台，手扶拖拉机 116 台，一年等于二十年。太平公社共 3686 户，18886 人。有耕地 3.2 万亩，现在共有多种拖拉机 234 台，每 16 户就有一台拖拉机，每 136 亩就有一台拖拉机（每马力负担不到 10 亩地），基本上实现了农机化。值得指出的是，由于社员自己买了拖拉机，办了拖拉机站，这就打破了原来社办、队办拖拉机站独家经营的局面，有了竞争，促使原来的拖拉机站改善经营管理，改善服务态度，提高耕作技术和质量，促进了整个机械化事业的前进。

至于农用的排灌机械、粮油加工机械，农民历来是欢迎的，包产到户并没有影响这部分农机事业的发展，而且还大大加快了它们的发展。霍丘县城郊区，今年实行包产到户后，社员几户联合办和单户独办各种粮棉油加工企业，几个月的工夫就买了碾米机 168 台、磨面机 196 台、轧花机 13 台、弹花机 13 台，还有脱粒机 97 台。

农民踊跃买拖拉机和其他农机具，使农机局和农机公司的业务也兴旺起来。嘉山县农机公司 1979 年才卖了 20 台小拖拉机，1980 年上半年也没有什么业务，干部职工的工资都成了问题，只好去贩些衣料、服装等商品卖，职工思想很混乱，等着要改行了。但到了秋季，业务突然变了，农民涌上门来买拖拉机，三个月的工夫就卖出各种拖拉机 310 台，还有许多其他农机具和配件，不仅把库存的 100 多台拖拉机销售一空，而且又从外地调进许多拖拉机和农机，还供不应求。原来这个公司计划亏损 2.6 万元，到 11 月底匡算只亏 4000 元了，到年底还会有盈余。这些都大大超出了农机职工的意料，所以农机局长说秋收以后，我们农机部门是复活了。

（四）农村出现了新的分工，产生了一大批新的集体经济组织

包产到户将来怎么发展？她的前途是什么？包产到户仅仅是解决群众温饱问题的权宜之计，还是有广阔的发展前途？这些问题都是广大农民和

干部极为关心的问题。

在安徽那些实行包产到户的地区，已经出现了许多新的经济现象，从中可以看到未来发展的趋势。

第一，多种经营事业蓬勃发展，改变了原来单一搞粮食的状况，农民兼业的情况多了，农村正在出现职业上的分化。包产到户之后，粮食多了，温饱问题解决了，也有了一定的资金，又有了自主权，农民可以自己支配农闲的时间，加上国家放宽政策，农民的家庭副业、多种经营就真正发展起来。以前讲鸡鸭成群，猪羊满厩，往往只是纸面上的。因为粮食不多，人还不够吃，哪能养这么多禽畜。现在不同了，农民有了粮，一养就是几十只、上百只，上面提到的李同全家就养三禽 125 只，猪 28 头，这样的户在实行了包产到户的农村并不少见。天长县老港大队，1980 年共养家禽 22500 只，平均每户 73 只，全大队共出售家禽 12500 只，平均每户 40 只，出售蛋 26000 斤，平均每户 85.5 斤，一年的禽蛋收入共 58900 元，每户 193元。有的户兼搞养牛、养羊，有的养兔、养蜂、养鱼。也有的户买了拖拉机，农忙时给人耕田，农闲时跑运输；有的户买了粮油加工机械，办了加工厂；也有的开了商店，贩卖商货；有技术的，自己办了铁木作坊，替人加工铁木器具；有的知识青年，在搞良种培育，专门育良种，向农户出售良种。总之，农民兼业的情况正在日益增多。

随着农村整个生产事业的发展，这种兼业的状况还会进一步发展，有的兼业农户就可能发展为专业户或专业农户，如有养殖经验和其他技术的农民，兼业收入逐渐地超过了农业，他就可能专门养鸡、养兔、养蜂、养鱼，或者专门做铁匠、木匠，或者专门办加工厂，办商业，成为养鸡专业户、养蜂专业户、农机专业户、木工专业户等等。只要我们制订适当的政策，鼓励他们向专业户方向发展，这样整个农村的分工就会发展，就会向专业化、社会化方向发展，改变目前这种小而全的自然经济的状况，从而促进整个农业的发展。

以往我们把农民固定在土地上，固定在生产队里，想把生产队搞成个农林牧副渔全面发展的基层单位。实践结果，这样一个小而全的自然经济的简单扩大的组织，其他各业往往发展不起来，农业也没有搞好。另外，我们 8 亿多农民，3 亿多劳力都搞农业，就在这 15 亿亩田里做文章，农村要富起来很不容易。每人 2 亩地，充其量每人产 4000 斤粮，也只有 600 元钱，要达到人均国民生产总值 1000 美元的小康水平，还差好几倍。所以要农民富起来，一个重要的方面，就是减少农业劳动力，提高农业劳动生产率才行。但是，中国又不能走其他国家使农业劳力大量转向工业，使农民大量进城的老路（中国的城市人口也多，城市劳力就业都成问题）。所以只有一条出路，就是要在农村发展分工，发展专业化，使一部分农户从传统的农业中分化出来，让一部分人专搞牧业，一部分人专搞渔业，一部分人专搞林业，一部分人专搞工业，一部分人专搞商业，一部分人专搞服务业……留下一部分人成为农业专业户，各专业户之间实行平等互利的等价交换。这样才能提高整个社会的劳动生产率，使整个农村繁荣起来。而实行包产到户，让农民有了经营自主权，充分调动农民的生产积极性，使农业生产首先发展起来，这是农村发展分工，发展专业化的一个起点。

第二，包产到户开始的时候，在一定意义上可以说是分，从大呼隆，平均主义的状况下分出来，对此，农民是满意的，感到是一种"解放"，从而大大推动了生产的发展。现在我们在包产到户之后不久的农村里看到，农民又正在以各种不同的方式自愿地联合起来。这是生产发展的需要，有一定的必然性。

比较普遍常见的是，几家农户合伙一起买牛、买拖拉机，共同管理，共同使用，共同分享利益。这实际上是以共同使用牛或拖拉机而组织起来的作业组，但这都是农民完全自愿组织的，有的是一个队的，有的是跨队的，甚至是跨社的，或是自己的兄弟、亲戚，或是好朋友、邻居，都是合得来的，农民称这种作业组是"合心组"。我们访问了嘉山县太平公社张台大队的一个组，这个组共4户人家，由社员尤继先、仇复祥、苏家连、王天有四家（31口人）组成，共耕种93亩田，合股买了一台手扶拖拉机3070元，按人头出钱，主要是四家耕作用，由仇、王二人当机手，农忙时，仇、王二人给各家轮流耕，尤、苏两家则帮他们做其他杂活（以工换工）。机器用油和维修钱也由各家按人头摊，秋后出去跑运输，挣的钱也按人头分。各家的田还是由各家管，各家向生产队包产交产，在四家之间不搞统一分配。这个"合心组"是秋天合买拖拉机后建立的，有了拖拉机，秋收秋种进度快、种得早、种得好，四家都很满意。现在农村里，类似这样的作业组很多，但多数还是以共同买牛、用牛为一个单位。

这种作业组只是分工协作，还不是集体经营的企业，而由农户自愿互利联合起来的新的集体经济组织也已在各地涌现出来。在六安、滁县这些搞包产到户比较早的地区，已经相当多了，被称之为民办企业。有民办的砖窑、磷肥厂、粮油加工厂、轧花厂、粉坊、豆腐坊、养貂场，有民办的运输船、建筑队、商店，还有民办的拖拉机站等等。这些民办企业有以下几个特点：第一，都是建立在等价交换、自愿互利的基础上的，有一、二个为首的社员带头串联办起来的，互相都信得过，参加自由，退出也自由。第二，参加者都是兼业的社员，本身都在生产队包种着田，承担的任务不变。第三，企业都是自筹资金，自找门路，自产自销。第四，参加者既是所有者，也是经营者，既是劳动者，也是管理者。他们按劳入股（每个劳动力带若干资金），所得利润按股分配。这些企业办得好坏，与每个参加者都有直接的利害关系，所以经营管理都搞得比较好，注意质量，讲究信用，方式灵活，服务周到。这些方面，一般都要比社队办的同类企业好，因此，一办起来很快就受到群众的欢迎。

民办企业是包产到户以后农村生产力发展的结果，产生以后又促进了农业生产。包产到户以后，农村生产力过剩的问题更加突出，群众说：我们现在是"半年种田半年闲"。所以，①民办企业是生产向深度广度发展的一个方面，为多余劳力找到了出路。这些民办企业所提供的产品和服务是社会所需要的，弥补了不足，如磷肥、砖瓦、机耕等对农村的生产、生活都有好处，而办企业的人也增加了收入，这些都促进了农村经济的繁荣。随着包产到户后，农业进一步发展，民办企业还会更多地涌现出来。

民办企业，现在还是初办，它的形式还不固定，正在发展之中，对它们的性质，很有研究的必要，我们重点调查解剖了几个企业。霍丘县陈嘴公社汪集大队，今年秋天有一个民办的拖拉机站，开始创办时是以屈光映为首的六名社员，后来集资买拖拉机时，又有四个青年作为学徒参加进来，除其中一名是屈光映的女儿外，其余三名也都出了资金，所以实际投资的是9户社员。买了2台江淮50的胶轮拖拉机（只付1/3的钱，其余2/3赊欠，一年还清）。请了3个师傅，拖拉机站就办起来了，共13个人。3个师傅带4个徒弟，管机务，其余6个社员搞管理、外交、后勤。现在确定，3个师傅每月工资50元，学徒每月9元，6名社员每人每月是40元，开办3个月已经赢利5000元。他们初步打算，干一年后把拖拉机厂的赊欠款还清，第二年再把8000元投资还清，这样这个拖拉机站，就是这13个人的小集体所有了。在内部实行按技术和工作贡献、能力定级，拿工资。如果这个计划实现，那么这个拖拉机站就属于社会主义性质（集体所有、按劳分配）。但也有人提出，8000元投资不还，今后除了按月发工资，盈利部分要按原先入股的股金分红。这就有点类似初级社的状况，属于半社会主义性质。

---

① 以上楷体字部分根据《经济研究参考资料》1981年第33期第13页增补。——编者注

现在这些民办企业的管理方式、分配方式很不一致，各订各的章程，各有各的办法，而且还在不断地变动之中。所以，对于这些民办企业的属性问题，还要进一步研究。不过可以肯定，这些民办组织是用经济方法联合起来的集体经济组织形式，有新的特点，对发展农村经济事业有好处，有发展前途，很值得重视。

据我们在安徽六安、滁县地区几个县的农村调查看，搞了包产到户之后，再要回到原来的那套搞农业的办法，是不可能了，一是农民不会答应，二是生产发展了，各方面会发生新的变化，也没有再回到老一套的形式中去的必要。从上述已经出现的迹象看，未来农村的发展大致轮廓是这样，实行包产到户之后，农民的生产积极性提高，农业生产会有较大幅度的增长，从而能较快地解决农民的温饱问题，增加对城市的粮食和原料的供应，这是第一步。在解决吃饭问题的基础上，农村的家庭副业、多种经营就会广泛地发展起来。各种兼业农户大量增加，各种农产品大量增多，商品率提高，对城市提供的商品农产物就会更多。农村逐渐富庶，市场扩大，可以吸收大量的工业品，这是第二步。兼业农户的继续发展，使兼业收入超过农业收入，就会逐步演变为各种专业户和专业农户，实现农村专业化。而专业化又必然要求联合、协作，要求社会化。于是建立在农业生产力大大发展、商品经济大大发展、实现了专业化基础上的新的集体经济企业，就会成为我国农村的主要经济组织形式，这是第三步。可以看到，在相当一个时期内，原来以行政办法管理为主的集体经济组织和新的以经济办法管理为主的、建立在自愿互利、等价交换基础上的集体经济组织，会有一个并存的时期。也可以预见，前面的这种集体经济会逐步演变发展到后一种以经济办法管理为主的集体经济。而包产到户这种责任制形式的建立，正是这种高水平集体经济的起点，是由原来小生产自然经济的简单扩大的低水平的集体经济向实现了专业化、社会化的高水平集体经济过渡的桥梁。

二 包产到户遇到的新问题

（一）包产到户的发展势不可挡，但在不少领导干部中还在进行着能不能搞包产到户的争论

安徽省实行包产到户的生产队，1978 年底只有 1200 个，占生产队总数的 0.4%。1979 年底发展到 38000 个，占 10%。1980 年初开了全省农业会

议，肯定了包产到户是一种生产责任制形式，1980 年 5 月底发展到 87000 个，占 23%。麦收之后又有较大的发展，到 1980 年 10 月中央 75 号文件下达时，已有 176000 个，占 41.6%。当年 10 月召开的全省三级干部会议强调，"包产到户已经搞得不纠了，没有搞的，不要再搞了"。但还是稳不住。据全省 12 月 9 日统计，实行包产到户的生产队，已突破 22 万个，达到 53.9%，而且下面还在发展。

从两年来安徽实行包产到户的过程看，一般是农业每收获一次，农民算一次账，对比一次，看到包产到户的好处，就大发展一次。先是在贫困落后的山区丘陵地区。后来就逐步发展到比较富庶的平原地区。先是社员群众积极主动要求实行包产到户，基层干部比较被动，并不积极。搞了两年之后，情况不同了，公社、大队、生产队干部看到，包产到户确能增产增收，而干部除了同农民一样有包产收入，而且还照样有补贴收入（工作比以前好做），凡是搞包产到户的地方，干部一般都能先富起来，所以现在基层干部也成了要求搞包产到户的积极力量，基层干部同社员结合起来，带着群众要求搞包产到户，包产到户的发展就大大加快，现在在安徽省已经形成了不可阻挡的发展形势，群众说："现在要捂也捂不住了。"

但是，直到现在，像安徽这样一个包产到户的农民已经超过了 50% 的省里，对包产到户的争论还很大。农民和基层干部热烈欢迎，积极要求搞包产到户，而在脱产干部中，特别是在地、市以上机关和干部中，反对包产到户的人还很多。这种干部和群众的"顶牛"状态，应该及早得到解决，否则对整个政治、经济形势的发展，都将是很不利的。

（二）包产到户以后，农村的生产形式、经营方式变了，要求我们在交换、流通、分配等方面制定一整套政策、措施，使之相适应，以促进生产的发展

我们农村的粮站、银行、供销、商业等交换、流通系统，原来是把生产队作为一个单位来进行交换的，包产到户后，情况变了，有的县（如无为、嘉山县）的粮食部门，就根据情况改变收购方式，给每户发了粮卡，上面按照合同写着征和购的任务，粮站同农民按户结算，你完成了征和购的任务，就可卖超购。方便了群众，国家也多收了粮食。但有些县还在按老办法，按队征购，搞统一结算。有的队超产了，因为个别户有客观原因减产了，完不成征购任务，整个队就只好等着，卖不了超购粮，还不能结算，农民交粮几个月，拿不到一文钱，农民要用钱，只好到集上去卖议价

（比超购价低）。

供销社卖化肥，有些县已经按农民承包的田亩或经济作物面积分卖了，但有的县还按行政系统，从区、公社、大队、生产队逐级往下分。结果层层克扣，到农民手里所剩无几了。农民要用化肥，只好买高价（国家价格，碳酸氢铵 0.0875 元一斤，而高价化肥要卖到 0.12 ~ 0.14 元一斤）。

银行贷款也有这个问题，现在的农业生产都是由社员自筹资金，但有的县还在按行政系统发放，结果被干部和一些有关系的人借去了。农民要买化肥、买种子却借不到钱，农忙时，有的农民急着用钱，只好去借高利贷。

农民对于这些都是很有意见的。有的农民说，"供销社、信用社，当年都是我们农民凑股金办起来的，现在却只为少数人谋利了"。还有的农民反映，"我们用高利贷的款，买高价化肥，只能卖低于国家超购价的粮，而有些人借低利贷、买平价化肥，却能卖超购价的粮，一进一出差多少啊"！

类似这样的事还很多，这说明包产到户之后，农村的生产经营方式变了，要求交换、流通、分配也要跟着改变，要求我们的供销、商业、粮食、银行、交通运输、农机等部门的经营服务方式要作相应的改变，适应变化了的情况。这种改变不仅对发展农村经济有利，而且对发展城镇各项经济事业也是有利的，以便使城乡交流的各种渠道畅通，促进整个经济事业的繁荣。

（三）要改变官办作风，积极扶持民办企业

农业生产发展起来之后，多种经营就会广泛发展起来，兼业农户就会多起来，逐步发展为专业户和专业农户。兼业、专业户多了，要发展生产，就会以各种形式搞协作、搞联合，建立等价交换、自愿互利的集体经济组织。现在各地已经有了各种民办企业，今后还会多起来。实践表明，它们是富有生命力的，很有发展前途。

据我们了解，这部分民办企业目前还处于自发初办阶段。县的社队企业局按规定只管公社和大队办的企业，民办企业不在它的管辖范围，公社因民办企业不属"三级所有"的单位，也不管这些企业，县里各业务部门也很少过问。只有税务部门，已在对他们的业务状况，做些了解，准备以后好收税。

对于这些民办企业，我们在政治上要鼓励，在经济上要扶持。县里的业务部门，要和自己有关的民办企业，建立业务联系，帮助他们提高和发展（如农机局对民办拖拉机站，食品公司对养殖企业等等）。银行要允许他

们建立账户，吸收他们的存款，发放扶持贷款。财会部门要辅导他们建账，搞好经济核算。在目前尤其重要的是政策研究部门，要通过调查研究，帮助他们总结经验，改善经营管理，建立合理的规章制度，引导民办企业朝着正确的方向发展。政府对于这些新的集体经济组织，在政治上要加强领导，在经济上则主要是通过价格、税收、贷款等经济杠杆去影响他们，使之逐步纳入国家计划的轨道，不必再通过行政组织用行政办法去管理。

（四）包产到户之后，农村基层干部的工作内容变了，农村基层政权的结构要作相应的改革

原来的公社、大队、生产队的干部，整年忙于催耕催种，直接领导和指挥生产。包产到户之后，生产的任务直接落到社员的肩上，情况就不同了。改革基层政权结构的问题现在已提到议事日程上来。首先要"精官简政"，减轻社员负担。据我们了解，包产到户以后，农村原来存在的矛盾，解决了不少，但干群之间还有一个矛盾，仍未解决，这就是由于干部过多，补贴过多，社员负担过重。以前，大队、生产队，既是基层政权组织，又是经济组织，任务繁多，机构庞大。一个大队有 5～7 个常年拿补贴工分的干部，还有一批拿误工补贴的干部，每个生产队还有一批拿补贴工分的干部。据调查，一个 200 来户的大队，要养 30 多个非生产人员。实行包产到户后，大队、生产队干部的工作减轻了，但补贴还照旧。因而社员就有意见了。我们在各地都听到社员提出负担过重的反映。我们对来安县玉明公社刘郢大队作了调查，这个大队 1980 年每个人平均有 24.77 元的各种负担，其中 5.07 元是国家农业税，其余 19.7 元是大小队干部、民办教师、赤脚医生、民兵训练、计划生育等方面的补贴开支，占 79.5%。对此，社员有很多意见。有些社队已经出现社员只交公粮，不交提留的情况。解决的办法是要根据农村已经变化了的情况，精简干部，减少享受补贴的人数和补贴的数量，以减轻社员的负担。

其次，要改革政社合一的体制。多年来的实践表明，政社合一的弊病很多，不利于农业生产，尤其不利于农业向专业化、社会化发展。公社可改为区或乡，成立党委和政府，专管党务、行政。生产方面，可成立各种经济联合组织，由参加的农户民主管理，按企业去对待。滁县地区，已经初定在两个公社作政社分开的试点，这是很值得重视的。

从整个安徽农村的情况看，包产到户之后，农村各方面形势都很好，涌现了一大批新事物，也产生了一些新的问题和矛盾。我们应该研究这个

新形势，解决新问题，使包产到户得到完善和提高。实践证明，凡是当地的领导干部能够体察社员要求搞包产到户的愿望，认识这场变革的深远意义，能够按照政策积极领导群众搞包产到户的，那么，那个地区的生产、生活、社会秩序就好，许多问题就解决得好，生产发展就快，各方面的进展就快。

但是，由于我们有些领导干部对包产到户还有这样那样的看法，致使有些地区至今还陷于搞还是不搞的争论中，没有使工作适应农村已经变化了的状况，使有些本来可以解决的问题没有得到解决，妨碍了农村形势向更好、更有利的方向发展。看来，目前在安徽开展一场对于包产到户的性质、利弊、前景的讨论就很有必要了。各级领导干部可以通过调查研究，通过对合作化以来经验教训的总结，对包产到户进行广泛的讨论，以便统一干部之间、上下之间的认识，从而加强党对农民在包产到户过程中和实行了包产到户以后的领导，使农业朝着正确的方向发展。

解决城镇居民吃菜难的问题[*]

——来安县蔬菜大队实行包产到户的调查

安徽省来安县政府所在的新安镇，有城镇居民近 2 万人，多年来为吃菜问题而发愁。粉碎"江青反革命集团"以后，来安县委想了不少办法，花了很大力气来解决居民的吃菜问题。1977 年，县委抽调干部，专门成立蔬菜公司，对蔬菜大队加强领导，搞种植计划，包产包销，以解决蔬菜的产销和对居民的供应问题。搞了两年，蔬菜公司赔本 46336 元，对地方财政是一大负担。而且公司和蔬菜大队的产销矛盾很大，居民还常常吃不到菜，问题一大堆。1979 年撤销蔬菜公司，把门市部交给蔬菜大队，使产销直接见面，产销矛盾解决了。但因为还是蔬菜少，城里常常断菜，供不应求，去年不得不从南京和合肥的长丰县调白菜、萝卜来应市。1980 年春节，居民要凭粮本才能买到配给菜；过一个春节，每人才供应 3 斤蔬菜，而且价格很贵，居民意见纷纷。

1980 年 8 月，来安县委的主要领导同志，通过调查研究，做了多方面的工作，决定对蔬菜大队实行包产到户的联产责任制。把菜地按劳力包给各户，社员承包了土地，每年向生产队按田亩交提留和积累，由社员自己安排茬口品种，自产自销，生产队派专人管理柴油机、拖拉机、水泵等农用机械。基本办法同农村生产队实行包产到户的办法是一样的。这里实行

---

* 本文源自《农业发展的黄金时代——包产到户的调查与研究》（陆学艺著，兰州：甘肃人民出版社，1983 年 3 月），第 78~83 页。原稿写于 1980 年 12 月，题为《来安县蔬菜队实行包产到户，解决了居民吃菜难的大问题》，文中涉及的相关地区农村经济社会发展数据源自作者调查过程中获得的资料。该文首次发表于新华通讯社《国内动态清样》1981 年 1 月 1 日，后以《解决了居民吃菜难的问题——来安县蔬菜大队实行包产到户的调查》为题刊发于《经济研究参考资料》（内部资料）1981 年第 33 期（总字第 43 期），发表时间：1981 年 3 月 5 月，系该刊刊载的《安徽农村调查》之四。——编者注

包产到户仅三个多月，时间不长，效果却非常显著。据我们在来安县城的调查，通过对县委和原蔬菜公司负责人的访问，在蔬菜大队开干部和社员的座谈会，在市场上同卖菜的农民和买菜的居民交谈，大家异口同声地说，这个办法好。

一 菜地包产到户之后，社员有了种植和销售的自主权，极大地调动了社员的生产积极性，种植及时，管理精心，蔬菜的产量大幅度增加

这个蔬菜大队有205亩菜地、237个劳动力，往年的产量只有200多万斤，最高年产240万斤。往年9、10、11三个月，只有50多万斤的产量。1980年包产到户之后，三个月的产量猛增到110万斤，预计1981年总产会超过400万斤，这就从根本上改变了这里长期缺菜的状况。过去县城的居民常常为买不到菜而苦恼，现在菜摊满街，随时都可以买到鲜嫩的好菜。过去中学、医院等公共食堂的管理员经常因买不到菜而急得团团转，现在菜农天不亮就把菜送到食堂门口。过去是居民买菜难，有的到蔬菜队找上门去买，现在是社员卖菜难，常常是社员送上门任你挑。有的菜农因为在县城卖不掉菜，不得不推着车，到几十里外的山区去卖菜。

二 包产到户之后，蔬菜的品种增加，质量提高

以往蔬菜供应中的一个重要问题是品种单一，质量不好，粗菜、大路菜多，细菜、时鲜菜少。随着居民生活水平的提高，这个矛盾越来越突出。以往国家下达种植计划时，明文规定细菜要占40%，但这种计划年年完不成，年年成了空文。菜农为了完成产量指标好得到全部口粮（粮食部门规定，完不成产量计划，要减少粮油的供应量），常常是多种植菜，少种细菜，最好的年份细菜也只占20%。而且为了增加产量，要等菜长得大，甚至长得老了才收菜，所以市场上供应的常常是大（菜）、老（菜）、粗菜，时鲜新嫩的好菜则很少。

包产到户以后，菜农有了种植的自主权，可以发挥各自的优势，扬长避短，会种芹菜的就多种芹菜，会种青蒜的就多种青蒜，有经验的菜农的传统技术，就用上了。往年，在这个季节，来安城只有白菜、萝卜、青菜、大葱四大件，现在，我们在街上看到有芹菜、青蒜、菠菜、黑油菜等10多

个品种，而且菜农为了卖得快，卖好价钱，所有的菜都洗得干净，捆得整齐，连一点泥、一片黄叶都没有。来安这一带，每年蔬菜有两个淡季，一个是 2 月，叫冬缺；一个是 7 月，叫夏缺，到了这个季节，来安居民常常是十天半个月买不到蔬菜吃。老菜农给我们讲，这也是以往在一起大呼隆搞的，只要包产到户这个办法实行下去，菜农为了卖好价钱，就会想办法，钻窍门，种出菜来。他们预言，以后淡季就不会缺菜。现在刚 12 月份就有菜农在准备搭塑料薄膜小棚，要生产春菜了。

三 蔬菜价格便宜了，使居民得到实惠

实行包产到户，菜农自产自销，菜价能不能控制，会不会猛涨，影响居民生活，这是有些同志在包产到户前担心的问题之一。实践解决了这个问题。因为价值规律在起作用，包产到户之后菜的产量大幅度增加，供应充分了，来安县城的菜价不仅没有涨，反而便宜了。据我们实地访问调查，目前来安县城街上菜价比往年同期是下降了（见表1）。

表 1 来安县城蔬菜价情况

蔬菜品种	目前市场价（元/斤）	往年蔬菜门市部价（元/斤）	往年自由市场价（元/斤）
青菜	0.03	0.05	0.08
白菜	0.04 ~ 0.05	0.06	0.10
青蒜	0.12	0.15	0.20
菠菜	0.08	0.10	0.15
芹菜	0.10	0.16	0.25
萝卜	0.06	0.06	0.10

注：以上是上午的市场价，到了下午落市的时候，菜农为了早点回去干活，价格还更便宜，有时青菜卖到 1.5 ~ 2 分/斤。

四 菜农的收入大大增加，菜价下降了，为什么菜农的收入反而提高了呢？

原因如下。

1. 蔬菜的产量大幅度增加，比往年要增加一倍以上。

2. 蔬菜的品种增加，质量提高，价格高的细菜的比重增大了。以往细

菜一般只占20%多，现在要超过40%，一些有经验的老菜农，则主要种细菜了。

3. 生产成本下降。过去在生产队大手大脚。不当用的用了，不该费的费了，浪费很大。1979年这个大队的农业总开支是31272元，每亩菜田成本为152.5元。包产到户后，社员精打细算，据菜农讲，每亩成本最多花50元就够了。如这个大队1979年使化肥28吨，开支6860元。包产到户后，社员勤一点，到县城挑粪便就够了，这样不仅节省开支，降低了成本，而且种出来的菜也比用化肥催出来的质量高。

4. 社员自产自销，没有中间环节。过去蔬菜公司规定的购销差价是20%，现在这部分费用省掉了。老菜农苏炳昌、朱承宣对我们讲，包产到户后，1980年的9、10、11三个月，他们种的每亩菜田的收入都在300元以上。1981年只要不遇大的自然灾害，每亩菜的收入可以超过1000元。一般的菜农每亩收入也都在600元以上。明年预计全年的人均纯收入将超过200元。而据我们调查，这个大队1977年的集体分配人均收入是102元，1978年是126元，1979年为100元。

五　生产发展，菜农收入增加，生活大改善，这对城乡都有很大的吸引力

以往这个蔬菜队每年都有不少年轻人想方设法往城里跑，做工的做工，做买卖的做买卖，即使是社队企业招亦工亦农的工人，也都争着去。实行包产到户才3个月，原来这个村在外当合同工、社队企业工的7个青年已经回来种菜了，另外还有6个人也已申请要求回村来，队里正发愁没有菜田给他们哩。

当然，包产到户之后，问题也是有的，据我们了解，现在社员最担心的是两个，一是怕政策变，干不长，又要收田，所以有的社员，把包到户的韭菜根，从集体田里向自家原有的自留地里移；二是担心明年菜多了，卖不出去。另外，队里的包户合同还订得比较粗，随着经营方式的改变，需要相应地建立一套新的规章制度，包产到户的办法还需要完善提高。

总之，来安县城2万居民的吃菜问题，同全国大多数城镇一样，多年来一直是政府感到很难办的问题之一。政府干部操心，商业部门亏损，居民买不到菜意见纷纷，菜农收入不高，生活困难。实行了包产到户之后，从"四不满意"变成了"四满意"，真可以说是皆大欢喜。看来，解决城镇居

民的吃菜问题，主要也是靠政策，政策放宽了、对头了，问题就可以解决了。以往城镇居民吃菜所以有困难，主要原因有两条，一是蔬菜生产队也和其他的生产队一样，生产管理上，存在着主观主义瞎指挥，劳动管理上大呼隆，分配上平均主义，使社员没有生产的积极性。而蔬菜生产的特点是茬口密、技术要求高、季节性强，这比起大田的粮食生产来，更需要精心管理、精心照顾、精心安排，如果社员没有生产的主动性、积极性，就不能生产出数量多、质量好的蔬菜来，这是吃菜难问题的症结所在。二是商业部门的中间环节多、费用大和官商作风。供销人员是铁饭碗，蔬菜卖多卖少、卖贱卖贵、盈利亏本，与他自身的经济利益没有多少关系，因而蔬菜的供销、经营管理总是搞不好。来安县蔬菜大队实行包产到户后，菜农自产自销，一举解决了这两个老大难问题，短期内就较好地解决了居民的吃菜问题。所以，来安县的这个经验，对全国城镇解决居民的吃菜难问题，很有意义，很值得各地研究推广。至于北京、上海这样的大城市，在蔬菜的供应上，显然不能都用让菜农自己进城来卖菜的办法解决，这需要另想别的办法。但是，在蔬菜生产上，实行类似来安县蔬菜大队那样的包产到户的责任制办法，以调动广大菜农的主动性、积极性，使之能多产菜，产好菜，从根本上解决菜源问题，这个经验，也是可以借鉴的。

农村政策问题的长期争论应该解决[*]

——也谈阳关道与独木桥问题

"你走你的阳关道，我走我的独木桥"，这是常用的一句谚语。吴象同志在《阳光道与独木桥——试谈包产到户的由来、利弊、性质和前景》一文中认为："如果一定要把它[①]比喻为独木桥，那可以说居住在深山沟中，不走独木桥就无法行动，无法前进，就无法到平坦宽阔的阳关大道上去。"并说："走独木桥正是为了走阳关道。"[②] 把独木桥和阳关道统一起来，这当然是一种很好的解释。但人们通常讲这句话时，是表示，双方意见分歧，不能统一，从而分道扬镳、各走各的路，走着瞧，以后让实践做结论。目前，对于农村政策问题有不同看法，有同志说了"你走你的阳关道，我走我的独木桥"的意见，正是从上述通常的含义来使用的。

对于农村政策问题有争论、有分歧，这是事实，而且由来已久。远的，合作化、公社化时期的，我们姑且不论，从粉碎"江青反革命集团"以后，对于农村政策问题，就一直有争论。党的十一届三中全会以前，关于农村要不要批极"左"，要不要落实党的农村政策，要不要尊重生产队的自主权，要不要提高农产品价格等，在全国范围里展开了争论，会上会下、内部的、公开的，一直争到十一届三中全会上。全会对上述问题作了总结，作了肯定性的结论，产生了两个农业文件，文件得到了 8 亿农民的衷心拥护，推动了农业生产的发展。现在看得很清楚，这场争论的实质，是继续按"大批促大干"那一套极"左"的政策干呢，还是要落实党的正确的农

---

* 本文源自《农业发展的黄金时代——包产到户的调查与研究》（陆学艺著，兰州：甘肃人民出版社，1983 年 3 月），第 84～93 页。原稿写于 1981 年 3 月 9 日。——编者注

① "它"指"包产到户"。——编者注

② 吴象：《阳关道与独木桥——试谈包产到户的由来、利弊、性质和前景》，载《人民日报》1980 年 11 月 5 日第 2 版。

村政策。

党的十一届三中全会以后，1979 年争论的焦点集中在，可不可以搞联系产量计算报酬的生产责任制，可不可以搞包产到组。《中共中央关于加快农业发展若干问题的决定》文件指出："可以按定额记工分，可以按时记工分加评议，也可以在生产队统一核算和分配的前提下，包工到作业组，联系产量计算劳动报酬，实行超产奖励。"① 据此，有的省，有的地区就逐步推广了分组作业，联产计酬的生产责任制。但是，正当春耕大忙伊始，《人民日报》在 1979 年 3 月 15 日发表了一封读者来信，并加了编者按，批评这种联产责任制是"分田到组、包产到组"，"是从'队为基础'退回去"，提出要坚决纠正这种错误做法。② 于是关于联产责任制的争论就公开了，就联产责任制会不会引起两极分化，是不是复辟资本主义等展开了辩论，秋后，实践作了结论，安徽省凤阳县等实行了作业组大包干的，都获得了丰收。广东、吉林两省实行联产责任制的也丰收了。实践说服了人，秋后算账的结果说服了人，联产责任制，包产到组站住了。

1980 年的争论围绕着可不可以搞包产到户的问题。十一届三中全会原则通过的《中共中央关于加快农业发展若干问题的决定》文件曾经指出："不许包产到户，不许分田单干。"该文件在党的十一届四中全会正式通过时，考虑到安徽省的试点情况，这一段改为："不许分田单干。除某些副业生产的特殊需要和边远山区、交通不便的单家独户外，也不要包产到户。"③安徽省肥西县等地的包产到户试点，大幅度地增产、增收、增贡献，对周围的社队产生了影响，农民在下面自动搞开了，1980 年 1 月安徽省委召开农业会议，肯定包产到户也是联产责任制的一种形式，推动了包产到户的发展。事隔不久，《农村工作通讯》就发表文章批评包产到户是分田单干，声言必须纠正。争论公开了，引起了社会广泛的注意，不仅农村有争论，机关、部队、工厂、学校的干部、军人、工人、教师等也都参加了争论，包产到户一时成了议论的中心。一方兴高采烈地说包产到户好得很，一方忧心忡忡地说：不得了。1980 年 6 月赵紫阳同志写信建议对包产到户问题进行调查研究，秋后开会讨论。9 月召开了第一书记会议，产生了 75 号文

① 中共中央文献研究室编《三中全会以来重要文献选编》（上），北京：人民出版社，1982 年 8 月，第 185 页。

② 《"三级所有，队为基础"应该稳定》编者按，《人民日报》1979 年 3 月 15 日第 1 版。

③ 中共中央文献研究室编《三中全会以来重要文献选编》（上），北京：人民出版社，1982 年 8 月，第 185 页。

件。文件指出："在那些边远山区和贫困落后的地区，长期'吃粮靠返销，生产靠贷款，生活靠救济'的生产队，群众对集体丧失信心，因而要求包产到户的，应当支持群众的要求，可以包产到户，也可以包干到户。"会议对包产到户的性质等问题，意见不一，没有作结论。文件说："对于包产到户应当区别不同地区、不同社队采取不同的方针"，而对"不同地区如何划分，由各省、市、自治区认真调查研究，按当地社队的状况确定"。①

75号文件以后，可不可以搞包产到户的问题解决了，但争论并未结束。现在争论转到了哪些地方可以搞，哪些地方不可以搞的问题上。75号文件是把这个责任交给各省、市、自治区的，现在各省、市、自治区对包产到户的看法不一样，因而对包产到户所采取的方针政策就很不一致。有的省把包产到户等联产计酬责任制作为改善集体经济的经营管理和发展农业生产的关键性措施，下力量推行。有的省则仍把包产到户看作洪水猛兽，采取围、攻、堵、灭的政策。在这些采取不同政策的毗邻地区矛盾就相当尖锐。农村基层干部和农民看到包产到户有显著效果，积极要搞，领导干部就反对，双方形成了顶牛。有的地区，干部用不供应化肥、停电、停水、不给贷款等办法阻止农民搞包产到户，有的甚至用办学习班、撤销职务、开除党籍以致动用专政机关抓人的办法来压制农民和基层干部。而农民就千方百计地进行抵制，有的是暗搞明不搞，对上封锁消息，有的甚至以罢耕罢种来反抗。这种顶牛状态的存在，对安定团结，对发展农业生产，都是很不利的。

从几个省的情况看，包产到户问题在基层干部和农民中，争论并不大，而越到上面，争论越大，反对的人越多，反对的调子也越高。安徽有个县委书记，公开指责："搞包产到户比四害横行还要坏！""搞包产到户又等于是一次文化大革命。"还有的说："搞包产到户是复辟封建主义"，"搞包干到户是不折不扣的拉萨尔主义"，等等。还有的老同志说："我们要保持革命晚节，坚决不能搞包产到户一类的东西。"

对于农业政策的分歧是严重存在的。关系到几亿农民生产生活的包产到户问题，看法如此不一，行动如此不一，这在我党历史上，在我国历史上是少见的。为什么会如此分歧？总的来说，我们国家正处在工作重心转移的历史时期，国民经济处在调整阶段，党内外有这样那样的认识，这并

---

① 中共中央文献研究室编《三中全会以来重要文献选编》（上），北京：人民出版社，1982年8月，第547页。

不稀奇。就农村实行联产责任制，包产到户，这个具体问题来说，产生分歧的原因如下。

第一，多年来左倾思想的影响根深蒂固。在不少同志脑子里，在农村搞社会主义就是"一大二公"，集体经济规模越大越好，公有化程度越高越好，分配越平均越好。好大喜公，爱贫妒富。社会主义发展，就是基本核算单位由生产队向生产大队过渡，大队再向公社过渡，集体向全民过渡。这一套已经成了模式，却不去看一看实践的结果如何。二十多年了，不少生产队队空人穷，老百姓缺吃少穿，但他们对这一套大、公、平、穷的社会主义模式从不怀疑，总是埋怨农民不好好干，却不去研究农民为什么不好好干。现在一搞包产到组、包产到户，同他们心中的社会主义模式对不上，于是，什么倒退啦，复辟啦，两极分化啦！都骂出来了。他们没有自问一下，我脑子里的模式是实事求是的吗？它符合中国的现实条件吗？为什么这一套与主观的愿望相反，把这么多农村越搞越穷，农业总上不快呢？

第二，包产到户被错误批判了 20 年。有不少同志误认为包产到户就是分田单干，分田单干就是复辟资本主义，就是倒退。这些同志还没有摆脱错误批判的影响，所以一听包产到户就盲目反对。有些同志还因为在批包产到户过程中挨了整，受了折磨。他们被批怕了，至今心有余悸，现在一听搞包产到户，就连连摇头。

第三，农村搞大、公、平、穷那一套，阻碍了生产力的发展，对国家不利，对全体农民都是不利的。但是，在普遍不利的情况下，有一些人比其他好一点，讨了一些巧。例如有些农村干部可以少劳动、不劳动、多吃多占；有些社员可以干轻活巧活，得高工分，可以少劳多得，群众称这类人为高级社员、队老绅；还有一些干部、工人的家属，少劳动、不劳动可以分得低价的粮食和农副产品。实行联产责任制，包产到户，他们的"既得利益"受到了冲击（其实，从长远来说，他们同样是大、公、平、穷那一套的受害者），于是就起来反对，就告状，痛骂包产到户是复辟资本主义！这部分人在农村大约占 20% 左右，比例不大，但能量极大。他们与城市，与各级领导机关有千丝万缕的联系，所以，他们的呼声，他们的意见，要求很容易反映上去，有些领导干部自觉不自觉地成了这部分人的代言人（1979 年国家提高粮食的收购价格，多数农民要求按国家价格进行农民内部分配结算，而少数人坚决反对。后来，果然按少数人的意见办，按原价结算，使粮食又多了个价格）。

第四，有些同志长期不下乡，没有作调查研究，严重脱离实际。农村的现实状况到底怎么样？农业为什么上得不快？集体经济为什么老搞不好？农民为什么积极性不高？为什么直到如今还有一亿多农民吃不饱、穿不暖？对于这许多问题，心中无数，有的还是若干年前那点老印象，还有就是那一套逐级过渡的"一大二公"的模式。党的十一届三中全会以后，农村经济政策一步步落实，新事物层出不穷，而这些同志手上还是那本老皇历，所以总感到农村形势乱了套，格格不入，当包产到户一类新问题提出来时，他们就火冒三丈。

由于这些原因存在，引起了对农村、农民、农业问题在理论上、实践上的分歧。毛泽东同志曾经讲过："我国有五亿多农业人口，农民的情况如何，对于我国经济的发展和政权的巩固，关系极大。"[1] 现在有 8 亿多农民，农民的动向，农民的积极性如何，直接影响着我国的整个形势。目前在农民普遍关心的包产到户问题上，各地采取很不统一的政策和措施，是很成问题的。"你走你的阳关道，我走我的独木桥。"如果是指对某一政策在具体执行过程中，因地制宜地采取不同做法，那当然是应该容许的。而现在争论的是很多农民要求搞的包产到户是不是搞社会主义的问题，是涉及方向、道路的大问题。对于这样的问题，先搞点试点，先实践一段，看一看结果，再作结论，是必要的。问题是现在实践的面已经很不小了（20% 以上），而且由于认识不统一，做法不统一，已经引出了许多新的矛盾。

1980 年的第一书记座谈会，解决了一部分问题，会议纪要综合了大家的意见，没有就包产到户的性质等问题作明确的结论。75 号文件在党的十一届三中全会两个农业文件的基础上又前进了，对整个农业的发展起了推进作用。但实践又提出了新的问题，有必要继续前进。现就目前农村新出现的问题，提出如下建议，供有关方面研究、参考。

1. 调查研究。各级党和政府要组织一部分干部分期分批到各种类型的农村去作社会调查，特别是主要领导干部带头下去。调查农村、农民、农业的状况，调查三十年来农村变革的历史。地富阶级消灭了，农民内部还有什么差别？农民内部矛盾表现在哪些方面？调查各种农业生产责任制的性质、利弊和发展前景。在我们这样一个农民占 80% 以上的国家里，各级干部经常了解农民的实际状况是很有必要的。

进行社会调查研究，掌握确实的情况，这是实事求是地讨论研究问题，统一思想认识的基础，是从实际出发制定正确的方针政策的基础，对有些

---

① 《毛泽东选集》第 5 卷，北京：人民出版社，1977 年 4 月，第 379 页。

同志来说，是解放思想，摆脱"左"倾思想影响的一条重要途径。

2. 展开讨论。在广泛深入地调查研究基础上，有关部门要组织领导干部，实际工作者和理论工作者就包产到户的性质和前景等问题，专门进行讨论研究，以期有一个比较一致的看法。

应该指出，就目前来说，包产到户的性质问题，还是争论的核心。如有的省规定，不管邻省搞不搞包产到户，我们这个省不能搞。毗邻地区的农民就问：我们同××省地连地、水连水，生产水平相同，同一个共产党领导，为什么他们能搞，我们就不能搞？又如安徽省去年[①] 11 月三级干部会议决定，在会前已经搞了包产到户的，不纠了，没有搞的，不准搞了。安徽农民就问：三级干部会议定的日子算个什么性质的时间，为什么 75 号文件没有传达前可以搞，传达了以后，倒反而不能搞了呢？还有的地方规定，年分配收入在 50 元下的生产队可以搞包产到户，收入在 50 元以上的，就不准搞。有的地方规定，山区可以搞包产到户，平原地区不准搞，等等。这种以地点、时间、收入、区域等作为能不能搞包产到户的标准，显然是不合理的。可不可以搞包产到户，首先决定于搞包产到户符不符合社会主义的基本原则；如果我们从性质上肯定了搞包产到户也是搞社会主义，那么，上述那些不准搞包产到户的规定，就是不对的，某个地区、社队，搞不搞包产到户，应当由当地的干部和社员民主讨论决定，领导机关应该尊重生产队和社员的自主权。

现在干部中，对待包产到户有三种态度。一种积极领导、支持农民干的。他们认为二十多年来，在农村工作中，办法用尽了，没有能把农业搞上去，农民生活还有困难，包产到户这个办法好，农民干起来了，农业上去了，有希望了。他们主张按这个办法搞下去。但当他们看到周围和上级对包产到户态度是如此不同，他们在思想深处留下了阴影。已经搞了包产到户地区的农民怕变，干部也怕变。

第二种是看的，他们既不坚决主张干包产到户，也不坚决反对。这类干部占大多数。他们对于农业长期上不去的原因，农民的困苦是了解的，对于农民强烈要求包产到户他们也是同情的。只是多年的政治运动把他们折腾怕了。因此，他们的态度就随着上级的态度变。上级叫搞他就搞，上级反对，他就不搞。上级的话松动一点，他就睁一眼闭一眼让农民自己去干。有同志问，75 号文件已经讲包产到户不是资本主义，可以干了。这些

---

① 此处指 1980 年。——编者注

同志说：文件也没有明确，搞包产到户就是搞社会主义呀！看来，他们还在等。

第三种是坚决反对的。他们认为农民要搞包产到户，是想摆脱共产党的领导，拆集体经济的台，背离了大方向，所以他们想方设法阻拦农民搞包产到户，有的甚至动用掌握的专政机器，来压制农民。他们这样做的时候，不少人还以为这就是坚持走阳关大道。

可见，关于包产到户的性质问题的讨论，很有及时展开的必要。这个问题不清楚，思想就不容易统一，目前的分歧和混乱状态就难以克服。当然，关于包产到户以后农业将怎么发展，也即包产到户的前景问题，已经提到了议事日程上来了，要及时地就包产到户以后农业如何发展做出规划，指明方向和目标。这样，才能安定农民和干部的心。否则，农民怕变的思想是解决不了的。

有同志建议，在对联产责任制、包产到户等问题有了比较统一明确的看法后，召开第二次全国七千人大会，来统一全国的认识，安排发展农业的部署。

3. 总结和指导。这一次的包产到户，从1978年冬天开始，至今已有2亿多农民实行了这种责任制，约为农民总数的25％。从各地的情况看，还大有发展之势。有些同志对此有点怕，他们想堵、想刹车，怕继续发展下去要引起生产关系动荡，对安定团结不利。在目前，对包产到户是堵，还是因势利导，这是农村面临的重大问题之一。实践已经证明，凡是搞了包产到户的地方，生产发展快，农民生活改善，集体经济公共积累增加，社会秩序安定。现在贵州省已有80％的农民搞包产到户、包干到户，甘肃是66％，安徽是53％，这几个省搞包产到户较多较早，形势比往年好。可见，上述那种担心是不必要的。实行包产到户生产责任制，实质上是农村部分生产关系的调整。这种调整，符合生产关系必须适合生产力状况的规律，符合广大农民群众的迫切愿望，因而调整之后，生产稳定、人民生活稳定、社会秩序稳定。反之，如不进行调整，生产上不去，群众生活困苦，那才是真的不安定。

两年来，在不少地区包产到户是农民和农村基层干部主动在下面搞起来的。有相当多的领导干部是被推着走的、有的还是顶着干的，在这个问题上是被动了。现在，实践的结果已经证明，农民群众制造的这个责任制形式是行之有效的，于发展生产，改善人民生活，促进安定团结，都是有利的。各级领导干部，应该站到群众的前头，加强领导，总结两年来的经验和教训，积极引导，解决那些已经产生和正在产生的新矛盾新问题，使包产到户等责任制形式更加完善和提高，使农村的社会主义事业健康地发展。

4. 宣传。多年来，包产到户被视为禁区，消息封锁了，一般是见不了报的。现在，新华社、《人民日报》已经陆续有了一点关于包产到户的报导，但有的报纸至今还缄口不谈包产到户，有的省已经有半数农户实行了包产到户，但省报还是不讲包产到户的问题。这可说是一种脱离群众，脱离实际的表现。这种状况应该迅速改变。有的报社怕报导了包产到户的成绩，影响集体经济的巩固，影响社会主义优越性的声誉。这种想法显然不对。包产到户本身就是集体经济的一种责任制形式，宣传、报导包产到户的成绩，就是宣传集体经济的成绩，就是宣传农村社会主义大好形势，有什么不可以宣传的？报纸应该理直气壮地宣传，实事求是地报导包产到户的情况，总结经验，交流情况，展开讨论。特别是关于包产到户的性质和前景问题，目前很有必要深入广泛地展开讨论。现在农民的心还不定，怕变，干部也不知道以后怎么办。讨论清楚上面两个问题，有利于安定人心。当然，关于包产到户以后怎么发展的问题，要通过实践来解决。但报纸要及时发现和报导新的事物，新的动向，让人们从这些新事物中看到未来。

为什么说包产到户仍坚持了社会主义方向[*]

包产到户能够增产、增收，增贡献，这已是公认的事实。但是，包产到户究竟符不符合社会主义大方向，有的同志对此还有所怀疑和担心。本文想就此问题，作些探讨。

一

列宁指出，社会主义的本质特征主要是两个：一是生产资料公有制，二是按劳分配。[①] 只要坚持这两条，就坚持了社会主义的方向和道路，就同资本主义和一切剥削制度有了本质的区别。1956年，我国实现了农业合作化，基本上完成了对生产资料私有制的改造，基本上实现了生产资料公有制和按劳分配，标志着农村社会主义经济制度的建立，这是一次重大的经济变革。但是，建立了公有制，并不等于说新的生产关系就完善了，就可以自然而然地推动生产力发展。事实并不这么简单。马克思说："以自由的联合的劳动条件去代替劳动受奴役的经济条件，需要相当一段时间才能逐步完成（这是经济改造）；这里不仅需要改变分配方法，而且需要一种新的生产组织。"[②] 新的公有制经济建立之后，还需要解决好直接生产过程中劳动者和生产资料具体结合的形式，组织好生产、交换、分配、消费各个环

<hr>

[*] 本文源自《农业发展的黄金时代——包产到户的调查与研究》（陆学艺著，兰州：甘肃人民出版社，1983年3月），第94~100页。该文首次发表于《农村工作通讯》1981年第8期，发表时间：1981年8月5日。——编者注

[①] 参见列宁《国家与革命》，载《列宁选集》第3卷，北京：人民出版社，1972年10月，第249~252页。

[②] 马克思：《法兰西内战》，载《马克思恩格斯选集》第2卷，北京：人民出版社，1972年5月，第416页。

节的经济活动，建立恰当的经济管理方式，才能使新的生产关系完善，促进生产力发展。

我国广大农村在实现了生产资料私有制的社会主义改造之后，集体经济怎样经营管理，怎样组织生产，怎样搞好分配等一系列问题，由于种种历史原因，并没有认真解决好。经营管理长期没有得到重视，存在着生产上的瞎指挥，劳动上的大呼隆，分配上的平均主义，以致压抑了农民的生产积极性，集体经济的优越性没有得到应有的发挥。打倒了江青反革命集团，特别是党的十一届三中全会以后，农村干部和群众从实际出发，解放思想，因地制宜地建立了各种形式的生产责任制，其中约有 30% 以上的生产队实行了包产到户和包干到户。两年多的实践证明，包产到户方法简便，利益直接，把农民的劳动与报酬，责任与权利结合起来，解决了集体经济多年没有解决好的课题，调动了农民生产的积极性，农业上得很快。许多老"三靠"队，现在变为三增（增产、增收、增贡献），国家减少一大笔返销和救济的开支，放下了一批包袱。不少多年完不成征购任务的社队，包产到户后，完成和超额完成了。一批原来家穷底空的生产队，通过提留有了实实在在的公共积累，有的还新买了拖拉机。社员的分配收入成倍增加，解决了多年没有解决的农民温饱问题，有的还出现了一年收入上千元钱、上万斤粮的冒尖户。对此，四川涪陵地区的农民说："包产到户粮增产，钱增收，富了社员，好了集体，利了国家，这个责任制兴得好啊！"

包产到户收到这么好的效果，它既坚持了生产资料的公有制，也坚持了按劳分配，并没有脱离社会主义的轨道。

第一，生产资料——土地、大型农机具、水利设施等，仍归集体所有。对这些生产资料，包产的社员户只有使用权，没有所有权。而且明文规定：社员不能转让、出租和买卖；集体在必要的时候，有权进行适当的调整。有的同志说："有的生产队，集体财产不多，搞了包产到户，集体成了空架子，散摊了。"这种看法不对。这些生产队包产到户之后，至少土地还是生产队集体所有。按照马克思主义政治经济学的观点，土地是农业生产中最重要、最基本的生产资料。坚持了土地集体所有，就是坚持了最基本的生产资料公有制，就保持了生产队这个集体经济的实体。就我国现阶段农业生产资料的状况而言，土地在农业生产资料中占有决定意义的地位。

第二，实行包产到户，社员生产的农产品包产部分交给生产队统一分配，生产队在上交征购和做了各种扣留以后，仍按社员交产所记的劳动工分进行分配。超过包产那部分产品，归社员所得，这是超额劳动的报酬，这正好进一步体现了按劳分配的原则。有人说："包产到户是农民自己做自己吃，只能说是自食其力，说不上按劳分配。"这种说法不对。包产到户实行的是按劳分配已如前述，即使是包干到户，社员生产的产品，按"保证国家的，留够集体的，剩下就是自己的"办法分配，形式上看，生产队不搞统一分配了，但这个办法，首先解决好了国家，集体，个人三者关系，兼顾了三者的利益。在同一集体内部，同样的条件下，各户对国家、集体承担的任务是一定的，各户投入的劳动多，经营管理得好，因而产量高，在交够国家、集体的之后，剩给自己的就多，这也是多劳多得，仍是符合按劳分配原则的。当然，从形式上看，这与原来生产队按工分分配的按劳分配已有所不同，但它体现的原则还是一致的。这可以说是在特定的条件下，按劳分配的一种特殊形式。

因此，包产到户是生产资料公有制基础上的一种生产责任制形式，和合作化前以私有制为基础的单干是不同的。

二

有的同志说："包产到户好是好，但包了之后，富的富，穷的穷，会产生两极分化。"包产到户之后在生产发展过程中，各类农户由于各种条件不同，有些农民会先富起来，有部分农民富得慢一点，有人还会有困难，会出现富裕程度不同的差别，这是事实，但这不是两极分化。所谓两极分化是指在生产资料私有制的条件下，由于剥削，一方面大量的土地、资本、财富日益集中到少数人手里，越来越富；一方面广大工人、农民和劳动人民日益贫困、破产，越来越穷。而包产到户以后，土地等生产资料是公有的，不可能再出现"富者田连阡陌，贫者无立锥之地"的那种状况。出现的富裕程度的差别，是在共同富裕过程中先富后富的差别，这和因剥削关系造成的两极分化有着本质的不同，不能相提并论。况且生产队还可以通过多提公积金，公益金等等办法（国家通过所得税等办法）进行调节，增加对困难户生产生活上的帮助，使他们基本生活有保证，缩小差别，逐步地达到共同富裕，这比原来"绑"在一起大家受穷要好得多！

有同志说："包产到户是要了产量，丢掉了农业现代化的大方向。"两年来的实践证明，这个说法是不对的。包产到户不仅能增产，而且促进了农机化，促进了科学种田，许多地方已经出现了专业分工，出现了新的联合，包产到户很可能成为实现农业专业化、社会化也即农业现代化的一个新的起点。

有人认为,农民是小生产者,比较狭隘、保守,包产到户之后,科学种田搞不起来了,事实完全不是这样。包产到户以后,使劳动成果和农民利益紧密相关,使推广科学技术和农民的利益紧密相关。农民包了土地,都想把田种好,主动积极地学习,应用科学技术。现在农技员成了最受农民欢迎的人,广播电台的天气预报、虫情预报、科学种田讲座成了农民最爱听的节目。推广良种、合理密植、合理施肥等等科学种田的措施都比以前搞得好。在安徽,已经出现了农民科学种田协会、农民业余科技学校等新事物,逐步形成群众性的农民技术推广网。随着包产到户等生产责任制的稳定和完善,农民想方设法向生产的深度、广度进军,一个学科学,用科学的热潮正在兴起。

以往搞农业机械化,有的地区没有因地制宜,不讲究经济效果,还因经营管理不善等问题,加重了农民的负担,因此农民并不十分欢迎。包产到户开始时,有的把拖拉机拆开分了,有的卖了,这确有其事。但包产到户搞了一、二年之后,特别是那些生产条件适宜机耕的社队,农业生产发展了,农民富了,就有了实行农机化的迫切要求,不但把拆了的机器重新修复使用,而且自筹资金,由生产队集体或由几户联合或社员单独购买拖拉机和其他农机具,还有几户社员集资联办拖拉机站的。安徽省滁县地区,1980 年全区有 70% 多的生产队实行包产到户,当年社员自筹资金购买的大中型拖拉机 126 台,手扶拖拉机 1933 台,加工机械 1926 台,农用汽车 18 辆,耕牛 25298 头,超过了以往任何一年。这个地区的嘉山县太平公社,1980 年就买了大中型拖拉机 2 台,手扶拖拉机 116 台,超过了以往 20 年购买的总和。这是人们在搞包产到户时没有预料到的。值得指出的是,由于社员买了拖拉机,或搞了民办拖拉机站,打破了原来国家、集体办的拖拉机站独家经营的局面,有了竞争,促使他们改进经营管理,改善服务态度,提高耕作质量,从而促进了整个农机化事业的前进。

包产到户以后,农业生产发展了,农民逐渐富裕起来,有了资金,也有了时间,多种经营就蓬勃发展起来,农村的社会分工就发展起来。在那些实行包产到户较早的地区,已经开始出现大量的兼业农户。这些农户,在包种集体的耕地以外,经营多种兼业,养猪、养鸡、养鱼、养蜂、烧窑,搞加工业,有的还可以搞商业、修理业、服务业等。而当这些兼业收入逐渐超过农业,如果国家制定相应的政策,例如使他们能获得必要的平价粮食,副食等的供应,他们就会把土地交还给集体,去专门从事他们的兼业,兼业成了专业，成为各种专业户，而这时务农农户耕种的土地和经营规模就可以扩大，成为专业农户。由于发展专业分工，务农社员减少，促进农业劳动生产率的提高，社会财富就会大大增加。发展专业分工之后，各种专业户之间，专业户和专业农户之间的交换就会发展，必然要求协作，必然要求实现新的联合，产生新的经济组织。不过这已是高水平的建立在专业化生产基础上的集体经济组织了，由此将促进农村的专业化、社会化的发展，促进农业现代化的发展。这当然是农村未来的前景，但从包产到户比较早的安徽、甘肃等省区的农村里，已经大量出现的兼业农户、专业户、民办企业等新的经济现象，可以看到包产到户后未来发展的这种趋势。从这个意义说，包产到户不仅是解决农民温饱问题的临时措施，而且很可能成为农业向专业化、社会化发展的桥梁，由此走出一条适合我国国情的农业现代化的道路来。

当然，包产到户还刚搞不久，本身还需要加强领导，做大量的工作，去解决新的矛盾和新的问题，使之臻于完善。但是包产到户能够提高劳动生产率，增加生产，改善农民生活，有利于集体和国家，还能够促进专业分工，发展新的联合。这些事实说明，包产到户是在生产资料公有制基础上的一种生产责任制形式，是集体经济内部经营管理形式的变革，这个变革符合社会主义大方向。

农村包产到户后的发展趋势[*]

目前，我国农村有相当数量的地区，实行了包产到户的联产责任制。实践证明，在比较贫穷落后的地区，实行这种责任制能够增产增收，受到广大农民的热烈欢迎。现在人们关心的是，这些地区实行包产到户后会怎样发展？我们在甘肃、安徽、四川等省实行包产到户的地区进行了广泛的调查，听取了各方面的意见，看到了一些新的苗头和发展趋势。

一 包产到户后，各类农户发生了富裕程度不同的变化，一部分农民会先富起来

据四川内江地委负责同志估计，在一般年景下，现有的生产资料条件不变，靠包产到户后调动起来的农民积极性，两三年内就能使全地区整个农业生产提高 30%，使人均产粮达到 1000 斤；在原来低产落后的县、社，则可以提高 50% 以上。据我们调查，包产到户两三年后，大约 30%~40% 的农户会先富起来，大约 40%~50% 的农户的生活会比现在显著地好起来，大约 10%~20% 的农户会比现在好一点，但还有困难。

先富起来的农户中，一是劳力强、劳力多的农户。安徽嘉山县司巷公社社员王有泰，全家 9 口，4 个劳力。1978 年媳妇还要过饭，1980 年包种 30 亩田，当年产粮 25300 斤，花生 5700 斤，加上养鸡、养猪等副业收入，总收入 8200 元，人均 910 元多。二是农村的"五匠"（木匠、瓦匠、铁匠等）。这类人有技术，有现金收入，原来要向生产队交钱买工分，现在也承包了土地，

---

　* 本文源自《农业发展的黄金时代——包产到户的调查与研究》（陆学艺著，兰州：甘肃人民出版社，1983 年 3 月），第 101~106 页。该文于 1981 年 7 月首次发表于《新时期》1981 年第 7 期，发表时标题错印为《农村包产到户地区的发展趋势》，收录文集时作者予以改正，并对文中个别文字作了修改。——编者注

不交了，收入增加很多。三是农村的能人。他们或者会种瓜、种菜，或者会养蜂、养鱼，有了发挥专长的用武之地。四川内江县永安公社社员彭忠明，和人合作繁殖鱼苗，1980年全家总收入7000多元，盖了10间青石砌的新房，成了全县的冒尖户。四是一部分独生子女家庭。他们多分一份土地，又有各种奖励、补贴，负担也轻。五是干部和工人的家庭，特别是家在本县、本乡的。他们既有工资、奖金收入，又可以抽空回家把田种好，兼得城乡的各种好处，农民称他们是"工农联盟户"。六是公社、大队、生产队干部。他们一般分的土地较好，而且关系多、门路广，还有当干部的各种补贴。

40%~50%的农户虽然没有上述六种人富得快，但因为生产好了，生产费用减少了，负担轻了，收入也有较多的增加。

10%~20%的农户是困难户。他们的生活一般比包产到户前好一些，但仍有困难。这些户劳力少、劳力弱，或没有务农技术，缺乏资金，不会经营，需要有关方面照顾。

包产到户以后，各类农户发生这样的变化，是否就是有些人担心的"两极分化"？不能这样看。包产到户后，主要生产资料仍然公有，一部分农户主要依靠自己的劳动、务农技术和经营能力先富起来，这与生产资料私有制条件下的两极分化，不能相提并论。而且，只要生产发展起来，国家、集体就有力量用社会照顾、社会救济的办法，去帮助困难户。实践证明，原来那种拉平分配的办法，限制打击了大多数农民的积极性，生产搞不好，大家捆在一起穷，这种情况不能再存在下去了。

二　包产到户后，农村会发展新的社会分工，社员之间出现职业上的分化

包产到户后，农民有了较多的粮食，有了较多的资金和原料，又有了自主权，这样，在完成承包的农业生产任务之外，可以从事各种兼业，农村的多种经营也就更好地发展起来。有的地方，农户养鸡，一养就是几十只、上百只。安徽滁县地区定远县耿巷公社社员李同全一家，1980年养鸡70只、鸭43只、鹅12只、猪28头、牛3头，全年禽畜收入超过2000元。也有的户养蜂、养兔，有的户养鱼、养貂。有的户买了机器，办粮油加工厂。有的户买了拖拉机，农忙时给人耕田，农闲跑运输。有的户开了商店。有技术的，自己办了铁木作坊，替人加工铁木器具。有些知识青年专门搞育种，向农民出售良种。总之，农民兼业的情况，正在日益增多。这是农

业专业化、社会化的前奏，是符合经济发展规律的。包产到户后，农民兼业情况大量涌现，使农村的剩余劳力、剩余资金有了出路，为社会创造了大量财富，这是一个很好的经济动向。

随着整个农村经济事业的发展，农民兼业的状况将继续发展，有的兼业农户逐渐发展为各种专业户和专业农户。如有养殖技术和其它技术的农民，当他的兼业收入逐渐超过农业收入，就不再包种土地，而去从事某项专业，成为专业户。这类专业户，在有些省市已经出现了。兰州市 1980 年秋，就有各种专业户一百多个。如养鸡专业户高学兰养莱亨鸡① 320 只，一年可交售蛋5000 多斤，扣除饲料、防疫、取暖等成本开支，全年纯收入在 1500 元以上。兰州市规定，郊区社员户养奶牛 2 头以上，羊 20 只以上，猪 10 头以上，鸡鸭150 只以上，都可申请为专业户。专业户直接和食品公司、粮食、供销部门签订合同，向有关部门交售产品，取得粮食、饲料等的供应。

我认为，随着兼业农户的大量出现，国家应制定相应的政策和措施，使他们能获得一定的粮食、副食、饲料的供应，鼓励他们向专业户发展。

也许有人担心，这样多的专业户从农业中分化出去，农业这个基础不就削弱了吗？这种顾虑是不必要的。我国 8 亿农民，只有 15 亿亩耕地，单靠农业，农村要富起来很不容易。每人 2 亩地，充其量打 4000 斤粮食，也只有 600 元钱，要达到人均 1000 美元的小康水平，还差很远。所以要使农村富起来，一个重要方面，就是要减少农业劳力，提高农业劳动生产率。中国不能走其他国家使农民大量进城的老路②。最好的办法，就是在农村发展分工，搞专业化，使一部分农户从传统的农业中分化出去，让一部分人专搞牧业、渔业、工业③、商业、服务行业等。各专业户之间实行平等互利的等价交换。这样才能提高社会的劳动生产率，使农业得到充分的发展，整个农村繁荣起来。

三　包产到户后，社员正以各种形式再次联合起来，这是在商品经济发展基础上高水平的集体经济

包产到户开始时，在一定意义上可以说是分，从瞎指挥、大呼隆、平

---

① 即来杭鸡。——编者注
② 此处作者删去了《新时期》文中"而是要离地不离乡，就地富起来"一句。——编者注
③ 《新时期》文中无"工业"二字，收录《农业发展的黄金时代——包产到户的调查与研究》文集时作者增加了此二字。——编者注

均主义的状况下分出来，对此，农民是满意的，感到是一种"解放"。包产到户进行了一个阶段，又出现了新的联合趋势。开始比较普遍的是几家合伙买牛、买拖拉机，共同使用、共同管理和共享利益。这实际上是以共同使用牛、机而组织起来的作业组，其中有同队的，也有跨队、跨社的，他们或是兄弟、亲戚，或是朋友、近邻，都是合得来的，所以农民称这种作业组为"合心组"。

生产进一步发展，兼业农户增多，在安徽出现了许多社员自愿联合经营的民办企业。如砖窑、粮油加工厂、轧花厂、豆腐坊、养貂场、运输队、建筑队、商店，还有民办的拖拉机站。这些民办企业都是建立在自愿互利基础上，参加者既是劳动者也是管理者，企业办得好坏，与他们切身利益有关，所以一般都能精打细算，注意质量，讲究信用，服务周到，经济效果好。

随着各种专业户的大量出现，这些地区经济的联合、协作组织将会发展到更高的阶段。例如，当某一地区的专业养鸡户多了，他们就会要求联合建立种蛋公司、饲料公司、防疫保险公司、加工包装公司以及销售公司等。在专业化发展的基础上，各种大型的农工商联合企业就会蓬勃发展起来。可以预见，在这些地区，相当一个时期内，原来以行政管理办法为主的集体经济组织和新的以经济办法为主的通过自愿互利建立起来的集体经济组织，会有一个并存的时期。而包产到户这种责任制的建立，正是建立在专业化基础上的高水平的集体经济的起点，是由目前这种低水平的、自然经济的小生产简单组合的集体经济向高水平的专业化、社会化的集体经济过渡的桥梁。所以我们说，包产到户不是权宜之计，而是有生命力的。

现在，全国各地农村正在实行联产计酬的生产责任制。各地区根据不同的情况，实行联产到组或到户或到人。包产到户就是联产计酬责任制中的一种形式。由于这些地区实行包产到户的时间不长，新的情况还在不断发生。上面讲到的几种趋势，不过是根据所了解到的情况作的轮廓描述。这个事物究竟会怎样发展，还要看今后的实践。不过，是否可以这样说，实行包产到户联产责任制，是一次自下而上进行的生产关系的部分调整，①改善了集体经济的经营管理，使生产关系更适合当地生产力的状况。我们

---

① 原文此处为"包产到户联产责任制，在部分农业劳动生产率比较低下的地区，是一次自下而上进行的生产关系的部分调整"，收录《农业发展的黄金时代——包产到户的调查与研究》文集时改为现在的表述。——编者注

可以设想，在这些地区，农业集体经济可能由包产到户这个联产责任制作为起点，通过发展专业分工，发展新的经济联合，走出①一条坚持社会主义方向，既能发挥集体经济优越性、又能充分调动农民个人积极性的实现农业现代化的道路。

---

① 此处作者在《农业发展的黄金时代——包产到户的调查与研究》中将原文"探索"二字改为"走出"二字。——编者注

包产到户的动向和应明确的一个问题[*]

　　自从党的十一届三中全会制定两个农业文件以来，特别是在一些社队开始实行包产到户以后，农村的整个政治、经济形势出现了新中国成立以来少有的大好局面。包产到户的发展，不仅出乎领导的意料，而且连这个变革的主体——农民群众，开始也没有料到有这么好的结果。

　　第一，包产到户发展之快，超出了人们的预料。原来设想在全国可以有10%的生产队搞，后来设想为20%，事实上都突破了！现在，估计全国搞多种形式包产到户的生产队已超过40%，而且还在发展之中。

　　农民要求包产到户，反映了生产力要求生产关系与之相适应的客观规律。包产到户的发展，一般是每收获一次，农民算一次账，看到不搞吃了亏，晚搞不如早搞，于是大发展一次，发展呈波浪形。开始是在贫穷落后的地区搞，后来比较富裕的地区也搞起来。

　　从现在各地包产到户发展的势头看，如果真正把选择哪种生产责任制的权利交给群众，各种形式的包产到户将会发展得更快、更广。

　　第二，包产到户的效果，超出了人们的预料。开始设想用包产到户来解决温饱问题。据1978年统计，全国还有1.5亿农民的口粮在300斤以下（南方产稻区在400斤以下）。其中很大一部分是从公社化以后，差不多年年在300斤以下。党和政府对他们做了大量的工作，投进了巨大的财力、物

　　* 本文源自《农业发展的黄金时代——包产到户的调查与研究》（陆学艺著，兰州：甘肃人民出版社，1983年3月），第107~118页，原稿写于1981年8月，文中涉及的相关地区农村经济社会发展数据源自作者调查过程中获得的资料。该文首次发表于《农业经济丛刊》1981年第5期，发表时间：1981年9月14日。该文还刊载于《经济问题探讨》（内刊）1982年第4期（1982年6月1日），并收录于《农业生产责任制论文集》（中国社会科学院农村发展研究所编辑组编，北京：人民出版社，1986年9月）、《当代中国农村与当代中国农民》（陆学艺著，北京：知识出版社，1991年7月）。——编者注

力，想了很多办法，但总不见效。所以有同志提出：与其背着这样的包袱，还不如索性让他们用包产到户一类办法试试。果然一试就灵。1980 年，甘肃、内蒙古、贵州等省区搞了包产到户，一年就大见成效。内蒙古有 7000 多个长期吃返销粮的生产队，1981 年就可自给。至于实行包产到户较早的安徽省肥西、凤阳，河南兰考、东明等县，成效更加明显。有的社队搞包产到户后，一年翻身，有的是一季翻身，生产、收入成倍增长，一下子就跃入先进的行列。农业生产的迅速发展，促进了城乡各行各业的繁荣。我们 1979 年在安徽调查时，不少业务部门的同志对包产到户顾虑重重，怕影响他们的业务工作。1980 年，我们在肥西、嘉山两县邀请商业、供销、农机、粮食、财政、税务、银行、工商行政等局的领导同志座谈，他们一致说包产到户促进了他们的业务，这一着棋把城乡各项经济事业搞活了。现在的问题是：农业大发展之后的各行各业如何适应，迎接农村全面繁荣的到来。

第三，包产到户的发展前景超出了人们的预料。原来包产到户是作为糊口的权宜之计提出来的。当时有人说：一年放、二年看、三年收。准备回到原来的老框框去。实践已经大大超越了人们的设想。开始时，人们担心包产到户会妨碍农机化、妨碍科学种田等等，实践表明，包产到户以后，农民学习、应用科学技术的热情空前高涨；开始还只是购买中小农具，搞了一两年之后，就集资购买拖拉机了，促进了农机事业的发展。尤其突出的是包产到户大大促进农村多种经营的发展。现在农村已经涌现了大量的兼业农户和专业户。并且出现了新的经济联合，出现了各种社员联办的企业。这些都充分说明，包产到户不仅可以充分发挥现有生产力的作用，而且还能推动生产力的发展。事实说明，包产到户具有强大的生命力，有着广阔的发展前途。它使我们既不要走原来那个经营形式和分配形式都不适应生产要求的老路，也不必像某些国家那样大批解散合作社，推倒重来，而可以由包产到户这种责任制形式使集体经济的经营管理得到改善，使现有的集体经济得到改造，走出一条适合中国国情的实现农业专业化、社会化的新路来。

目前，包产到户正在全国发展之中，出现了这样一个动向：包产到户迅速向包干到户发展。

一　农民普遍要求包干到户

现在各地的包产到户正在向包干到户发展，包干到户已占包产到户中的大多数，各地普遍欢迎包干到户。甘肃、贵州的绝大多数生产队是包干到户，安徽除少数县坚持搞包产到户外，多数也是包干到户。据说，河南省搞的联产到劳，不少社队也都发展为包干到户的形式了。

包产到户和包干到户有什么区别？农民为什么普遍要求包干到户？

包干到户是从包产到户发展演化来的，在坚持生产资料集体所有制，坚持按劳分配多劳多得等方面同包产到户是一样的，主要区别在包产到户实行统一分配，生产队把各户定产以内的农产品收起来，按产记分，再按工分统一分配。而包干到户则是按合同分配，就是实行"保证国家的，留足集体的，剩下是我自己的"。社员只交公购粮和集体提留，不交承包的全部产品，不统一分配。

包干到户为什么发展如此之快，受到农民普遍欢迎？

第一，包干到户更适合目前相当多地区的干部和农民的文化水平和经营管理水平。包产到户按几定几奖，按交产记工分配，会计工作量成倍地增加。据调查，一个30户的生产队原来一年只记2000多笔账，包产到户以后，增加到4000多笔账。例如，粮食定产，里面有玉米、红薯、水稻等，稻子里又分粳稻、籼稻、江稻、早稻、晚稻，品种不一样，价格就不同，就是同一个品种，价格也不一样。算起来烦琐得很，没有一定水平的会计，算不清楚，即使会计算出来了，社员也算不清，记不得。而包干到户则简便易行，根据国家征购数及生产队集体需要的提留，定下来每户向国家及向集体各交多少，年初一次算清，订下包干合同，简单明白，社员容易接受。因此，也可以说包干到户是包产到户的一种简化。

第二，包干合同是经过社员讨论决定的，可以防止和克服干部多吃多占、贪污挪用、挥霍浪费等弊病。包产到户后，这方面的问题，解决了一大部分，但由于统一分配，干部手里还有相当一部分钱权和粮权，这在缺少一套严格的会计制度的情况下，就会有漏洞，搞了包干到户，这些漏洞就进一步堵住了。社员讲："大包干、大包干，直来直去不拐弯。"社员就怕多拐弯。弯多了，社员不放心，在难以实现群众监督的情况下，也容易产生损害他们利益的事。农民要求管理体制能够做到："责任明确，利益直接，方法简便。"包干到户符合这些原则。

第三，包干到户可以进一步克服户与户之间的平均主义，贯彻多劳多得的原则。包产到户后，由于还要交产，按工分分配，特别是目前农村口粮按人劳比例分配，而同一种粮食又存在着五个价格（如安徽的稻子，社员之间结算是按1978年前的老价，每担9.6元，卖给国家的征购是新价，加20%，每担11.52元，卖超购，再加50%，每担17.28元，另外还有国家议价和集市价格）。因此包产到户，统一分配，劳多劳强户交的产多，分回来的少。而劳少人多户则相反，交的少，分的多。社员之间还有"平调"。如肥西县山南公社横店生产队，1980年包产到户，统一分配时就有这样一个例子：社员唐德海，单身汉，承包7亩耕地，包产3100斤，留下口粮、种子，应交产2200多斤。按统一工分结算，只分回100多元现款。同队的社员廖志田8口人，他本人经营代销店，儿子在外做工，承包9.7亩耕地，包产7100斤，留下种子、口粮，只交产340斤。生产队的公粮、水电费以及其他各种提留都由别的社员替他家负担了。这两家一对比，明显不合理。唐德海交产时，伤心地哭了！

因为这些原因，包产到户搞了一、二年之后，就都向包干到户演化，这是符合事物矛盾发展规律的。马克思讲："分配的结构完全决定于生产的结构，分配本身就是生产的产物，不仅就对象说是如此，而且就形式说也是如此。就对象说，能分配的只是生产的成果，就形式说，参与生产的一定形式决定分配的特定形式，决定参与分配的形式。"① 包产到户之后，农业生产的经营方式已经变了，要求分配形式也作相应变化。而包产到户仍坚持统一核算，统一分配，这与包产到户基本上已是个体经营这个生产形式就矛盾了，致使实践中有许多问题不好解决，实行包干到户按合同分配，就使经营方式与分配方式统一起来，解决了这一矛盾。

二 包干到户也是公有制经济的一种责任制形式，不是分田单干

包干到户一产生，就受到社员群众的普遍欢迎。但是有些干部却纷纷认为包干到户是自负盈亏，自食其力，是变相分田单干，认为这样搞下去会丢掉社会主义方向。还有的同志则说什么"包干到户同分田单干没有两样，干脆分田单干算了"。我们说：不对！包干到户不是分田单干。我们评价一种经济的性质，不能只看它的形式，而要看它的实质。包干到户是在我国特定的历史条件下，群众创造出来的一种特有的集体经济的责任制形式。包干到户采取按合同分配的办法，兼顾了国家、集体、个人三者的利

---

① 马克思：《〈政治经济学批判〉导言》，载《马克思恩格斯选集》第2卷，北京：人民出版社，1972年5月，第98页。

益。拿"留足集体的"来说，它包括生产队的公积金、公益金（五保四属的照顾）和农机具，生产资料的折旧费，大小队干部补贴，民办教员，赤脚医生、民兵训练等的补助，整个提留金额，一般占全队总收入的 10% 左右。只要"留足集体的"兑现，集体经济就有物质基础，就不是空的，而且随着生产的发展，这个基础会越来越雄厚。在社会做了上述扣留之后，剩下的部分各户劳动得好，经营得好，收入就多，反之就少。这还是体现了多劳多得的按劳分配原则。因此，包干到户这种分配办法，可以说是按劳分配的一种特殊形式。

包干到户与分田单干的原则区别有三点。

第一，包干到户仍然坚持生产资料的公有制，而分田单干是个体私有制。包干到户，土地、水利设施、大中型农机具等主要生产资料，仍属集体所有，社员只有使用权，没有所有权。土地不能转让、出租、买卖，未经批准不能在承包土地上建房和移作他用。只要坚持了土地公有制，就坚持了主要生产资料的公有制。据统计，1978 年我国拥有耕地 14.9 亿亩，人民公社三级固定资产总计为 849 亿元，当年有 481.6 万个生产队，[①] 平均每队拥有耕地 309 亩，每队平均拥有固定资产 17628 元（不包括土地作价）。如果每亩耕地平均以 300 元计，那么每生产队拥有的耕地，就值 92700 元，占每个队全部农业固定资金（110328 元）的 84.02%，可见，即使有的队把其他生产资料分给了社员或作价归户了，只要生产队仍保持着土地的所有权、支配权，那么就可说是保持了主要生产资料的公有制。

第二，包干到户的主体是生产队。"包"是生产队与户之间的纽带，就是合同制。所以，包干到户是集体经济的一种经营形式。生产队这一集体组织不仅是主要生产资料的所有者、支配者，而且还担负落实生产计划，协调社员间的生产，安排用电、用水、兴办水利、组织必要的集体劳动等经济职能，而分田单干后，农户就是土地和其他生产资料的所有者，支配者，是独立的小生产单位，生产队这个经济实体就不存在了。

第三，包干到户以后，生产队还有提留，而分田单干后，就不再有提留了。有人说，单干后，还可以有社会摊派来解决五保户、烈军属等问题。不错，集体提留中有部分是属于社会负担性质的，但这只是一部分，在集体提留中，还有公积金和折旧费，用于兴修农田基本建设、公共水利工程、购置农机具等属于扩大再生产的部分，随着生产进一步发展，集体的提留

① 国家统计局编《中华人民共和国国民经济统计提要（1949～1979）》，第 57、62 页。

还可以增加，这于发展生产是有利的。而单干就没有这部分公共积累了。

因为有这些原则的区别，所以不能把包干到户和分田单干混为一谈。

三　包干到户责任制的形式，要稳定下来，要进一步完善和提高

目前农村的干部和群众普遍存在着怕变的思想，不过，怕的内容不同。农民怕的是重又"归大堆"，搞"大呼隆"，"吃大锅饭"搞平均主义；干部怕的是所谓"社会主义节节后退"，没有个"底"。他们说："1979 年包产到组，1980 年包产到户，1981 年包干到户，再走一步就要单干了。"四川的干部说："去年分土，今年分田，到明年就啥子也分光了。"

确实，农村里，有一小部分农民是要求分田单干，还有一部分农民是以分田单干的想法来接受包产（包干）到户的。现在，有些地方，出现了个别少数农民要求包自己入社时的耕地，甚至有要求包原来祖传的土地的。有的生产队不给合作化以后迁入的农民包土地，排斥客户。也有的地方，承包农户因出嫁、死亡等原因减少了人口，生产队要抽回土地，农户不肯，双方发生了纠纷。但是这都不是主流，不是不可克服的问题。从普遍反映的情况看，干部和农民都要求领导上交个"底"。我们对这个"底"，应进行一番探讨，并应向干部和群众明确说清楚。

我们认为，任何具体的事情，都有一个限度。真理超越一步就会变成谬误。就农业生产责任制来说，这个限度就是包干到户。事实证明，社会主义集体经济的生产关系，基本符合我国绝大多数农村的生产力要求。农业经营体制的调整、改革，包干到户就是"底"了。除了少数边远山区，孤门独户，经过批准可以单干者外，绝大多数农村，不应分田单干。对此，我们从以下几个方面，可以得到说明。

第一，从这两年多来的现实情况看。当我们克服了过去"大呼隆""吃大锅饭""一刀切"的错误做法，实行了各种形式联产责任制以后，农民群众的积极性、主动性空前高涨，农业得到了大幅度的增产，农村经济出现了全面兴旺的局面。这就证明，只要我们真正按照社会主义的原则去进行调整、改革，社会主义的集体经济是适合我国广大农村的生产力要求的。许多地方实行包干到户的经营形式，得到广大社员的欢迎，推动了农业生产的迅速发展，这也证明这些地方选择包干到户的经营形式，是符合生产力的要求的，并不需要也不应该实行"分田单干"。

从实行包产到户、包干到户以后发展的趋势看，许多地方出现了，社员按自愿互利原则组织起来的各种新的联合形式，这又进一步说明了把劳动者组织起来，符合生产力的要求，是农民的意愿，它具有强大的生命力。包产到户、包干到户还有这样、那样的局限性，并且在实行过程中由于某些地方放松了领导，出现了一些缺点和不健康的现象，这是需要通过加强领导，通过仔细的工作加以完善的问题，而不是向分田单干倒退的问题。

有些社员存在分田单干的心理，是由于习惯势力的影响，是属于觉悟问题。必须坚持自愿、互利的原则，通过细致的宣传教育，通过事实的利害对比和国家援助的办法，引导他们继续走社会主义的道路。

第二，从我国合作化以来的历史看。土地改革以后，许多贫苦农民因缺少资金、农具，发展生产困难重重，特别是建立在生产力水平低下的个体经济无力抵御天灾人祸，开始出现了农民重新失去土地的现象。党及时领导农民走共同富裕的互助合作道路，是完全正确的，合作化20多年农业发展的状况，也证明了这一点。拿1980年同1952年比，我国粮食增长了1倍，棉花增长了1倍多；[①] 我国人口从5亿增至近10亿，基本上依靠自己的力量，解决了吃饭穿衣问题。我国农村实行了合作化，是一次伟大的经济变革。

合作化过程中的问题是：在指导思想上要求过急，盲目求快，忽视了我国如此辽阔的农村在经济、政治、文化等各个方面的极端不平衡的状况；其次，工作又过于简单、粗糙，在许多地方违反了自愿、互利的原则。在合作化完成之后，又没有经过一个巩固、完善的时期，而是接连不断地改变生产关系，误认为越大越公越先进。在"大跃进"、公社化时期，更在一大二公的要求下形成了"吃大锅饭"和"大呼隆"的做法。此外，再加上对农业经济其他一些"左"的做法和干部思想作风方面的问题，使广大社员的积极性、主动性受到了挫伤，使社会主义集体经济的优越性，不能得到发挥，使我国农业经济的发展受到挫折。

党的十一届三中全会以来，批判和纠正了农业上"左"的错误，调整落实了党在农村的一系列经济政策，从各个方面支持农业，并改善了集体经济的经营管理，实行了各种形式的生产责任制，恢复了农民在生产上的自主权和按劳分配的原则，从而调动了农民的积极性，农业生产连续几年

---

① 参见国家统计局编《中国统计年鉴（1981）》，北京：中国统计出版社，1982年8月，第143页。——编者注

大幅度增长，农民生活显著改善，农村出现了合作化以来少有的繁荣局面。

这 20 多年的历史表明，农业合作化总的方向是正确的。所以，并不需要把已有的集体经济全部解散，推倒重来。

第三，集体经济二十几年积累起来的生产资料，是农业进一步发展的家底，决不应遭到破坏。1978 年统计，全国 52781 个公社，69 万个大队，481.6 万个生产队，[1] 三级共有农业固定资产 849 亿元，近几年又有所增加。这些固定资产大部分是多年来 8 亿农民创造的集体积累，这是我国农业生产借以进行和发展的物质基础。包产（包干）到户过程中，分掉了一些，损失了一些，但绝大部分是保留下来了，有些地区近两年还有所增加。如果生产队统统解散，分田单干，这批集体所有的生产资料就会受到损失，现有生产力会受到破坏，这于农业生产的发展是极不利的。

第四，生产队的组织是当前国家领导农业生产的基层单位。全国有 470 多万个农业基本核算单位，其中绝大部分是生产队。这些单位是国家和 1.8 亿个农户[2]之间进行经济联系的纽带，在国家和农民之间起着桥梁的作用。每年，生产队通过同承包农户签订合同，使国家的农业生产计划和农产品收购计划得到落实。国家也通过生产队把农用物资、资金分配下去。在现阶段，当国家的商业、供销、粮食、信贷等系统，为农业服务的农机、植保、种子、科技等部门还很不发展的情况下，生产队作为一个经济组织的作用，还不能取代。此外生产队还有组织、协调生产、维护集体生产资料等方面的作用。如果，分田单干了，生产队势必解散。而国家和农民间的联系渠道，一时建立不起来，这对整个经济的发展也是不利的。

第五，土地私有制必然导致两极分化，因此，必须维护土地的公有制。分田单干，农民对土地有了所有权、处置权，土地的出租、转让、买卖就不可避免。包产（包干）到户之后，已经出现了农民富裕先后和程度不同的差别，但农民之间，在占有土地上是平等的。困难农户因为有耕地在，基本生活就可以有一定的保障，只要劳力、资金、技术等条件好转，或者在此基础上发展适当的家庭副业，就有希望逐渐富裕起来。而分田单干必然造成两极分化，使一部分农民陷入"无立锥之地"的困境。那时，广大群众受剥削的痛苦将重新出现。因此，我们不能走这条路。

第六，从农业发展的前景看，也不能搞分田单干。我国是要实现农业

---

① 国家统计局编《中华人民共和国国民经济统计提要（1949~1979）》，第 57 页。

② 国家统计局编《中华人民共和国国民经济统计提要（1949~1979）》，第 57 页。

专业化、社会化、现代化的。我国 8 亿农民、耕地不到 15 亿亩。如果分田单干，四、五口之家，两个劳力，平均耕地不足 10 亩。这样小的经营规模，怎么能实现农业的专业化、现代化？从世界发达国家实现农业专业化、现代化的经验看，农业经营单位要有一个合理的规模，这种规模是随着农业机械、科学技术的发展而不断增大的。经营规模不合理，就会影响经济效果。这方面，我们要记取日本的教训。1961 年，日本制订了一个《农业基本法》，其中提出的不少目标，都已实现了，但因为日本农业是个体经济，土地是私有的，致使扩大经营规模的计划实现不了。现在日本农机化水平很高，而每个经营单位平均耕地只有 15 市亩，因此，农业机械的使用率很低，这显然是很不经济，很不合理的。日本当局几次想解决农机化和小规模经营的矛盾，因为土地私有制，就是解决不了。这就是生产关系束缚了生产力的发展。我们如果分田单干，将来必然也会遇到这个问题。在土地公有制条件下搞包产（包干）到户，就可避免这个问题。

第七，我们的国民经济体系，是社会主义的计划经济，农业这个基础如果回到私有制的老路，整个国民经济的计划、平衡将难以实现。分田单干不仅对我国农业、我国农村不利，而且将给整个国民经济造成破坏。因此，分田单干之说，是违反我国社会主义经济发展的要求的。

实行包产（包干）到户，是农村自下而上进行的一次集体经济经营方式的变革，是生产关系的部分调整。由此，引起了一系列深刻的变化，农村出现了全面发展、全面变革的大好形势，出现了很多新情况和新问题。上面讲的，只是一个方面的问题。我们对农村这场巨大的变革运动应该加强领导，经常调查研究，总结经验教训，站在群众的前面，积极引导，不断解决那些已经产生和正在产生的新矛盾新问题，使包产到户、包干到户等各种形式的生产责任制臻于完善，使农村的社会主义事业健康发展。

近两年德州地区农业大发展的启示[*]

山东德州地区，十二县一市，农业人口 508 万。1960 年以来，长期处于生产落后、经济贫困的状态，是全国十大贫穷片中鲁西北的四个地区之一。从 1960 年到 1976 年的 17 年中，集体经济按人口每年平均分配一直在 45 元以下，口粮一直在 320 斤以下。17 年中，全区粮食购销相抵，国家净调入供应粮 37.31 亿斤，平均每年 2.2 亿斤（1959 年前曾净调出 7.96 亿斤，平均每年近 8000 万斤），发放救济款 2 亿多元，无偿投资 7000 万元。当地的领导同志说，我们这里原来是一个穷傻了，饿怕了，穷得当当响的出了名的地区。粉碎"江青反革命集团"以后，情况一年年好转。1978 年，全区集体经济人均口粮 352 斤，人均分配 47 元。1979 年人均口粮 359 斤，人均分配 50.1 元，但比全国农业人均分配 83.4 元，仍低 40%，比全省农业人均分配 81.5 元，仍低 38%。每人每天平均不到 1 斤粮，平均生活费只有 1 角 3 分 7 厘，可以说还未解决温饱问题。

德州地区真正大转变是 1980 年。这一年德州地委在党的十一届三中全会精神鼓舞下，主要抓了两件大事：一是在 1979 年试点的基础上，积极支持和推广群众创造的各种联产计酬的生产责任制，据统计，全区 30728 个生产队，实行责任制的占 89.1%，其中联产到劳、到户的占 75.4%；二是根

---

* 本文源自《农业发展的黄金时代——包产到户的调查与研究》（陆学艺著，兰州：甘肃人民出版社，1983 年 3 月），第 119～123 页。原文稿写于 1981 年 6 月，文中涉及的相关地区农村经济社会发展数据源自作者调查过程中获得的资料。该文首次以《近两年德州地区农业大发展的启示——山东德州农村调查之一》为题刊发于中共中央书记处研究室理论组编《调查和研究》（内部资料）1983 年第 105 期，发表时间：1981 年 10 月 22 日，中共德州地委办公室编《德州通讯》（内部刊物）1981 年第 11 期（1981 年 11 月 20 日）转摘该文。该文还以《包干到户以后，农业将会有一个较大的发展》为题刊载于《经济研究参考资料》（内部资料）1981 年第 197 期（总 597 期），系该刊刊载的《山东农村调查》之一，发表时间：1981 年 12 月 26 日。——编者注

据上级的指示，改变单一抓粮食的做法，调整农业的内部结构，发挥本地适宜种棉花的优势，确立了"粮棉一起抓，重点抓棉花"的方针。棉田由1979年的149万亩，扩种到230万亩，计划收皮棉100万担。但秋后，棉花越收越多，总产达到204万担，比1979年的47.8万担增长了3.27倍，这是德州历史上从未有过的棉花高产记录，超出了人们的预料。尽管当年粮食减产3.9亿斤，全区农业总产值却比1979年增长19.6%（按1970年不变价格），社员人均分配达到88.8元，比1979年增加38.7元，增长77.2%，一跃超过了全国农业人口的平均分配水平。

但是，有些同志担心棉花、花生扩种面积多了，粮田少了，能不能保证口粮？1981年能不能继续大幅度增产？

我们在1981年9月中旬到达德州，正是秋收大忙季节，玉米已经上场，棉花正在收摘，到处是粮堆棉垛和欢乐的人群。供销社已经开秤收购新棉。地区农办的同志告诉我们，今年①春旱，秋又旱，从去年②10月到今年4月底，全区降雨57毫米，只有常年的一半，中间又有虫灾和雹灾，但全区小麦在播种面积减少67万亩（12%）的情况下，总产反而比去年增加3.6亿斤，增长40%。秋粮也丰收。全年粮食总产将超过32亿斤，达到历史最高水平，比1980年增长17%以上。棉花总产将达到250万担，如果霜冻来得迟，300万担也有可能。今年全区农业总产值将超过13亿元，比特大丰收的去年增长30%左右，人均分配将达到120元，比1980年增加31.2元，增长26%。

仅仅两年工夫，这个长期穷困落后的地区，棉花产量增长了5倍，农业生产总值增长50%以上，社员收入增长140%，一下子翻过身来了。广大农民长期以来，要求摆脱吃粮靠返销、花钱靠救济的愿望，终于实现了。许多农民高兴地说，"好日子来得这样快，做梦也没有想到"。

德州地区的农业，为什么能飞跃发展？我们访问了许多人，开了多次座谈会，干部、群众议论纷纷：

有的说，去年棉花丰收，主要是老天帮忙；

有的说，棉花提了价、又有奖励，农民种棉积极了；

有的说，科学种田，推广了鲁棉一号是重要原因；

有的说，前几年兴修水利，大搞农田基本建设，起了作用；

---

① 本文中指1981年。——编者注

② 本文中指1980年。——编者注

有的说，这是政策好，天帮忙，人努力的结果；

有的说，包干到户的责任制调动了社员的积极性，要记头功。

所有这些说法都有一定道理。综合我们在德州的见闻，同时翻阅了大量的资料和文件，结合邻近地区（如菏泽、聊城等）近两年农业迅速发展的实践，我们认为：德州这两年农业的飞跃发展，是在党的十一届三中全会的路线指引下，坚决执行党中央制定的一系列农村政策，对农业经济进行调整和改革，改变片面强调"以粮为纲"的作法，因地制宜，发挥优势的必然结果，是推行各种联产计酬的生产责任制，调动了广大农民的生产积极性，发挥了集体经济的优越性的必然结果。同时，也是德州地区 500 万人民，新中国成立 30 多年来在党的领导下，进行农业基本建设、长期艰苦奋斗的结果。

德州地区经过 30 多年的建设，农业生产条件发生了很大的变化。

农田水利建设已具有相当规模。德州地区原来是盐碱沙洼，春旱秋涝，自然灾害频繁。新中国成立 30 多年来国家对这里的水利建设共投资 5.24 亿元，社队群众投资 7 亿多元，总共完成土石方 22.8 亿方。治理了境内的徒骇河、马颊河、德惠新河，提高了防洪排涝的能力。1971 年以后，又兴建了 14 座拦河闸和 3 条大的引黄灌渠，建立扬水站 1312 处，打机井 4.9 万眼，现在有效灌溉面积已达 740 万亩，占总耕地面积的 67%，比 1949 年的 13.5 万亩增加了 54 倍。

农业机械化有了很大的发展。到 1979 年，全地区已拥有大中型拖拉机 6616 台，手扶拖拉机 3675 台，排灌机械 7.26 万台，各种脱粒机 1.66 万台，各种配套农机具 1.16 万台，农机总马力达 129.4 万匹。66% 的耕地实现了机耕，2939 个大队通了电，1979 年全区农业用电达 6577 万度，化肥施用量达 35 万吨，平均每亩施化肥 63 斤。

科学种田日益深入人心。县社队三级建立了科学普及网，优良品种，如"鲁棉一号"棉花、"泰山五号"小麦等已经大面积普及，群众也比较普遍地掌握了科学播种、灌水、施肥、治虫等新的耕作技术。

有了这些新的生产条件，按理农业生产应当有显著的发展。但是由于长时期内集体经济组织没有应有的自主权，没有建立起一套完善的经营管理制度，存在着瞎指挥，大呼隆，平均主义等弊端，严重压抑了群众的生产积极性，尽管增添了大量新的生产手段，也不能发挥应有的作用。例如，1956 年全地区共有农业劳力 175.6 万个，当年生产粮食 25.4 亿斤，棉花 107 万担，每个劳力生产粮食 1448 斤，棉花 61 斤，粮棉统算为 1936 斤

（一斤皮棉折合 8 斤粮）。到 1979 年，劳力增加到 208 万个，当年生产 31.2 亿斤粮，47.8 万担棉，每个劳力生产粮食 1503 斤，棉花 23 斤，粮棉统算为 1687 斤，劳动生产率反而下降了 12.8%。这个事实充分说明，农业生产的潜力是很大的。

1980 年，德州地委解放思想，在全区农村积极支持和推广了各种形式的联产计酬的生产责任制，使集体农民得到了生产上、分配上的自主权，找到了集体经济中生产资料和劳动者结合的较好形式，使劳动者的责任、权力、利益紧密地结合起来，从而调动了广大农民的生产积极性、主动性，同时使合作化以来多年积累起来的新的生产条件得到了充分利用，形成了巨大的生产力，这就是两年来德州地区以及邻近条件类似的菏泽、聊城等地农业飞跃发展的根本原因。

调整农业的内部结构，改变单一经营的方针，也是德州地区农业获得大发展的一个重要原因。德州地区的自然条件适宜种棉，群众也有种棉的传统，可是，从 1960 年以来，因为粮食不够吃，便扩大粮田，少种棉花。但棉花少了，经济收入减少，集体经济无力购买肥料及进行其他投资，结果，地愈种愈薄，粮食产量越来越低，棉花种植面积和产量更是大幅度下降。1956 年该区棉田共有 273 万亩，产棉 107 万担，到 1976 年，棉田只剩下 161 万亩，只产棉 39 万担。1980 年国家调整了有关棉花种植和收购的政策，全区棉田扩大到 230 万亩，今年又扩大到 280 万亩，由于棉花丰收，生产队和社员收入增加，便增加了对粮田的投资。所以，尽管今年粮田减少了，但单产却大幅度地提高，棉花和粮食都获得了丰收，总产量都超过历史最高水平。

德州地区这两年农业飞跃发展的情况，使我们联想到，新中国成立 30 多年来，全国灌溉面积已经扩大到了 7 亿亩，投入了 2 亿马力的农业机械，6000 万吨化肥，初步推广了科学种田，小麦、水稻、玉米、棉花的优良品种的培植和推广已有很大的进展，但直到 1979 年，全国的农业劳动生产率基本上还停留在合作化初期的水平上。农业生产的潜力还远远没有发挥出来。只要我们认真地贯彻和落实党的十一届三中全会以来党中央所制定的一系列调整改革的政策，健全和完善各种形式的联产计酬的生产责任制，充分地调动广大农民的生产积极性，把已经形成的新的农业生产条件充分利用起来，农业经济必将出现全面高涨的新局面。

几统一下的包干到户将成为
责任制的主要形式[*]

山东德州地区的农业生产责任制，最早是在 1978 年秋后搞起来的。党的十一届三中全会的农业文件下达后，各县比较积极地搞分组作业、联产计酬的责任制。1979 年春天就达到 60%，后来吹了一股冷风，散了一批，坚持到秋后的只占 15%，但坚持搞的都大幅度增了产。1980 年比较普遍地推开，到当年夏种时统计，全地区 30728 个队中，包工定额的 3357 个，占 10.9%；包产到组的 4196 个，占 13.7%；联产到劳、到户的 21746 个，占 70.8%，大包干的 1429 个，占 4.6%。到了 1981 年各种形式的联产责任制继续发展，从 1980 年的 89.1%，发展到 96.2%，实行定额计酬的减少到 3.8%。在各种联产计酬的责任制中，包产到户，包干到户发展最快，到 1981 年 5 月统计两项合计已占生产队总数的 55.4%。

纵观德州地区的农业生产责任制的发展过程，可以看到这样一些特点。

一　实行农业生产责任制，是在党的十一届三中全会思想解放路线的指引下，冲破"左"的思想束缚，自下而上搞起来的

对于农业生产责任制、包产（包干）到户，人们经历了一个从自发到自觉，从认识不一致，到逐步认识一致，从开始只是少数人认识，到为大

　＊　本文源自《农业发展的黄金时代——包产到户的调查与研究》（陆学艺著，兰州：甘肃人民出版社，1983 年 3 月），第 124～132 页。原文稿写于 1981 年 12 月，文中涉及的相关地区农村经济社会数据源自作者调查过程中获得的资料。该文首次刊发于《经济研究参考资料》（内部资料）1981 年第 197 期（总 597 期），系该刊刊载的《山东农村调查》之二，发表时间：1981 年 12 月 26 日。——编者注

多数人认识的过程。这种认识，现在还在一步步的深化之中。在德州地区，开始只是在少数最贫穷、困苦的社队搞，受到了相当多的干部和领导部门的反对，一时社会上议论纷纷，压力很大。但是，党的十一届三中全会关于实事求是、思想解放的路线给他们壮了胆，十一届三中全会农业文件关于扩大生产队自主权等一系列政策撑了他们的腰，增产增收的实践结果开阔了人们的眼界，责任制、包产（包干）到户逐渐为人们所接受，搞的人越来越多了。开始是困难队搞，以后中间状态的队也搞了。现在连那些比较富裕的先进队也要搞了。社会舆论也变了，开始批评指责的很多，两年的特大丰收，使人们的认识趋于一致，赞扬声比较多了。较多的同志认为对德州这样一个"三靠"地区来说，实行责任制，实行包产（包干）到户是打破原来那种恶性循环的"突破口"，认识到它不仅是治穷的法宝，也是致富之道，而且是实现农业专业化、社会化的一条新路子。最近地委召开县市委书记会议，会上一再强调，要认识实行生产责任制"对巩固发展集体经济，使农民尽快富起来，建设社会主义新农村，实现农业现代化，具有重要的现实意义和深远的历史意义"。提出要把健全和完善生产责任制"当作农村工作的中心环节来抓"。从这个发展过程来说，实行包产（包干）到户是贯彻十一届三中全会路线的产物，实行之后，得到了意想不到的效果，又使人们提高了对十一届三中全会路线的认识。德州的干部说多"实行大包干，获得大丰收的结果。使我们对路线认了，对政策信了，对党亲了"。胡耀邦同志在山东开座谈会时，地委的负责同志在会上深有体会地说："现在工作起来，感到顺劲了！"

二　联产到劳，包产到户等生产责任制形式是逐步发展的

开始只是对棉花、花生等经济作物实行，以后逐步扩大到粮食作物，扩大到全部农业。现在，林牧副渔各业也都实行了各种形式的责任制。到1981年5月统计，德州地区的生产队和核算单位，已建立了责任制的，林业占56.6%，畜牧业占98%，拖拉机占86.6%，排灌机械占98%。此外，社队企业、多种经营的副业，也都建立了形式不同的责任制，各级干部也在逐步建立各种岗位责任制。现在，责任制像网络一样，把农村的各项生产事业都联系带动起来了，一个联产，一个包干，把不少长期办不好的事情都办得井井有条、欣欣向荣。群众满意地说："联产鼓干劲、包字出黄金。"若干年前，谈"包"色变的气氛已经变了！搞包干，搞联产，订合

同，这些用经济手段管理经济的办法逐渐为干部和群众掌握了。

在各种责任制中，农业搞得早，已经有了比较成套的经验，而林牧副渔机等的责任制，还只是开始搞，还不成熟，特别是林业责任制还是个薄弱环节。德州地区这三十年来，林业建设有很大成绩，结合着水利建设、河旁、渠旁、路旁都造了林，像商河等县，人均有各种树木百棵以上。但林业同一般农业不同，生产周期长，见效慢，这方面还存在一定的问题。建立了责任制，乱砍滥伐的现象是刹住了，但如何使群众能像对待种棉种粮那样去种树，这个问题还没有解决，所以林业责任制如何搞，还有待摸索总结。

三　各种生产责任制一面在不断扩大发展，一面也在不断完善之中

这次搞联产责任制，搞包产到户，搞包干到户，是群众在下面搞起来的，总的是起得快、发展得快，所以开始搞得比较粗，群众自己定几条，一举手就办了。经过两年的实践，各种责任制在逐渐向更加合理、更加完善定型的方面发展，搞得越来越好，效果也更加显著。例如，像土地的划分，开始比较零散，后来，经过调整，就比较完整，比较利于生产了；像牲畜管理，开始是轮流喂养，轮流使用，牛养不好，使役有矛盾，出现死牛等问题，后来采取作价归户，生产队保本保值的办法，牲畜的养用问题得到解决，牲口养得普遍膘肥体壮，并且还大量增加。在干部和非生产人员的补贴以及"四属五保"的照顾问题上，开始没有一定的规定，引出一些矛盾，现在采取每年固定补贴，照顾一定量的现金和粮食的办法，春天定，秋后兑现。其他如农机、水利等各种经营管理也都逐渐有了妥善的办法。

这些办法，都是广大群众和基层干部在实践中不断摸索，不断总结而逐步形成的，而且许多办法还在不断总结、不断创造出来。现在各级领导也比较重视调查研究，注意发现新情况，研究新问题，解决新问题，并且在总结群众创造的各种办法的基础上，使实行各种生产责任制以及解决各种新问题的办法条理化、章法化。最近，德州地委就制定了一个农业生产联产计酬责任制的试行办法，共十章五十条，对联产计酬的各种形式，实行的具体办法，都作了详细的规定，使得下面有所遵循。

农村生产责任制健全和完善的另一个标志是，各种合同制正在具体化、条文化。包产到户，包干到户等责任制，本身就是一种生产队同社员之间

的经济合同制。但由于农村干部和群众的文化水平低，没有这方面的经验，所以初创时期，往往只是订了一些口头约定。现在各地已陆续推行生产队与社员之间签订生产责任制合同书。供销、粮食、银行等国家经济部门同社员之间也签订了各种合同。这对保证政策兑现、减少纠纷、稳定人心，更好地调动社员的生产积极性，起了好的作用。群众称赞合同制是处理经济关系、保证奖罚兑现的好办法。

值得指出的是，订立包产包交合同，对群众来说，比起原来辛苦一年，挣了几千工分，到秋后结算，还不知"分"值多少钱，能分多少粮、钱的情况来说，是大大进步了。但既然是合同制，签订合同的双方应该是平等的，各自都应享有一定的权利和承担一定的义务。而现在我们在下面看到的一些合同书，多数只是规定社员保证向集体交多少提留、交多少积累，向供销、粮食部门保证交售多少棉花、多少粮食等等，却很少有规定集体、国家经济单位向社员保证生产条件，例如保证供应化肥、农药以及其他工业品等等。看来，这也应列为今后要改进的一个方面。

四　各种形式的生产责任制，逐渐都在向包干到户发展

农村的各种生产责任制，开始是群众在下面各自根据本地的情况，自发地、创造性地搞起来的，各有各的特点，各有各的办法，真是五花八门，百花齐放，种类庞杂，名目繁多，就是同一个名称，具体做法也不一样。而经过二、三年的实践之后，现在有集中向包干到户发展的趋势。在实践中，一些合理的好的东西，被保留、发展起来，一些不合适的东西，逐步被摈弃，这是合乎群众运动发展规律的。纵观各地各种责任制发展的趋势，大致是这样的，不联产的责任制逐渐向联产责任制发展（德州地区，1979年不联产计酬的包工定额占多数，到1980年底统计，只占生产队总数的10.9%，到1981年5月只有3.8%）；联产计酬的各种责任制中，联产到组，联产到劳的在向包产到户、包干到户发展，而包产到户也在向包干到户发展。1980年，德州地区的包干到户只占4.6%，等到1981年5月已占26.8%，到当年秋种时已达到65%，预计明春①会达到80%。所以群众说："联产到组阻不住，联产到劳稳不住，包干到户挡不住。"

包干到户是从包产到户发展来的，它在坚持生产资料集体所有，坚持

---

① 此处指1982年春。——编者注

按劳分配等方面是同包产到户一样的。主要区别在于，包产到户还要求社员把包产以内的农产品交队统一核算，按工分统一分配，而包干到户则实行"交够国家的，留足集体的，剩下都是自己的"，没有工分，不搞统一分配。包干到户，方法简便，责任明确，利益直接，进一步堵塞了干部多吃多占的漏洞，进一步克服了包产到户后，社员之间还有平调的平均主义。因此，受到了广大群众的热烈欢迎。群众说："集体有数我有数，大伙心中都清楚，干起活来有劲头。"

五　包干到户本身也在不断完善发展，几统一下的包干到户将逐渐成为现阶段农业生产责任制的主要形式

开始实行包干到户的时候，不搞统一核算，不搞统一分配，"两提（留）一脚踢"。不少同志担心从此"队长无权、会计无账、保管无物"，生产队成了"空架子"，"家家粮油棉、户户小而全"，集体生产怎么管？集体经济的优越性怎么发挥？开始，农民嫌恶前些年把大伙搁在一起的"大、公、平、穷"，主张搞"交够国家的、留足集体的，剩下都是我自己的"，有部分农民确实也带有一些"离心"倾向，有的农民说："让我痛快自在几年再说！"但是，生产的发展，是按着一定规律进行的，它不以任何人的意志为转移。就拿德州这样一个生产落后、经济贫困的地区来说，经过了 30 年的水利建设，经过了农机、化肥、农药的使用，经过良种推广，要想恢复合作化前、20 世纪 50 年代初期那种自给自足的分田单干方式事实上已经不可能了。这几年搞包产到户、包干到户的实践证明，那种以为集体经济会解体的担心是不必要的。

两年多来农业生产责任制发展的一个方面是分，从生产队统一经营，到联产到组，联产到劳，包产到户，包干到户，这是一步步分的过程。包干到户可以说是分得彻底了，连统一核算，统一分配也"分"掉了。但这样的分有利于调动群众的积极性，促进了生产的发展，领导和群众是欢迎的。生产责任制发展的另一个方面是合（这一点人们往往了解，注意得不够）。实行了包干到户后，一开始农民为了发展生产，解决生产中的困难，就自愿互利地结合起来，一起买牲口、一起打井，换工耕种、换工打场，有了剩余的农闲时间，各地就出现了联户买机器办油坊，联户办拖拉机站，联户养鱼，联户办商店等等的各种新的联合体。这是在自愿互利平等基础上建立起来的新的集体经济组织，这种新的集体经济现在各地正在蓬勃兴

起，有着广阔的发展前途。对此，我们将另作专题论述。实行包干到户之后，发展联合的另一个方面就是现在山东德州等地区正在总结推广的几统一下的包干到户。

问题是从生产发展的要求提出来的。包干到户以后，分户经营这固然能够充分调动农民积极性，但在目前生产条件下，有不少事是一家一户办不了，办不好的，这就要求集体经济的干部出来统一组织，统一领导，把事情办好。今年山东遇到了多年不遇的大旱，小麦需要浇水，但有的机井的机器和水泵分了，有的渠道平了，要浇水就要求社队领导出来统一组织，统一整修渠道，统一浇灌。由统一浇灌就进一步要求统一计划、统一种植（在同一片地里，你种棉花、他种花生就不能统一浇灌），这都是发展生产所必需的。这些地区的生产力水平要求集体经济组织出来统一领导，把这些事抓好了，生产就能搞好（有些地方的领导认为，要巩固集体经济，就要抓统一核算、统一分配，看来，这是错了，要使集体经济发挥作用，还是要抓于发展生产有利的事）。德州地区今年春旱时，凡是抓了统一浇灌的社队就大增产，凡是实行了包干到户，干部撒手不管，群众无可奈何，浇不上水的就大减产。陵县张生公社的十八图队和齐家队，一渠之隔，十八图队的干部抓了统一浇灌，小麦亩产400多斤，齐家队没有人出来组织统一浇水，小麦旱坏了，亩产才37斤！事实最能教育人。1981年麦收之后，德州地区搞几统一下的包干到户的队就迅速大量增加，还有相当一部分生产队是从原来实行统一经营、联产到劳、包产到户的办法，取消了统一记工分、统一核算、统一分配等环节，直接转化为几统一下的包干到户的。

几统一下的包干到户的主要做法和主要内容是，在生产队对社员进行包干到户的基础上，生产队把一家一户办不了、办不好的生产措施，生产项目，仍由生产队统一组织，统一领导管起来。统一的项目内容，有多有少，根据各队的具体情况由群众自己决定，比较普遍实行的是三个统一：统一种植计划，统一重大生产措施（机耕、浇地、排涝、治虫等），统一购置管理和使用大型农机具和水利设施。干部作风好，经营管理水平高的队，还有搞统一购买化肥、农药、良种，统一投资（集体投资保定产，社员自己投资保超产），统一经营工副业等。实行几个统一，生产队的提留就相应扩大了（如要统一付水费、电费、油费，以及要购买农机具等），但提留的项目和数量，都是由干部和社员协商决定的。

因为几统一下的包干到户，基础是包干到户，不记工分，不搞统一分配，社员就有充分的生产自主权和分配自主权，所以社员的生产积极性能够充分调动起来；而搞了几个统一，原先已经有的集体经济的大型农机具、水利设施等生产手段能够得到充分利用，有些社队增加了公共积累，添置增加了。原来社队干部认为"包干到了户，何必要干部"，感到包干到户后，不知怎么工作了，实行几统一，干部的工作也明确了，可以调动干部的积极性，发挥干部的作用。前些时候，实行了包干到户，社员的生产积极性是调动起来了，但如何继续发挥集体经济的优越性，如何使这两者很好地结合起来，这是需要解决的新课题。几统一下的包干到户的出现，正是实现这种结合的好形式。

几统一下的包干到户的出现，标志着农业生产责任制发展到了一个新的阶段，使包干到户进一步健全和完善起来，有利于充分挖掘农业生产的潜力，促进生产的更快发展，经济效果明显。所以它一出现就受到群众的热烈欢迎，受到人们的注意，很快推广开了。看来，几统一下的包干到户很可能逐步成为现阶段农业生产责任制的主要形式。

中国农村市场正在兴起[*]

毛泽东同志在《论联合政府》中指出:"农民——这是中国工业市场的主体。只有他们能够供给最丰富的粮食和原料,并吸收最大量的工业品。"[①]他在《关于正确处理人民内部矛盾的问题》中再一次说:"我国是一个大农业国,农村人口占全国人口的80%以上,发展工业必须和发展农业同时并举,工业才有原料和市场,才有可能为建立强大的重工业积累较多的资金。""没有农业,就没有轻工业。""农业的日益现代化,为农业服务的机械、肥料、水利建设、电力建设、运输建设、民用燃料、民用建筑材料等等将日益增多,重工业以农业为重要市场的情况,将会易于为人们所理解。"[②] 毛泽东同志对于农村市场的发展必将促进工业和整个国民经济发展的前景早就有过预计。但是,自从三年困难之后,我国农业发展长期停滞缓慢,集体经济薄弱,分配低少,大多数农民生活贫困,农产品的商品率下降,农村提供的粮食、原料减少,农村购买力萎缩,不得不靠进口粮食、棉花、大豆和食糖来补充。因此长期以来,农村市场很不引人注意。1978年,全民所有制商业收购商品总额为1740亿元,其中农副产品收购总额才460亿元,占26%。当年农业生产总值为1459亿元[③],农副产品的商品率为31.5%,每个农业人口提供的农产品为56.77元;当年人民公社分给社员的

* 本文源自《农业发展的黄金时代——包产到户的调查与研究》(陆学艺著,兰州:甘肃人民出版社,1983年3月),第133~142页。原稿写于1981年12月,文中涉及的相关地区农村经济社会数据源自作者调查过程中获得的资料。该文首次刊发于《经济研究参考资料》(内部资料)1981年第197期(总597期),系该刊刊载的《山东农村调查》之三,发表时间:1981年12月26日。——编者注
① 《毛泽东选集》第3卷,北京:人民出版社,1966年7月,第1026页。
② 《毛泽东著作选读》(下册),北京:人民出版社,1986年8月,第796~797页。
③ 参见国家统计局编《中国统计年鉴(1983)》,北京:中国统计出版社,1983年10月,第149页。——编者注

收入为 575 亿元，扣除粮油柴草实物，分得现金才 149 亿元，加上其他来源，购买力也是很少的。农民占总人口的 84.57%，但在全国社会消费品零售总额中，乡村购买的只占 45.8%。

党的十一届三中全会以后，农村实行了生产责任制，找到了治穷致富的办法，找到了发展农业的新路子。农业生产发展很快，农产品的商品率大幅度增长，农民收入大量增加，农民生活改善很快，农村购买力急剧增大，中国的农村市场正在兴起。农村市场的变化，对于促进工交、财贸的发展，特别是在当前对于推动工交、财贸等经济部门的调整和改革，具有十分重要的意义。

30 年来，在党的领导下，8 亿农民为建设社会主义农业进行了艰苦的劳动，农业生产的物质条件已经大有改变，但由于过去集体经济的经营管理不善，社员群众的生产积极性没有调动起来，新形成的农业生产能力没有充分得到利用，因而农业发展缓慢。党的十一届三中全会以后，实行了包产（包干）到户等生产责任制，把社员的积极性调动起来了，把已有的生产条件利用起来，使集体的优越性同社员的积极性结合起来，农业生产就发展很快。我们这两年在各地农村调查看到，实行了生产责任制，原来属于中等水平的地区，二、三年后，能使农业生产增长 30% 左右，原来属于落后、困难的地区，生产则成倍地增长，有些社队增长了好几倍。这次我们考察的山东省德州地区，1956 年，生产粮食 25.48 亿斤，棉花 107 万担，油料 158 万担，粮棉油统算折粮 37.22 亿斤（每斤皮棉折 8 斤粮，每斤油料折 2 斤粮），每劳力生产 2126 斤。1977 年，粮棉油统算为 28.62 亿斤，1978 年为 33.37 亿斤，比 1956 年下降 10%，1978 年每劳力生产 1604 斤，比 1956 年下降 25%。党的十一届三中全会后，1979 年丰收，粮棉油统算计共 35.7 亿斤。1980 年大丰收，达到 44.6 亿斤，1981 年又大丰收，9 月份估产为 57.6 亿斤，比 1978 年增长 72.6%，比 1977 年增长一倍还多。1981 年每劳力生产 2618 斤，比 1978 年增长 63.2%。（见表 1）德州地区 500 万农民，普遍实行包产（包干）到户等责任制才两年，就使粮、棉、油大幅度增产，三、四年就翻了一番。我国类似德州这样的地区还不少，可见我国农业增产的潜力很大。

农业大增产后，给城市、国家提供的粮食和原料就大量增加。表 1 数据显示，1978 年，德州地区整个农副产品收购总额为 16500 万元，商品率只有 20.74%，每个劳力提供农副产品 79.3 元。1980 年农副产品收购总额为 5.2 亿元，比 1978 年增长 2.15 倍，商品率为 51.06%，每个劳力提供农副产品 240.7 元。1981 年（预计）每个劳力提供农副产品 331.8 元。这里需要指出的是，原来德州地区生产落后，能为城市提供的农副产品很少，每年向国家卖一点棉花，国家还要返销很多粮食，所以实际上这里是一个很贫困的自然经济区（自给自足都不够）。农业生产发展起来之后，商品率提高很快，提供的商品二倍、三倍地增加。据我们调查，某一地区的农业产值每人平均在 130 元以内，每人平均分配在 60 元以内的，一般都只能满足自身的需要，只能自给自足，商品率很低，一般低于 20%，而一旦超出了这个水平以后，能出卖的部分就多了，商品率提高很快。拿德州地区来说，前面已经讲过，1981 年比 1978 年粮棉油统算的生产总量只提高 72.6%，但同期向国家交售的农副产品总额却提高 3.42 倍。现在我们全国不少地区就处于这个自给自足的水平线上下，所以商品率很低，而一旦发展起来，商品率会提高很快，农村市场会扩大很快，这一点我们事先要有所准备。

农业生产搞上去了，向国家出售的农副产品多了，农民的收入会很快增加。表 1 数据显示，德州地区，1977 年每人平均分配 39.18 元，其中现金 6.1 元，1978 年为 47 元，现金 7.22 元；1979 年为 50.1 元，现金 9.21 元，1980 年陡升为 88.8 元，现金 45.8 元；1981 年初步估算，人均分配 120 元，现金为 72 元。1980 年比 1977 年增长 1.27 倍，1981 年比 1977 年增长 2.06 倍。为什么 1981 年生产粮棉油的总量比 1977 年增长一倍，而分配收入却能增长了二倍呢？这是因为：第一，增产是最主要的；第二，农产品收购价格提高了，约为 30%；第三，德州原来是低产区，国家征购基数低，如棉花征购基数只 39 万担，棉花 70% 以上可卖超产，可加价 30%；第四，实行包干到户的生产责任制后，农民精打细算，生产费用等各项开支减少了（1978 年，德州地区农村人民公社的总收入为 56302 万元，总费用为 25139 万元，占 44.65%；1980 年总收入 82370 万元，总费用为 26000 万元，占 31.6%，比 1978 年下降了 13%，少开支 1 亿多元，每人多收入 20 元）；第五，实行了责任制、堵塞了干部多吃多占等漏洞，国家又从各方面减轻了农民的负担，也是收入大幅度增加的原因。

农民收入增加的另一个来源是家庭副业收入的增加，粉碎了"江青反革命集团"，特别是十一届三中全会后，发还了自留地，准许和支持社员搞家庭副业，开展多种经营，实行包产（包干）到户后，社员生产有了自主权，有的户家里有了"自留人"，专门从事副业生产，这几年社员的家庭副业，多种经营收入增加很快。据典型户统计，平均每人每年家庭副业收入为 60 多元，其中约 40 元是把农副产品出售给市场收回的现金。有的冒尖户家庭副业收入有数千元的。随着责任制的完善，农业上剩余劳力越来越多，这方面的收入还会更快增加。

农民收入增加中还有一个需要引起注意的特点是：农民收入中的现金部分增加比收入增加的幅度大得多。表 1 数据显示，德州地区 1979 年人均分配 50.1 元，现金为 9.21 元。1980 年人均分配 88.8 元，比 1979 年增加 77.2%，而现金为 45.8 元，比 1979 年增加 3.97 倍。德州地区 1979 年的总分配，共计 25010 万元，现金部分仅 4596 万元，占分配总额 18.4%，1980 年的总分配共计 45168 万元，其中现金为 23296 万元，占 51.6%。1981 年预计分配 61376 万元，其中现金部分约为 36720 万元，占 59.8%。

我们在农村调查中知道，像德州地区人均分配在 60 元以下的核算单位，基本上无现金分配（德州地区 1978 年以前人均分配都在 47 元以下，每年从总分配表上看，还有几元钱现金，这是因为德州地区还有一部分富裕社队，人均分配在 80～100 元以上）。而超过 60 元以后，也即粮油和柴草等实物的折款以后，现金分配部分增加就快了，特别是人均超过 80 元以后，增加的分配额几乎都是现金了。

农民收入增加，农民的购买力提高，就对商品有了越来越大的需求。据我们在德州等地农村调查，农民目前需求的商品，次序是这样。

第一，生产资料。实行了生产责任制，生产形式改变为农户经营，除大型农机具和水利设施仍由集体统一经营外，每户要有成套的中小农具。要买牲口，买地排车（架子车）、手推车（独轮车），犁、耧、石磙、锄、镰、锨、镢是原有的，要更新增加，要买手压井的机具，买喷雾器，要买化肥、农药、良种等等。在德州一个有二、三个劳力，五、六口人的中等户，包种 15 亩左右的耕地，这些农具和化肥等生产资料购买齐，约需 1000 元。德州地区 115 万农户，除去已有的，近期二、三年内会有 5 亿～6 亿元的需求。目前特别紧缺的是氮肥、磷肥、高效低毒农药、牲口、两车零件等。

第二，建筑材料。农民住了几千年土房、草房，现在经济翻身，要盖瓦房。目前建筑材料很紧张。据我们在商河县调查，初步摸底，商河十万农户，今冬明春要盖新房的有 2 万户，以每户盖三间计，全县要盖六万间。约需木材三万方，而国家计划供应商河的木材只 500 方，绝大部分也卖不到农民手里。好在商河前些年栽的树多，有的已成材，木材商河农村可以自己解决。最缺的是烧砖瓦用的煤，商河全县 24 个大窑，需煤一万吨以上，而计划供应不足 2000 吨。此外，水泥、玻璃等就更紧缺了。

第三，自行车、缝纫机、座钟、手表、收音机等大件消费品。特别是自行车、缝纫机。到 1980 年，商河县已经拥有自行车 6 万辆，缝纫机 1 万架。

按每户 1 辆车、1 架缝纫机计算，还需 4 万辆车，9 万架缝纫机。而 1980 年计划供应只 2800 辆车，2000 架缝纫机，按此速度供应，自行车要等 14 年，缝纫机要等 45 年才能满足。需要指出的是，这几年虽然农村购买力急剧增大，农村需要自行车、缝纫机的呼声很高，《人民日报》也为农民大声疾呼，而且这几年自行车、缝纫机的生产量也是大幅度增加的，但实际调往农村的自行车和缝纫机是减少的，而不是增加。如德州地区 1980 年实际调进自行车 70482 辆，缝纫机 33925 架，1981 年预计只能调进自行车 54000 辆，缝纫机 28000 架，分别下降 30.52% 和 21.16%（这种实在不合理的下降情况，不仅德州如此，据说全国调拨也是如此）。这还是就山东省对德州地区调拨的减少而言，真正调到农村基层供销社，真正平价卖到农民手里有几辆？有几架？

第四，棉布、化纤和成衣。德州从明代就开始种棉花，农民有种棉织布的传统和技术，抗日战争和解放战争期间，德州的土布曾对革命做过很大贡献。现在仍有一些棉农纺纱织布的。现在生活改善了，农民也要穿洋布和的确良了，据估算，德州地区 1981 年需调入 6000 万米各色棉布和化纤布，还要求调入 20 万米毛料呢绒。农村的男女青年则要求买大城市缝制的成衣，特别要求买上海、北京出产的。有的厂商为了便于销售，在原有的衣服商标上再缝一张上海产或北京产的商标。

第五，烟、酒、糖、茶等日常生活消费品。而且也要求中高档的。次烟很少有人抽了，次酒也没有人买。中高档的烟、酒、茶则供不应求。如计划供应商河县的茶叶，1981 年是 700 担，而且 50% 是绿茶，实际需要 5000 担才能满足供应。

第六，饮食、理发、洗澡、缝纫、照相、修理等生活的服务，还有看戏、看电影、买书刊（主要是农业科技）等文化生活的需要。所有这些方面，除了饮食业，由于准许个体和小集体经营，因而基本可以满足外，其他方面都跟不上需要。因此发展中小城镇的各项经济文化事业，满足农村的发展需要，已经提到议事日程上来了。我们在下面调查，经常也跟着老乡一起去赶个集。现在鲁西北农村，五日一集，十日一会，逢集逢会的城镇，到处都是人山人海，热闹非常。但集上所见，货摊上出售的商品，主要还是粮油菜果，牛羊鸡兔等农副产品，本地木匠做的家具，铁匠打的锄、镰，此外，就是祖传秘方、包治百病的膏药，本地戏班的才子佳人戏。供销社、商店也在外面摆些货摊，卖一些工业品，但比较起来，占的比例还很小。看来，现代工业，现代文化要占领广大的中国农村市场，还有许多工作要做。

从农村对工业品和其他商品需要的发展趋势看，目前农民头一位需要买的是生产资料，这是生产形式变化时的特别现象，待每个农户的基本生产资料购置齐后，对生产资料的要求会减少些，转为正常的对化肥、农药、小型农机具的需要，这个量也是不小的。就德州地区来说，要比1979年社队购买生产资料的总额的18962万元多得多。目前农村盖房是高潮，对建筑材料需求大，但三五年后，瓦房基本上盖齐了，这方面的需求就会减少。所以三、五年后，对生产资料、建筑材料的需求转为正常以后，再加上生产继续发展，购买力继续提高，农民对于几大件的日用消费品的需求就会更加急剧增加。现在农村已经有不少社员当上了"三机部长""四机部长"（当地对家里有自行车、缝纫机、收音机和手表的社员的喜称），"五机部长"（加电视机）是少数，但有了电的，转播好的地区，发展也很快。可以预计，农业发展起来以后，农民也会欢迎照相机、洗衣机、录音机、电冰箱等耐用消费品的。我们要为农民都当上"七机部长""八机部长"而努力！中国现在是8.2亿农民，1.8亿农户，每户都当上"八机部长"，仅此，我们的工业、商业该有多少工作要做，该有多大一个市场啊！照党的十一届三中全会后农业发展的势头发展下去，农村实现这个目标不是很遥远的梦，而是指日可待的。我们工业、商业战线的同志要事先有所准备。不要再像前两年那样，使这个扩大了的市场靠进口货来满足需求。

党的十一届三中全会后，党中央抓住了生产责任制作为振兴农业的突破口，冲破许多框框，实行了一系列切合实际、顺乎民心的政策，加速了农业的发展。由此农副产品商品率提高，农民收入增加，特别是现金收入增加，农村购买力提高，对工业品的需求增加，一环扣着一环。我们在前面讲过，由于以往我们不少地区的农村处于自给自足状态，所以商品率很低，而农业发展起来之后，商品率提高会很快，再加上农民节约生产费用和发展家庭副业等原因，农民的收入，特别是现金收入提高会更快。因此，农业生产增加，农产品商品率增加，农村购买力增加，三者的关系不是1：1：1的关系，而将是1：2：3的关系，即农业生产总量增加一倍，农产品的商品率就将增加二倍，农村的购买力就将增加三倍。这种情况是现阶段中国农村从自然经济向商品经济转变过程中的一个重要特点，也是中国农村市场迅速扩大的一个重要原因。

中国农业的发展方兴未艾，中国农村市场正在兴起。我们要十分重视这个动向，研究这个动向，研究农村市场，解决农村市场兴起中的问题，以推动整个农业生产和整个农村经济更顺利地发展。

附：德州地区农业生产基本情况表（见表1）。

表 1 德州地区农业生产基本情况表

年份	户数(万户)	农业人口(万人)	劳力(万人)	粮食总产(亿斤)	棉花总产(万担)	油料总产(万担)	粮棉油统算(亿斤)	劳动生产率(斤)	农业总产值(万元)	农产品收购总额(万元)
1949	96	390	157	19.37	38.76	105.86	24.588	1566	27678	
1952	99	402	166	21.19	84.9	99.4	29.97	1805	36435	7695
1956	106	426	175	25.48	107.2	158.47	37.22	2126	47127	17985
1957	109	431	180	22.61	99.41	54.14	31.64	1757	42993	19661
1958	109	425	171	22.09	120.9	66.96	33.1	1935	45770	23344
1960	106	383	141	11.76	41.51	8.53	15.25	1081	22615	13083
1961	107	384	147	3.86	5	2.57	4.31	293	9191	6008
1962	105	385	153	9.81	20.97	4.36	11.57	756	18055	8586
1965	101	393	165	19.62	87.76	19.69	27.03	1638	37825	15138
1966	102	407	171	22.11	65.28	34.92	28.03	1639	40475	15680
1970	108	452	192	21.15	96.3	22.64	29.3	1526	42694	17442
1975	115	487	208	25.98	59.71	25.83	31.27	1503	64958	16882
1976	118	492	206	25.24	41.63	16.36	28.84	1400	66201	15217
1977	120	498	206	26.19	26.5	15.72	28.62	1389	67137	15542
1978	122	501	208	30.25	39.07	25.99	33.37	1604	79521	16500
1979	124	505	208	31.29	47.88	41.97	35.7	1716	85128	25038
1980	125	508	216	27.36	200.36	62.78	44.6	2064	101831	52000①
1981③		510	220	32.00	300	80	57.6	2618	132380	73000

续表

年份	商品率（%）	人均卖农副产品（元）	银行支出收购现金（万元）	公社总收入（万元）	社员总分配（万元）	其中现金（万元）	人均分配（元）	其中现金（元）	人均分配口粮（斤）	商品销售总额（万元）
1949	21								10745	14325
1952	38.16	19.14								24660
1956	45.73	42.21								23809
1957	51	45.6								31041
1958	57.85	54.92								34066
1960	65.36	34.15								26574
1961	47.55	15.64								26841
1962	40.02	22.3	3537							
1965	38.73	38.51	6380	31750	17752	3769	45.28	9.61	306	30363
1966	40.85	38.52	5740	32409	17510	2435	43.38	6.03	328	30572
1970	25.98	38.58	5743	35438	19176	3257	42.59	7.23	304	33713
1975	22.98	34.66	8125	42060	19752	2893	40.77	5.97	310	51420
1976	23.14	30.92	7563	42331	18947	2628	38.63	5.36	295	55905
1977	20.74	31.2	7644	45503	19347	3011	39.18	6.1	301	65498
1978	29.4	32.93	5871	56302	23344	3586	47	7.22	352	66746
1979	51.06	49.58	11647	53422	25010	4596	50.1	9.21	359	73252
1980	55.14	102.36	28000②	82370	45168	23296	88.8	45.8	381	88634
1981①		143.13	49000	112000	61376	36720	120	72		

注：①②是概数。
③是 1981 年 9 月的预计数。

农村市场向工交财贸战线的挑战[*]

　　中国农业的发展正在加快，中国的农村市场正在兴起。农村商品经济的发展，农民购买力的提高，将直接推动轻工业和重工业的发展，党中央早年提出的，"把工业部门的工作转移到以农业为基础的轨道上来"^①，才真正有了实现的基础，有了需要，也有了可能。农业发展起来，农村向城市提供越来越多的粮食和工业原料，最终是要用工业产品去交换的，农村急剧增加的购买力，主要也要靠工业提供大量的各种工业产品去实现。工业也可以从满足这个庞大的农村市场的需求中得到前所未有的大发展。最近，上海自行车厂长王元昌到湖北应城县，表示接受农民兄弟的挑战，并且宣布："应城县超卖万斤粮的农户所需要的自行车，全由我们厂包了！"上海自行车厂包一个应城县当然没有问题，但一个专区呢？一个省呢？全国呢？所以，湖北杨小运的倡议说明，农村形势确实好了，农村的商品经济在发展，农民要买价廉物美的工业品，这是向整个工业部门的挑战，这个问题应该由轻纺、化工、农机、建材等工业部门的同志来回答。现在是调整期间，有相当多工厂吃不饱，开工不足，没有多少事可做，感到苦闷。其实他们只要迈开双脚，到农村去，特别是到实行了包产（包干）到户的农村去看一看，对农村市场的需求作点实际调查研究，就会发现，他们可以做

＊　本文源自《农业发展的黄金时代——包产到户的调查与研究》（陆学艺著，兰州：甘肃人
　　民出版社，1983 年 3 月），第 143 ~ 152 页。原稿题为《工交、财贸战线面临农村市场兴起
　　的挑战》，写于 1981 年 12 月，文中涉及的相关地区农村经济社会数据源自作者调查过程中
　　获得的资料。该文首次以现题摘要发表于《人民日报》1981 年 12 月 12 日第 2 版，作者署
　　名：陆学艺、张凯旋。该文还以原题刊载于《经济研究参考资料》（内部资料）1981 年第
　　197 期（总 597 期），系该刊刊载的《山东农村调查》之四，发表时间：1981 年 12 月 26
　　日。——编者注

①　参见《中国共产党第八届中央委员会第十次全体会议公报》，中国国情 – 中国网，http：//
　　guoqing. china. com. cn/2012 – 08/27/content_26344549. htm。——编者注

的事情、可以生产的东西实在太多了。我们有些工厂，一开机器就等着国家订货，看着国外，其实中国最大的市场在农村。有见识的工业领导人，应该把注意力转向农村，那里确是广阔天地，大有可为！

农村市场的兴起，首当其冲直接受到压力的是供销、商业、粮食、银行等财贸部门。这次我们在德州和商河分别召开了地县两级财贸系统领导同志的座谈会，了解了一些当前农商关系的问题，了解了流通过程中的几个矛盾。总的反映是，现在形势好了，农民有东西、有钱了，买卖好做了，但因为农村市场从 1980 年突然爆发式地扩大，财贸系统各个部门各个环节适应不了，矛盾很多。

一　认识跟不上农村形势发展，思想准备不足，计划与现实距离太大

主要是对十一届三中全会后，党的一系列农村政策贯彻下去，农民积极性调动起来，同三十年来已形成的生产条件相结合，农业会有一个飞跃发展的形势认识不足。在山东，1980 年全省棉花空前的特大丰收（从 333 万担陡增为 1074 万担，增长 2.23 倍，德州地区从 47.8 万担猛增到 204 万担，增长 3.27 倍），多数人认为是天老爷帮忙。因而直到 1981 年 9 月，省计委财贸部门的同志对 1981～1985 年市场进行预测时，预计到 1985 年棉花的产量和收购都维持 1980 年的水平，预计 5 年农村社队和社员收入增加 18.8 亿元，平均每年增加 3.76 亿元，每年递增 4.4%，五年增长 24.4%。但今年①山东省仅小麦一项就已增产 19 亿斤，秋粮还会增产。棉花到 9 月份估算可增产 200 万～300 万担，仅粮棉两项今年农村社队和社员出售农副产品的收入就会超过 10 亿元，比 1980 年全部出售农副产品的总值 77 亿元增加了 13%。照此发展，两年就会突破整个 5 年的预测。

由于对农业迅速发展的形势估计不足，对农村市场的迅速扩大也估计不足，因而在制订计划、设置机构、商品供应等一系列问题上就跟不上，造成被动。1980 年，在棉花收购旺季，银行里的钞票供不上，运钞票的汽车不够用（运一亿人民币要运 22 辆次）。今年银行的投放还可能出现问题。据德州地区银行行长反映，1981 年上级分配的上半年回笼任务是 6500 万元（已完成），投放计划是 1500 万元。而现在农产品已经上场，初步估算 9～

---

① 本文中指 1981 年。——编者注

12 月份农产品收购总额为 7.3 亿元，扣除贷款、转账和 9～12 月份的银行现金收入，需要投放 2.2 亿元现金，而上级只分配给 1500 万元的投放计划，相差 14 倍，如不及时采取措施，收购工作会相当被动。1980 年，山东棉花意外丰收，造成收购、储运、加工、供应等都很紧张，今年更大丰收，还是出乎意料，几个环节还会很紧张。明年、后年①呢？老是出乎意料，老是紧张总不行吧！应该有一个符合农业发展实际的估计。我们以往吃过多次高估产高指标的亏，要稳妥是应该的。但对已经变化了的农村发展估计不足，没有准备，同样要吃亏，要造成损失的。

二　农村市场迅速扩大，收购跟不上，供应商品更跟不上

　　德州地区，以往每年只收购 40 多万担棉花，1980 年突然增加到 200 万担，1981 年又要增加到 250 万担以上，一下增加了五、六倍。加上以往是一个队集体卖，现在包干到户、分户交售，工作增加好几倍，因此收购力量严重不足。今年收购站虽然训练了一批验级、司磅、出纳等人员，收购点增加到 1104 个，但每个站要收购 1100 多户的棉花，还是很紧。去年②在收购旺季，棉农有排几天几夜队卖棉的，今年这种情况仍不能免。储运力量也不足，德州地区仓库最多能容 100 万担，而今年要收 250 多万担，大部分只好堆在露天，遇上下雨刮风，愁死收购站的同志。

　　棉农卖棉难，卖粮更难。过去德州是吃返销粮的，随来随供应，没有建多少粮仓，如商河县，整个库容量只有 6100 万斤，现在已有 4900 万斤粮食存着，上级要调进 2000 万斤奖售粮，已经没有地方存了，粮站只好不收购超购价的玉米。所以，现在德州市场的玉米只要 0.12～0.13 元一斤，比国家收的超购价还低。

　　卖猪也难。德州地区 1981 年 8 月存栏肉猪 115.2 万头，其中 100 斤以上的 37 万头，到年底全部可以成肥出栏。而全区计划 9～12 月可销售 10 万头，自宰上市 4 万头，外调 4 万头，共 18 万头，还有 19 万头要求外调，但没有接受单位。因此食品公司就限收。现在群众卖猪可难了，或者是抽签抓阄碰运气，或者是请客送礼走后门。

　　最近，山东省负责同志到德州视察，当地干部和群众集中反映了农民现

---

① 此处指 1982 年、1983 年。——编者注

② 本文中指 1980 年。——编者注

在有四难：卖棉难、卖粮难、卖猪难，还有一个是买工业品难。德州地区两年特大丰收，出售农产品的现金收入增加 4～5 倍（1979 年为 1.1 亿元，1981 年估计为 4.9 亿元），社会购买力剧增，但商业、供销系统调拨商品还是按人口比例，按德州是困难地区的老章程往下调，而且 1981 年实调的工业品比 1980 年还少，自行车、缝纫机少。各种布匹 1980 年实调 5010 万米，1981 年预计只能调给 1650 万米，而实际需要 6000 万米，缺 72.5%；食糖 1980 年调进 8674 吨，今年预计只调给 6200 吨，实际需要 8700 吨，缺 28.7%；低档手表 1980 年调进 2.1 万只，1981 年预计调给 1.9 万只，实际需要 2.8 万只，缺 32%；挂钟 1980 年实际调进 3.3 万个，1981 年预计调给 2.2 万个，实际需要 4 万个，缺 45%；三车（地排车、手推车、自行车）零件需要 10 万套，而计划调给只有 0.24 万套。总之，商品的缺额太大。据商业供销和银行的领导同志测算，1981 年德州全地区社会购买力为 13 亿元，加上历年节余的购买力 3.64 亿元，共有社会购买力 16.64 亿元。预计全年可供商品为 11 亿元，差额为 5.64 亿元，有 2.5 亿元可能拖到下年去实现，还差 3.1 亿元商品。1981 年 8 月底全地区货币流通量为 1.5 亿元，商品库存总额为 5 亿元，货币流通量与商品量是 1∶3.33。现在农村棉花已经开秤收购，货币大量投放，如不采取紧急措施，迅速增加货源，比例可能要下降到 1∶2 或 1∶1.5。供需矛盾十分紧张。这虽然是局部地区性的，但也反映出我们的工业生产、商业流通跟不上农村市场扩大的严重情况。好在现在农民对党和国家的政策满意，对经济前景有信心，所以一面储蓄大量增加，还有一部分现金成了"沉淀货币"，农民当作财富储藏起来（部分农民没有向银行储蓄的习惯，我们银行的工作也未做到家）。另外，农民也还有怕露富的心理。据介绍情况的同志说，临邑县南关公社有户农民，10 元钱一张的钞票已积存 3 斤多了。这两年在鲁西北，邻村熟识的农民相遇，往往有这样的对话："今年咋样？""不咋样，才存了 2 两（10 元钱钞票 100 张恰好 2 两）！"农民存钞票以斤两计，可见农民手中现金之多。但农村市场供需矛盾如此紧张，总要设法解决，否则农民有钱买不到东西，也会打击生产积极性，影响政府在群众中的威信，影响市场的稳定。现在德州有的紧缺商品，集市价格飞涨，在德州私下买一辆凤凰新车要 380 元，高出牌价 1 倍多，买瓶茅台酒 25 元，高出 3 倍多。

德州地区商业供销部门在组织采购供应化肥、农药等生产资料方面的工作做得还是比较好的，支援了生产。有些地区连农业生产的化肥、农药等都不能保证供应，致使农民要花高价才能买到氮肥、磷肥、农药，这就于生产更不利了。

三　现有的商业供销财贸机构，体制不适应农村商品经济迅速发展的要求

德州地区原来经济贫困，商业服务很不发达，网点少、人员少。1979年，全区537万人口，商业、饮食、服务、供销、物资部门的固定职员才29822人，每个从业人员服务的人口为180人，这还包括收购业务在内，职工中还包括行政领导在内。1979年，全国每一商业零售、饮食、服务业的从业人员服务人口为123人，相差很多。而这是就全地区包括德州市而言，到县里就更差，商河县50.3万人口，只有商业、饮食、服务、物资供销职工1841人，每职工服务人口为273人，而这些职工还主要集中在县城、大集镇，真正到农村就更差了。农民为交售粮食或买点日用品要跑几十里路是常事。这两年德州地区农业生产成倍增长，农村购买力增加3倍多，但商业、供销网点却增加不多。据一个县的商业局长向我们介绍，他们计划今后5年，每年增20个职工，加两个网点。他们也看到这是远不能适应农村商品经济发展的需要，但这是商业部门现行体制定的计划。

银行、金融部门的不适应情况更严重。德州地区金融职工才2113人，银行职工平均服务人口是2542人；下面县里更少，平均每个职工服务对象为3500人（中等发达国家每500人有一个金融职工）。原来人民银行和农业银行在德州地区农村，基本上每年是个放贷和收贷的机关（还往往收不回来），农民穷，储蓄很少（商河县截至1979年农村储蓄平均每人才0.90元）。但是去年以来，农村富起来了，农民有钱要存款了，加上服务对象变了，原来只对3万个生产队，现在要对120万农户；原来收购农副产品时，多一半是转个账目，现在80%要付现金。工作量增加好几倍，人员忙不过来，基层银行的同志常常结账到深夜。农民储蓄要排队，再加上存钱取钱要走好多里路不方便，所以农民往往不储蓄。据银行同志反映，银行服务人员要扩大，信用社至少要设到大队，但这些地区银行自身都作不了主。

要适应农村市场扩大的形势，网点、人员要增加，这是问题之一，而更重要的是现在供销、商业、财贸的体制要作相应的改革。现行的渠道少，环节多，国营企业一元化，统管商业的办法要作适当的改变。有些单位也在试图建立像农村责任制的办法来解决问题，也确实起了一些作用。但商业同农业不一样，涉及的关系复杂，简单套用是不行的，必须学习实行农业生产责任制的基本经验，对商业、流通加以调整和改革。例如，实行农

业生产责任制，扩大了社员的生产和分配的自主权，基本上解决了过去种田人没有权，有权人不种田的问题，调动了社员的积极性。现在商业系统，基层商店是企业，而直接的领导部门是行政机关。企业搞好了，可以有奖金，而行政领导干部是铁饭碗，业务搞好搞坏与切身利益无关。真正负责业务计划、商品调拨的行政人员的积极性没有调动起来。前几年又有教训，多一事不如少一事，按上级行文，照"常规"办事。所以商业业务与现实要求差距太大，很多重大问题长期解决不了。据介绍，一个稍大的业务问题，在地区内解决，要经过 11 个环节：某地区公司的业务员发现提出问题→业务科长→公司业务副经理→公司党支部→主管局主管业务的科室→业务副局长→局党组→财委→分管本业务的副专员→行署专员办公会议→地委书记、地委常委会。这 11 个层次里面，有一个环节通不过，这个问题就要搁浅，解决不了。而有些问题到地委还解决不了，还要报到省里。一个问题这样层层报批，需要多少时间？而商品市场的情况却是经常变化的，有些问题，还未等批下来，情况已经变了，损失也已经造成了。可见这样大一个行政上层建筑，重迭地存在着，基层企业的业务怎么能搞活？这种状况不加以改变，怎么能够适应农村市场迅速扩大的要求？

党的十一届三中全会以后，农业在全面加速发展，农村的商品经济在迅速发展，农村的市场在扩大。这已成为一股洪大的社会潮流，它越来越强烈地要求工交、财贸等经济部门能够与它相适应，农村生产的农产品能够及时卖得出去，农村需要的生产资料和生活资料能够得到供应。工交、财贸等经济部门在实现农村市场供求的过程中，本身也能够得到改造和获得大的发展。但是面对农村市场迅速扩大的挑战，目前工交、财贸部门的体制、结构、规模等方面的状况都很不适应，亟需改变。

首先，工交、财贸等经济部门，要选派一批干部到各地农村去作调查研究。实地考察一下，农村实行联产责任制后，近期内农业将有一个什么样的增长速度，能够提供多少农副产品，商品率将提高多少，农村的购买力将扩大多少，农民需要购买哪些工业品，等等。这也是一种市场预测，这种预测一定要建立在对农村实行责任制所引起的变化有一个符合实际的认识上，否则，是会很被动的。

其次，工交、财贸部门的调整改革的步伐要加快，这是农村市场迅速扩大所必然要求的。原来农业生产落后，基本上是自给自足，农村能提供的农副产品不多，农村能吸收的工业品也很少。农业生产发展后，商品经济大步发展，农业要依赖市场，与市场联系日益紧密。它要靠商业的渠道畅通，使它的产品销售出去，使价值实现，它要靠工业向它提供化肥、农药、农机和多种生活消费品，使农业生产和扩大再生产得以进行和发展。目前这种流通渠道狭小、堵塞和工业品供应不足的情况一定要尽快改变。农业是国民经济的基础。十一届三中全会后，农村进行了全面的经济改革，集体经济的经营管理有了根本性的完善，农业生产的形势越来越好。农业这个基础变了，它给工交、财贸等部门的发展提供了广阔天地；而同时，农业的发展也要求工交、财贸加快改革的步伐，尽快改变现状，能够适应农业发展、农村市场扩大的需要，以使整个国民经济全面繁荣。德州地区的卖粮难、卖棉难、卖猪难、买工业品难的问题，1979 年秋有些地区就提出来了，时过两年，这种状况不是减少了，而是越来越严重了。这一方面反映了农村全面好转的大好形势，另一面也确实反映工交、财贸部门的改革已经刻不容缓。

再次，发展农村的商品经济是发展农业生产力，实现农业社会化、专业化的必由之路。我国农业目前处于从自给经济、半商品经济向商品经济转化的过程中。要发展农村商品经济，当然首先要发展农业，使农业能够提供越来越多的商品；而同时要发展商品交换，使流通渠道畅通，使货畅其流。目前在农村要下大力气增设收购、供销和服务网点，增加商业服务人员。在这方面还要解放思想、放宽政策，可以鼓励一部分人"弃农经商"。允许多种经济成分、多种流通渠道同时并存，允许国营、集体、个体一齐上，改变国营商业垄断的局面，商业进行竞争，把农村市场搞活，使商品交换发展起来。以前我们受传统的"重本抑末"的影响，总以为种田的人越多越好。实践证明，现在这种思想是落后的。世界经济发展的趋势是从事第一产业（农业）、第二产业（制造业）的人越来越少，而从事商业、服务行业的人越来越多。这是经济发展的规律，我们早晚要走这条路。我们现在的商业、服务行业人员太少，实际上是妨碍了生产的发展，给人民的生活带来不便。德州地区 537 万人，农业人口占 94.1%，商业、服务业人员才 3 万多人，不足 1%，实在太少。现在农业发展起来了，市场日益扩大，农村又有剩余劳力，可以容许一部分人去从事商业活动，发展中小集、镇，搞一些商业专业户。要逐步调整农村人口的职业结构，改变单一搞农业的状况，使农业人口逐步减少。当然，这方面要采取一些稳妥的措施。

所有这些，都是带有普遍性的问题，在现行体制下，不是一个地区，一个省能够自行解决的。因此，面临农村市场蓬勃兴起，工交、财贸等部门要进一步认识十一届三中全会以后的农村发展的新形势，适应这个形势，像上海自行车厂那样，接受农村市场兴起的挑战。

德州人民的喜悦和忧虑[*]

我们这次在德州农村调查，正值秋收季节，今年[①]虽然遇到了严重的旱灾，但是在党和政府的领导下，粮、棉都获得丰收，都会超过历史最高水平。特别是棉花在去年[②]特大丰收的基础上，又增产三成以上，今年又发了"棉花财"！我们所到之处，农民都是笑逐颜开，干部也都兴高采烈，他们由衷地称赞十一届三中全会以来，党的农村政策好。农民说："去年得了银山，今年又得了金山（指小麦大丰收），金山、银山，党是农民的靠山。"群众较普遍地反映，经过这两年大丰收，"对路线认了，对政策信了，对党亲了，对干部近了"！农民对前途充满了信心，普遍在买牲口、买车（地排车），准备扩大发展生产。地委负责同志告诉我们，这是农村二十多年来从未有过的好形势。也有的同志说，三十多年来，农民从心眼里拥护的政策，土改是一次，实行生产责任制又是一次。农村的政策好，农村的形势好，广大农民欢欣鼓舞，这确是当前农村普遍的主要方面。但是当我们深入下去，和农民、干部促膝谈心的时候，我们也听到了不少意见，农民还有忧虑和不安，有的是看一步走一步，等待着、观察着。所以说，农民的生产积极性还并没有十分地调动起来，我们还有工作要做。

在德州地区，我们了解到农民和干部有这样一些忧虑和意见。

一、农民普遍欢迎包干到户、包产到户的联产责任制，就是怕这个办

---

[*]　本文源自《农业发展的黄金时代——包产到户的调查与研究》（陆学艺著，兰州：甘肃人民出版社，1983年3月），第153～159页。原稿写于1981年12月，文中涉及的相关地区农村经济社会数据源自作者调查过程中获得的资料。该文首次刊发于《经济研究参考资料》（内部资料）1981年第197期（总597期），系该刊刊载的《山东农村调查》之五，发表时间：1981年12月26日。——编者注

①　本文中指1981年。——编者注

②　本文中指1980年。——编者注

法长不了。虽然干部们一再在会上宣布，这个政策不会随便变的，《人民日报》也说：给农民捎个信，这个政策长期不变。但农民还是怕变。有的农民说，你说不变不行，到时候上面有人说，这是分田单干，就要变了。有的说，你说包产（包干）到户不是分田单干，是集体经济的责任制，但银行就不承认，财政局就不承认。"你（干部）说是空的，他那是实的。"我们一调查，果然，农业银行开始对包产到户、包干到户的农户不贷款。后来同意贷了，但利息按借给单干农民的利率计。如同样借生产贷款（买化肥），生产队集体借，利率是 2 厘 4，包干到户的农户贷，利率是 3 厘 6；副业贷款，生产队借，利率 4 厘 2，包干到户的农民借，利率 5 厘 1。我们的政策承认包产（包干）到户是集体经济的一种责任制形式，包干到户的农民仍然是生产队的集体经济的成员，承包土地上进行的农业生产是集体生产的一部分。银行这种对包产（包干）到户农民贷款的利率同对生产队不一视同仁的做法，显然是从和上述看法不同的认识引出来的。

财政局对生产队之间买卖牲口，按规定是免税的。现在鲁西北一带生产好了，农民为了发展生产，牲口不够用，农民筹款或几家联合集资到集上去买牲口，但财政局却按"规定"要收 5% 的税。400 元 1 头牛，另外还要加 20 元税。有的农民会讨巧的，就从大队开个证明，说是生产队买的，就可以免交，但多数农民反映："这个证明就那么容易开得出来吗？"财政局向包产（包干）到户的农民收买牲口税，与银行提高贷款利率做法的认识是一样的。

二、农民怕变的思想，并不是因为总的政策变了，而常常是一些如收购等具体政策变了，损害了农民的利益而引起的。如今年棉花的收购政策变化，农民和干部反映很大。1980 年，国家提高了棉花收购价，超购部分还加价 30%，奖化肥 1 斤、粮食 2 斤（均是指标）。山东省政府为了鼓励农民多种棉、多产棉，还规定，每人向国家交售 20 斤皮棉外，每超售 1 斤，奖粮 4 斤。这些政策都深得民心，调动了农民的积极性，秋后政策也果然兑了现，农民十分满意。所以，今年种棉的积极性更高了。但是今年的收购政策却开始变了，先是省政府通知，去年定的奖粮 4 斤那条政策不算了。农民知道，省里财力、粮数有限，对此改变，农民没有多少意见。农民有意见的是，国家的收购政策有的也变了。

（一）1981 年春天，德州地区根据国家和省政府有关政策规定："只要完成粮食包干的单位，要放开手地发展棉花生产"，鼓励农民多种棉花，增加了一批新种棉花的社队，棉田由去年的 200 万亩扩大到 250 万亩以上。但到棉花上场时，9 月 6 日，全国供销总社负责人在《中国农民报》宣布没有棉花定购基数的单位和个人，交售棉花只加价，不奖售粮食。据反映，问题是这部分新棉队，国家征购粮食任务并没有减，他们是在完成粮食包干任务的基础上种的，现在交售棉花不奖售粮食，使这部分社队和社员减少了粮食收入。干部们也很被动，春天拍胸脯担保的政策，秋天又变了。

（二）1980 年，德州地区实行随收购棉花，随加价，一次结清，当场拿到现款，农民很满意。今年变了。据说，因为去年有个别农民没有完成自己的包购基数，就借别人的卖棉本卖棉，多得了加价款。因此，今年规定：卖棉时只给平价款，30% 加价款一律在统购结束后再给。一次结算变成了两次结算，增加了农民往返取款的麻烦，实际也减少了农民的收益。据有关方面反映，地区供销社仅此可少付 60 万 ~ 70 万元利息。

（三）1980 年棉农得的奖售粮，国家按统销价格供应，今年变了，要按统购价格供应。因为我国现在的粮价是购销倒挂的，这样一变，平均每斤粮食，农民要多付 2 分多钱。全地区今年近 5 亿斤奖售粮，需多付 1000 万元，每个农业人口少收入 2 元。另外，还有个老问题，籽棉加工问题。以前的籽棉全部由供销社独家办的加工厂加工，不让社队企业搞。1980 年，棉花产量陡增 2 ~ 3 倍，供销社加工不了，直到 1981 年 6 月才把去年的籽棉基本轧完。由此，棉籽不能及时返还给农民，不能及时榨油，全地区约少出棉油 100 多万斤（谷雨后，100 斤棉籽少出 1 斤多油）。棉饼也不能及时施到田里，影响生产。今年棉花更多了，供销社还是包揽不放，理由是社队加工质量不保证，少出短绒。其实，供销社加工厂，用的多数是农民工，只要国家肯帮助社队企业搞设备，技术、操作等都不成问题。问题是轧花本身有一笔利润，所以供销社卡着不放。十一届三中全会的农业文件明确规定："凡是符合经济合理的原则，宜于农村加工的农副产品，要逐步由社队企业加工。"[①] 轧棉属于粗加工，应该由社队企业加工，现在棉花又大量增加，供销社独家包揽是不必要的。

三、陈欠农贷的归还问题。德州地区农村，1960 ~ 1980 年共欠国家各种农业贷款 15600 万元。分设备贷款和生产贷款两项计息，21 年共计利息 6000 多万元。全区农村至 1980 年共欠国家本息 22100 万元，平均每个农业人口欠国家债款 43.5 元。地委负责同志告诉我们，现在这笔陈贷，每年的

---

① 参见《中共中央关于加快农业发展若干问题的决定》，载中共中央文献研究室编《三中全会以来重要文献选编》（上），北京：人民出版社，1982 年 8 月，第 191 页。——编者注

利息是 600 多万元，每个农民负担 1 元多。

据调查，这 2 亿多贷款，大部分是生产、生活贷款，对农村兴修水利，发展生产，救灾渡荒起了好作用。但确也有一部分是由于生产上的"瞎指挥"搞了一些劳民伤财的工程借下的，有部分是摊购不适用的农机具借下的，还有一些是被基层干部吃喝浪费掉了，群众根本不知道，其中有近三分之一是利滚利的利息。现在，德州搞了包产到户，生产稍好了，这笔贷款要还。1980 年农业银行除收回当年农贷外，还收了陈贷 420 万元，1981 年农业银行计划收陈贷 1000 万元。

对于还陈贷，有两种反映。一种人说借债要还本付息，天经地义，没有说的。还有一种人认为这笔贷款，是在特定的历史条件下借的，应在对陈贷全面清理的基础上，分别情况，妥善处理。属于生产、生活贷款，应当清还，属于领导上"瞎指挥"等造成的债务，现在一律要由农民偿还，于理不当。并主张，在清理和制定偿还政策以前，现在就先停止生息。对于还陈贷，下面有不少议论有的说："几十年的冤、假、错案，现在党中央都甄别平反了，我们欠的冤、假、错债，也该甄别平了。"有的说："当年，我们带着牲口、大车入社，现在搞包产到户，分了一张债条。"

清还陈贷，这是一件涉及千百万群众切身利益的工作，涉及农民对合作化的看法，涉及农民与党和国家的关系，这是件经济工作，同时也是一个较为复杂的历史遗留问题。有关方面，应该严肃对待，应该制定相应的具体政策，既要坚持有借有还的原则，又要合情合理，使群众满意。

四、这几年农业投资逐年减少。据德州地区水利局长反映，近几年水利投资减得太多，致使一些配套工程也没法完成。如德州地区 1970 年后，每年水利建设费常在 3000 万元左右，1979 年减到 1600 万元，1980 年减到 540 万元，1981 年只有 137 万元。农林、气象、科研等经费也减少，有的只能发人头费（开支工资、福利办公费）。对于支援人民公社的无偿投资，1978 年为 1171.4 万元，1979 年骤减为 395.3 万元，1980 年只剩 100 来万元。据商河财政局长反映：商河县每年的财政开支是 860 万元，1981 年国家通知，削减 20%，即减少 172 万元的支出，第一是压掉了每年支援农村公社的无偿投资 50 万元；第二是压掉了农田水利投资 50 多万元，这两项就占全年减少经费数的 60%，其他还有造林、农机等经费都减少了。大部分都减到农业头上。以前提省以下要把 70% 的地方财力用到支农上，现在也不提了。

另外，农民还怕这两年粮棉大幅度增产后，国家要提高粮棉的征购基

数，使他们少得加价款，减少收入。

总的说来，德州农民对十一届三中全会以来的政策是满意的，衷心拥护的，但也还有上述那些忧虑和意见。主要原因不是因为国家的政策变了，而是因为某些部门和地方同志的工作造成的。十一届三中全会以来，党和政府在农村拨乱反正，制定了一系列切合实际、符合民意的政策，花了很大力气，才把农民的积极性调动起来，有了目前农村的大好形势，这些都来之不易，我们要非常珍惜，非常郑重地保护农民的积极性，发展大好形势。就德州农村来说，穷了这么多年，现在刚好起来，说是发了"棉花财"，但毕竟老百姓家底很薄，现在要买牲口、买农具、造房子、做衣被、买日用家什，比起原来富裕的地区，比起城市，还差得很远，还得多年努力。我们有些同志近年来有个错觉，以为农村搞了包产到户，农民富起来了，因此支农资金可以减少，有些开支又可以要农民负担。其实，这种看法是片面的。上述供销社、银行、财政部门的同志，他们从本部门工作出发，多收回一些陈贷、少拨支农资金，多收一些利润，这也是为国家利益，本无可厚非。但我们一定要清醒地看到，农民的积极性还刚刚调动起来，农村形势才刚刚好转，农村里确实已有了少数冒尖的富裕户，但多数农民还并不富裕，要使农民真正富裕起来，农村经济繁荣起来，我们还要做大量的工作。大的水利建设、农业科研、农业教育、农业的基本建设等项目，还要国家投资和支援。如果我们对农村当前的这些方面估计不足，如果我们重犯当年"一平二调"的错误，多少只手又都伸向农村，加重农民负担，就会失去农民对党的政策的信任，挫伤农民的积极性，损害稳定农村的大局，影响农村大好形势的发展。这个教训，我们切切不可忘记！

精干简政，减轻农民负担[*]

农民负担过重，这是农民生产积极性不能充分发挥，农业生产发展缓慢的重要原因之一。目前，国民经济正处于调整时期，在工业、商业等经济体制调改好以前，国家财力有限，近期内不可能再次大幅度提高农产品价格，增加农民收入，而且，诸如文教、卫生、军烈属、困难户照顾等社会性开支，农民也还要继续负担，国家包不下来。农民是通情达理的，只要同农民讲清楚，他们是会乐于接受的。但是，我们又要尽可能地减轻农民的负担，把那些不合理、不必要的负担，帮助农民减轻、减掉，以增加农民的收入，更好地调动农民的积极性，加速农业生产的发展，这会受到广大农民的拥护，更得民心。

合作化以来，特别是公社化以来，由于种种历史原因，农村基层政权（即集体经济基层组织）的机构日益庞大，各种名目的干部越来越多，还有诸如广播员、护路员、卫生员等等各种名目的"员"，也一年年增加。这些人原来在集体生产的时候，名为不脱产，实际上其中很多人参加劳动不多，有的基本上不参加劳动。但记的工分很多，年终分配时，按有关部门明文规定：都"高于"或"略高于"同等劳动力所得的实物和现金。

在集体经济统一核算，统一分配的时候，大家在一起吃大锅饭，大队、生产队留多少、用多少，一般社员不知道。实际参加农业劳动的社员，干得多，分得少，明知吃亏，但对于那套核算，分配的账目弄不清，有意见也说不出来，就是说了也不起作用（这实际就是农民积极性不高的原因之

---

[*] 本文源自《农业发展的黄金时代——包产到户的调查与研究》（陆学艺著，兰州：甘肃人民出版社，1983年3月），第160~165页。原稿写于1981年12月，文中涉及的相关地区农村经济社会发展数据源自作者调查过程中获得的资料。该文首次刊发于《经济研究参考资料》（内部资料）1981年第197期（总597期），系该刊刊载的《山东农村调查》之七，发表时间：1981年12月26日。——编者注

一）。实行生产责任制，特别是实行了包产到户、包干到户的联产责任制，一家农户当年生产多少粮、棉、油，要向国家交多少，向集体交多少，清楚了。而今大部分地区和社队的行政机构没有变，这些干部、"员"还在，"补贴"还照拿，农民就有意见了。群众认为交农业税和完成征购任务，这是"皇粮"，理所当然。但对于各种人员的"补贴"，如果定得不当，群众就有意见。有的地方已有农民不肯交提留的情况发生，他们说："大公粮，颗粒不少，二公粮，不合理的，分文不交。"这是实行生产责任制后，出现的新问题、新矛盾，需要妥善解决，要列入健全、完善生产责任制的工作内容。实行包产到户，包干到户等生产责任制后，生产形式变了，经营管理方式变了，干部的工作内容变了，因此行政结构，干部结构要做相应的变化，看来精干简政、进一步减轻农民负担，已经势在必行。

荷泽地区实行包产（包干）到户的责任制比较早，这类矛盾已经反映得比较普遍。现在地委领导已在进行调查研究，准备着手解决这个问题。据调查，这方面的问题相当普遍，相当严重，解决中也遇到了不少困难和阻力，需要进一步研究解决。

如定陶县陈集公社，有 12 个大队，195 个生产队，6019 户，27142 口人，整劳动力 6100 个。现有大队干部 130 人，平均每个大队 10.8 人，生产队干部 1140 人，平均每个队 5.85 个。有民办教师、赤脚医生、兽医、护路员、护林员、代销员、广播员、电工、农机员等共计 496 人，三项共计 1766 人，占总人口的 6.5%，占整劳力的 29%。每 15.4 个农业人口、每 3.4 个农户要"补贴"一个干部或"员"。

1980 年，陈集公社的社员对这 1766 人共补助粮食 59.8 万斤，平均每户负担 99.35 斤，补助现金 270300 元，平均每户负担 44.9 元。把粮食也折成现金，粮款合计全社共补贴 39 万元，平均每个干部和"员"受补助 220.8 元，平均每户负担 64.8 元，每人负担 14.37 元，占当年社员纯收入的 10.83%，如果再加上军烈属、五保户、困难户照顾，民兵训练、计划生育、水利建设工补贴等，农民的负担就更重了。这还是就全公社平均而言。有的大队，情况还严重。如这个公社的刘庄大队，254 户，1247 人，全队有大小队干部和多种"员"75 人。1980 年实行统一经营、联产到劳，秋后分配时，干部们决定，除 20 名小队非主要干部实行误工补助外，其余 55 名一律实行定额补助，有的干部一年拿的补助现金和实物高达 800 元，全大队"补助"现金和实物折款共计 4.4 万元，占当年纯收入的 19.1%，平均每个社员负担 35.28 元，每户负担 173 元。

广大农民对于这种不合理情况，意见很大，他们反映："现在干部不少，办事的不多，工作减少了，补助没有少。""忙忙碌碌干一年，富了干部、苦了社员。""现在干部是骑两头驴（指既承包土地，又拿补助），富得更快了。""得个核桃失个枣，社员还是富不了！"群众迫切要求减轻这种不合理的负担。

荷泽地委日前正在试点，本着有利于贯彻按劳分配，有利于发展生产，有利于增强干群团结的精神，准备采取撤、并、减、兼的办法来精干简政，减轻农民负担。具体做法是：按300～500人配备大队干部一名，生产队干部一般是两名。有些户数少的大队、撤去生产队一级，改为筒子队，由大队设队长和会计。条件成熟的时候，大队改为行政村，一般设支部书记、村长、文书三人。现在大队一级的干部有支书、副支书（有的有几个）、大队长、副大队长（若干个）、会计、民兵连长、妇女主任、团支书、治安员，近几年还增设了抓计划生育大嫂子队长。一般是九职，有的是十余职。调整后，有些要减掉，有些要兼起来，有些改为误工补贴，有些要成为尽义务的工作。那些几大"员"除民办教师外，其他人员可实行专业承包或大包干，如代销员、农机员等可实行包干上交，多收多得，卫生员、兽医也可实行包干制，自负盈亏。有些人不能自给的，可以再承包一部分土地。

据荷泽地委试点调查，这样实行之后，拿"补贴"的大队干部可减少46%，小队干部可减少59%，几大员可减少65%，农民的负担可减轻54.8%。群众当然满意，留下的干部也满意，一是精干简政，减少了层次、环节，工作顺手；二是根据干部少一些，待遇高一点的精神提高了补贴数。但是要免去这么多干部，减掉这么多长期吃惯了"补贴"的人，阻力相当大，不少地方是"减谁谁不干，减谁谁叫唤"，工作难度很大。

第一，有些干部长期吃大锅饭，吃惯了，干不干，队管饭，少劳并不少得，"大小挂个衔，强于当社员"。现在要减他，不给补贴了，这批人很不愿意。

第二，种种历史原因形成的一个传统"思想"，干部只能上不能下，只能升不能降，免职了或调低职务，就认为是犯了什么"政治错误"，当"下台干部"不光彩。所以不愿意被减掉。有一部分干部还是刚落实政策恢复的职务，他们就更不愿意。有些地方对一部分年老体弱的不脱产干部免职，专门印发退休证，证明他们不是"下台干部"。

第三，合作化以后，由于经营管理不善，由于政治思想工作薄弱，逐渐形成了一些陈规陋习。只要为集体办一点事，都要"记"工分，"拿"补助，到后来，有的并不是为集体办事，也要记工分，拿补助。如民兵训练、学习科技等都要记工分，连党团员开会，过组织生活也要记工分。农村不少工作靠"工分"来推动，现在要改掉，有些人就不同意。

第四，农村精干简政的阻力，还来自县以上的各种业务部门。因为我们现在还是政社合一的体制，上下对口，各个业务部门在农村里都有"自己的"干部，靠他们推动本部门业务工作。现在要减干部，减补助，这些业务部门就反对。

所有这些，反映了当前农村的新形势和新矛盾。实行农业生产责任制，实际上就是通过对劳动管理、报酬办法、经营方式等方面的改革，对生产关系进行部分调整，这是农村一场很深刻的全面的经济改革。经济基础已经起了一定的变化，而原有的上层建筑还基本上没有作相应的变化，这就产生了种种矛盾。精干简政，遇到的种种阻力，就是这种矛盾的表现。但是精干简政、减轻农民负担，这是广大农民群众的迫切要求，是农业生产发展的要求，是势在必行的。荷泽地区精干简政试点的方向是完全正确的，这是农村全面改革的重要一项，不仅有利于减轻农民负担，有利于贯彻按劳分配原则，有利于改善干群和党群关系，有利于进一步调动农民的生产积极性，而且也是进一步健全完善农业生产责任制的一个方面，并且为今后改革政社合一的体制打好基础。因此我们应该把精干简政这项工作坚持进行下去，一些有关业务部门，应该从发展农业生产，发展农村大好形势这个大局出发，积极支持农村基层组织的这项重要改革。我们在和一些老的县、社、大队干部座谈中，大家回忆到解放初期，合作化初期，那时农民生产积极性很高，农业生产发展很快，但当时区、乡、村脱产干部和不脱产干部并不多，那时大家革命热情高，工作很有生气，各项事业蓬蓬勃勃。合作化 20 多年来，各方面的事业都有了很大发展，有了很大成绩，但就生产力水平来说，像菏泽地区直到 1978 年，还基本停留在 1957 年的水平（1979 年以后有了很大发展变化），而各种机构却增加了很多，各类干部增加了许多倍。据统计，除开脱产干部，1980 年荷泽地区的大队和生产队两级干部就有 34 万人，每年要拿各种补助 5000 万元以上。这样一个上层建筑，显然是同经济基础不相适应的，要改革是必然的。考虑到这是全国农村存在的普遍性问题，建议国家有关部门，要专门研究一下这个问题，就农村基层行政组织的设置，各类干部的编制，农村中不脱产干部和业务人员的补贴及其来源等，根据农村已经变化的情况，做出相应的规定，以使下面有所遵循，把精干简政、减轻农民负担这项工作做好。

一个包干农户的家庭调查[*]

1981 年 8 月 16 日《光明日报》以《责任田里长出"凤凰瓜"》、1981 年 8 月 30 日《人民日报》以《一棵奇特的西瓜》为题，分别发表了消息，报道山东省东明县马头公社李六屯大队第五生产队社员苏兵建承包的责任田里，一条西瓜秧，结了 14 个西瓜，总重 236 斤。一般的西瓜只结一、两个，这根瓜秧结了这么多，而且有带花纹的和没有花纹的两种。真是奇特了。

1981 年 9 月 13 日，我们到马头公社调查责任制问题，因为李六屯是实行责任制后由穷变富的典型，第二天我们到李六屯调查。李六屯大队原来很穷，从三年困难后，一直到 1978 年，年年吃返销、要救济。175 户人家 867 口人，种了 3000 多亩地，只收 20 来万斤粮食，亩产不到 100 斤。每年人均分配 30 元以下，口粮在 300 斤以下，自公社化后，就没有分过现金，还欠下国家 4.2 万元贷款。1978 年以后开始变好。一是搞了灌淤改土（引黄河的泥浆水，使之沉淀，把沙地改为良田）；二是实行责任制。这两条，使李六屯翻了身，1980 年产粮豆 75 万斤。1981 年夏季收小麦 61 万斤，全村出了 6 家小麦超万斤的冒尖户。秋粮长势良好，全年粮豆总产将超过 100 万斤。

苏兵建也是由穷变富的典型户。他今年 33 岁，一家 7 口，爱人 32 岁，五个孩子，大的 11 岁，小的才五个月（因为是超生的，还未报上户口）。这个大队 1980 年实行包干到户责任制，他家按六口人，承包了 24 亩土地。

---

* 本文源自《农业发展的黄金时代——包产到户的调查与研究》（陆学艺著，兰州：甘肃人民出版社，1983 年 3 月），第 166 ~ 172 页。原稿题为《包干农户苏兵建家调查》，写于 1981 年 12 月，文中涉及的相关地区农村经济社会发展数据源自作者调查过程中获得的资料。该文首次以原题刊发于《经济研究参考资料》（内部资料）1981 年第 197 期（总 597 期），系该刊刊载的《山东农村调查》之六，发表时间：1981 年 12 月 26 日。——编者注

我们一到苏兵建家，他就兴奋地向我们叙述他家今年遇上的两件奇事，一是他那棵奇特的西瓜，它是自己长在芋头田里的，那块地比较肥。他只是在发现后去浇过几次水（浇晚了，早黄了 4 个瓜，原来结了 18 个），瓜长大了，看管了起来，向上级报告了，一直等有关部门来研究，但只是来了一些新闻单位的同志，拍了照，写了报导。瓜熟了，上面还没有人来，只好摘回村里，邻近的群众大家吃了，很甜。后来洛阳农科所的同志见报后赶来，瓜已吃掉了，瓜藤也被附近的老年妇女拉去煮汤喝了（他们以为可以治病）。农科所的同志只是到地里挖了根须，取走了一些土样和几粒瓜子。第二件是，他今年春天在马头集上买了批地瓜秧，栽了二分地瓜，开始，长得和平常一样，但后来这些地瓜秧开起花来，几乎每个头上都开花，有白的、粉红的、黄的三色，有的还结了籽，籽是黑色的。苏兵建一面叙述，一面还拿出西瓜子和地瓜，以及各地的来信给我们看。瓜子粒不大，和北京的早花西瓜子差不多，地瓜也同普通的一样，并无奇异之处。问到产量，苏说，收时正农忙，没顾得上秤一下，大约有 500 来斤。

接着，我们就向他调查他家包干到户后的经济情况。

（一）1980 年生产实物

小麦 3500 斤，红薯 2000 斤

大豆 6000 斤，芋头 1000 斤

花生 1000 斤，高粱 150 斤

全年共收获粮豆 10250 斤，花生 1000 斤（红薯、芋头 5 斤折 1 斤粮食）。

（二）家庭副业

肉猪 2 头，向国家交售一头，得款 100 元，一头自食。

母猪 1 头，后来在集上卖了，收入 70 元。

仔猪 14 头，在集上出售，共得 240 元。

养羊 6 只，在集上出售，得 150 元。

养鸡 15 只，产蛋千余个，鸡和蛋都自食了。

（三）粮油的出售和留存

1. 向国家交售小麦 200 斤，其中征购任务 120 斤，超购 80 斤，共得款 40.36 元。

向国家交售大豆 5000 斤，全部超购价（每斤 0.46 元），得款 2300 元。

2. 集体提留大豆每人 20 斤，共交生产队 120 斤。集体提留水利建设（灌淤），每亩 30 斤小麦，共 720 斤。

3. 在集上出售花生 600 斤，得款 390 元。

4. 自己留作食用和储备：

小麦 2580 斤

大豆 880 斤

红薯和芋头折粮 600 斤

高粱 150 斤

花生 400 斤

自留粮食 4210 斤，扣去种子 440 斤，1980 年人均 701 斤。

自留油料 400 斤，扣去种子 60 斤，人均食油 13.6 斤。

（四）现金收支情况

1. 现金收入：

向国家出售大豆、小麦、生猪共得款 2440.36 元。

向集市私人出售猪、羊、花生共得 850 元。

全年收入现金 3290.36 元（人均 548.4 元），其中来自国营经济的占 74.2%，来自集市贸易的占 25.8%。

2. 现金支出：

向国家交农业税每人 1.6 元	共 9.6 元
向供销社购买化肥 600 斤	144 元
步犁一架	25 元
架子车的车轴和轮胎	80 元
石礤一个	24 元
钢筋	32 元
收音机一台	37 元
电表、电线、电灯	40 元
烟、酒、糖、茶、盐	360 元
衣服、棉布	250 元
向信用社存有奖储蓄	30 元
向公社窑厂买砖 3.3 万块	1100 元
买大瓦 600 块	150 元
买小瓦	60 元

买石灰	60 元
向集市私人购买牛一头	230 元
购买木料	450 元

全年苏家共开支现金 3081.6 元，其中向国营经济购买 1031.6 元，占 33.5%，向集体经济购买 1370 元，占 44.5%，向集市私人购买 680 元，占 22.1%。在总开支中购买生产资料 503 元，占 16.3%，购买建筑材料 1862 元，占 60.1%，生活用品 687 元，占 22.3%。收支相抵，还余现金 208.76 元，加上储蓄当年积余 238.76 元。

（五）劳动生产率

苏兵建家 1980 年生产粮豆 10250 斤，花生 1000 斤，油料 1 斤折粮 2 斤，共 12250 斤。苏家两个劳力，每劳力当年生产粮食 6125 斤，如以现金计，苏家出售农副产品共得现金 3290.36 元，加上自己食用和存留的粮、油、猪、禽、蛋，约 1120 元，两项共计 4410 元，每个劳力创造的价值为 2205 元。

（六）国家、集体和个人三者关系

1. 以实物计，苏兵建家生产了 12250 斤粮食。

向国家交售了 5200 斤粮豆，占 42.4%。

向集体交了 840 斤粮豆，占 6.9%。

苏家自己留下 6210 斤，占 50.7%（其中包括向集市出售花生 600 斤）。

2. 以现金计，承包土地的总现金收入约为 3701.2 元，其中出售粮豆、花生得款 2730.36 元。

自留小麦 433.44 元，红薯 100 元，大豆 202.4 元，芋头 60 元，花生 160.0 元，高粱 15 元，共计 970.84 元。

向国家交农业税 9.6 元，占 0.26%。

集体提留共 236.64 元，占 6.4%。

剩下自己的共为 3454.96 元，占 93.34%。

上交国家和留下集体两项合计不足 7%，可算是很轻的。因为李六屯大队原来太穷，是个"三靠"队，国家的征购基数低，农业税轻，而且集体经济开支也少，所以提留小。另外现金收入部分最大一笔是卖给国家大豆，当年是按超购加价 100% 卖的，所以收入大，提留的比例相对就小了。

（七）苏家与市场交换关系

1. 商品率：苏兵建生产了 12250 斤粮（油料在内），向国家和市场出售粮豆 5200 斤，花生 600 斤，再加上集体提留部分 840 斤，生产队也是出卖的，所以共出卖 7240 斤，商品率为 59.1%。自给部分只有 40.9%，如果加上家庭副业猪羊的出售，其商品率还更高一些。

2. 购买力：苏兵建 1980 年的现金收入为 3290 元，除了积余和储蓄，购买了 3042 元商品，其中生产资料占 16.3%，建筑材料占 60.1%，生活日用消费品占 22.3%。苏原有土房三间，今年准备盖四间瓦房。他的孩子还小，这四间房盖好后，若干年间建筑方面就不会再开支了，他的购买力就会转向小型农机具、自行车、钟表、缝纫机、电视机、家具、衣着等等方面来。

3. 市场联系：苏兵建出售的农产品中 85.7% 是卖给国家的，卖给集市的只有 14.3%，如把家庭副业产品出售计算在内，卖给国家的占 74.2%，卖给集市的占 25.8%，苏兵建购买的商品中，78% 是向国营和集体企业购买的，向私人购买的只占 22%。

从苏兵建家的这些方面看，包干到户以后，农业生产大大发展，农民的生活也大幅度改善，农副产品的商品率提高到 60% 以上（原来这里全村的农副产品商品率在 30% 以内）。农民的购买力也增加了，这样一个普通的农户，一年有 3000 元的购买力，这样的农户多了，对工业品市场是一个很大的推动力，农村商品经济发展会是很快的，农村市场会很快繁荣起来。因为我们的国营商业、供销社商业的体系已经建立起来，在农村已占有统治地位。大包干的农户的经济活动现在 70%～80% 要和社会主义国营商业和供销社企业交换。可以通过流通渠道把包干农户的生产、交换、消费纳入计划经济的轨道。有些同志担心包产（包干）到户后，农村资本主义会泛滥发展，那是不必要的。

（八）苏兵建家由穷变富的原因和今后的前景

苏家原来和全村大多数农户一样，过着"地瓜干当主粮、鸡屁股是银行"的贫困生活。夫妻俩常年在队里干活，到年终分配一分钱也分不着，粮食还不够吃。包干到户后，包了 24 亩地，他年富力强，英雄有了用武之地，又舍得花力气，精心管理，侍弄庄稼，农忙时，一天只睡几个小时觉。所以包干到户头一年，就成了万斤户。1981 年更好，小麦就打了 7000 多斤,全年可望生产 1.5 万斤粮豆。第二个原因,这里地多,人均 4~5 亩,原来是飞沙地,庄稼长不好。一淤改,土质变好了。今年这个大队又淤改了 1000 多亩。所以过两年,苏兵建家将能包种到 30 多亩地,加上再增加牲口、化肥等,苏家可以生产 2 万斤以上的粮豆,劳动生产率可以提高到每劳力生产粮食万斤以上,商品率可提高到 75% 以上。但因山东省收购大豆的政策今年变了,从原来加价 100%,改为加价 50%。从每斤 0.46 元改为 0.345 元,仅此一项,苏家今年要少收 575 元。所以今年虽然小麦等增产了,但现金收入不会增加很多。苏家今后增加收入还有一个方面就是发展家庭副业,1980 年他们家庭副业收入才 800 元(包括自食),只占全部总收入的 18%。苏家有一个较大的院子,今后可以多养猪、羊、兔、鸡、鸭、鹅,提高这方面的商品率,这将成为收入的一个重要来源。

后　记*

收在这本集子里的十几篇文章，是我近两三年在农村进行调查研究的过程中陆续写成的调查报告和论文。内容的编排是按写的先后顺序排列下来的，收集的文章多数曾在《人民日报》《未定稿》《经济研究参考资料》等报刊上发表过。

包产到户作为一种生产责任制形式，是中国农民在集体经济经营管理方面的一个伟大创造。早在合作化初期（1956年春），就在实践中被创造出来了，那时效果就很好。但是，由于种种历史原因，包产到户从一开始就受到了不公正的批判和压制。直到党的十一届三中全会以后，安徽、河南、甘肃等省的农民群众重又在实践中把它提了出来，党中央及时总结了这些试点地区的经验，并有领导、有步骤地向全国推行。现在全国95%以上的生产队已实行了各种形式的农业生产责任制，其中实行包产到户、包干到户的占70%以上。

推行农业生产责任制，推行包产到户，这实质上是农村生产关系的一次大的调整。在党中央的正确领导下，仅仅两年多的工夫，这个调整就基本实现了。经过这次调整，农村的社会主义生产关系得到进一步完善，生产资料同劳动力的结合有了比较好的形式，使农民真正有了经营的自主权，农民的生产积极性被充分调动起来，从而促进了农业生产的发展，促进了农村大好形势的发展。

实行农业生产责任制，实行包产到户，是我国合作化后农业战线上的一件大事，有着极其重大的现实意义和深远的历史意义。关于农业生产责任制、关于包产到户的意义，现在知道的人是越来越多了，而且随着实践

　＊　本文源自《农业发展的黄金时代——包产到户的调查与研究》（陆学艺著，兰州：甘肃人民出版社，1983年3月），第183～186页。——编者注

的发展，将会被更多的人了解。目前，包产到户、包干到户是治穷的法宝，农村致富的金钥匙。全国有 12 片长期贫困落后的地区（共 241 个县），党的十一届三中全会后，先后实行了包产到户、包干到户，现在农村大都有了可喜的变化，生产发展了，收入增加了，生活改善了。这 241 个县，1978 年基本核算单位的集体分配收入是人均 51.5 元，1981 年达到 82.6 元，比 1978 年增长 60.4%。有 23 个县集体分配人均收入超过 150 元，跨入先进的行列。这些我们多年企求解决而没有能解决的问题，现在主要依靠实行包产到户，调动农民的生产积极性，三年工夫就基本解决了！实行包产到户，那些生产比较发达、比较富裕的地区、社队，也取得了增产、增收、增贡献的好效果。更加可喜的是，三年来包产到户责任制的实践，为我国今后农业的迅速发展开辟了广阔道路。那些实行包产到户较早的地区，在解决了温饱问题之后，多种经营获得了很大的发展，已经涌现出大批兼业农户和专业户、重点户，农村的商品生产蓬勃发展。人们已经看到，农户承包制和小组承包制，即农民有经营自主权的农户经营和小组经营是一种很优越的农业经营形式。在这个基础上，可以实现我国农业专业化、社会化，不必再走原来设想的由小队而大队、由大队而公社、由公社而全民的所有制逐级过渡的老路，从这个意义上说，实行包产到户是实现中国农业现代化的新起点，是探索中国式社会主义道路的一个有深远意义的步骤。

对于包产到户，过去有争议，现在对一些具体问题的看法仍不一致。但是，随着包产到户责任制的日益完善，随着包产到户责任制的经济、社会效果日益展现，随着实践的继续发展，这些不同的认识将会逐渐一致。"实践是检验真理的唯一标准"，实践最能说服人、教育人。对于包产到户及其发展中一些新问题的不同认识的统一，同样要靠包产到户实践的发展。当然，我们社会科学工作者应该通过调查研究、理论研究，对亿万农民群众实行包产到户责任制的实践，运用马克思主义的基本原理，进行科学的总结，并且实事求是地反映给做城市工作的干部和群众，反映给在各条战线上工作的干部和群众，以澄清由于过去对包产到户的错误批判而形成的不正确的认识，促进对包产到户不同看法的统一，促进包产到户责任制的进一步完善。这是我们的责任。

我原来是学哲学专业的，毕业以后一直在科研单位学习和工作。但我出生于农村，新中国成立以后，曾以各种形式参加了土改、合作化、公社化、整风整社、"四清"等运动，与农村保持着各种联系，一直比较注意对农村问题的研究。1978 年秋，中国社会科学院的一位领导同志了解到我这方面的情况，鼓励并支持我走出书斋，到农村去进行调查研究，着力研究农村生产力与生产关系矛盾的问题。在院和研究所党组织的帮助、关怀下，从此，我就专门从事农村问题的调查研究工作。1979 年春，我们第一次到华东几个省的农村调查，6 月到达安徽省，省农委的刘家瑞、罗受教等同志向我们介绍了安徽包产到户的试点情况，刘家瑞同志还陪同我们到肥西县实地考察了山南区实行包产到户的几个生产队和十多家农户。这次考察，时间虽然很短，但印象却特别深刻。因为在以往的书刊、文件上以及报告、谈话中，一般都把包产到户说成是分田单干、资本主义、洪水猛兽。而我们在山南区看到的包产到户却完全不是那么回事。山南区实行包产到户后，农民的生产积极性空前高涨，农业生产发展很快，多年为生产、生活发愁的穷队、穷户一季就翻了身，社员们喜气洋洋，干部们也眉开眼笑，社会秩序安定，农村集市繁荣，一派生机勃勃的景象。这怎么能说是资本主义的复辟呢？我们临行时，当地的干部还一再提出要我们把农民要求这样干几年的迫切想法反映上去。回京以后，我们除了向有关方面汇报了肥西县包产到户的情况外，还专门写了《包产到户问题要重新研究》的文章。以后，我们又相继调查了甘肃、四川、山东、云南等省的包产到户问题。这本集子，就是对我近几年调查农村包产到户问题的记录，从一个方面反映了农村包产到户发展的过程，也反映了我自己对包产到户问题的认识、思索、探讨的过程。诚然，这些认识可能是不全面、不正确，乃至是有错误的，希望得到同志们的批评和指正。

我到上述农村调查时，是分别和贾信德、李兰亭、齐翔延、彭克洪、王小强、张凯旋等同志一起去的，我们在一起调查，一起分析研究，得到了他们的很多帮助。有几篇调查报告和文章，是分别和他们一起撰写并共同署名在报刊上发表的。在我三年多的农村调查过程中，得到了宋一平、孙耕夫、林韦、王耕今、吴象、林子力等同志的大力支持和热诚帮助，吴象同志还在百忙之中为本书写了序言。在此，特向他们表示衷心的感谢！

陆学艺

1982 年 8 月 11 日于中国社会科学院哲学研究所

联产承包责任制研究 [*]

陆学艺 著

---

* 源自《联产承包责任制研究》（陆学艺著，上海：上海人民出版社，1986 年 5 月），书稿完
成于 1984 年 7 月。本书涉及的相关地区农村经济社会数据源自作者调查过程中获得的资
料。——编者注

序

孙耕夫

　　党的十一届三中全会以来，党中央首先抓住农业这一环，着重克服过去指导思想上长期存在的"左"倾错误，制定和贯彻了一系列加速农业发展的政策，如扩大农村集体经济的自主权，恢复自留地、家庭副业，鼓励发展多种经营，开放集市贸易，提高粮食和其他农产品的收购价，等等。特别重要的是，党中央尊重群众的创造精神，集中群众的智慧，总结群众的经验，逐步恢复并积极推广了以包产到户、包干到户为主要形式的联产承包责任制，从体制和政策上解决了发展农业的问题。从此，我国的农业走上了一条稳步前进的康庄大道。仅仅几年工夫，我国农村发生了伟大的历史性的变化，农村的形势越来越好，超出了许多人的意料，引起了人们的深思。联产承包责任制也震动了世界，举世为之瞩目。

　　联产承包责任制是我国农民的伟大创造，是马克思主义合作制理论同我国农村的实践相结合的产物。全面实行联产承包责任制，是我国农村生产关系的调整和改革。这个调整和改革，适合我国生产力发展的水平，适合我国农业发展的特点，符合广大农民群众的意愿，是农村社会主义生产关系的进一步完善，是农村合作经济的完善和发展。马克思主义认为，生产力决定生产关系，生产关系必须适合生产力的性质。这样，社会生产才能顺利发展。我国三十多年来的历史经验也证明：凡是生产关系合适，政策符合实际，农业生产就发展得快，农村就兴旺发达；相反，生产关系不合适，政策不对头，农业生产就发展缓慢或停滞，甚至遭到破坏，以致农民生活困苦，农村凋敝。因此，要充分发展我国农业生产力，就必须有生产关系的调整和改革为之开辟道路。

　　我国正在实行的以包产到户、包干到户为主要形式的联产承包责任制，克服了过去长期存在的集体经济经营管理过于集中和吃"大锅饭"的问题，为农民群众直接参加经营管理、严格贯彻按劳分配找到了一个适当的办法。

这也就是把所有权和经营权适当分开，把经营权交给农民家庭。这样，可以使经营者的利益同生产的效益、个人的利益同整个国家的利益结合起来，使农民家庭的分散经营同集体的统一经营结合起来，使小规模的分户经营与生产专业化、社会化结合起来。这样，既继承了农业合作化的积极成果，使集体经济的优越性继续得到发挥，同时也充分调动了农民家庭经营的积极性，解决了我国农业生产中一些长期没有解决的问题，极大地调动了亿万农民的生产积极性，使农业生产一年比一年好。1983 年，我国农业总产值按不变价格计算，比 1978 年增长 46.25%，平均每年递增 7.9%，超过了历史上最好的第一个五年计划时期平均每年递增 4.5% 的速度。目前，我国农村正处于新中国成立以来最兴旺发达的历史时期。

然而，实行联产承包责任制，仅仅是农村整个政治体制和经济体制改革的一个起点。目前，这个由农村最基本的层次开始的改革，正在自下而上地深入发展，发展成为从生产力到生产关系，从经济基础到上层建筑，从经济体制、政治体制到教育体制以及伦理道德、风俗习惯的全面的、深刻的改革。以包产到户、包干到户为主要形式的联产承包责任制的普遍实行和不断发展，标志着我国农村经济体制的调整和改革，已经初步成功。下一步的改革就是如何大力发展农村商品生产，提高农副产品的商品率，疏通流通渠道，进一步改变农村的产业结构，放手发展农村的工业、商业、服务业和交通运输业，建立新型的农村产业结构，使我国农村实现由自给半自给经济向较大规模的商品生产转化。这些改革涉及整个国民经济各部门的运转，与各个部门的改革都有联系，因此遇到的问题将会更多。然而，农村实行联产承包责任制的成功，已为这些改革奠定了雄厚的物质基础和广泛的群众基础，而且，目前正在进行的城市经济体制的改革，也为其提供了有利的条件。所以，我们只要继续遵循马克思主义的学说，坚持一切从实际出发、实事求是的优良传统，就一定能够使整个农村的体制改革取得完全的胜利。

联产承包责任制同任何新生事物一样，它的诞生、发展和成长，经历了曲折的道路。联产承包责任制最初的典型形式是包产到户。早在 1956 年，包产到户就在实践中由我国勤劳智慧的农民群众创造出来了。可是，在当时的历史条件下，包产到户这种责任制被视为异端，遭到了批判、打击和禁止。尽管如此，广大农民群众是热烈欢迎包产到户的，它虽然屡遭禁止，但是农民群众又屡次使它兴起。然而，在"左"倾错误思想指导下，对包产到户的批判、打击一次一次地升级，包产到户被认为是"落后""倒退"

"复辟资本主义"等等。包产到户的名声被败坏了，许多人谈"包"色变，不敢沾"包"字的边。十年动乱中，许多干部和群众还因为包产到户而挨批、挨斗，有的甚至被整得家破人亡。直到党的十一届三中全会以后，这个被错批多年的包产到户才恢复了名誉，重新在我国农村出现，并且发展成为以包产到户、包干到户为主要形式的联产承包责任制，遍及全国农村。但是，由于对包产到户的批判前后搞了二十多年，因此，尽管现在全国农村普遍实行了以包产到户、包干到户为主要形式的联产承包责任制，但有些同志至今还心存疑虑，分不清包产到户是姓"社"还是姓"资"，是前进还是倒退，是临时的权宜之计还是将长期存在，实行了包产到户还能不能搞社会主义农业现代化，等等。可以说，这些疙瘩在相当一部分人的心里，并没有完全解开。

《联产承包责任制研究》这本书，是作者长期深入农村，对包产到户、包干到户责任制进行实地调查、观察，并对联产承包责任制的全部历史进行了系统研究的结果。这本书以大量确实的历史资料，详细地阐述了包产到户、包干到户等联产承包责任制的诞生、发展和成长的曲折过程；运用马克思主义的基本理论，对联产承包责任制的社会主义性质进行了系统的论证；根据联产承包责任制实行五年多来在全国，特别是在实行较早地区出现的新情况、新问题，对联产承包责任制的发展趋势和前景，作了探索性的论述。所有这些，对于读者了解联产承包责任制的来龙去脉，认识它的社会主义本质，认识它在实现具有中国特色的社会主义农业现代化过程中的重大意义，以及它在我国正在进行着的整个国民经济体制改革中的地位和作用，都将是有所裨益的。

诚然，以包产到户、包干到户为主要形式的联产承包责任制，在全国实行还不久，还在继续完善和发展，也就是说，它还在亿万农民的伟大实践中。因此，作者的这些叙述、论证和探索，是否合乎客观规律，还有待实践的检验。但是，这毕竟是对于这个伟大实践比较系统的考察和阐述，作者提出了一些问题，也回答了一些问题。所以，我愿意向读者推荐这本书，尤其是向一切关心农村这场伟大变革的同志们推荐这本书。

1984 年 7 月

第一章 联产承包责任制是中国
农民的伟大创造

党的十一届三中全会以来，我国农村经济实行了一系列改革，使长期落后的农村发生了伟大的历史性变化。农村经济体制改革的中心，是冲破重重阻力，实行了各种形式的联产承包责任制。现在，全国已有90%以上的农户实行了以家庭经营为主的联产承包责任制。从此，我国农村的合作经济进入了一个新的阶段。

几年来的实践证明，农村实行联产承包责任制，决不是解决温饱问题的权宜之计，而是涉及整个农村经济体制的一项根本性改革，对建设具有中国特色的社会主义事业有着不可估量的意义。联产承包责任制是我国农民在党的领导下的伟大创造，现在已经在中国的土地上深深地扎了根，随着实践的发展，它的深远意义正在日益为人们所认识，举世为之瞩目。

农业战线的经济体制改革，一马当先，走到了各条战线的前头。农业取得的辉煌成就，对正在改革中的各行各业是一个莫大的鼓舞。农业经济体制改革成功的基本经验是什么？各行各业应该从中借鉴些什么？这是大家所关心的问题。联产承包责任制是我国农民的伟大实践，是我国社会主义建设实践的一个重要组成部分，它是在马克思主义合作制理论指导下的实践，也是这个理论在我国社会主义实践中的新发展。全面系统地总结联产承包责任制的发生和发展的历史，揭示联产承包责任制的本质特征，认识联产承包责任制的发展方向和前景，这不仅是继续保持和发展我国农村大好形势的需要，也是当前我国进行全面经济体制改革的需要；同时，对于马克思主义合作制理论的丰富和发展，也具有十分重要的意义。

第一节　各种形式的农业生产责任制是在
实践中逐步创造出来的

联产承包责任制是农业生产责任制的一个重要组成部分。农业生产责任制包括不联产责任制和联产承包责任制。联产承包责任制是从不联产责任制发展而来的，因此考察联产承包责任制，首先要考察农业生产责任制，考察不联产责任制。

农业生产责任制在我国社会主义农业合作化的发展历史上，有着特殊的地位，带有中国的特点。在我国农业合作化初期，由于我国农村的历史传统和当时主持农村工作的邓子恢等同志的提倡，比较重视集体经济的经营管理，比较重视生产责任制的问题。1953 年 2 月 15 日中共中央通过的《关于农业生产互助合作的决议》指出：在农业互助组和农业生产合作社内部，"要建立一些必要的简明易行的生产管理制度和劳动纪律"。① 并且指出，这是互助组和农业生产合作社更好地巩固和发展的重大关键之一。

1955 年 10 月 11 日，中共七届六中全会（扩大）通过的《关于农业合作化问题的决议》指出，要"建立生产队、生产小组和组员关于耕作、饲养牲畜和保管农具的责任制度，加强劳动纪律"。"推广各地合作社的包工制的良好经验，合理地组织劳动力。还不能实行常年包工制的合作社，可以实行临时包工制或者季节包工制。""建立定量、定质的劳动生产定额（即标准工）的制度，按件计酬，多劳多得，少劳少得。"②

1956 年 3 月 17 日，第一届全国人民代表大会常务委员会第三十三次会议通过的《农业生产合作社示范章程》规定："农业生产合作社为了进行有组织的共同劳动，必须按照生产的需要和社员的条件，实行劳动分工，并且建立一定的劳动组织，逐步地实行生产中的责任制。""合作社为了实行农业生产中的责任制，应该把社员编成几个生产队，把生产队作为劳动组织的基本形式，让各个生产队在全社的生产计划的指导下，自行安排一个时期的和每天的生产。""在可能的范围内，生产队长或者生产组长应该给

---

①　《中国共产党中央委员会关于农业生产互助合作的决议》（1953 年 2 月 15 日正式通过），载中华人民共和国国家农业委员会办公室编《农业集体化重要文件汇编》（上册），北京：中共中央党校出版社，1981 年 10 月，第 101 页。

②　北京政法学院民法教研室编《中华人民共和国农业生产合作社法参考资料汇编》（上），北京：法律出版社，1957 年 8 月，第 81 页。

每个人指定负责专管的地段或者工作，彻底地实现生产中的责任制。"①

1956年6月30日，第一届全国人民代表大会第三次会议制定的《高级农业生产合作社示范章程》第三十条规定："农业生产合作社应该根据生产经营的范围、生产上分工分业的需要和社员的情况，把社员分编成若干个田间生产队和副业生产小组或者副业生产队，指定专人担负会计、技术管理、牲畜的喂养、公共财务的保管等专业工作，以便实行生产当中的责任制。"② 第三十二条和三十三条规定："农业生产合作社要正确地规定各种工作的定额和报酬标准，实行按件计酬。""农业生产合作社可以实行包产和超产奖励。"③

在农业合作化初期的这些文件和章程中，建立生产责任制是为了进行有组织的共同劳动，因此，常常是作为劳动组织形式和劳动纪律而提出来的。但是在实践中，实行生产责任制往往就把劳动分工、劳动组织、劳动纪律和劳动报酬、分配形式联系在一起。因为实行生产责任制，就是使社员在集体经济中有责有权有利，以调动他们的积极性，如果劳动不同报酬联系起来，那么责任制就是空的，就建立不好。邓子恢同志曾经指出："大生产的集体经济，没有全面的计划管理，没有具体的劳动分工，没有适当的定额管理制度，是不可能办好的。"④ 因此，他认为高级社包工包产势在必行，包工包产不搞好，集体经营就没有好的结果，也没有希望搞好。

1956年初，不少农业合作社创造了一些分工负责制的管理办法。如有的把产量、工分、成本包到生产队，有的把产量包到队，工分包到组，田间管理包到户。邓子恢同志热情地肯定了群众的这些创造，认为这种"分工责任制"使个人利益和集体利益联系起来，能够调动社员的积极性。1957年，邓子恢同志在全国第四次农村工作会议上，阐述了实行包工、包产、包财务，超产奖励，减产扣分的"三包一奖"的必要性。⑤ 这种"三包

---

① 北京政法学院民法教研室编《中华人民共和国农业生产合作社法参考资料汇编》（上），北京：法律出版社，1957年8月，第189~190页。

② 北京政法学院民法教研室编《中华人民共和国农业生产合作社法参考资料汇编》（上），北京：法律出版社，1957年8月，第144页。

③ 北京政法学院民法教研室编《中华人民共和国农业生产合作社法参考资料汇编》（上），北京：法律出版社，1957年8月，第145页。

④ 邓子恢：《一年来农业合作化运动的情况和今后的工作》（1956年6月19日），载中华人民共和国国家农业委员会办公室编《农业集体化重要文件汇编》（上册），北京：中共中央党校出版社，1981年10月，第561页。

⑤ 参见邓子恢《在全国第四次农村工作会议上的总结报告》（1957年9月15日），载《农业集体化重要文件汇编》（上册），北京：中共中央党校出版社，1981年10月，第733~735页。

一奖制"一度成为我国农村一种基本的管理制度，改善了农业合作社的经营管理。

1958 年的人民公社化运动，冲垮了高级社时各种行之有效的农业生产责任制，搞什么组织军事化、生产战斗化、生活集体化，打乱了原来的经营管理，还在分配上搞平均主义，吃"大锅饭"，严重地挫伤了广大农民的生产积极性，使我国农业生产倒退了好多年。1961 年 1 月，党中央对国民经济采取了"调整、巩固、充实、提高"的方针。在贯彻"农业六十条"的过程中，我国农村又逐渐恢复了评工记分、包工包产、联产计酬、包产到户等生产责任制。但是，"文化大革命"又错误地批判了各种形式的生产责任制，把包产到户说成修正主义，连评工记分也成为工分挂帅。在"文化大革命"期间，全国农村推行所谓的"大寨式记工法"，不搞定额计酬，更不搞包工包产，而是只记出勤天数，每季或每年根据政治表现、劳动态度评定一次。这实际上是否定了按劳动数量和质量记工分，从而否定了按劳分配。在执行过程中，由于大部分社队把"大寨式记工法"变成记"人头工""卯子工""大概工"，搞成"干和不干一个样，干多干少一个样，干好干坏一个样"，从而严重地挫伤了农民的劳动积极性，特别是挫伤了有劳动专长、诚实肯干的劳动者的积极性。

粉碎"四人帮"以后，各地农村的基层干部和群众冲破"左"的思想束缚，恢复评工记分，恢复小段包工、包工包件，甚至恢复分组作业、联产计酬，恢复包产到户，使农业生产责任制发展到了一个新的阶段。

二十多年来，我国农业生产责任制的发展，走过了一个曲折的道路。这一方面有认识上的原因，另一方面也因为农业生产责任制自身有一个发展过程。各种形式的农业生产责任制是群众在实践中逐步创造出来的。各种形式的农业生产责任制相互之间有着内在的必然联系，它们的产生和发展都不是偶然的。每一种生产责任制形式，都反映合作化以后农业经营管理在某一阶段的水平。回顾农业生产责任制的发展历史，可以看到它经历了一个从不联产到联产，从简单到复杂，从不完善到比较完善的发展过程。马克思主义认为，逻辑的发展是和历史的发展一致的。列宁说："现实的历史是意识所追随的基础、根据、存在。"[1] 农业生产责任制的发展过程，正表现了这种逻辑的发展和历史发展的一致性。以下就按照历史发展的顺序，依次考察农业生产责任制的各种形式：评工记分；小段包工、定额计

---

[1] 《列宁全集》第 38 卷，北京：人民出版社，1959 年版，第 292 页。

酬；包产到组；专业承包、联产计酬；包产到户；包干到户。

一　评工记分

集体所有制的农业企业，是自负盈亏的经济单位，劳动者的报酬多少直接取决于本单位的最终收入情况。我国的集体经济从农业合作化初期开始，一般都采取不固定分值的工分制（也叫劳动日制）的分配形式。劳动者的分配收入，决定于劳动者个人向集体提供的劳动数量和质量，即所得的工分多少；另外，还决定于集体经济单位经营的成果，即每个工分值的大小。在同一个集体经济组织里，劳动者的分配收入与所得工分多少有直接的关系。

评工记分在我国初级农业合作社时期，就有许多地方实行。实行农业合作化以后，各地的高级农业合作社都采用这个方法，用它评定社员向集体提供的劳动数量和质量，作为年终分配时进行计算劳动报酬的根据。所以，评工记分是集体经济组织联系劳动报酬进行劳动管理的一种办法，也是农业生产责任制最简单的一种形式。

评工记分有两种具体办法，一种是底分活评，一种是底分死记。开始一般都采用底分活评（所以叫评工记分），后来逐渐演变为死分死记[①]。

所谓底分，是根据每个社员的体力强弱、技术高低和平常的劳动效率，评出劳动力的等级，同时定好不同等级劳力劳动一天应得的工分。这个工分就是底分。所谓活评，是以底分为基础，再根据社员当天实际劳动的情况、成绩，进行评议，定出当天应得的工分，可高于底分，也可低于底分。

这种评工记分，也即底分活评的办法，是作为农业生产合作社的劳动管理、劳动报酬的制度规定的。《农业生产合作社示范章程》第四十七条规定："生产队长或者生产组长应该在每天工作完毕的时候，检查本单位各人的工作成绩，并且根据工作定额登记各人应得的劳动日。如果合作社还没有规定工作定额，队长或者组长要在一定时期内，召集队员或组员，根据各人的工作状况，民主评定各人应得的报酬。"[②] 第五十一条规定："在没有规定各种工作的定额和报酬标准以前，合作社可以暂时采取'死分活评'[③]的办法，按照每个社员劳动力的强弱和技术的高低评定一定的工分，再根

---

① "死分死记"即"底分死记"的另一种说法。——编者注

② 北京政法学院民法教研室编《中华人民共和国农业生产合作社法参考资料汇编》（上），法律出版社，1957 年 8 月，第 191 页。

③ 文件中原文"死分活评"即"底分活评"的另一种说法。

据他每天劳动的实际状况进行评议，好的加分，不好的减分，作为他当天所得的劳动日（即工分。——引者）。"①

底分活评办法虽然这样规定，实际上却往往难以做到。一是费工费时，社员劳累了一天，晚上还要开会评工分，天长日久，总不是办法。二是在我国大多数农村文化水平比较落后的条件下，民主评议比较困难，评分会常常开成哑巴会，最后由队长说了算；或者是开成吵架会，大家争吵不休。电影《李双双》里有一场戏是描写评工记分的。妇女小组在一起评工分，开始会上冷场，副队长金樵的媳妇大凤干的活质量不好，大家不敢提，李双双直爽地指出来了，要扣大凤的工分，大凤赌气，不要工分了，引起了一场争吵。在实际生活中，像李双双这样秉公办事、爽快泼辣的人物毕竟是少数，所以农村里的评分会，多数情况下是哑巴会。对于评分吵架，社员很有意见。四川农村流行这样四句话："评分就害怕，一评就吵架，吵一肚子气，就按底分记。"河北的社员反映："活好干，工难评，评工到半夜，翻脸伤感情，评工晚睡觉，累得真要命。"

评分会流于形式以后，底分活评就变为底分死记或者叫死分死记。所谓底分死记，就是生产队根据各人劳动力的情况，评定劳动等级，即规定劳动底分，平时只记出勤天数，不再评议；干一天活，就按底分记一天工分。

底分死记，方法是简便了，类似于计时工资，但由于把每人劳动一天的工分事先固定下来，形成了"男10分、女8分，未出嫁的姑娘老6分"的情况。其结果是，干多干少一个样，干好干坏一个样，不能真实反映社员当天劳动的数量和质量，不能体现多劳多得的原则，不能鼓励社员发挥劳动的积极性。

二 小段包工、定额计酬

小段包工、定额计酬，是以定额管理为前提的一种农业生产责任制形式。鉴于底分死记、底分活评不能很好解决干多干少一个样的问题，为了鼓励社员更多更好地为集体劳动，生产队根据不同农活的要求，制定出每种农活的相应定额，即定时间、定任务、定质量、定工分，把农活包给作业组或个人去完成。经过生产队的检查验收，合格者给予相应的工分，不

---

① 北京政法学院民法教研室编《中华人民共和国农业生产合作社法参考资料汇编》（上），法律出版社，1957年8月，第192页。

合格者则要返工或扣减工分。社员对承包的作业负责，在一定的时间内，按规定的质量要求，完成一定的作业项目，然后按规定的标准得到应得的工分。如生产队规定收割 1 亩小麦为 20 个工分，社员按要求割完 2 亩小麦，就得到 40 个工分。所以，这种责任制是一种作业责任制，也叫包工责任制。

包工责任制是从底分活评、底分死记的评工记分的办法发展而来的。它类似于工业中的计件工资制。其好处是既克服了干与不干一个样的问题，也克服了干多干少一个样的问题，能够克服出工不出力的磨洋工现象，减少窝工浪费，在定额面前大家平等，付出了等量劳动可以取得等量的工分。而且这种责任制重定额、凭计量、少评议，省去了评工记分的吵嘴、怄气、纠纷多的麻烦。作业责任制实行小段包工、季节包工，固定地块的农活事先包给小组和社员，从而克服了出工一条龙、干活一窝蜂的弊病。这样，干部不必天天催工派活，社员可以自己支配劳动时间，能够省出时间种自留地搞家庭副业，克服了集体劳动时间长，不出活，终年搞疲劳战的毛病。

包工责任制的缺点是，定额烦琐难定。农业生产工种多，工序多，农活项目繁杂，受自然限制，条件千差万别且变化多端（同一农活，晴天和雨天很不一样），很难订出一个比较合理的定额标准。有的社队搞了几百种甚至上千种定额标准，但自然条件一变，还是对不上号。加上由于我国农村不少基层干部文化水平和管理水平低，在执行中很难掌握。

包工责任制最大的问题是包工不包产，农活质量难以检查，难以保证。因为农业生产的特点是劳动时间和生产时间不一致，日常作业劳动同最后取得的成果——产量在时间上脱节，而包工责任制只根据劳动者对某项农活完成的状况来确定报酬，劳动者对生产的全过程，对生产的最终成果不负责任，因此往往出现干活只顾数量、不顾质量的问题，即产生"只要千分，不顾千斤"的弊病。在实践中，由于干部不能对每项农活的质量进行确实的检查验收，所以，一些忠厚老实的社员，干活讲究质量，完成定额少，得的工分就少；而一些尖巧油滑的社员，干活毛糙，不顾质量，完成的定额多，得的工分反而多。这显然不符合按劳分配的原则，于生产发展不利。

三　包产到组

进行劳动管理，实行生产责任制的基本任务，就是要用恰当的形式，组织好生产劳动，贯彻社会主义按劳分配的原则，调动劳动者的积极性，把农业生产搞好。底分活评、底分死记，小段包工、定额计酬都可以称作为不联系产量的责任制。这几种生产责任制的最大缺点是不能解决农活的质量问题，不能解决干好干坏一个样的问题。因此，在实践中就产生了联系产量的农业生产责任制形式。

实行联系产量的责任制，把包工同包产结合起来，把产量作为衡量劳动的尺度和计酬的依据，把集体生产的成果同社员个人的物质利益结合起来，能够使社员关心农活，关心整个生产过程，关心生产的最后成果，从而可以充分发挥社员的劳动积极性，挖掘劳动潜力，发展农业生产。实行联系产量计算报酬适合农业生产的特点。农业和工业不同，农业生产的对象是有生命的动植物，生产周期长，受着气候、种子、土壤等不固定因素的影响。在整个农业生产过程中，要及时掌握、了解这些因素的变化，加以不断的调节，使之朝着有利于农业生产的方向发展，需要劳动者的高度关心和精心照料，其中有一个环节照顾不好，就会影响产量，甚至前功尽弃。另外，在现代化工业中，千千万万劳动者的工作数量和质量，可以有严格的控制，工业产品一般都有明显的质量标准，能够及时做出比较准确的检验和鉴定。农业却不一样，农业生产有较大的分散性和很强的季节性，自然因素的影响很大，农活的质量标准很难确定，平时检验也很不容易。但是，任何一项农活的及时与否和质量好坏，都会反映到最终的成果——产量上，产量是反映各项农活质量的综合标志。联系产量的责任制，是符合农业生产特点的、能够引起劳动者高度关心整个生产的责任制，其效果是不联系产量的责任制所难以达到的。

实行联产责任制，是把产量作为衡量劳动的尺度和计酬的根据，充分体现了按等量劳动领取等量产品的社会主义分配原则。为集体创造的财富多，报酬就多，创造的财富少，报酬也少，这就把集体利益和个人利益紧密地结合起来，从而鼓励社员积极认真地进行劳动。农业合作化以来的经验和教训都证明，集体经济的劳动报酬越符合劳动的数量和质量，就越能够调动农民的生产积极性。广大农民对于搞平均主义很不满意，对于搞"干和不干一个样，干多干少一个样，干好干坏一个样"是反对的。实行联系产量责任制，可以从根本上解决"三个一样"的问题，可以克服平均主义，可以调动农民的积极性，而这种效果是不联系产量的责任制所不能比拟的。从这些方面讲，联系产量责任制是不联系产量责任制的一种发展，也可以说是农业生产责任制的一个质的飞跃。

经过农民群众的创造和发展，联系产量责任制也有多种形式：有包产到组，专业承包、联产计酬，包产到户，包产到劳，还有包干到户，等等。

　　包产到组也就是分组作业、联产计酬。联系产量责任制最先是从分组作业、联产计酬开始的。这就是一个生产队划分为若干作业组，土地、牲口、农具等固定分到作业组。作业组民主推选组长，领导全组的经营管理。生产队一般在对作业组实行"四定"（定任务、定时间、定质量、定工分）的基础上，实行"三包一奖"，即包产量、包工分、包成本，超产奖励、减产受罚。生产队仍实行统一经营，即生产计划、大型农机具、水利灌溉设施等仍由生产队统一管理，生产队只是把部分的经营职能转给作业组。生产资料的集体所有制不变，生产队仍是基本核算单位，包产以内的实物和现金收入，仍实行统一分配。

　　作业组的大小，因各地情况的不同而不同。据安徽等省的经验，在以手工工具为主的生产力条件下，一般以能配备一犋牛、六七户人家为宜。作业组的组成，可以自愿结合，适当搭配，使强弱劳力能够各得其所。

　　实行包产到组，使生产和经营规模缩小了。在同一个作业组内，各人的生产劳动大家都看得见、摸得着，利益直接了。这就有利于克服"大呼隆"和平均主义，有利于实行按劳分配，有利于调动农民的生产积极性。但是，包产到组是集体责任制，在作业组内部，也还有一个如何搞好经营管理的问题。组内还应建立定额管理和评工分的制度，否则就容易出现小组范围内的平均主义，影响组员的积极性，出现生产上的"小呼隆"。

四　专业承包、联产计酬

　　专业承包、联产计酬是一种复合性质的生产责任制，它既包括包产到组，也包括包产到劳、包产到户。其具体的做法是，在生产队统一领导、统一经营的条件下，根据经营内容特点和劳动力的情况，实行专业分工、包工包产。这是从有利生产出发，按照各人的专业特长和劳力强弱，承包各种生产项目，如擅长农业生产的社员承包大田生产，擅长林、牧、副、渔、工、商各业的社员就分包各业。各业的生产又可根据有利于生产的原则，分别包到组，包到户，包到人。生产队对不同的承包者，规定各自应该达到的产量（产值）指标，分别签订合同。承包者对产量（产值）负责，生产队联系承包者完成合同产量（产值）指标的情况，计算他们的劳动报酬。包产以内的产品交生产队统一分配，超产或减产分别按规定的标准奖罚，一般实行全奖全罚。

　　专业承包、联产计酬，顾名思义有两个明显的特点：一是划分专业组织劳动，进行专业承包；二是对产量负责，联产计酬。它既是专业分工负责制，又是产量责任制，劳动组织也比较灵活，宜组则组，宜户则户，宜人则人，既有集体责任制，又有个人责任制。因为它实行联产计酬，较之不联产的责任制，有着更大的优越性，可以联产联心，充分调动社员的生产积极性。它又是专业分工、专业承包，因此有很大的优越性，可以比较科学地组织劳动力，保证必要的农业基本建设，促进农、林、牧、副、渔各业全面发展，发挥集体经济统一经营的长处。

从长远看，随着生产力的发展和生产项目的增加，实行专业承包、联产计酬的生产责任制，有利于农业生产向专业化、社会化方向发展，有利于向农工商、林工商、牧工商、渔工商等新的经济联合体发展，也有利于发展商品生产。但是，实行专业承包、联产计酬这种农业生产责任制形式，生产队需要具备一定的条件，如多种经营要有相当程度的发展，干部要有一定的文化水平和经营管理能力。例如，有些生产队经营项目单一，除了种粮食之外，几乎没有其他项目经营；有些生产队干部缺乏文化水平和经营管理能力，都不宜实行专业承包。这是因为生产队的多种经营不发展，专业分工就搞不成，即使有几个专业可分，如果干部没有一定的经营管理经验和能力，实行了也搞不好。

专业承包、联产计酬和包产到户都是以生产队为集体经济的主体，在生产队统一领导、统一经营的条件下实行的生产责任制形式。不过，专业承包、联产计酬是在有些生产条件较好，多种经营比较发展的生产队先发展起来的。它同包产到户有相同的一面，又有不同的一面。例如包产到户的承包户和专业承包、联产计酬的专业承包户，两者都是社员户，都向生产队承担一定的生产责任，各社员户之间的关系，都是在生产队统一领导下的分工合作的关系。因此，这两种承包在本质上是相同的。但是，包产到户的承包户都是"小而全"的承包，专业承包户是按专业分工进行承包，承包的内容是不相同的。另外，专业承包、联产计酬责任制是在一个生产队内，承包单位既有到组的，也有到户的和到人的，承包形式多种多样，而包产到户一般是经营项目比较单一，承包形式也只有到户一种。就这些方面说，专业承包、联产计酬责任制，是在生产条件有了发展的基础上，承包形式也有了发展的一种责任制形式。

五　包产到户

实行包产到组之后，若干户人家是一个作业单位，向生产队包工包产，这就改变了一个生产队几十户人家在一起搞"大呼隆"、吃"大锅饭"的状况。这无疑是劳动管理、计酬方式方面的一种进步，实践的效果也好。但是，作业组向生产队包工、包产、包费用后，又出现了作业组内部的劳动管理和分配问题。因为作业组是由若干个家庭经济单位组成的，实行平均主义的分配方式当然不行，所以一般还是要实行评工记分或者小段包工的办法，而这又会重新出现在生产队没有解决好的"干多干少一个样、干好干坏一个样"等问题。"大呼隆"不搞了，但还有"小呼隆"；"大锅饭"不吃了，但还吃"二锅饭"。另外，一个作业组里，需要配备组长、副组长或小组会计，等于增加了一层干部。有些干部也不好好劳动，社员对此甚为不满。有的说，甩手大掌柜还没去，又加了个甩手二掌柜。加上队和组间、组和组间因土地、耕畜等矛盾很难解决，包产到组就逐渐发展为包产到户。

包产到户也是联产计酬的一种责任制形式。包产到户是在坚持耕地等基本生产资料公有制的基础上，以生产队为主体，实行统一经营、分户承包的一种责任制。生产队把土地、耕牛、农具等生产资料按人口或按人劳比例分户承包给社员。生产队根据不同地块和作物，评定出不同的产量、工分和费用，然后以户为单位计算出应承包的产量、工分、费用，队和户签订合同，由承包户负责完成。包产以内的产品和收入，社员要按合同交队，由生产队统一核算，统一分配；超产归户，减产自负。

生产队的集体工副业，如油坊、粉坊、牧场、鱼塘等仍由集体统一经营，也可以分项由专业组、专业户、专业工承包，签订包产包收入合同，其收入纳入生产队统一分配，或作公共积累。

包产农户对耕地等基本生产资料没有所有权，但可以在生产队的统一计划下，有一定的自主权和经营权。包产农户对生产的最终成果、产量负完全责任，这样就可以充分调动社员的生产积极性和加强其责任心，关心承包地块的生产全过程。在目前我国农村的生产力水平下，这是促进农业生产发展的一个比较好的方法。

在这种联产责任制的发展过程中，还出现了一种叫做联产到劳的生产责任制。它同包产到户是基本相同的。联产到劳也就是包产到劳。这个办法最早由河南省农村总结出来，叫做"三不变、四统一、五定一奖"。"三不变"是：基本生产资料集体所有制不变，基本核算单位不变，按劳分配原则不变。"四统一"是：统一生产计划，统一调配使用劳动力、畜力和大中型农具，统一耕种，统一管水用水。"五定一奖"是：定劳力、定地段、定产量、定成本、定工分到作业组，超产奖励、减产赔偿。这种责任制的主要特点是，生产队根据生产需要和每个劳动力的特长，实行任务到劳，联系产量（产值）计酬，把合理分工和互相协作紧密结合起来，把生产队的自主权和社员个人的自主权结合起来，把集体生产成果和个人劳动报酬直接联系起来，既能充分发挥集体经营的优越性，又能充分调动社员个人的生产积极性。

联产到劳和包产到户的主要区别在于责任田划分到劳还是到户。实行联产到劳，土地按劳动力承包；实行包产到户，土地就按每户人口承包。从理论上说，到劳和到户是不一样的，但在实践中，两者的差别很小。因为在实际生活中，农户——家庭是农村的基本经济生活单位，劳动力都在每个农户中，一般每个农户都是有劳动力的，少数农户中全部是劳动力，完全没有劳动力的农户极少。按劳承包责任田，最后计算也要归到农户，如一家有几个劳动力，就按几个劳动力划一块或几块耕地一起耕种，一起收获。在现阶段，耕地仍是基本的生产资料，所以，在许多地方，即使是完全无劳动力的户（除了五保户）也还要划给一定的土地，否则基本生活就不好安排。所以，联产到劳同包产到户基本上属于同一类型的责任制形式，之所以称呼不同是由于社会、政治原因造成的。有些地区过去把包产到户批"臭"了，为了避免无谓的争论，换个称呼叫做联产到劳，而实际内容同包产到户是一致的。联产到劳的长处，包产到户有，联产到劳的短处，包产到户也有，不同点甚少。在那些工副业比较多，生产项目比较多，收入比较高的社队，为了便于分工协作，按劳承包要比按户承包好一点，但现在这种生产队是少数。

六　包干到户

包产到户早在 1956 年就已经创造实行了，包干到户却是近几年农民群众在实行联产承包责任制过程中的一种新的创造和发展。

1979 年春天，在党的十一届三中全会精神和两个农业文件（即党的十一届三中全会原则通过的《中共中央关于加快农业发展若干问题的决定（草案）》和《农村人民公社工作条例（试行草案）》）指引下，各地农村纷纷实行联产到组的生产责任制。安徽省凤阳县也开始实行联产到组责任制。但在实践过程中，农民群众和基层干部感到其中包产、计工分、奖赔的办法太烦琐、复杂，因此，有的社队试验把劳力、土地、牲口、农具固定到组的同时，也把国家征购和集体提留等任务确定到组，队与组签订一次性的一揽子合同，实行大包干。凤阳县的领导，调查研究了群众的这种创造，认为这种大包干的办法，适合凤阳县大多数社队的实际情况，因而在全县推广这种大包干到组的办法。在实践中，群众把这种办法概括为三句话，叫做"保证国家的，留足集体的，剩下都是我们自己的"。群众热烈欢迎这种简便易行的形式。到 1979 年夏季，全县多数社队实行了大包干。梨园公社 59 个生产队，实行大包干的有 58 个队。实践的效果很好，1979 年凤阳县获得了多年少见的大丰收。群众称赞说："大包干、大包干，直来直去不拐弯，该拿的拿在明处，该得的心中有数，干部省心，社员放心，越干越有劲！"

大包干到组是包产到组的演化发展，比之包产到组虽有简单直接、方便易行等长处，但毕竟还是以作业组为单位，在组内还免不了有生产上搞"小呼隆"、分配上吃"二锅饭"等问题。1980 年初安徽省委召开农业会议时，会上肯定了包产到组和凤阳县的大包干是社会主义生产责任制的形式，同时也肯定了肥西县试行包产到户的经验，明确包产到户也是生产责任制的一种形式。从此，安徽省的包产到户就比较快地发展起来。

为了解决大包干到组中的矛盾，1980 年春，凤阳县也在全县逐步推行包产到户。由于原来全县的基础是大包干到组，所以很顺利地发展成为小包干到户，即直接从组里把土地、牲口、农具等生产资料固定到户，并由户直接分担原来由组承担的国家征购、集体提留等任务，队与户签订一次性的一揽子合同。这样，"保证国家的，留足集体的，剩下都是我们自己的"三句话中的"我们"两字改掉了，变为"剩下都是我自己的"。从此，这三句话就传播开了。由于这个原因，开始，在安徽的滁县地区、凤阳等地，这种生产责任制形式也有叫包产到户的，也有叫小包干的。1980 年夏季以后，才逐渐称为包干到户。

有的地区是从包产到户转化为包干到户的，也有的地区是从原来的不联产计酬的责任制直接实行包干到户的。做法大同小异，但基本上都是生产队把耕地分到各户，由社员户负责经营，包交公粮，完成农副产品的征派购任务和上交集体提留，余下全部归己。

包干到组是从包产到组演化来的，包干到户是从包干到组、包产到户发展演化来的。包干到户和包产到户相比较，在坚持基本生产资料集体所有制不变，坚持按劳分配、多劳多得的原则不变等方面是一样的。两者的主要区别在分配问题上。包产到户实行统一分配，生产队把各户定产以内的农产品收起来，按产记分，加上非交产工分（如干部补贴等），全队按工分统一分配。包干到户是按年初的合同分配，社员只交征购粮和集体提留，剩下全部归己，不交承包的全部产品，不搞统一分配。这种包干的办法有以下几个明显的特点。

第一，方法简便，适合我国目前多数地区群众和干部的文化水平和经营管理水平。包产到户要定产、定工、定成本，要交产、记工、分配，工作量成倍增加。据调查，一个30户的生产队，原来一年只记2000多笔账，实行包产到户后，增加到4000多笔。这样繁杂的账目，会计没有一定的水平就算不清楚，有的即使算出来了，社员也算不清，记不得。包干到户只要根据国家征购等任务、集体需要的各项提留，定下每户向国家、集体各交多少，年初一次算清，签下合同，简单明白，干部、社员都容易接受。因此，可以说，包干到户是包产到户的一种简化。

第二，利益直接，可以进一步防止和克服干部多吃多占、贪污挪用、挥霍浪费等弊病。包产到户以后，社员在分配过程中的"七折八扣弄不清，一平二调管不着，多吃多占没办法"的状况有了很大改变，但因为还要统一分配，干部还有相当的粮权和财权，在缺乏一套严格的会计制度的情况下，漏洞还是不少的。实行包干到户，包干合同是社员讨论决定的，交国家多少，集体留多少，每个社员一清二楚，漏洞就进一步堵住了。因此，社员说："大包干、大包干，直来直去不拐弯。"社员就怕拐弯，弯多了，往往容易产生损害社员利益的事，所以社员赞成搞包干到户。

第三，多劳多得，可以进一步克服户与户之间的平均主义，贯彻按劳分配的原则。包产到户后，由于还要交产记工，按工分统一分配，所以在劳多人少户和劳少人多户之间，务农户和非务农户之间还有"平调"情况。当时农村口粮是按人劳比例分配的，而那时同一种粮食又存在着老价、新价、超购价、国家议价、集市价等五种不同的价格。如在安徽省，按中等稻谷，社员之间结算1978年价格，每担9.6元；卖给国家的征购粮是新价，加价20%，每担11.52元；卖超购粮，再加50%，每担17.28元；另外还有国家议购价和集市价。这样，劳多人少户交产多，分回的少；劳少人多户交产少，分得多。社员之间还有"平调"，如肥西县山南公社横店生产队，1980年实行包产到户，年终统一分配，单身汉社员唐德汉承包7亩耕地，包产3100斤，留下口粮种子，交产2200多斤，按统一工分值结算，分回现金100多元。同队社员廖志田，一家8口人，本人经营代销店，儿子在外做工，承包9.7亩耕地，包产7100斤，留下口粮种子，只交产340斤。队上的公粮、水电费和各种提留，基本上都落到劳多人少户的肩上。这两家一对比，明显不合理。

　　因为有这些原因，包产到户实行一二年之后，就都向包干到户演化发展。1984 年，全国实行包产到户、包干到户责任制的已超过生产队总数的 90%，而包干到户已超过 80%，而且还有继续发展之势。如较早实行包产到户的安徽省，包干到户已达 95%，甘肃省为 96%，而贵州更多，全省 99% 的生产队实行了包干到户。马克思说："分配的结构完全决定于生产的结构，分配本身就是生产的产物，不仅就对象说是如此，而且就形式说也是如此。就对象说，能分配的只是生产的成果，就形式说，参与生产的一定形式决定分配的特定形式，决定参与分配的形式。"① 包产到户之后，农业生产的形式改变了，要求分配形式也作相应的变化。包产到户后仍实行统一核算，统一分配，这与包产到户基本上已是分户经营这个生产形式相矛盾，致使在实践中有许多问题不好解决。实行包干到户按合同分配，则使生产形式与分配形式统一起来，解决了这个矛盾。

第二节　联产承包责任制的本质特征

　　各种形式的农业生产责任制，是各地农民群众在党的领导下，在实践中逐步创造出来的。各地的实际情况不同，各地实行的生产责任制的形式也不同；各地农业生产的水平不同，各地的生产责任制形式也不同。各地的干部和群众，根据各自实行的责任制的特点与本地的传统和习惯，给予各种责任制以不同的称呼。如前所述，主要是两大类，一类是不联产的生产责任制，例如评工记分，定额包工等；另一类是联产的生产责任制，例如包产到组，联产到劳，包产到户，专业承包、联产计酬，包干到户，另外还有部分作物包产到户，水统旱包，专业承包、包干分配，等等。这些不同的名称，反映着各种责任制不同的内容。但是，有的同一种责任制，被赋予不同的名称；也有的是不同的责任制，却用一个称呼。例如，由于过去批判过包产到户，人们怕与"包"字沾边，所以明明是包产到组，却不叫包产到组，而叫联产到组。1980 年四川内江县部分社队实行了包产到户，但为了避免外来的压力，这个县的干部和群众，把这种包产到户责任制起名为："分组作业，责任到人，联产计酬，分配到户。"

　　尽管各地的农业生产责任制形式纷繁复杂，称呼又名目众多。但是，

---

　　① 马克思：《〈政治经济学批判〉导言》，载《马克思恩格斯选集》第 2 卷，北京：人民出版社，1972 年，第 98 页。

只要仔细分析，透过现象看本质，还是可以把握这些责任制的共同特征。人们对责任制之所以称谓不同，除了社会政治原因之外，主要是人们从不同的角度来考察某种责任制的结果。例如，我们讲包工、包产、包干是就这种责任制的计酬和分配方式讲的；到组、到户、到劳、到人是指生产组织的规模和承包单位的大小；专业承包、部分作业包到户、水统旱包等是指经营项目而言。经营项目、承包单位的规模、计酬方式，这三个方面是构成农业生产责任制的重要内容，也是考察农业生产责任制的三个不同角度。在联产计酬责任制中既可以有到组、到户、到人的不同生产组织规模，也可以有包产、包干等不同分配方式。对于一个专业户，既可以从经营项目分析，称他为专业承包，也可以从分配和组织规模角度分析，称他是包产到户或包干到户。根据这些联产计酬责任制的共同特征，1981 年 10 月，国家农委杜润生等同志提出了联产承包责任制这个概念，作为各种形式的联产计酬责任制的总称。1982 年 1 月 1 日，中共中央批转的《全国农村工作会议纪要》采用了这个概念。现在，联产承包责任制已逐渐为全国所公认。

各种形式的联产计酬责任制的共同特征是，劳动者的劳动成果直接同他们自身的经济利益相联系，不同程度地改变了原来那种劳动与生产成果和劳动者利益互不相关、吃"大锅饭"的状况。要使劳动者的劳动与劳动成果相联系，就必须使农民在生产过程中有一定的经营自主权，使农民在一定的时间内对于土地、耕牛、农具、种子、肥料等生产资料有使用权，使农民劳动者在国家计划指导下，对于组织生产、农田管理、投资分配有一定的决策权。历史的经验证明，要联产，就必须承包，用各种承包形式，使劳动者同生产资料相结合，使劳动者的劳动与劳动成果相结合，使集体利益和个人利益相结合，使个人对于集体应尽的义务和应享有的权利相结合。没有这些结合，就不能实行联产计酬。历史的经验也证明，农业要承包，必然要实行联产；承包不联产，承包制就落不到实处，就不能充分调动劳动者的积极性，解决不了原来集体经济中那些固有的问题。前面讲过，包工责任制因为不联产，就解决不了农活的质量问题，解决不了"只顾拿工分，不顾增产量"的问题。所以，现在绝大部分包工责任制，都转为联产责任制了。可见，联产和承包是不可分割的两个方面。联产和承包，是各种不同形式的联产计酬责任制的共同特征。把这两点抽象出来，把各种形式的联产计酬责任制统称为联产承包责任制，这是科学的概括，合乎事物的本来面目。

联产承包责任制的重要特点是以农户或小组为承包单位，扩大了农民的自主权，发挥了小规模经营的长处，克服了以往集体经济管理过分集中、劳动"大呼隆"和平均主义的弊病，适合农业生产的要求，从而能促进农业生产的发展。农业和工业不同，农业生产的特点对组织农业生产提出三个方面的要求。第一，要求劳动者既要进行体力劳动，又要进行脑力劳动，要有一定的科学技术知识，要对生产过程高度注意、独立判断并及时采取措施。马克思指出："农民的劳动，比受分工支配的制造业工人的劳动，具有更大程度的脑力性质。"① 第二，要求农业生产的劳动者既是劳动者，同时也是经营者。劳动者要有独立的决策权，便于因时因地采取措施。如果一个农业生产组织，只能听命于远离现场的集中指挥，没有必要的自主权，那肯定会耽误农事。第三，要求生产成果同生产劳动者的利益密切相关。因为只有这样，才能使劳动者关心生产的全过程，始终处于积极主动的状态，使劳动者的智力、体力得到充分的发挥。在联产承包责任制条件下，农户或小组的小规模经营恰能适应这几个方面的要求，适应农业生产的特点。近几年我国农业生产条件虽然并没有多大改变，但是农业生产却得到了连年较快的发展，关键就在于实行联产承包责任制，适合农业生产的特点。

联产承包责任制的另一个重要特点，是有统有分，统一经营与分散经营相结合，既能充分调动广大农民家庭经营的积极性，又能发挥集体经济统一经营的优越性。我国现阶段的农业有两个基本特性：一是人多地少，生产力水平比较低，社会化的生产工具很少，基本上还是靠人力、畜力和手工工具，分工很不发达，经营单一，生产者科学文化水平低；二是我们是社会主义国家，整个国民经济是计划经济，国家不仅对工业而且对农业也要进行有计划的控制。我国农村经过三十多年的建设，毕竟有了一部分生产手段和生产设施，特别是建立了大量的水利灌溉系统，而这些都要求统一组织、统一管理和使用。农业生产的两重特性，提出了两方面的客观要求。一方面是分散的小规模的分户或分小组经营，另一方面是国家和集体对农业生产的控制和协调。分田单干，恢复农业合作化前的个体经济的道路当然走不通，而搞原来集体经济那种集中领导、统一指挥的办法，实践证明也不行。而联产承包责任制恰能满足这两方面的要求，一方面是分，

---

① 马克思：《剩余价值理论》第 2 册，载《马克思恩格斯全集》第 26 卷第 2 册，北京：人民出版社，1973 年 7 月，第 259 页。

分户经营、分散劳动；另一方面是统，对整个农业生产加以控制，对生产过程和某些生产要素统一使用和统一安排。而统和分的结合是包，包是联产承包责任制的核心，也是基础，包把统和分有机地结合起来，适应了农业生产两方面的客观要求。这是我国农民创造的合作经济的一种新形式，它以包为关键，有统有分。在分的基础上统，在统的前提下分；用包的办法分，也用包的办法统，统为包服务。

联产承包责任制还有一个特征是有专有联。实行联产承包责任制能够促进农业生产的发展，促进农业商品生产的发展。而随着农村商品经济的发展，生产的专业化也必然发展起来，会促进社会分工，涌现出大量的专业户和兼业户。随着社会分工的深化，就必然产生新的社会联合。这样，农民为了发展生产，必须通过各种形式联合起来。这种联合，有生产的联合，也有"产前"或"产后"服务的联合。这种联合，以承包家庭经营为基础，有农户与农户之间的联合，也有农户与集体、农户与国营单位之间的联合，形成各种横向和纵向的合作，形成多层次的联合，容纳不同层次的生产力，推动农村经济向前发展。

第二章 联产承包责任制的历史考察

在中外历史上，把香花当成毒草，把新生、进步的事物当成落后、反动的东西进行批判、打击的事例，屡见不鲜。在我党、我国的历史上，这样的事情也曾发生过。不同的是，我们是马克思主义政党和社会主义国家，一经发现，一经认识，就能自觉地加以甄别、纠正。我们党1945年4月20日中共扩大的六届七中全会通过的《关于若干历史问题的决议》和1981年6月十一届六中全会通过的《关于建国以来党的若干历史问题的决议》，对我党历史上曾经发生过的错误作了认真的分析和纠正，这是马克思主义者正确对待党内错误问题的典范。

联产承包责任制最初的典型形式——包产到户，就是这类曾经长期被错误批判和打击的一个事例。如前所述，现在虽然以包产到户、包干到户为主要形式的联产承包责任制已经普及全国各地，它的强大生命力正在日益展现出来，并给我国农村带来了欣欣向荣的喜人局面。但因包产到户曾被错误地批判过，被打击了二十多年，有些同志囿于这种影响，至今对它的性质、意义还认识不足，甚至还有不少疑虑。因此，对包产到户问题作一个历史考察，弄清它的来龙去脉，以进一步阐明包产到户的性质和意义，是很有必要的。

第一节 联产承包责任制和包产到户

联产承包责任制是各种形式的联系产量计算报酬责任制的总称。包产到户只是联产承包责任制中的一种形式，但它是联产承包责任制中最初的典型形式。前面讲过，联产承包责任制是从不联产计酬责任制发展而来的，但是，联产承包责任制在时间上与不联产计酬责任制相差得并不久。事实上，联产承包责任制在我国农业合作化初期就在实践中创造出来了。联产承包责任制的最早形式是"三包一奖"制。这是我国实现农业合作化之后，各地农业生产合作社比较普遍实行的一种生产责任制。具体做法是，作为基本核算单位的农业生产合作社对所属生产队实行包工、包产、包成本和超产奖励。农业合作社按照各生产队的条件，本着积极而又留有余地的原则，确定各种农作物或其他生产项目的单位面积产量和总产量，以作为包产指标；按照各项作业的劳动定额和报酬标准，计算出完成包产任务所需要的劳动工分数，以作为包工指标；按照当时实际需要消耗的平均水平，计算出完成包产任务所需要的生产费和管理费，以作为包成本指标。农业合作社把三包指标年初就落实到生产队，并签订合同，年终结算时，超产的奖励，减产的酌情赔偿。在完成包产任务的条件下，节余的工分和费用归生产队，超支部分则由生产队自理。实行"三包一奖"有利于农业合作社在统一核算、统一分配的条件下，把社和队的利益结合起来，有利于贯彻按劳分配、多劳多得的原则，有利于承认队与队之间的差别，鼓励先进、鞭策落后，使生产队从物质利益上关心本集体的经营成果，用较少的物质和劳动的耗费，生产更多更好的产品。实践证明，这种"三包一奖"的联产责任制的效果是好的。1956 年和 1957 年，全国大部分农业生产合作社基本上都是实行这种责任制，这是大集体对小集体实行的责任制，是一种集体承包责任制。

在这种集体承包责任制基础上发展起来的"三包一奖"到户责任制即包产到户，在农业合作化初期也就已经有了。包产到户以家庭为承包单位，分户劳动。承包农户是一个经营层次，生产队对农户实行联系产量计算报酬。这同现在已在全国普及的联产承包责任制的典型形式——包产到户基本上是类似的。

然而，这种以家庭为承包单位的联产承包责任制常被争论，而且屡次受到批判和打击。但是，由于它符合农业生产的特点，符合我国农村的特点，每次受到批判、打击后，又重新崛起，最后终于形成一股强大的、势不可挡的历史潮流。下面，就对包产到户的历史作一个回顾。

第二节 包产到户最早在经济比较发达地区创造出来

近几年有种比较流行的说法，认为包产到户、包干到户最先是在生产落后、经济贫困地区实行起来的，是被逼出来的治穷的办法，是解决温饱问题的权宜之计。例如，有人这样说："'双包'到户确实是在一些长期穷困落后的社队首先搞起来的。"① 这个说法不全面。事实上，包产到户最早是在经济比较发达，文化水平、经营管理水平相对比较高的地区，为了解决农业合作化后集体经营管理中的问题，由干部和群众在实践中，作为一种经营管理的方式创造出来的。只是由于后来受到了批判打击，这些地区不好再搞了，而那些边远山区、贫困落后的地方仍断断续续地偷着搞。最近一次包产到户是第四次兴起，确是先从贫困落后地区，作为特殊放宽的政策，以解决当地农民的温饱问题而搞起来的。据我调查，包产到户最早是 1956 年在四川江津和浙江温州地区创造出来的。

在 1956 年 4 月 29 日《人民日报》上，何成同志发表了一篇题为《生产组和社员都应该"包工包产"》的文章，具体介绍了"三包一奖"到户责任制的做法和效果。文章说："四川江津地区许多农业生产合作社把包工包产包到了每户社员。生产组承包了一定的土地和一定的产量、一定的成本，又把它分给组里各户社员负责。"他们认为："只有这样，才可以把生产责任制贯彻执行到底；也只有这样，才可以使全社的生产计划的完成更有保证。"②

1955 年冬～1956 年春，全国基本上实现农业合作化后，对于高级生产合作社怎么进行生产管理，劳动组织采取什么形式和怎么计酬分配，大家都没有经验，全国也没有统一的具体办法。江津地区把农业生产合作社包工、包产、包成本到组，进一步贯彻为包到户，并认为这样可以把生产责任制贯彻到底，可以保证生产计划完成。可以说四川江津地区是全国最早实行包产到户的地区，虽然当时还没有提出包产到户这个概念。何成的文章是将江津地区的做法作为实行生产责任制的经验来介绍的。他说："把一定量的任务包给生产组和每个社员，是完全对的。有些农业生产合作社（主要是高级社）只有生产队包工包产，生产组和社员不包工包产，这就产生了问题，就是社员只顾赚工分，不关心社里的生产。这是目前许多农业生产合作社建立了劳动组织，实行了包工包产，生产仍然混乱的一个重要原因。"何成认为，包工包产一定要包到组、包到户，要"从制度上鼓励社员，从个人物质利益上关心劳动的最后成果"③，否则，集体生产同社员的利益不挂钩，生产责任制就建立不起来，生产就搞不好。这篇文章提出的

---

① 林子力主编《联产承包制讲话》，北京：经济科学出版社，1983 年 6 月，第 34 页。
② 何成：《生产组和社员都应该"包工包产"》，《人民日报》1956 年 4 月 29 日第 2 版。
③ 何成：《生产组和社员都应该"包工包产"》，《人民日报》1956 年 4 月 29 日第 2 版。

基本观点，经过二十多年的实践检验，证明是完全正确的。所以，何成的这篇文章可以说是评介包产到户的第一篇文章，虽然当时他没有用包产到户这个名词。

正是在这篇文章和江津地区的经验的影响下，全国有不少地区的农业生产合作社实行了这种包工包产到组、到户的办法，并在此基础上总结出了比较完整的实行包产到户责任制的经验。

1956年春，浙江省温州地区永嘉县像全国一样，实现了农业合作化，全县办起了高级农业生产合作社。办社后，生产怎么管理？怎么解决普遍存在的出工一条龙、干活一窝蜂的问题？当时，永嘉县分管农业的副书记李云河同志，看到《人民日报》对上述经验的介绍后很高兴，认为这是解决合作社生产管理混乱的好办法。他在征得地委农村工作部领导的同意后，于1956年5月就派了县农村工作部干部戴洁天等同志到永嘉三溪区燎原生产合作社，进行包产责任制的试验。四个月以后，产生了一个《燎原生产合作社包产到户总结》。他们把这个办法叫做"包产到户生产管理责任制"。具体的做法是：农业生产合作社是第一出包者，生产队向合作社包工包产包成本，超产奖励减产罚。生产队是第二出包者，把土地划块分等，把产量、工分、成本落实到每块农田上，再把农田按每户的劳动力底分分到各户，每块农田都有劳力专管。社员对承包土地的产量负完全责任，超产全奖，减产全赔。平时社员单独生产，忙时小组互助，全社性农活大家出工。实际上，这就是生产队对每户社员实行"三包一奖"。所以他们又把这个办法叫做个人专管制，也叫产量责任制、劳动质量责任制。后来又总结成四句话："三包到队，责任到户，定额到丘，统一经营。"这是在我国第一次明确提出包产到户这个科学概念，并且总结出了一套实行包产到户的具体做法。永嘉县燎原生产合作社是全国第一个实行包产到户试验的合作社。

永嘉县委对燎原生产合作社的经验很重视，于1956年9月16日召开有全县各高级社主任参加的千人大会，推广燎原生产合作社的经验，提出要进一步多点试验包产到户，在山区、半山区、平原各试一个社。由于这个办法得到干部和群众的欢迎，到1957年夏天，不仅永嘉县有200多个社实行了包产到户，而且与永嘉县相邻的瑞安、平阳、文成等县也都搞起包产到户，全专区大约有1000多个农业生产合作社，178000多户社员（占总农户的15%）实行了包产到户。

包产到户推行以后，效果很好。主要表现为社员干活主动，生产进度快，社员干活细致，户户增强了责任心，等等。经过社员讨论总结，主要有"六好"、"五高"、"八多"和"五少"。

"六好"是：责任清楚好，劳动质量好，大家动脑筋好，增产可靠好，干群关系好，记工方便好。

"五高"是：农活质量高，粮食产量高，学技术热情高，劳动模范威信高，最后生活一定会提高。

"八多"是：增积土肥多，养猪养的多，学技术的人多，千斤田增多，生产能手增多，勤劳的人多，关心生产的人多，和睦团结多。

"五少"是：偷工减料的少了，懒人少了，装病的少了，误工浪费的少了，放弃农业出去搞副业的人少了。

以上这些是从永嘉县委在试行包产到户八个月后写的文章中总结出来的。与此同时，四川江津，广东的中山、顺德县，山西的榆次县等农业生产比较发达地区的一些农业生产合作社也实行了类似这种的责任制办法，也都取得了较好的效果。

由上可见，包产到户责任制最早是在农业比较发达，干部和群众的文化、技术水平和管理水平相对比较高的地区，为了解决合作化后农业社内部的矛盾，克服生产、分配等方面的混乱现象，作为一种经营管理的形式而创造出来的。这种办法一经创造出来，能够调动社员的积极性，能够促进生产发展，能够解决合作化后出现的一些新问题，其好处是很明显的。

第三节　包产到户从开始就有争论，并在反右派斗争中遭到了错误的打击

马克思和恩格斯着重研究的是资本主义生产关系，对于小农占绝对优势的国家如何进行社会主义革命和建设的问题，论述较少。但他们也肯定，经济落后的国家，可以在一定的条件下，不经过资本主义阶段而直接进入社会主义。十月革命以后，列宁领导苏联进行社会主义革命和社会主义建设，由于缺乏经验，曾经试图消灭商品货币关系，对农民实行余粮征集制和统一分配制度，走了一段弯路。1921 年，列宁总结了经验教训，开始实行新经济政策，容许农民在交纳农业税后，多余粮食可以自由出售，恢复商品货币交换。后来，他又提出了合作制理论，主张通过供销、信用合作把农民组织起来，走社会主义道路。列宁逝世不久，斯大林提出用集体农庄的模式来解决苏联的农民问题和农业问题。

我国解放以后，实行了土地改革，引导农民走社会主义道路。开始实

行合作化的时候，我们参照了苏联集体农庄的模式，并根据我国农业的情况，逐渐形成了实行生产资料公有制，实行统一领导、统一计划、集体生产劳动、统一按工分进行分配等制度。在当时的历史条件下，人们把这一套看作是发展社会主义农业的唯一正确的模式。

因此，当包产到户由我国农民在实践中创造出来时，一部分同志热烈赞成，认为它是适应我国实际情况、发展社会主义农业的好方法；而另一部分同志则囿于上述集体劳动、统一核算、按工分分配那一套模式，把包产到户这种新办法视为离经叛道的异端，加以反对。

在永嘉县召开大会推广燎原生产合作社实行包产到户经验后不久，中共温州地委机关报《浙南大众》，于1956年12月19日发表了题为《不能采取倒退的办法》的评论，批判永嘉县搞的包产到户是"打退堂鼓"，是"倒退的做法"。这可以说是批判包产到户的第一篇文章。包产到户这个名词，被报刊公之于世，第一次是以被批判的对象出现的。

包产到户的实践效果是好的，受到广大群众和干部的欢迎。永嘉县委的同志对于地委机关报的批评当然不服。《不能采取倒退的办法》一文发表一个星期后，永嘉县委副书记李云河，根据燎原生产合作社的试点经验，针对《浙南大众》报的批判，写了题为《"专管制"和"包产到户"是解决社内主要矛盾的好办法》的专题报告。报告中说，包产到户的办法"是有效的提高社内生产力的先进办法"。集体劳动是社内生产的主体，集体生产是好的，可以发挥人尽其才、地尽其力的优越性。但是，如果"天天集体，事事集体"，就容易造成窝工浪费。采取包产到户的办法，"可以弥补集体劳动中所产生的缺陷"，是"集体劳动的补充"。实行包产到户"可以使社员在个体经济阶段劳动的主动性、细致性和集体劳动的优越性很好地结合起来，为合作社生产服务"，"提高劳动生产率"。

李云河的报告还介绍永嘉县进行包产到户试点的实际情况和效果，并从理论上探讨了包产到户的必要性，回答了《浙南大众》和社会上对包产到户提出的问题。报告明确指出，个人专管制和包产到户，只是产量责任到户，"是农业生产合作社统一经营、集体劳动的补充部分，它在整个经营方式上是占着从属、次要的地位，为主的、起决定作用的是统一经营、集体劳动"；"包产到户并没有改变所有制，因此，生产关系绝不会变质"。

专题报告还说："包产到户后，合作社更能具体地实行'按劳取酬、多劳多得'的社会主义分配原则，谁劳动得好，谁就分配得多，谁的收入就多。同时，劳动得好坏，是以产量来做鉴定的。'产'多记工就多，报酬就高，'产'少记工就少，报酬就低。这样一来，争工分，不顾质量的偏向就可以有效地避免了。生产队隐瞒产量这个很感头痛的问题就可以有效地防止了。"

报告还就生产规模大小的问题回答了社会上的责难。报告说："大规模生产作为一个方向是正确的，但是在没有机械化的情况下，现在还是利用手工劳动、畜力耕种的时候，光是强调用'大规模的生产'方式是不够妥当的。""我们中国是以提高单位面积产量为主，因此，像'雕刻'和'绣花'一样细致的农业生产，在目前主要是手工生产的条件下，规模太大并没有多大好处。"

报告在作了大量的论证后，得出结论说："不能说'专管制'和'包产到户'是拉倒车。""包产到户推广后，不仅不会使农村产生资本主义，使新的生产关系变质。同时，在方法上讲，也绝对不会是'倒退'的。"在1956 年，当包产到户刚刚产生的时候，作者就作了这样深刻的概括和预言，这确实是难能可贵的。这些论点，经过二十多年实践的检验，证明是十分正确的。

这个报告，同时送永嘉县委、温州地委、浙江省委和中央农村工作部。报告寄出后第 8 天，1957 年 1 月 4 日，中共浙江省委召开调查研究座谈会，指名永嘉县委派人参加会议，汇报包产到户问题。李云河、戴洁天两位同志参加了会议，并向省委详细汇报了包产到户的试验情况。省委分管农业的书记林乎加同志主持会议，听取了汇报并讲了话。讲话基本上肯定了永嘉县的做法，认为永嘉县对生产管理是动了脑筋的，处理包产到户后的政策，有很多是好的，那种把永嘉县做法看作为倒退和恢复小农经济的看法是不对的、站不住脚的。讲话还认为，永嘉县提出的四句话应修改为"统一经营，三包到队，定额到丘，责任到户"。这个讲话，概括了永嘉县包产到户的基本观点。1957 年 1 月 27 日，即在浙江省委调查研究座谈会后的第23 天，省委三级干部会的第 1 天，《浙江日报》发表了李云河以永嘉县委副书记的名义写的上述专题报告，并加了编者按。这是我国第一篇公开见报正面论述包产到户的文章。[①]

但是事隔不久，1957 年 3 月初，浙江省委明确指示："包产到户是方向道路错误，一定要纠正。"永嘉县委根据省委、地委的指示，在 1957 年 3 月

---

① 李云河：《"专管制"和"包产到户"是解决社内主要矛盾的好办法》，《浙江日报》1957年 1 月 27 日第 3 版。以上转述李云河报告的内容皆引自该文。

8 日，正式做出了"坚决纠正包产到户的决定"。对于省委在包产到户问题上所作的指示，永嘉县委负责同志是不理解的，但当时他们在组织上还是服从了。然而，基层干部和广大农民群众欢迎包产到户，所以尽管永嘉县委做了"坚决纠正"的决定，实际上包产到户还在不断发展。如前所述，到当年夏天全县已有 200 多个农业生产合作社实行了包产到户，而且邻近的瑞安、平阳、文成等县的农民也跟着搞包产到户，全专区实行包产到户的农业社超过了 1000 个。

第一次把包产到户打下去的是反右派斗争。反右派斗争开始不久，《浙南大众》在 1957 年 7 月 30 日发表了《打倒包产到户，保卫社会主义》的社论，再次批判包产到户，其调子也升级了。1957 年 8 月，浙江省委派了一名常委和农村工作部部长到永嘉县帮助县委整风反右。此后，地委连续召开会议对包产到户进行批判。8 月 15 日，《浙南大众》公开点名批判李云河犯了"右倾机会主义错误"。永嘉县委书记和副书记李云河被迫在报上作公开检讨。8 月 23 日《浙南大众》指出："李云河同志一再坚持与推广包产到户，曾一度为某些干部所接受，在我区合作化事业上造成了严重不良后果。这个错误做法在 8 日召开的地委扩大会议上受到了严肃的批判，李云河本人也作了初步检讨。为了充分揭发包产到户的危害性，现将李云河同志检讨刊出，希望各地农村干部社员对照本地具体情况，加以讨论。"从此，包产到户在温州地区是逢会必批。不仅县里批、地区批、省里批，新华社记者也专门到温州采访批判包产到户的情况，写了《温州专区纠正"包产到户"的错误》的专稿，发表在 1957 年 10 月 13 日的《人民日报》上。报道说："温州专区农村开展社会主义宣传教育运动以后，中共浙江省委农村工作部部长吴植椽，中共温州地委书记、副书记李铁峰、李文辉等人，都先后到农村去调查研究，然后向干部指出'包产到户'是原则性路线性的错误，是引导农民离开社会主义道路，使合作化事业和贫农、下中农的利益受到了很大的损害，助长了农村资本主义势力的发展。"专稿还说，经过运动，"温州专区实行了'包产到户'的社，绝大多数已经纠正"。①

自从《人民日报》发表了上述专稿后，其他一些报刊也相继发表文章和报道，批判包产到户。正是在反右派斗争中，全国第一批实行包产到户的农业生产合作社——四川的江津地区，广东的中山、顺德县，山西的洪洞、榆次县等地实行了包产到户的农业合作社，都被迫改掉了，甚至连江

---

① 《温州专区纠正"包产到户"的错误》，《人民日报》1957 年 10 月 13 日第 2 版。

苏江阴县等地有的干部和群众曾提出过实行"三包到户"要求的，也受到了批判。就这样，我国农村的包产到户第一次被打击下去了。

在反右派斗争中，包产到户成了农村主要的批判和打击的目标，包产到户被指责为"富裕中农的自发要求""小农经济积极性""打退堂鼓""个人单干""右倾""右倾机会主义""原则性的路线错误"，当事者也在运动中受到了批判和打击。1958年2月到6月，浙江省委、温州地委对永嘉县包产到户问题有关人员先后做了组织处理。永嘉县委第一书记受到撤职、降级的处分。副书记李云河被定为"手持双刀（指包产到户和按劳分粮）"，大砍社会主义的"右派分子"，开除党籍、撤职降级、下放劳动。县委农工部长被撤职，两个副部长被定为"右派"，撤职降级。实验包产到户的驻社干部戴洁天同志，被戴上"右派"和"反革命"两顶帽子，由法院判处管制劳动三年。几乎所有农工部的干部都被撤职、开除或定为"右派"。燎原生产合作社和其他一些农业生产合作社中积极实行包产到户的基层干部和社员，被批为"富裕农民""右派首领"，有的还以煽动包产到户罪而被判了徒刑。

第四节　包产到户的第二次兴起和再一次受到打击

历史上任何一次大的生产关系的变革，都需要有一个漫长的调整、巩固和完善的过程。1956年全国实现农业合作化，使1亿多农户从个体所有制改造成为社会主义集体所有制，这是我国农村生产关系的一次伟大的变革。但是，我们对于这样一个深刻复杂的变革运动缺乏经验，尤其是1955年夏季以后对农业合作化要求过急，工作过粗，改变过快，形式又过于简单划一，以致遗留了一些问题。农业合作化以后，一方面是干部和群众在实践中提出要实行生产责任制，实行包工包产（包括上述实行包产到户等办法），实行全面的计划管理，以使集体所有制合作社巩固、完善起来；另一方面，也有些地方出现了"拉牛退社"的风潮。对于出现的这些问题，理应加强调查研究，分清具体情况，从生产关系必须适合生产力水平的原理出发，妥善地加以解决。但在1957年，我们没有这样做，而是用反右，用社会主义与资本主义两条道路的大辩论，把"拉牛退社"的农民，要求实行包产到户办法的干部和群众，都批成所谓"单干风"，用政治斗争的办法加以阻止。随后在1958年，又轻率地发动了"大跃进"和人民公社化运动，使高指标、瞎指挥、浮夸风和"共产风"为主要标志的"左"倾错误在全国泛滥起来，严重地破坏了农村的生产力，冲击了高级社刚刚建立起来的生产秩序，极大地挫伤了广大农民的生产积极性。党中央和毛泽东同志为了纠正这个错误，从1958年11月到1959年3月，在郑州、武昌、上海等地连续召开四次重要会议，来解决由于人民公社化运动而引起的农村一系列问题。例如划清社会主义同共产主义的界限，明确人民公社是社会主义集体经济的性质，批判"一平二调"，明确在社会主义改造基本完成以后，我们还要利用商品生产和商品交换来团结农民，而不能剥夺农民。特别是在第二次郑州会议上，提出要克服平均主义和过分集中的倾向，要从所有制问题，从解决人民公社管理体制上来解决同农民的关系问题。党中央还下发了《郑州会议纪要》，规定了十四句话作为那时整顿和建设人民公社的方针。这十四句话是："统一领导，队为基础；分级管理，权力下放；三级核算，各计盈亏；分配计划，由社决定；适当积累，合理调剂；物资劳动，等价交换；按劳分配，承认差别。"① 从1959年3月9日到29日，毛泽东同志连续五次以党内通讯的形式给各地写信，具体指导在农村贯彻一系列政策。

我国农村在贯彻上述历次中央会议精神，纠正"左"倾错误的过程中，各地又重新建立起生产责任制，生产大队对生产队实行"四固定"（土地、劳动力、牲口、大中型农具），"三包一奖"的办法，以克服分配上的平均主义和经营管理中的混乱状况。河南新乡地区沁阳县、洛阳地区临汝县、湖北恩施地区宣恩县、陕西咸阳地区三源县等地人民公社在整顿管理体制的过程中，把责任制一竿子插到底，划分地段，把全部或大部农活包工到户，实行地段责任制，实行土地下放，实行包工到户、包产到户。这些责任制一经实行，就使已经搞乱了的生产秩序恢复起来，调动了农民的积极性，使管理措施落实，提高了工效。

但是由于"大跃进"、人民公社化运动刮起来的那些"左"的东西，在很多地方还没有得到彻底的纠正，再加上1957年对包产到户的批判、打击，人们还记忆犹新，所以这次包产到户实行的范围并不很大，而且时间不长，只有三四个月的时间。1959年7月党中央召开庐山会议，会议后期对彭德怀同志进行了错误的批判，进而会后又在全党错误地开展了"反右倾"斗争。"反右倾"株连到了包产到户，包产到户再次成了批判、打击的对象。

---

① 中共中央党校党教研资料室编《中国共产党历次重要会议集》（下），上海：上海人民出版社，1983年10月，第130页。该纪要是毛泽东同志起草的。

1959 年 11 月 1 日,《红旗》杂志发表的题为《右倾机会主义就是企图为资本主义复辟开辟道路》的评论员文章指出:"他们(指右倾机会主义——引者)企图用所谓'包产到户'之类的形式来破坏集体所有制,恢复单干,使农村重新走上资本主义道路。"[1] 1959 年 11 月 2 日《人民日报》发表了题为《揭穿"包产到户"的真面目》的评论员文章,称"'包产到户'是极端落后、倒退、反动的做法",是"右倾机会主义的主张和活动"。[2] 1959 年 12 月 4 日,《光明日报》发表了题为《"包产到户"是右倾机会主义分子在农村复辟资本主义的纲领》的文章。该文指责包产到户是"右倾机会主义"的恶毒主张,是"兜售资本主义货色","是极其阴险的",因此"我们必须彻底揭露它,击毁它"。[3]

1957 年批判、打击包产到户,只是部分省市做的决定,中央报刊只发了一些报道,并未发表评论。1959 年"反右倾",《红旗》《人民日报》相继发表评论,《光明日报》也跟着发表文章,可见情况发生了很大的变化。1957 年批判、打击包产到户,还只说是富裕农民的主张,打退堂鼓,等等。1959 年"反右倾",则把包产到户说成是"极端落后、倒退、反动的做法",是"右倾机会主义的主张和活动",是"右倾机会主义分子在农村复辟资本主义的纲领"。批判的调子大大提高了,而且把包产到户这样一个生产责任制形式直接同政治路线斗争联系了起来。1959 年的"反右倾"斗争是完全错误的。1959 年对包产到户的讨伐,也是完全错误的。

第五节 包产到户第三次大规模兴起及其发展

"反右倾"斗争,在政治上使民主生活遭到严重损害,在经济上打断了正在纠正"左"倾错误的进程,并使这种错误发展得更为严重。农村中的"共产风"、浮夸风、强迫命令风、瞎指挥风、干部生活特殊化风,刮得比人民公社化初期还大。有的少数社队又搞"穷过渡",过渡到基本社有或全民所有,并且没收自留地,家庭养的猪、羊、鸡、鸭归公,分配上搞平均主义,继续办公共食堂,吃"大锅饭",等等。这又再次严重地挫伤了亿万农民的生产积极性;加上自然灾害的影响,农业生产一落千丈。我国 1958

① 本刊评论员:《右倾机会主义就是企图为资本主义复辟开辟道路》,《红旗》1959 年第 21 期。
② 本报评论员:《揭穿"包产到户"的真面目》,《人民日报》1959 年 11 月 2 日第 4 版。
③ 郑庆平:《"包产到户"是右倾机会主义分子在农村复辟资本主义的纲领》,《光明日报》1959 年 12 月 4 日学术理论专栏。

年产粮 4000 亿斤，1959 年下降到 3400 亿斤，1960 年只有 2870 亿斤，有些省竟倒退到 1949 年以前的水平。农业的倒退，引起了国民经济的比例失调，导致了三年严重经济困难的到来。

1959 年到 1961 年发生的严重经济困难，使国家和人民遭到了巨大的损失，而受苦最深的是农民。其中四川、安徽、河南、山东、甘肃等省，由于"左"倾错误严重，"五风"刮得最厉害，农民的境况则更加惨苦。有的农村在 1960 年冬天，处于"人无粮，猪无糠，牛无草"的绝境。农民靠瓜菜充饥，很多人患干瘦、浮肿等营养缺乏症。安徽太湖县徐桥区桥西大队 430 个人，患干瘦、浮肿病的有 125 个，占 29%，有的甚至还出现非正常死亡。此外，还造成人口大量外流，土地荒芜，生产资料破坏严重，牛力奇缺等情况。太湖县在 1955 年有牛 36260 头，大型农具 25 万件，猪 4.8 万头。1960 年冬，牛只剩下 1.8 万头，而且都是抽一鞭走一步的瘦牛，大型农具只剩 10 万件，水车、禾桶一类的大农具几乎全弄坏了，生猪则下降到 1.1 万头。生活用品奇缺，破屋、漏锅的农户占 70%。集体经济经营管理极度混乱，财务制度废弛，集体积累账上有、账下无，生产资金全靠国家贷款。公共食堂还办着，但很多食堂无米下锅。按劳分配成了一句空话，生产没有责任制，干活一窝蜂，群众也无力干活，工效极低，劳动质量极差。

1960 年 11 月，党中央发出了《关于农村人民公社当前政策问题的紧急指示信》，即"十二条"紧急指示，开始纠正"左"的错误，调整党在农村的经济政策。信中重申了两次郑州会议以来公布的农村经济政策，强调要彻底纠正"五风"，彻底清理"一平二调"。各地抽调大批干部，下乡宣传贯彻这个紧急"指示信"。"十二条"的贯彻，对于扭转当时农村形势起了重大作用。在纠正"左"的错误，纠正"五风"，整风整社，整顿集体经济的经营管理过程中，实行生产责任制的问题重新被提了出来，包产到户又在各地兴起。这次实行的规模比前两次要大得多，也普遍得多。山东、安徽、河南、四川、河北、甘肃、广东等省的许多社队都先后实行了这个办法。其中尤以安徽省实行得最早最多。不过由于"包产到户"这个名称，在 1959 年刚刚被《人民日报》《红旗》严厉批判过，所以一般都改用了其他名称，如河南叫"借地"，安徽叫"责任田"。

安徽是"五风"刮得最厉害的省份之一。全省大部分地区的农业生产遭到严重毁坏，物质生活极端困难，集体经济近于崩溃。1960 年冬，省委负责同志认为要改变这种情况，解决农民生产积极性不高、责任心不强、农活质量很差的问题，必须迅速建立生产责任制，实行包工要联系产量。

于是，开始准备选一个偏僻山区先搞试点。

1961 年春，有个典型事例，促使安徽省委下决心搞"责任田"。宿县有个老农叫刘青兰，年龄 73 岁。1960 年，他儿子生肺病不能劳动，公社劝他进养老院，他不愿坐吃公家的饭，向公社书记要求带着生肺病的儿子到山里去生产和休养，并说生产有余，就交粮给公家，不足也不要公家负责。公社党委同意了他的请求。刘青兰没有牛，没有犁，只靠一把锹和一把四齿钩。当年开了 16 亩荒地，收了 3300 斤粮，除留下口粮、种子、饲料 1500 斤，给公社交了 1800 斤粮食和 60 元现金（养猪、养鸡所得）。刘青兰向公社建议，最好把田包给社员种，统一分配，不然不少社员混工，没有责任心，生产搞不好。这件事给省委很大启示，并形成了包工必须联产的一些具体想法。省委还派出工作组到合肥市郊蜀山公社井岗大队南新庄小队进行试点，结果群众十分拥护。包产后，农民生产积极性大大提高。试点还未结束，邻近的生产队纷纷要求实行这个办法，有的农民还要求搬到南新庄落户。在工作组的帮助下，南新庄小队的干部和群众总结出了一套实行"包产到队，定户到田，责任到人"的具体办法。

第一，实行五个统一。这就是计划统一（生产指标和主要作物安排），分配统一（产品交队，包产以内的收入由大队统一分配）；大农活和技术性农活统一（耕牛使用、泡种、撒种、用场等）；用水、管水统一；抗灾统一。

第二，在五个统一的基础上，先"三包""四固定"到组（20 户左右一个小组），然后再"定产到田，责任到人"，并签订包产合同。定产，根据土质、水利条件逐丘定产，田埂随田走，产量逐年调整一次。划分责任田，按照社员劳动力底分，确定承包农田面积，水田旱田、好田孬田、远田近田，互相搭配，尽量做到耕地连片。所包耕地，按劳动力增减情况，每年秋后调整一次。定工，根据耕作难易情况，按不同农田、不同作物和劳动定额定工，以工除产，以产记工。如 1 亩地包产 600 斤，定工 30 个，在作物收获后，每交 20 斤粮食就记 1 个工。奖赔，超产全奖、减产全赔。超产部分一般以 50% 奖粮，50% 奖钱。此外，还对耕牛、农具等的使用，种子、肥料、育秧、打场等问题也作了具体规定。

1961 年 3 月中旬，安徽省委向全省发出《关于包产到队，定产到田，责任到人的试行办法草案》的文件，推广南新庄生产小队试点的办法。到 4 月下旬，全省已有 39.2% 的生产队实行了"责任田"。

1961 年 3 月，中共中央制定了《农村人民公社工作条例（草案）》，即

"农业六十条"。《条例》中规定，生产队要搞好生产管理，调动社员的积极性，"建立严格的田间管理责任制……有的责任到组，有的责任到人"。① 安徽省委为了使"责任田"与贯彻"六十条"相衔接，把"包产到队，定产到田，责任到人"更名为"包工包产责任制"，并于 1961 年 4 月 15 日向全省发出《关于加强包工包产责任制的办法（草案）》的通知。指出：为了实现农村人民公社工作条例规定生产队要加强责任制的要求，必须进一步加强包工包产责任制。办法就是大活包工到组，小活包工到户，按大小农活的比例实行奖赔。所谓"大活包工到组"，就是犁耙、播种、育秧、栽秧、抗旱、排涝、防汛、抢险、收割拉打等农活，由作业组统一安排劳动力，统一记工。所谓"小活包工到户"，就是锄草耘田、积肥追肥、车水灌溉、防治病虫害、拾棉花、拾豆子以及其他适合分散做的农活，一律包工到户，责任到田，逐丘定产量，超产部分按大小农活比例给奖，减产部分按大小农活比例赔偿。这个通知还指出：这个办法是吸取了多年来的经验，结合当前的实际情况而制订的，并没有改变所有制和分配办法，所不同的是在于：（1）固定"责任田"，全年农活一次包，田间管理搞得好的有专门奖励，这种奖励是根据产量多少来确定，可使社员更加关心提高产量；（2）这个办法的基本精神，就是根据农活特点，把责任到组和责任到人适当地结合起来，把"大集体"和"小自由"适当地结合起来，以加强社员的生产责任心和劳动积极性；（3）这个办法的目的就是为了更好地发挥集体经济的优越性，迅速发展农业生产。因此，不论处理任何问题，都要有利于社会主义，有利于增加生产，有利于克服目前的困难，使大家把生产积极性和社会主义积极性很好地结合起来。② 至于其他方面，基本上还是原来的那套办法，未作变动。

安徽实行"责任田"的消息，不胫而走，很快传到外省，各地的干部和农民纷纷到安徽农村了解搞责任制的办法，也有直接派干部到省里去了解情况的。为此，安徽省委专门向党中央、毛泽东同志写了《关于试行包工包产责任制情况的报告》，报告了实行包工包产的具体做法，实行这个办

---

① 《人民公社工作条例（草案）》（1961 年 3 月），载中华人民共和国国家农业委员会办公室编《农业集体化重要文件汇编》（下册），北京：中共中央党校出版社，1981 年 10 月，第 462 页。
② 《关于加强包工包产责任制的办法（草案）》（1961 年 4 月 15 日），参见《〈安徽文史资料〉第 34 辑 1961 年推行"责任田"纪实》，合肥：中国文史出版社，1990 年 9 月，第 77～84 页。——编者注

法的好处，并一再说明，这不是"分田"，也不是"包产到户"，是同"农业六十条"规定的责任制完全一致的办法，请求党中央告知外省，以免在群众中发生误解。①

1961年夏收时，凡是实行"责任田"的社队，绝大多数都取得了好收成，比不实行这个办法的社队明显地增产增收，这就使广大干部和群众更加拥护"责任田"。因此，虽然省委一再声明，不再扩大范围，但到夏收结束，全省实行"责任田"的生产队已发展到占总数的66%。但是在这样好的形势面前，安徽省委的领导却一直很不安。主要是1957年反右派斗争、1959年"反右倾"斗争，错误地把包产到户批判为极端落后、倒退、反动的影响，所以，实行"责任田"办法的范围越是扩大，省委领导就越不安。1961年7月24日，安徽省委又给党中央写了长达万余言的报告，把包工包产责任制，又更名为"田间管理责任制加奖励"（因为"农业六十条"中规定可以实行田间管理责任制）。这个报告介绍了"责任田"的具体做法和实行的好处，特别对这种责任制的性质作了分析。报告说："田间管理责任制加奖励，是一个刚刚试行的办法，我们深怕出岔子，所以经常从正反两方面研究，看它是不是符合社会主义原则。经过几个月的试行，看来这个办法是不违背社会主义原则的，是可行的。"报告认为："田间管理责任制加奖励的办法只是社会主义集体经济的一种管理方法，它并没有改变生产资料所有制，土地、牲畜、大农具仍然是集体所有；它并没有改变产品收入的分配方法，包产以内的产品，仍由大队统一分配（当时是以大队为基本核算单位——引者），社员仍然是按劳取酬。""这个办法是不会造成两极分化的。""这个办法不会加重社员的私心。"②

1961年8月，安徽省委又召开全省地委第一书记座谈会，就推行田间管理责任制加奖励的办法专门进行讨论，并向全省下发了《座谈会纪要》。《纪要》提出，要以县为单位办训练班，训练公社、大队、生产队三级干部，通过训练要使每个干部真正做到思想通、政策通、办法通；要以生产队为单位召开社员大会，已经实行"责任田"的要总结、检查，解决试行

---

① 《中共安徽省委关于试行包工包产责任制情况的报告》（1961年4月27日），参见中华人民共和国国家农业委员会办公厅编《农业集体化重要文件汇编》（下册），北京：中共中央党校出版社，1981年10月，第501~502页。

② 《中共安徽省委关于试行田间管理责任制加奖励办法的报告》（1961年7月24日），参见中华人民共和国国家农业委员会办公厅编《农业集体化重要文件汇编》（下册），北京：中共中央党校出版社，1981年10月，第507~510页。

中的问题，没有实行"责任田"的，要让全体社员讨论，尊重大多数社员的意见；要在机关、学校、工厂、部队进行"责任田"的宣传和教育，使大家对这一办法有一个正确的了解。《纪要》还要求各级党委，经常注意责任制的贯彻，随时发现问题和解决问题。

前面说过，安徽是"五风"刮得最为厉害的省份之一，造成的后果也十分严重。但是，安徽省委领导除了按中央统一部署，贯彻"十二条"指示，整风整社，纠正"五风"之外，又着力在全省领导推行了"责任田"的办法，因此，安徽省农业生产的恢复和农民生活的改善是比较快的。1961 年全省粮食实产 140 亿斤，比 1960 年增长 3.8%，高于全国增长 2.8% 的水平。安徽省在当时非常困难的生产条件下，取得这样好的成绩是很不容易的。例如，有个介绍安庆专区太湖县实行"责任田"后情况的材料说："1961 年是太湖人民在精神上、物质上的一个新的根本性的转折。荒、逃、饿、病、死，一瞬间变为熟（荒地变成了熟地）、回（外流的回归了）、饱（人民基本上吃饱了，有部分地区吃得较好而有余）、健（身体健康了，有病的也不多了）、生（妇女怀孕了。江塘人民公社甘岭大队 668 个妇女，1962 年怀孕的就有 60 个）。三类的徐桥地区（是太湖县最差的区）桥西大队的农业生产，1961 年和 1960 年比较：粮食由 11.4 万斤增至 20.78 万斤，增长 81%（自留地还不算在内）；油料由 278 斤增至 1860 斤，增长 5.7 倍；棉花由 62 斤增至 676 斤，增加近 10 倍；生猪、家禽也是几倍的增长。当然，1960 年的基数小，1961 年潜力大。然而 1961 年的困难与问题却比过去艰巨复杂得多。"①

又如，安徽宿县符离集区 1961 年 3 月实行"责任田"办法，当年粮食总产 3600 万斤，比 1960 年的 3050 万斤增长 18%；牲畜 6557 头，比 1960 年增加 1364 头，增长 20.8%；实有猪 4581 头，比 1960 年增长 71.6%；羊 11208 只，比 1960 年增长 50.7%；鸡 32083 只，比 1960 年增长 145%。全区粮食征购任务 553 万斤，完成 558 万斤，超额 0.9%；口粮、种子、饲料都按标准落实了，另外还有机动粮 106 万斤；猪、羊、鲜蛋收购任务也超额完成了。由于社员生活安排得好，因而思想安定，生产情绪高涨，修盖房屋，结婚、生孩子的大大增加。农村的集市贸易也空前活跃，出现一片欣欣向荣的景象。

安徽由于实行"责任田"的办法，增产增收，半年多的工夫就基本解

---

① 《关于保荐责任田办法的报告》，参见《〈安徽文史资料〉第 34 辑 1961 年推行"责任田"纪实》，合肥：中国文史出版社，1990 年 9 月，第 120~121 页。——编者注

决了几千万农民缺衣少食的问题，很快扭转了饿、病、逃、荒、死的局面，救活了许多人的性命，渡过了最艰苦的难关。广大社员重建由于居住集中化、行动军事化、生活集体化而破坏了的家园，整修房屋，搭灶架锅，收拾家具，买盆添碗，一年时间恢复了正常生活，基本上恢复了元气。所以，在安徽，很多人把包产到户，不仅是叫做"责任田"，而且是称为"救命田"。在安徽农村，现在 35 岁以上的人中，不论干部还是群众，对于 1958年以后"五风"造成的惨苦景状和 1961 年实行包产到户使他们绝路逢生这两件大事，都是永世难忘的。包产到户已在安徽生了根。尽管以后包产到户一再遭到批判、打击，但只要一有可能，就明的暗的实行起来。这也就是粉碎"四人帮"以后，包产到户最先在安徽实行起来的重要历史原因。

第六节　包产到户第三次受到打击和在"文化大革命"中的遭遇

历史发展的道路是曲折的。1961 年包产到户已经在全国十多个省区的许多社队实行了。实行包产到户后的效果非常明显，广大社员和农村基层干部对包产到户十分欢迎。安徽省到 1962 年 2 月，全省实行包产到户的生产队已占总数的 85.4%。安徽省委对包产到户采取了如履薄冰、如临深渊那种谨慎小心的态度和做法，使之尽可能完善，尽可能少引起社会震动。但是由于"左"倾错误在经济工作的指导思想上并未得到完全纠正，加上政治上的一些原因，包产到户还是第三次遭到了批判和打击。

1962 年 3 月，改组后的安徽省委召开省、地、县三级干部会议，对"责任田"问题进行了讨论，认为这个办法在方向上是错误的，必须坚决地彻底地加以改正。1962 年 3 月 2 日，安徽省委常委会正式通过《关于改正"责任田"办法的决议》。《决议》说："'责任田'的办法，与中央'六十条'和关于改变农村人民公社基本核算单位问题的指示精神是背道而驰的。因为这个办法是调动农民的个体积极性，引导农民走向单干，其结果必然削弱和瓦解集体经济，走资本主义道路。这个办法在方向上是错误的，是不符合广大农民的根本利益的，必须坚决地把它改正过来。"[①]《决议》还规

---

① 《中共安徽省委关于改正"责任田"办法的决议》（1962 年 3 月 20 日），参见黄道霞等主编《建国以来农业合作化史料汇编》，北京：中共党史出版社，1992 年 3 月，第 697页。——编者注

定了改正"责任田"的方法和步骤，总的要求在 1962 年内大部分改过来，其余部分在 1963 年内改正过来。

从此，对于"责任田"、包产到户的批判和纠正就开始了。但是，这次对包产到户的批判和纠正却遇到了很大的阻力和抵制。这是因为，前两次包产到户实践的规模都比较小，是局部的，而且时间比较短，带有自发性，在理论上也还没有比较充分的论证，所以只要组织一作决定，舆论一批判，包产到户就被打下去。但这次不同，包产到户已经遍及全国十多个省区；安徽省已经有 85% 以上的生产队，几千万农民实行了包产到户，实践的效果也很好，群众和干部把"责任田"看作是"救命田"。而且包产到户在安徽是由省委大力领导，有组织有计划，通过试点，不断总结，逐步推广实行起来的。特别是在理论上，也已经作了相当的准备，如对于包产到户会不会改变生产资料公有制性质，会不会破坏按劳分配，会不会把农民引向单干，会不会引起两极分化，会不会由此复辟资本主义，等等，都作了分析和论证。

1962 年 3 月，改组后的安徽省委逐级向下派出工作组，开始纠正"责任田"。虽然工作组一下乡就亮出省委决议的牌子，采用了组织手段，但是纠正包产到户的工作还是进展缓慢。决议原来计划春耕前纠正 10%，到 1962 年底大部分纠正过来。但直到 1962 年 8 月，实际纠正的还只占生产队总数的 12.2%。纠正工作受到了广大群众和干部的抵制。

1962 年 5 月，安徽省安庆专区太湖县委宣传部的一个干部直接向党中央负责同志写信，向党中央保荐"责任田"。信中说："'责任田'的办法是农民的一个创举，是适合农村当前生产力发展的必然趋势，是'六十条'和以生产队为基本核算单位的重要补充。"信中还说："无论是乡下也好，出差在轮船码头、等车休息也好，许多农民有关'责任田'这方面的道理，与我在省听到的和文件上看到的道理，完全相反。"信中还列举大量事实，并用说理方法，批评省委改正"责任田"的六条理由。信中引用农民的话说："共产党在互助合作的政策上，最好的就是'责任田'政策。只要不变，多完成任务（指征购），我们都情愿。""'责任田'不保荐，这里的生产力就要遭到损失。"最后，这个干部请求党中央"直接派人前来调查，以便弄清是非"。[①]

① 《关于保荐责任田办法的报告》，参见《〈安徽文史资料〉第 34 辑 1961 年推行"责任田"纪实》，合肥：中国文史出版社，1990 年 9 月，第 120～130 页。——编者注

1962 年 7 月 2 日，中共安徽省宿县符离集区委以全体同志的名义，向省委写信，表示对省委改正"责任田"的决议，思想不通。信中说："'责任田'的办法，一年来，在生产上获得了很大成绩，深受广大群众的欢迎。"信中对省委改正"责任田"的六条理由，进行理论上的辩驳，并且就"责任田"的实践，总结了十大好处。信中说："我们认为'责任田'的办法，在现阶段不仅不违背社会主义原则，而且简便易行，容易为广大农民群众所接受。它是与当前农业生产力水平，群众觉悟水平和干部的管理水平相适应的。"为此，他们要求省委对于"责任田"问题重新"调查了解，弄清情况，予以解决"。[①]

这两封信言词恳切，列举了大量的事实和材料，并从理论上加以分析论证，来为"责任田"辩护、保荐，充满了共产党员对于党的事业，对于劳动农民的深厚感情。可是，在 1962 年，这两封信都被作为反面意见印发（当时，类似的信件是很多的）。这两封信被保留了下来，成了我们研究包产到户的珍贵资料。对于包产到户问题，在 1962 年，不仅安徽有争论，各地都有争论。为了整顿、巩固集体经济，改善经营管理，发展农业生产，从 1960 年到 1962 年，当时任中共中央农村工作部部长的邓子恢同志，率工作组先后到山西、河北、广西、福建、黑龙江等十多个省区的农村，进行了广泛的调查研究。针对农村工作中"左"倾错误造成的危害，邓子恢同志再次提出集体经济必须建立严格的生产责任制。他很赞赏包产到户的做法，认为包产到户是中国农民在集体经济管理方面的一个伟大创造。1962 年 7 月，中央农村工作部专门派遣工作组到安徽省对包产到户问题进行调查。工作组调查了宿县的城关、符离集等区后，专门写了调查报告。报告除叙述了包产到户责任田的具体做法和成就外，还引用城关、符离集区委的意见说：包产到户"这种做法更不是单干，也不是方向性的错误，只是田间管理责任制和产量相结合，是一种集体生产经营管理的方法"。并且指出："这种办法推行后，受到基层干部和广大群众热烈欢迎。他们认为，实行包产到户责任田，突出地解决了两个问题。首先，'责任田'增产粮食显著，超产全归各户。""其次，'责任田'解决了经营管理中许多矛盾。"所以"群众感到，包产到户责任田越干越有奔头，他们表示，我们不怕自然灾害，就怕改变'责任田'。……他们认为包产到户责任田，在集体农业生

---

① 《中共宿县符离区委会全体同志致毛泽东主席的信》，参见《〈安徽文史资料〉第 34 辑 1961 年推行"责任田"纪实》，合肥：中国文史出版社，1990 年 9 月，第 131 页。——编者注

产经营管理上找出了一条出路，是增产粮食的最好办法"。① 很明显，中央
农村工作部工作组是主张继续搞包产到户责任田的，不同意安徽省委要彻
底改正"责任田"的意见。

1962 年 7～8 月和 9 月，党中央先后在北戴河、北京召开了中央工作会
议和八届十中全会。会上对包产到户进行了严厉的批判，对主张实行包产
到户的同志也进行了严肃的批评。例如，把农民要求实行包产到户批评为
闹单干，认为这是走社会主义道路还是走资本主义道路的问题；把包产到
户同集体经济对立起来，认为实行包产到户就是不要合作化；认为包产到
户势必引起两极分化，不要两年，一年就要分化。并且指出，包产到户是
阶级斗争的表现，闹单干的是富裕阶层、中农阶层、地富残余，是资产阶
级争夺小资产阶级，是无产阶级和富裕农民之间的矛盾。会上把各地实行
包产到户批判为闹单干风，同时也批评了领导机关，指出闹单干之风的，
越到上层越大，说有的地委书记、省委书记代表富裕农民，并指出对单干
要处理，带头的要给处分。

这次对包产到户的批判，把包产到户同阶级斗争，同走资本主义道路
联系了起来。当时正在批修正主义，又把包产到户同搞修正主义联系起来。

经过北戴河中央工作会议，关于包产到户的第三次争论就告一段落。
以后，支持包产到户的意见就不再提了。会后，各地纠正包产到户的工作
加快。安徽省在 1963 年纠正了 90%，还有一部分生产队是在 1964 和 1965
年社会主义教育运动中纠过来的。处在边远地区的个别生产队，把实行包
产到户的办法，由公开转入地下，对外保密，一直坚持了下来。

"文化大革命"一开始，包产到户就成了重点批判的对象，不仅在实行
过包产到户的地区批，在不知包产到户为何物的地区也批；不仅在农村批，
在城市也批。大会批、小会批，把包产到户说成就是分田单干，单干必然
导致资本主义复辟，导致地主富农重新上台，所以就是搞修正主义。另外，
还把包产到户同"走资本主义道路当权派"联系起来，成了"走资派"的
一大罪状。更加严重的是，在安徽等实行过包产到户的地区，还对当年实
行包产到户办法的积极分子进行打击，干部被打成"走资派"，社员则被打
成"走资户"。仅在安徽省，因为包产到户而受到打击的干部和社员就有好
几十万。他们挨批斗，挨毒打，有的受到纪律处分，有的甚至被劳改，弄

---

① 参见《〈安徽文史资料〉第 34 辑 1961 年推行"责任田"纪实》，合肥：中国文史出版社，
1990 年 9 月，第 20～21 页。——编者注

得家破人散。其他如河南、甘肃、浙江等省区，因为包产到户而受到打击的干部和群众也很多。

直到 1974 年 1 月 16 日，《人民日报》还发表署名李经的大块文章《六十年代初期我国农村一场两条路线的斗争——批判刘少奇、林彪鼓吹的"包产到户"》，专门批判六十年代初期的包产到户，说什么"这是我国农村中的一场尖锐的两个阶级、两条道路、两条路线的斗争"，是一小撮阶级敌人"刮起的一场右倾小台风"。文章用诡辩的方法，以莫须有的罪名，批判包产到户。文章说："'包产到户'在人民公社集体经济上打开了一个缺口，随着这个缺口的扩大，社会主义集体所有制就将变成形'公'实'私'的单干！单干了，广大农村就不可避免地出现阶级分化；单干了，广大农民就不可避免地重新陷于穷苦境地；单干了，地主富农就必然重新上台，整个农村就要改变颜色了。"所以，"其真实企图是复辟资本主义"。[①] 李经强加给包产到户的罪名，骇人听闻。而所有这些都是莫须有的，因为实践证明，包产到户并不是分田单干。李经之流所以在那时还声嘶力竭地批判包产到户，无非要在农村继续坚持推行"四人帮"提倡的用无产阶级专政方法办农业的那一套东西，继续搞所谓"堵资本主义的路""割资本主义尾巴"。果然，在他们对包产到户进行批判的同时，他们鼓吹在农村搞"穷过渡"，没收自留地，禁止搞家庭副业，践踏党在农村的经济政策，损害广大农民的利益，把农业和国民经济推向了崩溃的边缘。

历史是最好的教科书。包产到户经过了二十多年风雨的考验，现在，这个由燎原农业生产合作社开始试点的责任制办法，终于在我国农村燎原了。这是件大事，是件完全可以同土改、农业合作化相比拟的伟大事件，有着极其重要的实践意义和理论意义。认真总结包产到户起落的历史，吸取应有的经验和教训，对于目前健全和完善包产到户、包干到户等形式的农业生产责任制，对于促进农村大好形势的进一步发展，对于进一步清除"左"的错误影响，都是很有必要的。

二十多年来的历史表明，包产到户最早是在农业生产比较发达的地区，作为集体经济经营管理的一种形式创造出来的，是为了解决实行合作化后，由于经营管理不善而出现的诸如生产秩序不好、窝工、农活质量差等问题，以便更好地发挥集体经济的优越性，调动社员的劳动积极性，提高劳动生

---

① 李经：《六十年代初期我国农村一场两条路线的斗争——批判刘少奇、林彪鼓吹的"包产到户"》，《人民日报》1974 年 1 月 16 日第 2 版。

产率，发展农业生产。但是，包产到户一开始就受到一些同志的误解，把它看作是分田单干、打退堂鼓、拆合作社的台、瓦解集体经济。实践证明，这种看法是不对的。包产到户是集体经济的一种生产责任制形式，是经营管理方式的改进。实行包产到产，不仅发展了农业生产，集体经济的主体地位也得到巩固和加强。现在全国绝大多数的生产队实行了包产到户、包干到户，有些已经实行好几年了，这些生产队的集体经济并没有瓦解。前一阶段，有的同志认为，农民要求包产到户是因为对集体经济丧失了信心。这种说法值得商榷，因为这还是把实行包产到户同巩固集体经济对立起来。事实上，农民要求包产到户，并不是对集体经济丧失信心，而是对集体经济原来那一套经营管理方式丧失信心。农民并不是要求解散集体经济，而只是要求改善经营管理的方式。

二十多年来的历史表明，包产到户是用经济手段管理集体经济的一种形式，实行不实行包产到户，只是经济管理的方式问题。但是，包产到户多年来受到一些同志的误解，把它说成是"方向路线的错误"，是"极端落后、倒退、反动的做法"，是"两个阶级、两条道路、两条路线的斗争"，是"搞修正主义，不搞马克思主义"，"真实企图是复辟资本主义"。实践证明，这种把包产到户作为政治错误问题的看法是不正确的。实行包产到户，一不改变主要生产资料公有制，二不改变按劳分配原则。它是集体经济的一种生产责任制形式，社会主义的性质没有变，大方向是完全正确的。那种把实行包产到户说成是富裕农民的要求，是地主富农在背后捣鬼，是资产阶级争夺小资产阶级等的说法是毫无根据的。

二十多年来，包产到户经历了四起三落的历史。从一开始，包产到户实践的经济效果就很好，群众就很欢迎，但为什么一而再、再而三地被打下去呢？这主要是指导思想上"左"的错误造成的。在多次政治运动中，包产到户都是被打击的目标。另外，还有个领导机关、领导决策的体制问题。前几次包产到户，在实践中都已经有了比较成熟的经验和典型，已经有了比较全面的调查研究。但是领导在决策时，既不研究下面送上来的材料，也不到农村去调查研究，没有去倾听亲身经历包产到户的广大群众和干部的意见，凭着先入为主的印象，就给包产到户下了方向路线错误、单干风的结论，把包产到户打了下去。包产到户这个对我国农业生产行之有效的生产责任制方法，被弃置二十多年，延缓了我国农业生产的恢复和发展。这个教训我们是应该记取的。

包产到户从诞生不久开始，社会上就有争论，直到现在也还有争论。

对照一下历史，可以看到现在争论的问题，基本上也就是二十多年前争论的那些问题。归纳起来，主要是两个：一是包产到户这个做法，符不符合社会主义原则，是搞社会主义还是搞资本主义；二是我国农村实行包产到户以后会怎样发展？还能不能实现农业现代化，怎样实现农业现代化？前几次，由于包产到户实践的范围毕竟还比较小，时间也比较短，肯定包产到户一方提出的一些论证还带有预测性。现在不同，全国 90% 以上的生产队已经实行了包产到户和类似包产到户的办法，已有了三四年的历史，出乎意料的实践效果和广阔的发展前景，已经明显地呈现出来。事实胜于雄辩，对于包产到户的看法已逐渐趋于一致。这件事给我们一个启示：一个新生事物的出现，各方面有不同意见，这是正常现象。问题是要正确对待，使真的、美的、好的事物能够成长发展，使正确的意见能够得到尊重和采纳。假如在 1956 年、1957 年包产到户责任制刚刚诞生，争论刚刚开始的时候，能够容许在一个县（或一个区）的范围内，进行包产到户的试验，让实践来检验这种生产责任制的效果，那么，包产到户这个具有强大生命力的新生事物，也许会被我们早认识若干年。

回顾历史，我们可以看到，现在实行的包产到户生产责任制，正是二十多年前在浙江永嘉和安徽等地实行过的包产到户的恢复和发展，因为它们实行的原则和具体办法基本上都是一致的。历史是一面镜子，重温历史可以给人以启示。研究和总结二十多年来包产到户发生和发展的历史是很有必要的。例如，1961 年安徽省委主要负责同志亲自蹲点试验，摸索总结经验后，示范推广，推广中又不断总结的领导方法；在实行包产到户责任制过程中，提出要以县为单位办训练班，训练公社、大队、生产队三级干部，通过训练使每个干部真正做到思想通、政策通和办法通；又如，安徽省委当时强调要实行大农活和技术性农活，统一由生产组或生产队组织安排，也就是实行统和分的结合；对劳少劳弱的困难户进行特殊照顾等经验，对于目前健全和完善联产承包责任制都有直接的借鉴作用。

古语说："前事不忘，后事之师。"对于包产到户问题作历史考察，一方面是为了总结历史经验，吸取应有的教训，使我们以后对于群众创造的新事物，采取正确的态度；另一方面，也是为了使我们对包产到户这个中国农民的伟大创举的发生发展过程有一个正确的认识，清除多年来强加给它的各种不实之词，使我们了解它的本来面目，并且能按照它自身发展的规律，实事求是地研究它，引导它，使之臻于完善，使之在实现中国农村社会主义现代化的过程中发挥更大的作用。

第三章　联产承包责任制在全国的兴起和发展

　　"文化大革命"期间，林彪、江青两个反革命集团搞极"左"路线，在农村批"三自一包"（即自留地、自由市场、自负盈亏和包产到户），整"走资本主义道路当权派"，搞"穷过渡"，割"资本主义尾巴"，搅乱了干部和群众的思想，把集体经济本来就不完善的经营管理搞得更乱，在生产上搞行政命令瞎指挥，分配上记"政治工分""大概工分"，搞平均主义，吃"大锅饭"，严重挫伤了广大农民的积极性，使我国农业生产长期停滞徘徊。据统计，我国1976年粮食总产5726亿斤，人均614斤，与1956年相同；棉花总产4112万担，人均4.4斤，比1956年减少2两；油料总产8016万担，人均8.6斤，比1956年减少5.9斤，下降41%。[①] 1976年全国人民公社人均分得口粮406斤，集体分配收入为62.8元，扣除价格因素，低于1956年的分配水平。全国有三分之一的生产队人均年分配收入不足40元，口粮不足300斤（南方稻作区不足400斤），超支农户达三分之一，超支金额71亿元。全国有1亿多农民温饱问题还没有解决，过着"吃粮靠返销，生产靠贷款，生活靠救济"的艰苦日子。

　　粉碎"四人帮"后，我国进入了新的历史发展时期，广大干部和群众以极大的热情投入了各项革命和建设工作。但是，在开头两年，由于历史原因和指导思想上继续犯"左"的错误，农业战线上的拨乱反正遇到了种种阻力，1977年底还继续提出要10%的生产队向以大队为基本核算单位过渡。广大干部和社员对于农村中"左"的错误政策迟迟不改是很不满意的，强烈要求改变生产队没有自主权、生产没有责任制、多劳不能

[①]　参见国家统计局编《中国统计年鉴·1983》，北京：中国统计出版社，1983年9月，第158～159、184页。——编者注

多得等状况，要求发还自留地，准许搞家庭副业，开放集市贸易。一直到1978 年，在全国关于真理标准问题讨论的推动下，各地的干部、群众解放思想，开始在基层恢复和试验实行农业生产责任制，特别是在安徽、四川等省区，由于领导支持，各种形式的生产责任制的试点就更为广泛地开展起来。

第一节　包产到户最早在安徽省恢复和发展起来

安徽省恢复实行农业生产责任制比较早。1977 年冬，省委在作了大量调查研究之后，制定了《关于当前农村经济政策的几个问题的规定》，提出要减轻农民负担，恢复自留地和家庭副业，实行按劳分配和建立农业生产责任制。由于当时的历史原因，开始还只是提出要评工记分，定额计酬，建立作业组等。实行联产责任制，实行包产到户是从 1978 年秋种开始的。1978 年，安徽省遭到了百年不遇的大旱，从 4 月到 10 月，一直没下过透雨，许多水库干涸了，不少地区人畜饮水都成了问题，粮食减产，农业减收。这年秋种遇到了很大的困难，耕地龟裂，小麦、油菜种不下去，这将影响来年的麦收，影响几千万人民的生活。安徽省委经过调查研究，同干部群众充分商量之后，本着实事求是的精神，号召全省农民要千方百计地每人种半亩"保命麦"。并明确指出：集体无法耕种的土地，可以借给社员耕种，还鼓励社员开荒种麦，谁种谁收，国家不征公粮，不分配征购任务，即实行"借地渡荒"的非常办法。六安地区肥西县山南区是旱情严重的一个区，当时安排种 4.8 万亩小麦，但因土地干硬，种不下去，到 9 月 15 日，才种了 1000 多亩。山南区委书记到黄华大队蹲点，发动群众讨论怎样把"保命麦"种下去。群众表示：实行"三包到底、责任到人"的老办法，就能把小麦种足、种好。区委书记没有表示同意，也没有表示反对。大队干部群众见领导默认了，就在下面搞了起来。这个队按劳力分配任务，每个劳动力包种 1.5 亩小麦，每亩给生产费 3 元，每亩定产 200 斤，记 200 个工分。群众非常拥护，积极性调动起来了。许多社员在犁不动的田里，硬是用大锹翻地，有的在晚上点着煤油灯干，一连在田里奋战三四个昼夜，把小麦种下去了。这个办法很快得到推广，大大加速了种麦的进度。10 月 10日全区种了 5.9 万亩，区委提出向 10 万亩进军。用这个办法，到 11 月底，全区共种了 10 万亩小麦，2.2 万亩油菜，2.74 万亩绿肥，几乎消灭了冬闲田，比往年超种近 1 倍。

麦子种下去了，产量也包到户了。但是，这个办法合不合法？行不行？当时干部和群众的心里没有底。不少干部怕因此又犯方向路线错误，心有余悸；群众怕这个政策变，兑不了现，种麦白花了力气。1978 年底，山南区的干部和群众以紧张的心情，等待着上级明确表态。

　　1979 年 2 月，安徽省委派工作队到山南区山南公社宣讲党的十一届三中全会的精神和两个农业文件（即党的十一届三中全会原则上通过的《中共中央关于加快农业发展若干问题的决定（草案）》和《农村人民公社工作条例（试行草案）》）。春节刚过，工作队开始还担心群众不来开会。但是，通知一下去，群众踊跃参加，有的连亲戚也不走了，赶来听中央的精神。工作队宣讲了两个农业文件后，群情高涨，都说中央制订的两个农业文件好。工作队在讨论会上提出：怎样使农业生产发展得快一些？社队干部和群众说："真要把生产搞上去，1961 年包产到户的办法最灵，最好！"会后工作队了解到，这里种麦时，已经搞了包产到户，想要领导承认。于是，工作队马上把情况和群众的要求报告省委。当时省委第一书记万里同志听取了工作队的汇报，并仔细研究了山南的情况后说，让山南公社搞个试点吧！搞错了，只是一个公社没有关系，不收粮食，调粮食去。过去批过的东西，有的可能是错误的，也有的可能是正确的。到底正确与否，要靠实践来检验。万里同志提议，省政策研究室派人在山南搞包产到户责任制的试点，先搞一年看看。

　　后来，工作队到山南公社宣布了实行包产到户试点的决定。这时，干部群众情绪高涨，正在进行的小麦田间管理和施肥追肥，搞得热火朝天。周围公社闻风而动，也跟着搞起来，所以，山南区的七个公社实际上都成了试点。1979 年 4 月，全区 1006 个生产队，已有 610 个实行包产到户，到麦收时发展到 781 个，占 77%。

　　对于山南区实行包产到户，各方面反映很强烈。肥西县有位领导说："农业集体化搞了二十多年，现在一下退到解放前，搞分田单干，眼看集体成果付诸东流，怎么对得起毛主席，怎么向子孙后辈交待！"还有的同志说："毛主席领导我们南征北战打下了江山，他老人家才死两年，我们就把他的家业败了，怎么对得起他老人家！"肥西县委曾几次发文件，派工作队到山南去，要坚决纠正包产到户。安徽省直机关的不少干部对山南区包产到户也是议论纷纷，有的还指责山南区委走的是什么道路？在山南区试点的干部也很担心，一是怕犯方向错误，再挨批斗；二是怕担经济责任，减了产，赔不起；三是怕即使增产丰收了，如农民不肯上交，国家要的东西拿不上来怎么办？

对于包产到户，社员群众一直很坚定。包产田里的庄稼就是比不包产的长得好。有的群众对干部说："你们怕什么？只要有了东西，就肯定交得上，1961 年还不是照交公粮，你们城里饿死几个人?!" "真要把你们关起来，我们给你们送饭去！"

安徽省委负责同志态度明朗，坚决支持山南区试点。在试行过程中，几次亲自下去，直接到社员家里了解情况，找干部、群众座谈，解除思想顾虑。公开对群众说，只要增加生产，增加收入，增加贡献，这个办法就是好办法，省委就支持！肥西县委发文件要纠正包产到户，省委派省委农业书记等干部到肥西开县常委会，明确宣布，山南区试点如果搞错了，由省委负责，县委不担担子；减产了，由省委调粮。省委领导的明确态度，使肥西县委思想稳定下来。对于省委机关干部的议论，省委负责同志对他们也作了思想工作，并且提出："省直干部要走下去看看，特别是农口的干部要走下去！"严肃批评了那种坐在机关里评头品足，空发议论，而不下去调查研究，脱离群众，脱离实际的官僚主义作风。

到 1979 年夏收，山南区包产到户试点取得了出人意料的好成果。麦子总产 2010 万斤，比 1978 年的 575.5 万斤增长 265%，一举创造历史最高记录。到 7 月底，完成征购任务 1149 万斤，比 1978 年增长 5.7 倍（也是最高记录）。有的生产队小麦的产量是过去五年、六年的总和。界河公社扬桥大队张小店生产队，1978 年收麦 4300 斤，1979 年收麦 26310 斤，增长 5.1 倍。这个困难队一季就翻了身。

山南区包产到户试点成功的消息一传开，肥西全县各区就跟着搞起来。1979 年 8 月，全县已有 50% 的生产队实行包产到户，以后陆续扩大，到 1979 年底，达到 96.7%。这时，邻近各县的干部和群众，也纷纷要求实行包产到户。

安徽省在肥西县山南区搞包产到户试点的同时，还在滁县地区凤阳县进行了大包干的试点。凤阳县在历史上就是个十年九荒的穷县。从 1953 年统购统销以来，到 1978 年为止的 26 年中，全县向国家交售粮食 12 亿斤，而国家供应返销粮食 15.6 亿斤，二者相抵，纯调进 3.6 亿斤，每年 1384 万斤。同一时期，国家发放救济款 5200 万元，各种贷款 1800 万元。这个出了名的"三靠"县，在党的十一届三中全会的精神指引下，于 1979 年春，开始实行"分组作业，联产计酬"。试行一段时间之后，由于这里的干部群众文化水平、管理水平比较低，在实际执行中遇到许多困难，感到队与组之间计算太复杂，包产、计工、奖赔太麻烦，于是有的社队就创造出了大包干的办法。这就是生产队把土地、牲口、农具固定到作业组，同时把国家征购任务、集体提留任务也分摊到作业组，一次合同，秋后结账。对此，干部和群众都很满意。群众把这种办法概括为三句话，叫做："保证国家的，留足集体的，剩下都是我们自己的。"不久，这个办法就在全县推广，并且大见成效。1979年当年，这个穷县粮食总产达到4.4亿斤，比1978年增长49.1%，油料总产1400万斤，比历史最高的1977年增产3倍。征购任务超额完成54.4%，净调出粮食4000万斤。集体积累比1978年增加82.6%，社员分配人均99.98元，比1978年增长48.7%。凤阳县在搞大包干到组的同时，也搞了包产到户的试点。梨园公社小岗生产队，是这个穷县里的穷队，自合作化以来，一直走下坡路，20户人家，户户当过干部，户户外流过，能跑能走的，不论光棍、姑娘，一律要过饭。全县实行大包干到组，这个队分成8个组，但是搞不好。后经过县委书记的特殊批准，让小岗生产队搞包产到户，效果也很好。这一年，粮食总产13.2万斤，等于以往五年的总和。油料总产35200斤，是过去20年的总和。向国家交售粮食2.5万斤，油料24933斤，超过征购任务20倍。并且第一次还国家贷款800元，社员分配人均200元，一跃成为全县的冒尖队。

对于肥西县的包产到户和凤阳县的大包干试验，省内省外都很关注，有的不远千里，到肥西和凤阳参观取经，但也有各种议论。为了总结全省实行多种形式生产责任制的经验，安徽省委在1980年1月召开了全省农业会议，交流各地的经验和情况。当时全省实行各种形式的联产责任制的生产队占61.6%。其中，包产到组的占22.9%，大包干到组的占16.9%，包产到户的占10%。会上，代表们对一年的实践，作了总结。结论是："包产到户大增产，包产到组小增产，不包产不增产。"一致称赞联产责任制好，特别是称赞包产到户好。针对当时省内外对包产到户还有种种议论，安徽省委第一书记万里同志在会议总结报告中明确指出：包产到户不是单干，而是责任制的一种形式。①不久，《安徽日报》公开报道了这次会议的消息，发表了万里同志的讲话。

1980年春的安徽省农业会议和万里同志的讲话，极大地支持和鼓舞了全省欢迎联产责任制、欢迎包产到户的4000万农民。从此，安徽省的包产

---

① 万里：《完善生产责任制》（1980年1月11日），参见黄道霞等主编《建国以来农业合作化史料汇编》，北京：中共党史出版社，1992年3月，第933页。——编者注

到户走上了健康发展的道路。虽然 1980 年还出现过一些波折，但全省农业会议后，包产到户的发展已经成为不可阻挡的潮流，发展的步伐也大大加快了。1980 年 10 月，全省已有 43% 的生产队实行包产到户。1981 年继续大发展，并且逐步都向包干到户演化。到 1982 年 10 月，安徽全省实行包干到户的生产队占总数的 95%，包产到户的占 3.8%，两项合计共占 98.8%。总的说来，安徽省在这次全国实行包产到户生产责任制过程中，由于省委的正确领导，起了开创、带头、试验、示范的作用。1980 年 5 月，邓小平同志指出："农村政策放宽以后，一些适宜搞包产到户的地方，搞了包产到户，效果很好，变化很快。安徽肥西县绝大多数生产队搞了包产到户，增产幅度很大。'凤阳花鼓'中唱的那个凤阳县，绝大多数生产队搞了大包干，也是一年翻身，改变面貌。有的同志担心，这样搞会不会影响集体经济。我看这种担心是不必要的。我们总的方向是发展集体经济。实行包产到户的地方，经济的主体现在也还是生产队。"① 1982 年 10 月，胡耀邦同志视察安徽时曾经讲过：1977 年下半年，在中央解决安徽省委领导问题以后，以万里同志为首的新省委，贯彻"既要解决问题，又要稳定局势"的方针，提出了"以生产为中心"，积极倡导和推行农业生产责任制，迅速扭转了被"四人帮"破坏的政治和经济局面，特别是扭转了农村的被动局面，坚决纠正长期存在的"左"倾错误，用政策调动了广大农民的积极性。在这些方面，安徽的一些同志是走在前头的，对于打开农业局面有贡献，取得的成绩是巨大的。

这一次实行包产到户、包干到户最早的是安徽的六安地区和滁县地区。这两个地区的领导思想比较解放，干部们能深入实际，和广大农民群众心连心，支持农民群众实行生产责任制，精心指导实行包产到户、包干到户各种具体办法的试验，逐步解决实行过程中的一系列问题，总结出了比较完整的经验。这两个地区的工作富有成效，连年增产、增收、增贡献，农民群众的社会主义积极性日益高涨。近几年，全国各省区的广大干部和群众，中央机关各部门的干部以及一部分外国朋友都到过这两个地区参观和访问。他们的工作，他们的行动，对全国联产承包责任制的兴起和发展，起了很好的推动作用。

---

① 邓小平：《关于农村政策问题》，载《邓小平文选》（1975～1982 年），北京：人民出版社，1983 年 7 月，第 275 页。

第二节 联产承包责任制在全国发展的历史过程

　　具有中国特色的联产承包责任制，现已在全国农村普遍实行了。这是在党的领导下，我国农民群众的伟大创造。本章第一节阐述的是联产承包责任制的一种形式——包产到户，在党的十一届三中全会精神指引下，最初在安徽省恢复和发展的过程。那么，联产承包责任制在全国是怎样恢复和发展的呢？回顾起来，联产承包责任制在全国农村普遍实现，大致经历了以下五个阶段。

　　第一阶段，从1977年到1978年冬党的十一届三中全会。这是农业生产责任制重新萌发、恢复和酝酿发展的阶段。

　　粉碎"四人帮"后，对于那种出工不记分，生产"大呼隆"，分配"拉拉平"的一套作法，基层干部和农民群众再也不能容忍了，自动在实践中冲破"左"的思想束缚，恢复和实行在农业合作化初期已经实行过的评工记分、小段包工等农业生产责任制。四川、安徽、吉林、北京等省市的农村还在较大范围内试行了分组作业、联产计酬的"五定一奖"制（即包产到组）。1978年冬召开的党的十一届三中全会，肯定了广大基层干部和农民群众的实践，在全会原则通过的两个重要的农业文件里，强调人民公社各级经济组织必须认真执行"各尽所能，按劳分配"的原则，要加强定额管理，按照劳动的数量和质量付给报酬，建立必要的奖惩制度，坚决克服平均主义。可以按定额记工分，也可以按时记工分加评议，还可以在生产队统一核算和分配的前提下，包工到作业组，联系产量计算报酬，实行超产奖励。

　　第二阶段，从1979年1月党的十一届三中全会文件下达，到1980年9月党中央召开各省市自治区第一书记座谈会前。这是包产到组责任制大发展，包产到户责任制开始恢复和初步发展的阶段。

　　党的十一届三中全会的两个重要的农业文件，重新肯定了农业生产责任制，肯定了包工到组、联产计酬，对农业生产责任制的发展起了很大的推动作用。文件下达后，各地的各种形式的生产责任制就较快地恢复和发展起来，特别是包产到组，几个月内，全国就有约三分之一的社队实行了。但是，当时一部分干部因受"左"的思想束缚，思想阻力还比较大。1979年3月15日，《人民日报》发表了一个机关工作人员的信，指出

"实行包产到组就是解散社会主义集体经济"①。这虽是一封普通的信件，但对下面压力很大，有相当一部分刚建立起来的包产小组又解散了。有关方面专门派人到农村实地调查，证明包产到组虽然有人反对，但多数群众是欢迎的，实践效果也是很好的。1979 年 5 月 20 日《人民日报》发表了题为《调动农民积极性的一项有力措施——关于广东农村实行"五定一奖"生产责任制的调查》的文章②，再次肯定包产到组，从而澄清了一部分人的思想。

党的十一届三中全会前，虽然安徽等省已在小范围内实行包产到户的试验，但全会主要是从纠正"左"的错误，放宽农村政策，调动农民积极性，增加农业投资等方面研究了加快农业发展的问题，没有专门讨论包产到户的问题，一部分同志对包产到户的性质还认识不清楚，所以在有关文件里，提出了"不许包产到户，不许分田单干"的说法。安徽等省的包产到户试验，在 1979 年上半年麦收时取得了很好的效果。所以，到 1979 年 9 月，党的十一届四中全会正式通过的《中共中央关于加快农业发展若干问题的决定》，把原来"不许包产到户，不许分田单干"两句，改为"不许分田单干。除某些副业生产的特殊需要和边远山区、交通不便的单家独户外，也不要包产到户"。③

1979 年底，中国农业经济学会在北京密云召开学术讨论会。会上，安徽省的代表介绍了肥西县实行包产到户和凤阳县实行大包干试点的成功经验，一些理论工作者也发表了包产到户问题应该重新研究的意见。包产到户又重新引起了社会的关注。

1980 年 1 月，国家农委召开农村经营管理座谈会。会上，安徽、内蒙古等省区的代表介绍了实行包产到户试点，受到农民热烈欢迎的情况，提出应该承认包产到户也是农业生产责任制的一种形式。会议就包产到户问题展开了热烈的争论。多数同志肯定了包产到组是农业生产责任制的一种形式，但认为包产到户是独立经营，自负盈亏，不能算是生产责任制。有的同志指出，包产到户只是一种权宜之计，不宜宣传，也不该提倡。但大家一致认为，已经搞了的就不要硬扭。有的同志还提出，对那些边远山区，

---

① 《"三级所有，队为基础"应该稳定》，《人民日报》1979 年 3 月 15 日第 1 版。
② 《调动农民积极性的一项有力措施——关于广东农村实行"五定一奖"生产责任制的调查》，《人民日报》1979 年 5 月 20 日第 2 版。
③ 中共中央文献研究室编《三中全会以来重要文献选编（上）》，北京：人民出版社，1982年 8 月，第 185 页。

地广人稀，生产落后，长期解决不了群众温饱问题的地方，可以允许搞包产到户。据统计，1980年初，全国试行包产到户的生产队只占生产队总数的1%。

1980年4月，党中央召开经济发展长期规划会议。会上，邓小平同志、姚依林同志提出，甘肃、内蒙古、云南、贵州等省区的一些农村，生产落后，经济困难，索性实行包产到户。① 这个指示在这几个省区传达后，得到了广大农村干部和社员群众的热烈拥护。包产到户在这几个省区很快就发展起来。从此，包产到户逐步被一部分同志接受，被认为是解决长期"三靠"社队群众温饱问题的一种办法。有的同志提出，可以在全国大约10%的这类贫穷地区实行。

包产到户的发展，在社会上引起比较强烈的反应。工厂怕家在农村的工人不安心生产，部队怕战士不安心当兵，商业部门怕国家需要的农产品收购不上来，教育部门怕学生不上学，怕民办教师包了田，教学质量下降，农机部门怕以后没法实行农业机械化了……。当时有的报刊发表文章，批评包产到户既没有坚持公有制，也没有坚持按劳分配，它实质上是退到单干。有的报刊发表读者来信说："包产到户增加了工人的后顾之忧。"

针对社会上的这些议论，为了统一认识，1980年6月19日，赵紫阳同志向有关同志写信指出，当前对农业生产责任制的各种形式应当稳定下来为好，不要变来变去，以便大家把精力集中到生产上。对于包产到户，他认为，在那些生产落后、生活困难的地方，可以包产到户；在那些生产正常、集体经济搞得比较好的地方，社队的副业和多种经营可以包给专业组、专业户、专业工，实行专业承包；现在集体经济搞得比较好的地方，也搞了包产到户的，允许进行试验，经过一段实践看看结果如何。他认为对包产到户应作深入实际的调查研究，并建议在秋后召开会议专门讨论农业生产责任制的问题。②

1980年7月，国家农委组织了调查组，分赴西北、西南、华东、中南、内蒙古等地，对包产到户问题进行专门的调查。8月，这些调查组会集北京，进行集体汇报、讨论。这次对各地包产到户的实地调查，收集了各地

---

① 参见《杜润生自述：中国农村体制变革重大决策纪实》，北京：人民出版社，2005年8月，第115页。——编者注

② 赵紫阳：《关于当前农村政策问题的一封信》（1980年6月19日），参见黄道霞等主编《建国以来农业合作化史料汇编》，北京：中共党史出版社，1992年3月，第934～935页。——编者注

群众实行包产到户的经验和实际情况，大大丰富和充实了人们对包产到户的认识。有不少同志，原来对包产到户是怀疑和反对的，经过实地调查，改变了态度，认为包产到户确实可以成为解决当前农业问题的一个好办法。他们的调查材料说服了很多人。但是，还是有些同志仍对包产到户不放心。特别是这次会上提出了包干到户的问题。有的同志认为，包产到户有统一分配，讲责任制还可以，包干到户连统一分配也没有了，怎么可以叫责任制，这同单干没有什么两样。

第三阶段，从 1980 年 9 月，党中央召开各省市自治区第一书记座谈会，党中央《关于进一步加强和完善农业生产责任制的几个问题》文件下达，到 1981 年 10 月。这是农村大变动，包产到户责任制大发展，包干到户开始被人们认识，包产到户向包干到户转化的阶段。

1980 年 9 月，党中央在北京召开各省市自治区第一书记座谈会，专门讨论农业生产责任制问题。会上，大家对农业要实行生产责任制，实行联产到组，实行专业承包、联产计酬等问题，意见都是一致的，但在包产到户问题上，分歧仍然很大，发生了所谓阳关道与独木桥的争论。有的同志指出，集体经济是阳关大道，搞包产到户是走独木桥，危险得很。有的同志则认为，有如居住在深山沟中，不走独木桥就无法行动，就无法前进，就无法到平坦宽阔的阳关道上去，因此，包产到户即使是独木桥也要走。有的同志根据本地区实行包产到户并取得成效的情况，恳切要求给包产到户报一个"户口"。

这次会议形成的《关于进一步加强和完善农业生产责任制的几个问题》的座谈会纪要（以下简称《纪要》）。《纪要》肯定"集体经济是我国农业向现代化前进的不可动摇的基础"，强调农业生产的管理"应从实际需要和实际情况出发，允许有多种经营形式、多种劳动组织、多种计酬办法同时存在"，指出实行生产责任制，要因地制宜，分类指导，"应当区别不同地区，不同社队，采取不同的方针"。《纪要》又指出："在那些边远山区和贫困落后的地区，长期'吃粮靠返销，生产靠贷款，生活靠救济'的生产队，群众对集体丧失信心，因而要求包产到户的，应当支持群众的要求，可以包产到户，也可以包干到户，并在一个较长的时间内保持稳定。就这种地区的具体情况来看，实行包产到户，是联系群众，发展生产，解决温饱问题的一种必要的措施。"《纪要》还指出："在一般地区，集体经济比较稳定，生产有所发展，现行的生产责任制群众满意或经过改进可以使群众满意的，就不要搞包产到户。"但是，这些社队"已经实行包产到户的，如果群众不要改变，就应当允许继续实行，然后根据情况的发展和群众的要求，因势利导，运用各种过渡形式进一步组织起来。"①

这次会议制定的《纪要》虽然还没有明确肯定包产到户是社会主义集体经济的生产责任制形式，但已明确指出："就全国而论，在社会主义工业、社会主义商业和集体农业占绝对优势的情况下，在生产队领导下实行的包产到户是依存于社会主义经济，而不会脱离社会主义轨道的，没有什么复辟资本主义的危险，因而并不可怕。"②《纪要》经过中共中央批准印发，成为群众盼望已久的明确申明可以实行包产到户的第一个中共中央文件。所以文件一下达，得到了广大农民的热烈欢迎，加速了包产到户在全国的发展，到 1980 年 11 月初，全国实行包产到户的生产队已占 15%。

在座谈会期间，有关部门对全国 504 万个农村核算单位作了统计：每人平均集体分配收入不足 50 元的占 27.3%，50 至 100 元的占 47.1%，其余 25.6% 在 100 元以上。当时曾经设想，在占 27% 的农村经济困难地区，实行包产到户，以解决这些社队生产长期落后的问题；在近半数的中间地区，则采取从多方面调整政策，减轻负担，改善生产条件，适当扩大自留地等办法，使其稳定下来，以后又提出在中间地区实行统一经营，联产到劳的责任制形式；在占 25% 经济比较发达的地区，则实行专业承包、联产计酬。有的同志还认为：包产到户是初级的责任制形式，联产到劳是中级的责任制形式，专业承包、联产计酬是高级的责任制形式，前两者将来都要逐步发展为专业承包、联产计酬的责任制形式。

实践超出了人们的预计。1980 年，全国遭到比较大的自然灾害，但是在甘肃、贵州、内蒙古等省区，由于实行了包产到户、包干到户等生产责任制，调动了广大社员的积极性，农业仍然获得了好收成。甘肃省粮食总产 98.6 亿斤，比 1979 年增长 7.1%，油料 279 万担，增长 65%。贵州省粮食总产 129 亿斤，比 1979 年增长 4.1%，油菜籽 269 万担，增长 52%。这两个原来生产条件较差的省，1980 年的农业超过了全国平均增长水平。安徽省遇到了仅次于 1954 年的特大洪涝灾害，全省粮食减产 20 亿斤，但实行包产到户、包干到户最早最多的六安、滁县地区，抗住了自然灾害，继续

---

① 中共中央文献研究室编《三中全会以来重要文献选编（上）》，北京：人民出版社，1982 年 8 月，第 542、545、547 页。

② 中共中央文献研究室编《三中全会以来重要文献选编（上）》，北京：人民出版社，1982 年 8 月，第 547 页。

增产。滁县地区粮食总产比 1979 年增长 13.6% , 油料增长 53% 。全地区七个县, 县县增产。凤阳县涌现了 10300 个粮食生产超过万斤的农户, 全县向国家交售粮食 1 亿斤。特别振奋人心的是, 地处山东西北的菏泽、聊城、德州、惠民四个地区, 原来是全国闻名的、长期贫困落后的地区, 但由于实行了以包产到户、包干到户为主要形式的生产责任制, 加上调整农业生产结构, 1980 年一年翻了身。棉花空前丰收, 总产达到 800 万担, 比 1979 年增长 3 倍; 人均分配 94 元, 比 1979 年增加 43 元, 增长 84.3% , 超过了全国的平均水平。群众在实践中得出结论, 实行责任制比不实行责任制好, 联产比不联产好。联产责任制中, 包产到户、包干到户比包产到组好。这些喜讯, 通过报纸、广播传遍全国, 鼓舞了广大干部和群众, 使实行包产到户、包干到户的社队越来越多。从此, 不仅是边远山区搞, 平原、沿海的农村也实行了; 不仅是贫穷困难的社队搞, 比较富裕的队也搞起来了, 并且都取得了很好的效果。

包产到户责任制发展的道路是曲折的。直到 1981 年春天, 有些省和地区因为领导干部尚未摆脱 “左” 的思想束缚, 仍把包产到户当作分田单干, 因此, 用种种办法阻止群众实行包产到户, 有的甚至派出工作队下乡强扭。四川省有个市委领导同志发表公开讲话, 声称包产到户是方向问题, 要坚决纠正, 不要怕减产, 不要怕干部躺倒不干, 不要怕群众闹事, 甚至扬言要动用专政工具。这个讲话受到党中央领导同志的严肃批评。由于这个讲话很有代表性, 挨了批评后, 许多人受到了教育, 又反过来促进了包产到户的发展。

1981 年 4 月, 国家农委组织农委和农业部等单位的领导干部及有关方面的工作干部共 140 多人, 组成 17 个调查组, 分赴全国 15 个省区, 选择不同类型的地区, 对各种形式的责任制进行调查。经过两个月的深入调查研究, 他们在农村看到了实行责任制以后方兴未艾的大好形势, 了解了许多实际情况, 从而提高了认识。有的同志原来认为包产到户、包干到户不是责任制, 而是分田单干, 经过亲自调查, 认识到包产到户、包干到户是深受群众欢迎的一种责任制形式, 是现阶段发展我国农业生产的积极办法。这次调查研究, 统一了广大机关干部的思想认识, 对于发展和完善包产到户、包干到户等生产责任制, 起了直接的促进作用。

据统计, 1981 年 7 月全国实行包产到户、包干到户的生产队占总数的 32% , 到 1981 年 10 月, 全国已有 97.8% 的生产队建立了各种形式的生产责任制, 81.3% 的生产队实行了各种联产计酬的生产责任制, 其中包产到户、包干到户达 45.1% 。如果加上实行部分包产到户和类似包产到户的生产队，则总数已达 64.6% 。包产到户、包干到户责任制的发展，远远超过了人们的设想。

第四阶段，从 1981 年 10 月全国农村工作会议，到 1982 年 11 月。这是联产承包责任制这个科学概念开始提出，包干到户逐渐成为联产承包责任制的主要形式，联产承包责任制进入总结、完善、稳定的阶段。

1981 年 10 月，全国农村工作会议在北京召开，有各省市自治区和农口各部的领导干部以及农业经济理论工作者共 200 多人参加。会议的议题是讨论农业生产责任制问题。与会同志一致认为："建立农业生产责任制的工作，获得如此迅速的进展，反映了亿万农民要求按照中国农村的实际状况来发展社会主义农业的强烈愿望。生产责任制的建立，不但克服了集体经济中长期存在的"吃大锅饭"的弊病，而且通过劳动组织、计酬方法等环节的改进，带动了生产关系的部分调整，纠正了长期存在的管理过分集中、经营方式过于单一的缺点，使之更加适合于我国农村的经济状况。"[①] 安徽、河南、甘肃、贵州、内蒙古、山东等省区的同志在会上介绍了实行包产到户、包干到户后，农村出现的喜人的变化。实践是检验真理的唯一标准，经过几年来亿万群众的实践检验，多数同志在关于包产到户的性质、前景等问题上，认识逐渐趋于一致。会议通过了《全国农村工作会议纪要》（后经中共中央批准，作为中央文件印发全国，并在报刊上公开发表。以下简称《会议纪要》）。《会议纪要》强调："我国农业必须坚持社会主义集体化的道路，土地等基本生产资料公有制是长期不变的，集体经济要建立生产责任制也是长期不变的。"《会议纪要》指出："目前实行的各种责任制，包括小段包工定额计酬，专业承包联产计酬，联产到劳，包产到户、到组，包干到户、到组，等等，都是社会主义集体经济的生产责任制。不论采取什么形式，只要群众不要求改变，就不要变动。"在这次会上，国家农委副主任杜润生等同志提出了"联产承包责任制"这个概念，作为各种联产计酬责任制的概括。经过讨论，会议纪要采用了这个提法。《会议纪要》指出："在各地建立的生产责任制中，实行联产计酬的占生产队总数的 80% 以上，一般地讲，联产就需要承包。联产承包制的运用，可以恰当地协调集体利益与个人利益，并使集体统一经营和劳动者自主经营两个积极性同时

① 《全国农村工作会议纪要》，《人民日报》1982 年 4 月 6 日第 1～2 版。中共中央文献研究室编《三中全会以来重要文献选编（下）》，北京：人民出版社，1982 年 8 月，第 1063 页。

得到发挥,所以能普遍应用并受到群众的热烈欢迎。"①《会议纪要》第一次明确肯定:包产到户、包干到户是社会主义集体经济的生产责任制。至此,农业战线上这场延续了 25 年之久的大辩论告一段落。这是新中国成立以来农业发展史上的一件大事。它标志着社会主义集体经济的经营管理到了一个新的阶段,农业生产责任制的发展到了一个新的阶段。

《会议纪要》强调,农业生产责任制的健全和完善工作要坚持因地制宜,分类指导的原则。"不同形式的承包,都有它在一定地点和条件下的适应性和局限性,即使在一个生产队内,也可以因生产项目、作业种类不同而采取多种形式。各级领导干部在指导群众确定生产责任制形式时,一定要下苦功夫向实践学习,向群众学习,尊重群众的创造精神,真正做到因队制宜。切不可凭主观好恶,硬推、硬扭,重复'一刀切'的错误,也不可撒手不管,任其自流。"② 在实行农业生产责任制的过程中,要把宜于统一组织的生产项目和宜于分散经营的生产项目,通过承包的方式,把统和分协调起来,做到有统有分,以便把调动社员个人积极性和发挥集体统一经营的优越性更好地结合起来。

1981 年冬和 1982 年春,包产到户、包干到户继续发展,特别是《全国农村工作会议纪要》印发之后,亿万要求实行包产到户、包干到户的农民得到了极大的支持和鼓舞,发展就更快了。即使有少数干部由于"左"的思想影响较深,继续压制群众,不让搞包产到户、包干到户,或者群众已经搞了的仍去"纠偏"。然而,有了中央文件撑腰,农民敢于实行包产到户、包干到户,也敢于抵制干部不正确的纠偏。他们理直气壮地质问这些干部:"你不听中央的,我们为什么要听你的?!"至此,妨碍包产到户、包干到户发展的因素进一步减少。"双包"不仅在生产不发达和中间状态的地区普遍发展,而且也在经济比较发达的地区普遍发展起来。1982 年,浙江的嘉兴地区,江苏的宜兴县,上海郊区的嘉定县也都实行包产到户、包干到户。到 1982 年 6 月,全国农村实行包干到户责任制的生产队已占生产队总数的 67%,加上包产到户,全国实行双包责任制的已达 71.9%。几年来农业生产责任制的发展情况见表 1。

---

① 中共中央文献研究室编《三中全会以来重要文献选编(下)》,北京:人民出版社,1982年 8 月,第 1063~1064 页。

② 中共中央文献研究室编《三中全会以来重要文献选编(下)》,北京:人民出版社,1982年 8 月,第 1065~1066 页。

表 1　全国农业生产责任制变化状况

所占百分比（％）＼＼＼统计时间　责任制形式	1980 年 1 月	1980 年 2 月	1981 年 6 月	1981 年 10 月	1982 年 6 月
定额包工	55.7	39.0	27.2	16.5	5.1
专业承包	—	4.7	7.8	5.9	4.9
联产到组	24.9	23.6	13.8	10.8	2.1
联产到劳	3.1	8.6	14.4	15.8	12.6
部分包产到户	0.026	0.5	—	3.7	2.2
包产到户	1.0	9.4	16.9	7.1	4.9
包干到户	—	5.0	11.3	38.0	67.0
联产责任制小计	29.0	51.8	64.2	81.3	93.7
各种责任制合计	84.7	90.8	91.4	97.8	98.8

注：1981 年 10 月以前的数字引自《经济学周报》1982 年 3 月 10 日。

1982 年 9 月，中国共产党召开第十二次代表大会。会上，胡耀邦同志作了《全面开创社会主义现代化建设的新局面》的报告。他指出："这几年在农村建立的多种形式的生产责任制，进一步解放了生产力，必须长期坚持下去，只能在总结群众实践经验的基础上逐步加以完善，决不能违背群众的意愿轻率变动，更不能走回头路。随着农业生产的发展和农民经营管理能力的提高，必然会提出新的各种联合经营的要求。我们要真正按照有利生产和自愿互利的原则，促进多种形式的经济联合。可以预料，我国农村在不太遥远的将来，一定会出现有利于因地制宜地发扬优势，有利于大规模采用先进生产措施，形式多样的更加完善的合作经济。"① 在这里，胡耀邦同志对包括包产到户、包干到户在内的农业生产责任制作了充分的肯定，并指明了农业生产责任制稳定、完善和发展的方向。

第五阶段，1982 年 10 月至 1983 年底，党中央召开全国农村思想政治工作会议和全国农业书记会议。1983 年《当前农村经济政策的若干问题》文件贯彻后，联产承包责任制在理论上得到全党全国的确认，联产承包责任制向经济发达地区的农村发展，联产承包责任制在全国农村普遍实现。

1982 年 10 月，中共中央召开全国农村思想政治工作会议和全国农业书记会议。会议讨论了农村实行以"双包"为主要形式的联产承包责任制后，

————————

① 《中国共产党第十二次代表大会文件汇编》，北京：人民出版社，1982 年 9 月，第 23 页。

如何做好对农民的思想政治工作问题；讨论了新形势下的若干经济政策和继续加快农业生产发展等问题。在这两个会议讨论的基础上，中共中央于1982 年底制定了《当前农村经济政策的若干问题》的文件。文件指出："党的十一届三中全会以来，我国农村发生了许多重大变化。其中，影响最深远的是，普遍实行了多种形式的农业生产责任制，而联产承包制又越来越成为主要形式。联产承包制采取了统一经营与分散经营相结合的原则，使集体优越性和个人积极性同时得到发挥。这一制度的进一步完善和发展，必将使农业社会主义合作化的具体道路更加符合我国的实际。这是在党的领导下我国农民的伟大创造，是马克思主义农业合作化理论在我国实践中的新发展。"文件还指出："联产承包责任制和各项农村政策的推行，打破了我国农业生产长期停滞不前的局面，促进农业从自给半自给经济向着较大规模的商品生产转化，从传统农业向着现代化农业转化。这种趋势，预示着我国农村经济的振兴将更快到来。"[1]

《当前农村经济政策的若干问题》经党中央政治局讨论通过，于 1983年作为中央文件发布。文件对以包干到户为主要形式的联产承包责任制作了高度的评价，对今后农村发展的基本目标、方针、政策作了明确的阐述。文件还围绕着联产承包责任制，就农业经济结构改革，农村体制改革，技术改革和流通领域的改革等等作了规定。文件还指出，凡是群众要求实行联产承包责任制这种办法的地方，都应当积极支持；当然，群众不要求实行这种办法的，也不可勉强，应当始终允许各种责任制形式同时并存。

这个文件传达之后，得到了广大农民的衷心拥护。大部分已经实行了联产承包责任制地区的干部和农民，进一步消除了疑虑，坚持把联产承包责任制搞得更加稳定和完善。在黑龙江省，上海、北京等大城市郊区，以及一些原来经济比较发达地区的干部，受到中央文件精神的教育，解放思想，按照群众的意愿，也都相继推行了包干到户，或专业承包、包干分配等形式的联产承包责任制。至此，以家庭为承包单位的包干到户为主要形式的联产承包责任制，已在全国范围的各地农村实行。1983 年是联产承包责任制全面落实，并向农村经济体制改革纵深发展的一年。到这一年底，全国农村实行以家庭经营为主的联产承包责任制已占农户总数的 90% 以上。值得指出的是，国营农场也开始采用家庭经营的办法，效果也非常之好，

---

[1] 参见中共中央文献研究室编《十一届三中全会以来重要文献选读》下册，北京：人民出版社，1987 年 5 月第 1 版，第 616～617 页。——编者注

并正在逐步发展。1983 年 11 月 29 日，万里同志在全国农村工作会议上讲话指出：联产承包责任制作为亿万农民在党的领导下的伟大创造，已经在中国大地上扎下了根，它不是解决温饱问题的权宜之计，而是涉及整个农村经济体制的一项根本性改革，对建设具有中国特色的社会主义事业有着不可估量的意义。[1]

---

[1]　参见《中国农业年鉴·1984》，北京：农业出版社，1984 年 12 月，第 150 页。——编者注

第四章　农民为什么普遍欢迎联产承包责任制

　　在党的十一届三中全会以前，包产到户虽然遭到屡次的批判和打击，但是它一而再、再而三地重新兴起。三中全会以后，在党中央的正确领导下，包产到户冲破重重障碍，在全国迅速得到发展。仅仅三四年工夫，全国多数地区、多数社队已经实行了以包产到户、包干到户为主要形式的联产承包责任制。这种发展规模、发展速度超过了人们的预料。特别重要的是，不仅是贫困落后的地区搞，中等地区和富裕地区的社队也搞了，实行的效果同样很好，也起到了增产、增收、增贡献的作用。虽然有些地区的少数领导，对包产到户问题认识不足，曾经企图用种种方法阻挠包产到户的发展，但结果是阻拦不住。包产到户以雷霆万钧之力、排山倒海之势迅猛发展，真是势不可当，行不可逆。

　　农民为什么如此普遍地、强烈地欢迎联产承包责任制呢？这只能从马克思主义关于生产关系必须适合生产力发展要求的原理中得到解释。

第一节　联产承包责任制完善了社会主义生产关系

　　广大农民群众要求实行联产承包责任制的强烈愿望，正是生产力要求生产关系进一步完善的表现。

　　1956年，我国实现了农业合作化，基本完成了对农村生产资料私有制的社会主义改造，建立了农村集体所有制经济。这无疑是我国农村的一次重大变革，标志着生产资料所有制关系发生了根本性质的变化，标志着我国农村社会主义公有制的确立。但是，长期以来，我们过于夸大了这次对生产资料私有制改造的意义，以为实现了合作化，所有制问题就解决了，社会主义生产关系一旦建立起来，就能无条件地促进生产力发展，社会主义集体经济的优越性就能充分发挥出来。

事实上，1956 年的农业合作化，只是解决了生产资料的归属问题，与之相适应的生产、交换、分配活动的具体形式，并没有完全解决。马克思说："以自由的联合的劳动条件去代替劳动受奴役的经济条件，需要相当一段时间才能逐步完成（这是经济改造）；这里不仅需要改变分配方法，而且需要一种新的生产组织。"[①] 集体所有制经济建立之后，集体经济怎样经营管理，怎样组织生产，怎样进行分配，怎样实行责任制，也就是组织起来的集体农民如何共同支配、使用、管理好公有的生产资料，这些问题都必须解决好。这样，新建立起来的社会主义生产关系才能趋于完善，才能促进生产力的发展。

由于指导思想上的失误，加上在 1955 年夏季以后我国实现农业合作化时要求过急，工作过粗，改变过快，致使遗留下来的问题长期未能解决。例如，农村集体经济的经营管理一直是突出的薄弱环节。其主要表现有三：一是生产管理上过分集中，主观主义、瞎指挥严重，集体企业没有自主权，社员像"算盘珠子"，"种田的人没有权，有权的人不会种田"；二是劳动管理上"大呼隆"，劳动者既无权也无责，没有责任制，干活一窝蜂，打疲劳战，劳动时间很长，效率很低；三是分配上平均主义，吃"大锅饭"，多劳不能多得，少劳并不少得，甚至有的不劳也得。这些情况，在那些生产力比较落后、文化技术水平较低的地区社队尤其严重。

由于新建立起来的农村社会主义生产关系没有得到及时的完善，致使集体经济的优越性不能充分发挥出来，农民的生产积极性受到挫伤，农业生产长期停滞不前，农民的生活没有得到应有的改善。1978 年，全国农村480 万个基本核算单位中，人均分配收入在 40 元以下的占 16.3%，40～50元的占 13.3%；人均年收入少于 50 元的困难队，占总数的 29.6%。1978年，人均分配收入低于 50 元的困难县，全国共有 377 个，占全国总县数的16.3%。在这些困难县、困难队里，群众的基本生活都成了问题，连简单再生产也难以维持，长期过着相当艰难的日子。党的十一届三中全会前后，包产到户先从这些生产落后、生活困难地区开始，随即发展到中间和较好的地区，反映了农民群众迫切要求发展生产、改善生活的愿望，反映了生产力的发展要求调整和完善生产关系。

---

① 　马克思：《法兰西内战》，载《马克思恩格斯选集》第 2 卷，北京：人民出版社，1972 年，第 416 页。

几年来的实践表明，实行包产到户等形式的联产承包责任制，就是建立适合目前我国农村生产力水平和劳动群众文化技术水平的生产组织形式、劳动组织形式和分配形式，从生产、流通、分配等环节来完善社会主义的生产关系。它充分调动了劳动群众的生产积极性，发挥了集体经济的优越性，促进了农业生产的发展。

第一，实行包产到户等形式的联产承包责任制，明确划分集体和个人的权利、责任、利益的关系，建立健全的生产组织和劳动组织形式，协调了人们在生产过程中的分工和协作的关系，完善了社会主义生产关系。集体经济建立以后，如何组织生产，既能发挥集体经济的优越性，又能充分调动个人的生产积极性，这是长期没有解决好的问题。人们曾经认为，集体劳动的规模越大越好，主张实行大兵团作战，劳动集体化。事实上，由于农业生产的特点，尤其是在以畜力、手工劳动为主的条件下，农业生产并不适宜搞较大规模的集体劳动。加上在生产中社员的权责利又不明确，因此集体生产常常弄成"大呼隆"，劳动时间很长，窝工、怠工、浪费严重，实际效率很低。据统计，我国每个农业劳动力的平均年产值 1955 年为298 元，1978 年为 456 元，但这 23 年中农产品价格提高了 68.8%。如按1955 年不变价格计算，1978 年每个农业劳动力的年产值只有 270 元，比1955 年大约下降 10%。

参加合作化后，个体农民变为集体经济的成员，经济地位和经济关系变了。社员将怎样参加生产，在集体中应承担什么责任，应该享有什么权利和利益，这需要通过适当的形式加以明确。社员在集体经济中的权、责、利不明确，他们的积极性就发挥不出来。过去，我们提过社员要以主人翁的态度来对待集体。但是，没有具体的组织形式和具体措施来保证社员在集体经济中的主人翁地位，怎能要求社员有主人翁的态度？实行包产到户等形式的联产承包责任制，使社员有责、有权、有利，在生产过程中有了主人翁的地位，他们也就有了主人翁的态度，对生产发展也就有了高度的责任心和积极性。"联产如联心，联谁谁操心。"社员真正关心生产，积极性充分调动起来，劳动生产效率也就迅速提高。据各地统计，实行包产到户后，农民劳动的工效一般都提高 50% 以上。

实行包产到户等形式的联产承包责任制，促使承包者关心生产的全过程，重视质量，讲究实效，并且精打细算，节约成本，以取得最好的经济效果。承包者既是劳动者又是管理者；这就从根本上克服了生产"大呼隆"、种田磨洋工的现象，促进了农业生产的发展。

第二，实行包产到户等形式的联产承包责任制，可以更好地贯彻按劳分配原则，从分配形式方面完善农村社会主义的生产关系。只有实行了生产资料公有制，才能实行按劳分配；而按劳分配是生产资料公有制的实现形式，只有实行按劳分配，生产资料公有制才能巩固和完善。但是，我国农村在实现了生产资料私有制的社会主义改造，即实现了劳动集体所有制之后，长期以来，一直没有解决好实行按劳分配原则的具体形式问题。我国农村集体经济普遍采用按劳动工分计算劳动报酬的办法，而过去的评工记分或定额记工等办法，不容易反映农业上复杂繁多的各项劳动的数量和质量，所以实际上往往搞成平均主义，吃"大锅饭"，造成多劳不能多得，少劳并不少得，有的不劳也得。更为严重的是，有些干部搞不正之风，贪污浪费，多吃多占，严重损害了农民的实际利益。农业合作化初期，曾经规定社员分配收入占总收入的比例不得少于60%。据统计，山东省德州地区1956年社员分配收入占总收入的60.7%。但自此以后，社员的分配收入部分的比例逐年减少。1965年，德州地区社员分配收入部分只占总收入的55.91%。1978年，德州地区人民公社总收入为56397万元，社员分配收入每人平均47元，总分配收入为23344万元，占全年总收入的41.39%，比1956年下降了19.31%。在这23344万元的社员分配中，现金只占15.36%，84.64%是粮食和其他实物折款，而这些粮食和其他实物，基本上是按人头平均分配的。例如1978年德州地区人民公社产粮266171万斤，国家征购17402万斤，占6.54%；集体留种子25957万斤，占9.75%；饲料22028万斤，占8.28%；储备16959万斤，占6.37%；专项和其他用粮9079万斤，占3.41%；社员分配的口粮174746万斤，占65.65%。其中社员口粮，明文规定70%按人头平均分配，30%按劳动工分分配；而在工分中，又有肥料工分、照顾补贴工分等等，所以按劳动工分分配的粮食，还不到15%。经济越是困难的地区，分配越是搞平均主义；而越搞平均主义，社员就越没有生产积极性，生产也就越搞不好，形成了恶性循环。实行联产承包责任制，则是打破这种恶性循环的好办法。实行联产计酬，把最终产品作为劳动多少、好坏的依据，这比较适合农业生产的特点，也适合我国目前的农业生产力状况。把劳动报酬与劳动成果挂钩，这就使劳动者在直接生产过程中的权利、责任和利益联系起来，可以充分调动劳动者的积极性，有效地克服平均主义。实行包产到户、包干到户，社员有了较多的经营自主权，不仅有生产的自主权，也有了分配的自主权，从而在生产过程中精打细算，节约成本，还可以克服干部贪污浪费多吃多占的弊病，保证了直接生产者的利益。1981年，实行包干到户的德州地区农业获得了大丰收，当年农业总收入132638万元，各项费用31597万元，占总收入的23.8%，比1978年各项费用占总收入的44.57%，下降了20.77%；集体扣留13932万元，占总收入的10.5%，比1978年集体扣留占总收入的12.01%，下降了1.51%；社员分配85408万元，占总收入的64.39%，比1978年社员分配占总收入的41.39%，增加了23%，实现了合作化初期提出的要求，超过了1956年的水平，达到了历史最好水平。1981年，德州地区社员分配平均每人169.3元，比1978年的47元增长2.6倍。

第三，实行联产承包责任制，调整了农村中干部和社员、社员和社员之间的关系，加强了集体经济的民主管理，从而完善了农村社会主义的生产关系。农村人民公社是集体所有制经济，这决定了社员群众应该是人民公社和生产大队、生产队的主人，决定了干部和社员群众的关系应该是同志式的、平等互助合作关系。但在实际生活中，由于有些干部依靠行政命令办事，很少参加或不参加劳动，严重脱离群众和脱离实际，甚至作风粗暴，多吃多占，搞不正之风，致使和社员的关系相当紧张。社员往往嫌干部管得严，卡得死，占得多，认为活是为干部干的，钱是为干部挣的，因此对集体经济不关心，干集体的活不认真，只要能记上工分就行。干部又往往嫌社员落后，不听话，不服从调遣，不好好干活。江苏无锡县洛社公社有个社员，因身体有病不能下田插秧而向队长请假，队长说不行，集体劳动一个不能缺，做不动也要拿张板凳坐在田头等大家一起收工，结果这个社员带病在田头坐了半天。而有些公社干部和县里领导由于领取国家工资，自身的经济利益同农业生产没有关系，往往对农业生产进行瞎指挥。例如，安徽有个县的县委书记在1980年立秋后一个星期，还强迫农民栽了十多万亩双季晚稻秧，致使该年晚稻几乎绝收，全县减产粮食几千万斤，造成群众生产生活很大困难。对于这种瞎指挥的干部，农民特别有意见。

实行联产承包责任制，土地承包到户，社员有了经营自主权，生产积极性就大大提高，干部也不用每天打钟、派工，减少了许多纠纷。而且从生产到分配，各个主要环节都订了合同，彼此都能循章办事，矛盾也大为减少。经营管理方式的改变，也促使干部改进工作作风。干部由于承包了责任田，同样参加劳动，就和农民群众有了更多的共同语言，改变了原来管与被管的状况，使干群关系融洽，真正体现了平等互助合作的关系。

实行联产承包责任制之前，在生产队内部的社员之间，如劳多人少户与劳少人多户之间，劳强户与劳弱户之间，队内劳动的劳力与外出劳力之间，还有同姓与外姓之间，不同家族之间，干部亲属与群众之间等等，都存在着矛盾。他们常常为了评工记分、分粮支草等小事，发生争吵。有的生产队是"小闹天天有，大闹三六九"。因此，有人甚至说："生产队是个矛盾窝。"实行联产承包责任制后，由于改变了经营管理和分配等方式，过去评工记分中出现的直接冲突大大减少了。另外，由于加强了在平等自愿互利基础上的协作，社员们和睦相处，团结互助，相互之间的关系大大改善了。

实行联产承包责任制，也调整了社员的家庭关系。农业合作化之后，社员的家庭主要不再是生产单位，但它仍然是社员的生活单位，还有部分生产单位的作用，如耕种自留地、经营各种家庭副业等。过去，由于男女同工不同酬，老年社员没有退休金，特别是那些生产落后的社队，社员分配收入少，生活相当困难，很多家庭不和睦，老年人被视为包袱，得不到应有的尊敬和赡养。实行联产承包责任制，家庭成为承包单位；家庭在生产中的作用重新得到加强。这样，调动了社员家庭所有成员的积极性，老人和孩子也可为生产出力。特别是老年社员，他们有丰富的经营农业生产的经验，有较高的农业生产技术，包产到户后，许多多年不出工的老人重新走上田头，带领全家种好承包田。最欢迎联产承包责任制的是妇女。过去，妇女们和男劳力一样上工，和大家一起下工，回到家里，又要处理家务，整天忙得不停。包产到户后，家庭中的劳力可以很好安排。所以，许多妇女反映，现在的家才像个家了。同时，由于经济收入大幅度增加，生活水平不断提高，社员家庭纠纷大量减少，家庭关系得到了改善。

集体经济内部的干部和社员之间，社员和社员之间，社员家庭成员之间这三个方面的关系，集中体现了农村生产关系中人与人之间的关系。包产到户等形式的联产承包责任制的实行，调整和改善了这几个方面的关系，从而对农业的发展起着重要的促进作用，也为农村安定团结局面的继续发展创造了良好的条件。

第二节　联产承包责任制解决了许多长期解决不了的问题

农业合作化以后，农村集体经济一方面促进了我国农业生产的发展，另一方面也产生了一些问题，不利于农业生产的发展，不利于农民生活的改善，不利于集体经济本身的巩固。对于这些问题，人们年年想办法解决，但就是长期解决不了。例如农村干部参加劳动的问题，干部和一部分人多吃多占、贪污、挪用公款的问题，勤俭办社的问题，改造落后队的问题等等，都是从合作化初期就存在的。但是多年来都把它们看作是工作问题，甚至看作是阶级斗争问题，所以年年搞运动，年年整风整社，却总是解决不了。实行联产承包责任制后，完善了农村社会主义生产关系，改善了经营管理和计酬方式，从制度上加以改革，这就使上述问题有些彻底解决了，有些基本解决了。

农村干部要参加生产劳动，这在农业合作化初期就提出来了。1957年，中共中央专门发了两次文件，强调农业合作社的干部，从主任、副主任起，都必须参加生产劳动；1962年9月27日，党的八届十中全会讨论通过的《农村人民公社工作条例（修正草案）》规定："生产大队和生产队的干部，都要以一个普通社员的身份积极地参加劳动，同社员一样评工记分。……生产大队干部参加集体劳动的天数，最少的全年不能少于一百二十天。"[①]1963年5月，毛泽东同志对农村干部参加劳动的问题，专门作了批示。他指出，"干部参加集体生产劳动，对于社会主义制度来说，是带根本性的一件大事。干部不参加集体生产劳动，势必脱离广大的劳动群众"，并希望争取在三年内能使全国全体农村支部书记认真参加生产劳动。[②]在"文化大革命"时期的"农业学大寨"运动中，党中央多次规定：县级干部每年参加劳动100天，公社干部参加劳动200天，大队干部参加劳动300天。尽管一次次地要求干部参加生产劳动，但实际上农村干部不参加劳动的问题依然存在，不仅支部书记、大队干部不劳动，甚至有些生产队干部及生产队的几大员都不劳动或很少劳动。据典型调查，一个200户的大队，常年有30多个干部和其他人员不劳动，靠拿干部工分或补助工分生活。实践证明，解决这类问题，单靠政治运动和思想教育不够，还要从改善经营管理制度方面着手。实行包产到户后，干部和社员一样承包责任田，劳动多少，劳动好坏，直接同自己的切身利益联系起来，各类干部就普遍地积极劳动了。群众说，包产到户像一条无形的绳索，把干部从田埂上拉到了田里。

---

① 《农村人民公社工作条例（修正草案）》，参见中华人民共和国国家农业委员会办公厅编《农业集体化重要文件汇编》（下册），北京：中共中央党校出版社，1981年10月，第646页。

② 毛泽东：《转发浙江省七个关于干部参加劳动的好材料的批语》（1963年5月9日），参见《建国以来毛泽东文稿》（第10册），北京：中央文献出版社，1996年8月，第292~294页。——编者注

要勤俭办社，勤俭办一切事业，这是农业合作化初期就确定的办社方针。这个方针可以说是年年讲、月月讲，不仅写在文件上，还贴到每个社队的墙上。但是，在吃"大锅饭"、搞"大呼隆"的情况下，勤俭办社成了一句空话。相反，大手大脚、挥霍浪费等越搞越严重。如生产不计成本，施用化肥、农药不讲究方法和效果，集体财产大量丢失、损坏，拖拉机、脱粒机、水泵等机器常年放在露天，日晒雨淋无人过问，有的生产队甚至把犁耙丢在田里过冬。所以，生产队的各项费用越支越多，生产成本越来越高，经济效益越来越差，社员收入相对减少。据统计，1956 年全国农村基本核算单位总收入 343.9 亿元，当年各项费用 78.7 亿元，其中生产费用 77 亿元，分别占总收入的 22.9% 和 22.4%；当年集体提留 12.4 亿元，占总收入的 3.6%，各项费用和集体提留共占总收入的 26.5%。1978 年全国农村基本核算单位总收入 1107.42 亿元，各项费用 386.25 亿元，其中生产费用 357.82 亿元，分别占总收入的 34.9% 和 32.3%。当年集体提留 103 亿元，占总收入的 9.3%，各项费用和集体提留共占总收入的 44.2%。1978年与 1956 年相比，生产费用的比例上升了 9.9%，各项费用的比例上升了 12%，经济效益明显下降，社员分配收入比例也减少了。1956 年社员总分配 219 亿元，占总收入的 63.68%，1978 年社员总分配 582.36 亿元，占总收入的 52.58%，二者相比下降了 11.1%。1956 年国家收农业税 33.8 亿元，占农业总收入的 9.83%，1978 年国家收农业税 37.12 亿元，占农业总收入的 3.35%，比例下降了 6.48%。[1]

　　实行联产承包责任制后，社员有了经营管理的自主权，并直接关系到自己的经济利益，因此安排生产精打细算，力求节省成本，挥霍浪费的漏洞一下就堵住了。据安徽滁县地区 1981 年对 12 个生产队的典型调查，这 12 个生产队 1978 年的总收入为 175681 元，各项费用 78629 元，占总收入的 44.75%，每元投资的经济收益为 2.23 元，社员人均分配 70.27 元。1980 年实行包产到户、包干到户责任制后大见成效。该年，这 12 个队的总收入为 409720 元，各项费用 112349 元，占总收入的 27.42%，比 1978 年下降了 17.33%。每元投资的经济收入为 3.65 元，比 1978 年提高了 63.7%。该年社员人均分配 212.16 元，比 1978 年增长了 3 倍。农民收入增加这么多，主要是靠农业增产，然而费用减少、成本降低，也是一个重

---

①　国家统计局编《中国统计年鉴·1981》，北京：中国统计出版社，1982 年 8 月，第 195～196 页；《中国统计年鉴·1963》，第 125～127 页。

要原因。

一部分干部多吃多占、超支挪用、贪污盗窃，这也是农村中的一个老大难问题。群众对此最反感，最有意见。农业合作化初期的整风整社，就是要解决这类问题，后来的反"五风"和社会主义教育运动，也是要解决这类问题。但是，解决不了。为什么？因为多年以来，在解决这个问题时，着重追究个人责任，认为仅仅是某些干部的品质、觉悟和作风问题，而没有从改革经营管理制度来根本解决。所以，运动来时，严厉处分了这类干部，但运动过后，有的干部继续重犯；有的干部撤掉了，新上来的干部继续犯这类错误。以往讲民主办社、民主理财，实际上生产队的财务大权，集中在少数干部手里，广大社员群众无权过问，无法监督。农村中某些干部的多吃多占、吃喝之风，在合作化初期还只限于逢年过节，以后却逐步发展：上级来了人，拖拉机手来耕田，电影队放电影，铁木工匠来修农具，都要请客办酒。而且往往是来客一二个，陪客一大桌。一个生产队这种吃喝开支，一年少则几百元，多则上千元。从中央到地方，年年禁止，年年不断。社员对此更是无可奈何。他们说，生产队干部中的吃喝风像癌症一样，整不掉，治不好。对于某些农村干部的超支挪用，许多农村流行着这样的谚语："队长借钱一句话，会计借钱一笔划，保管借钱自己拿，社员借钱磨破了鞋。"有的干部一人就借支几百元、上千元，有的生产队干部的借支相当于本队全年的全部现金收入。干部借支很多是长年不还。据统计，1978 年全国农村人民公社基本核算单位的超支款共为 71 亿元，其中多数是困难社队由于分配少而出现的超支户，但是干部借支挪用也占相当大的比例。

实行联产承包责任制后，社员群众不仅有了生产自主权而且有了分配的自主权。这样，生产队的提留多少，怎样开支，开支多少，大家清清楚楚，便于群众监督。这就从制度上防止了干部超支挪用、贪污盗窃等问题；多吃多占现象虽然还未完全杜绝，但也基本解决了。

困难队、穷队、三类队、落后队的问题，也是农业合作化不久提出来的。国家为此专门设立扶助穷队的基金，每年拨出大量专款进行救济、扶持。国家每年还派出大量工作队整顿这些生产队，派领导干部蹲点指导工作，并且减轻它们的征购任务和税收负担，给予大量物质上的帮助，等等。二十多年来，国家为解决困难队的问题，花了大量的人力、物力和财力，可谓用尽了各种办法，但是困难队却反而有增无减。1976 年，集体分配人均收入不足 50 元的农业生产队，全国共有 2017140 个，占总数的 42.8%，人口约为 3.27 亿。在这些困难队里，集体分配平均每人每天不足 0.14 元，连最起码的生活条件都不能保证。这种困难队问题为什么长期解决不了呢？因为上述所有办法，都不能解决社员的劳动积极性问题，而社员群众生产劳动积极性调动不起来，农业就办不好，穷队的面貌也改变不了。

实行联产承包责任制，则能把农民的生产积极性调动起来。农民的干劲充分发挥了，穷队、穷社、穷地区就能很快改变面貌。例如，甘肃省渭源县祁家庙公社有 31 个生产队长期贫穷落后，1980 年实行包产到户，当年就有 30 个生产队翻身，摘掉了贫穷落后的帽子。多年来，全国最困难的贫困落后地区有十大片，包括晋西北、鲁西北、淮北、豫东、陇中、陕北、川北、黔西等地区的 241 个县。国家每年要调大量的粮款去救济这些贫困地区，这成为国家的沉重负担。实行包产到户等联产承包责任制后，这些地区的情况很快改观。如今，除陇中和宁夏的西、海、固地区因自然条件差困难仍然很大外，其余大部分地区已经解决或基本解决了群众的温饱问题。其中有 23 个县，1981 年人均分配超过 150 元，跨入了先进县的行列。1978 年，全国人均分配最低的县是山西省平鲁县，人均分配只有 20.1 元，连续 28 年吃国家供应粮 1.4 亿斤，花国家救济款 628 万元。1982 年实行包干到户责任制，一年翻身，全年生产粮食 1.19 亿斤，油料 1006 万斤，不仅不再向国家伸手，而且向国家交售商品粮 1500 万斤，商品油 150 万斤，全县人均分配 133 元，比 1978 年增加 5.6 倍。

总而言之，上述这些关于干部参加劳动，勤俭办社，干部多吃多占、贪污挪用和困难队等问题的存在，极大地束缚了农业生产力的提高，阻碍了农业生产的发展，损害了广大农民的利益。农民迫切要求解决这些问题，党中央也一再提出要解决这些问题，上下的愿望是一致的。实行包产到户等形式的联产承包责任制，完善了社会主义生产关系，改革了经营管理和分配等方式，从体制上为根本解决这些问题准备了条件，所以实行不久，有些问题被彻底解决了，有些得到基本解决。从这个侧面也可以看到，实行联产承包责任制，完全符合农业生产力发展的要求，符合广大农民群众的要求。

第三节 联产承包责任制促进了农业的发展

几年来的实践表明，实行联产承包责任制，确是在我国目前的国民经济和农业生产条件下，加速发展农业的最好方法。当前，我国正处于国民经济调整时期，国家财政比较困难，不可能拿出很多的财力、物力来发展农业。党的十一届三中全会曾经决定，在提高农产品收购价格的同时，准备在今后三五年内，国家对农业的投资在整个基本建设投资中的比重，要逐步提高到 18% 左右。但是，由于国家财政困难，农业基本投资在 1979 年有所增加之后，最近几年连续减少，1981 年降到 29 亿元，只占整个基本投资的 6.8%。然而，由于最近几年落实了党在农村的各种政策，特别是党中央顺应民心，批准广大社队实行以包产到户、包干到户为主要形式的联产承包责任制，充分调动了广大农民的积极性，促使农业生产持续大幅度增长。详见表 2。

表 2　1978 ~ 1982 年全国农业生产情况

项目 年份	农业总产值 （亿元）	粮食 （万吨）	棉花 （万吨）	糖料 （万吨）	油料 （万吨）	肉类 （万吨）
1978 年	1459	30475	216.7	2381.7	521.8	856.3
1979 年	1584	33212	220.7	2461.4	643.5	1062.4
1980 年	1627	32056	270.7	2911.2	769.1	1205.4
1981 年	1720	32502	296.8	3602.8	1020.5	1260.9
1982 年	1909	35343	359.8	4359.4	1181.7	1350.8
1982 年比 1978 年增长%	30.84	15.97	66.04	83.04	126.47	57.75
平均每年递增%	6.95	3.77	13.51	16.31	22.7	12.07

注：农业总产值为 1970 年不变价格，如按 1980 年不变价格，1982 年的农业总产值为 2785 亿元。

资料来源：国家统计局编《中国统计年鉴·1983》，北京：中国统计出版社，1983 年 10 月，第 149、158 ~ 160、178 页。

从上表可见，我国 1978 年至 1982 年的农业生产年平均增长率（6.95%）超过了 1952 年到 1978 年之间的平均增长率（3.24%），其中农业总产值高 3.71%，棉花高 11.54%，糖料高 11.8%，油料高 21.9%，肉类高 8.44%。粮食生产由于这几年调整农业结构，减少了 1 亿多亩粮食播种面积，每年只递增 3.77%，但也高于 26 年间平均每年递增 2.41% 的增长率。

在那些实行联产承包责任制比较早而且比较完善的地区，其促进农业发展的效果更加显著。安徽省滁县地区即是一例。这个地区有 7 个县，300 万农业人口，1980 年实行包干到户的生产队占生产队总数的 76.4%。1981 年，实行包干到户的生产队占总数的 99.54%。3 年工夫，农业生产跨了三大步，使全区农村面貌发生了深刻的变化，出现了空前未有的好形势（详见表3）。

表3　1978～1981年安徽滁县地区农业生产情况

年份\项目	粮食（亿斤）	棉花（万斤）	油料（万斤）	向国家交售粮食（万斤）	集体分配人均收入（元）	家庭副业人均收入（元）
1978年	22.98	2175	7443	35900	75	45
1979年	28.34	1432	9959	53336	82	50
1980年	32.17	1937	15137	65498	128	55
1981年	40.44	2678	28943	125000	207	73
1981年比1978年增长%	75.98	23.13	288.9	248.19	176	62.2
平均每年递增%	20.73	7.18	57.25	51.57	40.3	17.5

　　滁县地区在安徽省东部，气候温和，无霜期长，雨量充足，适宜稻麦生长，发展农业的自然条件较好。但自1958年以后，农业生产徘徊不前，特别是定远、凤阳、嘉山诸县，长期处于低产落后的状态，成为全省出名的穷片之一。自从实行了联产承包责任制，滁县地区农业找到了起飞的钥匙，迅速发展起来。拿粮食生产来说，滁县地区1951年粮食生产就达13.4亿斤，但直到1972年，用了21年工夫，才突破20亿斤大关，达到21.02亿斤。以后长期徘徊，直到1980年，才突破30亿斤大关。而突破40亿斤大关，只用了1981年一年工夫。刚开始实行责任制时，有人预言："包产到户头年大增产，第二年小增产，第三年就减产。"滁县地区的事实则打破了这种预言。该县头年粮食增产23.32%，第二年增产13.51%，第三年增产25.7%，平均每年递增20.73%。1982年，滁县地区又获大丰收，粮食总产42.9亿斤，比1981年增长6.1%，向国家交售商品粮15亿斤，商品率达35%，平均每人交售518斤，每户交售2000多斤。

　　人还是那些人，工具还是那些工具，地还是那块地，为什么实行了联产承包责任制，农业就能大幅度增产呢？

　　第一，由于联产承包责任制使农民真正成为农业生产的主人，从而调动了农民的生产积极性，使农民改变了以往对生产冷漠的态度，开始关心生产，主动积极地进行农业生产劳动。实行联产承包责任制以前，由于集体经济搞不好，工值低，分配少，农民无心种田。即使干部用扣工分等办法强制社员上工，也收效甚微。那时，很多社队的耕地，既不深翻，也不施肥，结果越种越薄。犁地则地边越留越宽，地角越留越大，方田变成了圆田，耕地越种越少。实行包产到户后，社员们把地边地角都犁过种上了，圆田又变成了方田。据甘肃省调查，渭源县祁家庙公社，1980 年实行包产到户，当年垦复地边地角增加耕地 1220 亩，占总耕地的 2%。山东陵县土桥公社 1978 年耕地只有 27700 亩，1980 年实行联产责任制后，耕地逐年增多，许多多年撂荒不种的碱荒地垦复重种，到 1983 年总耕地扩大到 32000 亩，增加了 15.5%。以往虽然也强调抢收抢种，不误农时，但由于社员无心种田，每年夏秋的双抢都拖得很长。例如，江南地区抢收早稻、抢种晚稻，以往一般要 15 天到 20 天，实行包产到户后，社员为了不误农时，劳动力出得多，每天劳动时间长得多，只要干 10 天就完成了，抓住了黄金季节。包产到户后，北方棉区有许多农民大热天不歇晌，背着喷雾器在田里打农药，问其所以，因为中午这段时间，用药治棉蚜虫的效果最好。实行联产承包责任制以前，播种和管理虽然也讲要保证全苗，但实际上块块田缺苗断垄。包产到户后，社员在自己承包的田里可讲究保证全苗了。1981 年，山东省菏泽县有个老棉农承包了 3 亩棉花地，棉花长得茂盛整齐，下乡干部夸奖他管得好。老农说："不中，不中！还缺 34 棵苗哩！"干部惊讶地问，您老管得这么精细？老农说："少 1 棵棉花，就要少得 1 角多钱嘛！"其实一点没浪费，因为他补种了 34 棵黄豆。过去，每到收获季节，报纸、广播，大会、小会都要讲精打细收，颗粒归仓。但是，在收割、运输、脱粒、烘晒、保管过程中，在山间、在路上、在场上，浪费还是很严重的。有人计算过，那时每年的粮食至少有 5%～8% 的损耗。包产到户后，损失一颗粮食都是农民自己的，就自然细打细收、颗粒不丢了。

由于包产到户责任制把个人利益与集体生产有机地联系起来，能够使社员的劳动与自己的利益息息相关，使社员们得到看得见摸得着的好处，符合农民重实际、轻空谈的思想作风，加上多年来农民群众对生产"大呼隆"、分配平均主义大为不满，所以一经实行，广大农民的生产积极性就迸发了出来。在生产过程中，他们善用脑子，肯卖力气，有强烈的主动心和责任心，一心一意要把农业生产搞好。这也是近几年我国农业生产迅速发展的重要原因之一。斯大林曾经说过："新的生产力要求工作者在生产中能表现出某种主动性，愿意劳动，和劳动有某种利害关系。"[①] 农业合作化以来，我们一直盼望农民有冲天的劳动干劲，对待农业生产有高度负责的精

① 斯大林：《辩证唯物主义和历史唯物主义》，载《斯大林选集》（下卷），北京：人民出版社，1979 年，第 447 页。

神，实行联产承包责任制后，这种高度的积极性终于出现了。

第二，农民有了生产积极性，使新中国成立以来创造的农业生产的物质技术条件得到了更好的利用。这是近几年我国农业迅速发展的又一个重要原因。三十多年来，在党和政府的领导下，经过亿万农民的长期艰苦努力，我国农业生产的物质技术条件已经有了很大的变化。全国广大农村进行了规模巨大的农田基本建设，治理了 2.6 亿亩低洼涝地，改造了 2 亿多亩盐碱地，修建了 8.6 万座水库，总容量达到 4000 亿立方米。全国灌溉面积由解放初的 2.39 亿亩扩大到 6.7 亿亩，有效灌溉面积达到总耕地面积的54%。解放初期我国农村几乎没有什么农业机械，1980 年全国已拥有大中型拖拉机 74.5 万台，手扶拖拉机 187 万台，排灌动力 7465 万马力，农用汽车 13.5 万辆，农机总动力达到 2 亿马力。化肥、农药的使用已经普及，1980 年施用化肥 1269 万吨，平均每亩施用 17 斤。1980 年全国农林用电 321亿度，相当于解放初全国发电量的 7.5 倍。杂交水稻，杂交玉米，良种小麦，鲁棉一号，徐薯 18 等优良品种被推广应用。现代农业科技也得到较为广泛的传播。全国建立了四级农业科技推广网，农民的科学文化水平有了一定提高，一批掌握农机和农业科技的专业人员已经成长起来。应该说，我国的农业现代化事业已经有了相当的进展。所有这些都是新的生产力，是加速农业发展的物质技术基础。按理说，这些新的生产条件的应用，应该使我国的农业生产有一个很大的发展，应该使我国的农业劳动生产率有一个很大的提高。事实却不然。1978 年，我国每个农业劳动力平均生产粮食 2142 斤，只比 1957 年的 2020 斤增加 122 斤。二十多年来，农业劳动生产率几乎没有什么增加。这就是说，兴修水利，使用农机、化肥，讲究科学种田等提高农业劳动生产率的因素，被农村中的瞎指挥、"大呼隆"、平均主义这三害造成的农民无心种田、劳动力大量浪费所抵消掉了。

实行联产承包责任制，把农民的生产积极性调动起来，使上述已经形成的物质技术条件得到充分的利用，农业生产就有一个飞跃的发展，获得在解放初期和农业合作化初期不可想象的高产、稳产。例如地处鲁西北的德州地区，20 世纪 50 年代种棉花，亩产 80 斤以上皮棉就超了《纲要》①，可以当植棉劳动模范。这些年，搞了引黄灌渠，多数棉田可以水浇和拖拉机深翻，有高效的化肥、农药，又有良种鲁棉一号，但在 1978 年以前，棉

---

① 指《一九五六年到一九六七年全国农业发展纲要（修正草案）》（简称农业"四十条"）。——编者注

花产量低而不稳，长期徘徊不前，1978 年全地区 163 万亩棉花平均亩产只有 24 斤，总产 39 万担。该地区 1980 年实行包干到户责任制后，人还是那些人，工具还是那些工具，土地还是那些土地，就因为农民有了种田积极性，当年棉花平均亩产猛增到 87 斤，加上棉田扩大到 230 万亩，棉花总产 200 万担。1981 年棉花平均亩产 110 斤，总产达到 330 万担，分别比 1978 年增长 3.6 倍和 7.5 倍。有不少社员，初种棉花，第一年就得到亩产 150 斤皮棉的好收成，这在 20 世纪 50 年代几乎是不可想象的。德州地区棉花奇迹般丰收的事实说明，我国农业发展的潜力很大，可以持续增产的物质条件已经具备，包产到户责任制是一种引爆剂，把蕴藏在广大农村中的潜力发挥出来了。可以预见，随着包产到户、包干到户责任制的进一步完善和发展，广大农民的生产积极性将更充分地调动起来，使多年来新形成的生产力充分发挥作用，我国的农业在相当长一个时期内会以较高的速度持续发展。

第三，实行联产承包责任制，把分散在亿万农民手中的财力、物力动员出来，投入农业生产，以促进农业生产的发展。在实行联产承包责任制以前，我国有相当多的生产队生产资金不足，妨碍了农业生产的发展。近半数的生产队是"生产靠贷款"，每年春耕夏管，靠国家贷款，买良种，买化肥、农药，勉强把庄稼种上，使简单再生产得以维持。但是，国家的财力有限，农业贷款很少。1978 年国家银行对农村社队发放的农业贷款为 109.2 亿元，加上农村信用社的贷款，约为 200 亿元。这还包括历年积欠的陈贷在内，当年实际使用的贷款，只有 100 多亿元。1978 年农业生产总值 1459 亿元，即使农业贷款按 200 亿元计，也只占当年农业总产值的 13.7%。现在世界上一些农业发达的国家，农业贷款是比较多的，有的相当于当年的农业总产值，少一些的也在 40% 以上，我国只有 13.7%，显然是太少了。许多生产队因缺少自有生产资金，借不到或借不足贷款，往往是，拖拉机坏了无钱修理，牲口病了没钱治疗，买不起农药、化肥，等等。在边远地区，有的生产队穷得至今还有没施过肥的"卫生田"，有的连牵牲口的缰绳也买不起。集体经济这样穷，贷款又不足，对于农业生产的发展当然很不利。

实行联产承包责任制后，农民的利益同农业生产息息相关，农民就想方设法去筹集生产资金。以前只有几个干部发愁张罗，现在把广大群众发动起来，大家一起去筹措。有的农民把准备盖房子、买衣服的钱拿出来，有的把娶媳妇、嫁闺女的钱拿出来，有的到城里的亲戚、朋友处商借，千方百计解决生产资金问题。1979 年，安徽肥西县山南区实行包产到户试点，当年社员自筹生产资金 300 万元，平均每户 118 元，是 1978 年全区农业贷款 68 万元的 4.4 倍。1979 年，山南区社员购买施用的商品肥，等于前三年的总和。安徽滁县地区供销社 1978 年销售了农业生产资料 5218 万元，1979 年销售了 6292 万元，增长 20.6%。1980 年销售了 8145 万元，比 1979 年增长 29.4%。由此可见，包产到户后，农民自筹资金有大幅度增加的趋势。亿万农民主动积极地筹措资金，克服我国当前农业生产资金严重不足的困难，这是联产承包责任制促进农业生产发展的又一方面。

总之，实行联产承包责任制，调整了我国农村的生产关系，改革了农业经营管理方式，从而调动了亿万农民的生产积极性，把多年来积累起来的物质技术条件充分利用起来，把各种财力、物力动员起来，做到了人尽其才，地尽其力，财尽其利，物尽其用，使我国农业生产近几年来得到了迅速的发展。

第四节　联产承包责任制使农民得到了实惠

广大农民群众所以普遍欢迎联产承包责任制，从根本上讲，最主要的原因是它能改善农民群众的政治、经济地位，给农民带来生产上的自主权和经济上的实惠。党的十一届四中全会正式通过的《中共中央关于加快农业发展若干问题的决定》指出："确定农业政策和农村经济政策的首要出发点，是充分发挥社会主义制度的优越性，充分发挥我国八亿农民的积极性。我们一定要在思想上加强对农民的社会主义教育的同时，在经济上充分关心他们的物质利益，在政治上切实保障他们的民主权利。离开一定的物质利益和政治权利，任何阶级的任何积极性是不可能自然产生的。"[1] 近几年来，我国农民的生产积极性普遍高涨。这是我们党实行了一系列符合农村实际、符合农民愿望的政策，特别是推行包产到户等各种形式的联产承包责任制，保障了广大农民政治上和经济上的利益的结果。

万里同志在全国农业书记会议和农村思想政治工作会议上说："农民最高兴两件事：一个是实惠；一个是自主。过去盲目追求'一大二公'，搞瞎指挥，大呼隆，生产上不去。现在农民有了自主权，可以独立组织生产，安排活计，结果'集没有少赶，戏没有少看，粮没有少打，钱没有少得'。

---

[1]　中共中央文献研究室编《三中全会以来重要文献选编（上）》，北京：人民出版社，1982年 8 月，第 183～184 页。

有些先进队为什么也愿意搞联产承包制呢？很重要的因素就是经济利益增加了，自主权更多了。一个物质利益，一个自主权，有了这两条，8 亿农民的积极性和创造性就能充分地发挥出来，成为发展生产的巨大力量。"① 万里同志的这个分析十分确切，指出了党的十一届三中全会以来农村形势发生巨大变化的根本原因，揭示了亿万农民强烈欢迎联产承包责任制的实质。

这里，我们着重说明农村在实行联产承包责任制后，农民在经济上得到的实惠。1957 年全国农村人均集体分配 40.5 元，到 1978 年人均集体分配 74 元，21 年时间只增加 33.5 元，平均每年增加 1.6 元。1979 年全国农村人均集体分配 83.4 元，1980 年人均集体分配 85.9 元，1981 年人均集体分配 101.33 元，1978～1981 年，3 年间增加 27.33 元，平均每年增加 9.11 元。由于有了经营自主权，近几年农民家庭副业发展很快，加上超产收入，农民家庭纯收入的来源中，自营经济收入比集体分配收入增加得快。据国家统计局抽样调查，1978 年农民家庭每人平均纯收入 133.57 元，其中集体分配收入占 66.28%；1979 年每人平均纯收入 160.17 元，集体分配收入占 63.66%；1980 年每人平均纯收入 191.33 元，集体分配收入占 56.64%；1981 年每人平均纯收入 223.44 元，集体分配收入只占 52%。1957 年农民家庭每人每年纯收入为 72.95 元，到 1978 年，21 年间增加 60.62 元，平均每年只增加 2.89 元。1978～1981 年，3 年间增加 89.87 元，平均每年增加 29.96 元。实行联产承包责任制的 3 年超过过去的 21 年。②

按国家统计局农民家庭抽样调查的结果计算，1978 年农民家庭每人平均纯收入 133.57 元，当年全国农民总数 83815 万人，全国农民纯收入总计为 1119.5 亿元。而 1979 年全国农民纯收入为 1349.1 亿元，1980 年为 1625.3 亿元，1981 年为 1918.4 亿元，与 1978 年相比，这 3 年全国农民共增加纯收入 1534.3 亿元。其中，由于国家提高农产品收购价，减免农业税和实行各种补贴而增加的收入为 642 亿元，占总纯收入的 42%，另外的 892.3 亿元（占总纯收入的 58%），主要是实行联产承包责任制后增加生产，降低成本的结果。党的十一届三中全会后 3 年，全国农民增加 1534.3 亿元的收入，这是这几年我国农村经济繁荣，农民生活改善的充分表现。全国农民 3 年中得到这样大的实惠，这样大幅度地改善经济生活，这在历史上是空前的（伟大的土地改革运动，消灭了封建剥削，使全国农民免除了

① 万里：《进一步发展已经开创的农业新局面》，《人民日报》1982 年 12 月 23 日第 1 版。
② 国家统计局编《中国统计年鉴·1983》，北京：中国统计出版社，1983 年 10 月，第 499 页。

每年约 700 亿斤粮食的地租。按现行价格计算也只有 100 多亿元)。

由于调整农业结构,我国 1978 年以后,粮食播种面积约减少 1 亿亩,但粮食总产年年超过 1978 年。1978 年全国粮食总产 6095 亿斤,1979 年为 6642 亿斤,1980 年为 6411 亿斤,1981 年为 6500 亿斤。[①] 以 1978 年为基数,1979～1981 年共增产粮食 1268 亿斤,而这几年国家向农村征购的粮食并没有增加多少,所以增产的粮食基本上是留在农村的,三年共约增加留粮 1000 亿斤。这也就使我国农村存在多年的粮食偏紧的情况大大改变了,提倡多年的藏粮于民,终于在相当多的地区实现了。据国家统计局统计,1978 年每个农民平均消费粮食 496 斤(其中细粮 245 斤),食油 3.94 斤,肉食 15.28 斤,糖 1.46 斤,酒 2.44 斤。1981 年每个农民消费粮食 512 斤(其中细粮 345 斤),细粮比 1978 年增长 41%;食油 6.25 斤,比 1978 年增长 59%;肉食 23.88 斤,比 1978 年增长 56%;糖 2.19 斤,比 1978 年增长 50%;酒 4.64 斤,比 1978 年增长 90%。[②]

1979 年到 1981 年底,全国农村新建住房 15 亿平方米,有 2500 万户农民搬进了新居。许多祖祖辈辈住土房、草房的农民,现在住上了宽敞明亮的瓦房,有的农民还住上了楼房。

近几年来,我国农民的储蓄成倍增加。1978 年全国农民储蓄总额为 55.7 亿元,1981 年上升到 169.6 亿元,增加了 2.045 倍。[③] 因为有相当一部分农民不在农村存款而到城市银行里存款,所以,农民的实际储蓄总额比这个数字要多。

我国农民近几年来不仅在衣、食、住方面有了很大改善,以前农村很少见的耐用消费品也大量添置。1981 年,每百户农民家庭平均拥有自行车 44.39 辆,比 1978 年增加 44%;每百户拥有缝纫机 27.67 台,比 1978 年增加 40%;每百户拥有收音机 42.19 台,比 1978 年增加 1.42 倍;每百户拥有手表 55.05 块,比 1978 年增加 1 倍;每百户拥有电视机 0.88 台,而 1978 年由于数量少,还没有这方面的统计。[④]

实行联产承包责任制后,还有一个可喜的现象是,确实使一部分农民先富起来了。近几年来,各地涌现出了一大批专业户、兼业户,他们勤奋劳动,善于经营,做到了投资少,收益大,向社会提供了大量的商品,获

① 国家统计局编《中国统计年鉴·1983》,北京:中国统计出版社,1983 年 10 月,第 162 页。
② 国家统计局编《中国统计年鉴·1981》,北京:中国统计出版社,1982 年 8 月,第 434 页。
③ 国家统计局编《中国统计年鉴·1981》,北京:中国统计出版社,1982 年 8 月,第 401 页。
④ 国家统计局编《中国统计年鉴·1983》,北京:中国统计出版社,1983 年 10 月,第 502 页。

得了较多的收入，成为先富起来的"冒尖户"，有的年收入在万元以上，被称为"万元户"。这些"万元户"中，有一部分原来是逃荒要饭的赤贫户。凤阳县大庙公社西孙大队后杨村，是个有名的"讨饭村"。全村 23 户人家 101 人，66 个过去都外出要过饭。这个队 1979 年实行大包干到组，1980 年实行包干到户，两年就大翻身。1982 年全村有 4 户收入超万元，年收入在 6000～8000 元的有 7 户，4000～6000 元的有 7 户，其余 5 户是单身，收入也都在千元左右。这种情况在其他省区也有。应该说，在农村中富裕户还是少数，但其影响很大，对广大农民有很大的吸引力。只要我们的政策引导得法，一定会有更多的农民富裕起来。

各地在经济上充分关心广大农民物质利益的同时，还注意帮助那些劳动力少、劳动力弱，人口又多的困难户。开始实行包产到户的时候，有人曾担心"分了田，要不了二三年，就会富的富，穷的穷，发生两极分化"。在农村中，确实有一部分农户，或因劳少人多、劳弱人多，或因不善经营，或因主要劳动力有病，或因天灾人祸，生产和生活发生困难，这就是我们通常所说的困难户。这些困难户一般占总农户的 10% 左右。如何正确对待这部分困难户，是我们制定农村政策时必须考虑的问题。过去有一个时期，强调对这一部分困难户进行照顾，如按人头平均分配口粮等等。但这样做既违背了按劳分配原则，也挫伤了劳多劳强农户的劳动积极性，对发展生产不利。各地农村在实行包产到户，实行联产承包责任制时，既考虑到克服平均主义，调动劳多劳强农户的积极性，又充分考虑到切实解决好困难户的问题。各地大量的调查材料证明，近几年各地的困难户也都在摆脱困境，生活也在逐步改善。例如，安徽省来安县 1980 年实行包干到户的时候，有各种困难户 5200 户，占全县总农户的 6.6%。来安县委研究了解决困难户的办法，提出了各级党委和干部要"扶贫"的任务。来安县委规定，年人均收入不足 60 元，口粮不足 600 斤的农户列为"扶贫"对象，登记造册，确定干部具体帮扶。要帮助这些困难户树立劳动致富的信心，制定致富计划，并切实解决他们生产和生活中的实际问题。各生产队还专门成立"群帮小组"，帮助困难户解决缺劳力、物力、资金、技术等问题，帮助困难户安排好生产和生活。经过两年的工作，来安县的 5200 多困难户，生产和生活都有了不同程度的好转，其中有 10% 已经达到了脱贫标准（人均年收入 100 元，人均口粮 800 斤，房屋不破不漏，还清债务），摘掉了困难户的帽子。

实践表明，实行以包产到户、包干到户为主要形式的联产承包责任制，对集体经济的经营管理方式进行改革，使广大农民群众得到了自主权，真正成为集体经济的主人，成为农业生产的主人，并且得到了很大的实惠，改善了政治地位和提高了生活水平。这就是亿万农民群众普遍欢迎联产承包责任制的根本原因，也是当前我国农村繁荣兴旺的根本原因。

第五章　关于联产承包责任制性质的讨论

农业生产责任制，这是农业合作化初期就实行了的，大家没有异议。农业生产合作社对生产队实行包工、包产、包成本、超产奖励，即所谓"三包一奖"制，这实际上是大集体对小集体实行联产承包责任制；对此，大家也没有异议。后来，生产队实行包工到组，联系产量计算报酬，也就是包产到组，对此，已有人提出不同意见，但这毕竟还是大集体对小集体的责任制，争论还不大。然而，关于生产队对农户实行"三包一奖"即包产到户，是否还属于责任制范围，是否还属于社会主义性质问题，经济理论界分歧很大。所以，关于联产承包责任制性质的讨论，主要是关于包产到户性质的讨论。

包产到户属于什么性质？这是大家都很关心的重要问题，也是多年来关于包产到户问题争论的中心。我国农村人口占全国总人口的80%以上，农业是国民经济的基础，农村实行何种经济体制，农业现代化走什么道路，对于我国社会主义建设和整个国民经济的发展，都是至关重要的。这是关系到我们国家命运前途的重大国策问题。长期以来，由于"左"的错误干扰，关于包产到户的性质问题被搞得十分混乱，对这个问题的讨论经历了曲折的过程。现在，包产到户、包干到户已在我国农村大部分地区实行了，政治和经济的效果都很好。但是，由于过去对包产到户的错误批判的影响，至今还有不少同志心里不踏实，对包产到户的性质、方向还有疑虑，这对包产到户责任制的完善和发展是很不利的。因此，正确认识包产到户责任制，是使这项深得民心的正确政策得以不断贯彻的重要保证。党的十一届三中全会以来，亿万农民群众在党的领导下，已经有了五年多的实行包产到户责任制的实践经验。理论工作者对包产到户生产责任制性质问题已经作了长时间的研究和探讨。党中央近几年来发布的有关农村工作的文件对这个问题也都已作了明确的阐述。这些都为我们正确认识包产到户责任的性质创造了良好的条件。

第一节　包产到户进一步完善了农村社会主义生产关系，不是搞资本主义

本书第二章关于联产承包责任制的历史考察说明，包产到户最早是作为改善农业生产合作社经营管理的一种方法，由农民群众在实践中创造出来的。但是，如前所述，二十多年来，它一直被误解了。在历次运动中，包产到户都成为鞭挞的对象，成了农村复辟资本主义的代名词。许多干部和群众，则因为实行过包产到户，或同情、支持过包产到户而受到批判、打击。实行包产到户果真是搞资本主义吗？不是。搞资本主义，是强加给包产到户的莫须有的罪名。包产到户同资本主义风马牛不相及。所谓资本主义，是资本家在占有生产资料的基础上，通过雇佣劳动来剥削工人创造的剩余价值，获取利润的生产方式。实行包产到户，一不改变生产资料的集体所有制性质，二不改变按劳分配的社会主义分配原则，这怎么会是搞资本主义呢？可是，我国若干年来就是这样批判的，有相当多的人也就信以为真。现在，亿万农民群众虽然已经实行了这种农业生产责任制，但有些同志仍然心存疑虑，担心资本主义会由此泛滥起来。这是为什么呢？

第一，在一些同志心目中，社会主义农业就是"一大二公"，"三级所有，队为基础"，集中领导，集体劳动，统一核算，统一分配，也就是通常所说的"越大越公，越统越好"。他们把这些作为社会主义的固定模式和绝对标准，以此来裁决亿万群众的社会主义实践。因此，当群众依据马克思主义基本原理，依据当时当地的具体情况，对上述模式有所改革，有所创造时，他们就认为是背离社会主义道路，犯了方向路线的错误。其实，我国这套关于农村人民公社的理论和措施，只是根据国际上已有的某种模式和我国 20 世纪 50 年代的实践和认识水平，逐步提出、逐步形成的农村生产关系的具体形式，既不是唯一正确的模式，更不是社会主义农业的绝对标准。十一届三中全会以来，在党的领导下，广大农村干部和亿万农民群众，根据实践是检验真理的唯一标准，解放思想，实事求是，批判了农业战线上"左"的错误，实行了以包产到户、包干到户为主要形式的农业生产责任制，部分调整了农村的生产关系，改革了经营管理制度，突破了那套原来以为不可逾越的固定模式。实践的结果，同上述那些同志设想的相反，不仅没有天下大乱，而且农业发展加快了，社会秩序安定，农村出现了解放以来从未有

过的大好局面。党中央总结了新中国成立以来社会主义实践的经验与教训，总结了国际上社会主义实践的经验和教训，明确指出："社会主义生产关系的发展并不存在一套固定的模式，我们的任务是要根据我国生产力发展的要求，在每一个阶段上创造出与之相适应和便于继续前进的生产关系的具体形式。"①我国农业上原来的那套具体模式，虽然在历史上起过一定的积极作用，但在实行高级社以后，特别是在人民公社化以后，路子越走越狭窄。实践已经证明，这套模式弊病比较多，并不适合我国农业的实际情况。而农民群众创造的以包产到户、包干到户为主要形式的联产承包责任制，适合我国人多地少、实行精耕细作的特点和需要，可以把集体经济的优越性同农民的生产和经营的积极性结合起来。实践已经证明，包产到户要比原来那套模式优越得多。这样，我们有什么理由说农民实行包产到户是倒退，是恢复到资本主义呢？当然，包产到户、包干到户还刚实行不久，还需要完善和发展，与它相应的一整套具体制度还需要建立，要发展成为一种比较完整的适合我国农业生产力发展的生产关系的具体形式，而这些还需我们做大量的工作。

第二，如何正确地估计农民和对待农民，这是社会主义革命和社会主义建设中的重大问题。有两种偏向是要防止的。一种是把农民的社会主义革命性估计过高，把他们当作天生的社会主义者，以为农业合作化的速度越快越好，社队规模越大越好，公有化程度越高越好，可以搞"穷过渡"，趁热打铁，甚至可以取消按劳分配，取消商品生产，实行供给制，共产主义很快就可以实现；另一种是把农民的社会主义觉悟估计过低，把农民看作社会主义的异己力量，当农民不接受上述这些过"左"的做法，而要求有点小自由，要求有生产和分配的自主权，要求允许搞一些自留地、家庭副业和集市贸易时，就认为农民有自发的资本主义倾向，是民主革命派，进行批判和打击。这两种估计和做法都不正确，都给我国农村带来了严重的后果。从时间上说，1958 年以前，主要是对农民的革命性作了不适当的过高估计。那时有种议论，好像农民的觉悟比西欧的工人还高，因而在行动上加快了农业合作化的进程，不久又搞人民公社化，实行组织军事化、生产战斗化、生活集体化，连生活资料也实行公有化，办公共食堂吃大锅饭。农民对这些"左"的做法是不满意的。由于挫伤了广大农民群众的生

---

① 《关于建国以来党的若干历史问题的决议》(1981 年 6 月 27 日)，载中共中央文献研究室编《三中全会以来重要文献选编（下）》，北京：人民出版社，1982 年 8 月，第 841 页。

产积极性，再加上自然灾害等原因，我国农业生产连续几年大减产，出现了三年经济困难。自此之后，对农民的估计有很大变化，认为农民有自发资本主义倾向，农村的阶级斗争严重，不少人走资本主义道路，整走资本主义道路的当权派这个口号最早也是在农村社会主义教育运动中提出来的。甚至提出要割"资本主义尾巴"，取消自留地、家庭副业和集市贸易等。对于那些经营管理不善的困难队、后进队，总认为是资本主义在作祟，不断派工作组去整。农民提出要实行包产到户，就被认为是农民对集体经济有离心倾向，要摆脱共产党的领导，要搞资本主义。这种把农民视为异己力量的认识，是我们有些同志对农民不信任的表现。

解放以前，我国农民深受三座大山的压迫和剥削，他们是无产阶级最可靠的同盟军。1949 年，我国农民在中国共产党的领导下得到了解放，经过土地改革，得到了土地。中国共产党在农民中享有崇高的威信，农民有听党的话，跟党走的光荣革命传统，愿意走社会主义道路。农业合作化初期，农民敲锣打鼓，牵着耕牛，扛着犁耙，踊跃入社是真心实意的，农民相信我们党能帮助他们走上共同富裕的道路。但是由于种种原因，农业合作化以后，损害了农民的利益，挫伤了他们的积极性。有相当一部分社队，集体经济搞不好，连群众的温饱问题也长期不能解决。即使这样，农民也仍然相信我们党，仍然没有背弃社会主义道路，而是在坚持社会主义基本原则的条件下，寻找搞好集体经济的道路，探索加速农业发展的经济形式。包产到户的出现，应该说是我国农民的伟大创造。历史证明，包产到户是发展社会主义农业生产的一种好形式。所以，那种认为农民要求实行包产到户就是走资本主义道路的看法，是对农民群众的极大误解，是很不公正的。今天的我国农民已经不是解放前的农民，也不是 20 世纪 50 年代的农民，而是 80 年代的农民；我国农民不是不要社会主义，而是不赞成那种名不副实的社会主义；不是不要共产党的领导，而是不赞成一些干部的官僚主义瞎指挥；不是要摆脱集体经济，而是要摆脱平均主义、"大呼隆"和各种不合理的负担。

第三，一些同志之所以对包产到户存有疑虑，是因为对包产到户长期错误批判的影响没有彻底肃清。多年来，对包产到户的批判形成了一个公式：包产到户等于分田单干，分田单干等于搞资本主义，所以搞包产到户就等于搞资本主义。在"文化大革命"前，包产到户在我国还只是在少数地区，在极少数的社队搞过，大多数地区的农民群众和干部，尤其是在城市里工作的干部和群众对包产到户没有切身体验，不知包产到户为何物，所以很容易接受包产到户等于搞资本主义这个公式的影响。

包产到户＝分田单干＝资本主义，这个杜撰的公式是完全错误的。首先，包产到户不是分田单干（对此，下一节将专门论述），其次，即使是分田单干，也不等于搞资本主义。我们知道，分田单干即恢复小农经济，小农经济是农业中的个体经济，而个体经济从来不是一种完全独立的经济成分，它总是依附于某一种在一定社会中占主导地位的经济形式。在奴隶制社会，个体经济依附于奴隶主所有制的经济。在封建社会，个体经济的数量有了极大的发展，但仍然是依附于占统治地位的地主所有制经济。在资本主义社会，个体经济依附于资本主义经济，它的经济活动受到资本主义大生产的限制和排挤，而且不断发生两极分化。在社会主义社会，个体经济作为小商品生产，既有自发资本主义倾向，因而有同社会主义经济相矛盾的一面，又有可以接受社会主义改造，受到社会主义经济限制而能够为社会主义服务的一面。也就是说，在社会主义社会，个体经济依附于社会主义经济，它的经济活动，国家可以通过行政和经济的手段加以监督、影响和引导，可以纳入社会主义计划经济的轨道；它的自发资本主义倾向可以受到限制，而不可能像在资本主义社会那样到处泛滥。世界上各个社会主义国家的实践经验也都表明，在相当长一个历史时期内，对于个体经济、小商品经济，可以充分利用它为社会主义服务的积极的一面，这对社会主义经济建设是有利的。因此，那种把个体经济等同于资本主义经济，强调所谓"堵不住资本主义的路，就迈不开社会主义的步"，对个体经济采取打击、取缔的政策是根本错误的。可见，即使分田单干，也只是恢复小农经济，恢复个体经济，而个体经济只是可能产生资本主义，它本身并不是资本主义，因此，那种认为包产到户就是搞资本主义的说法是完全错误的。

那么，何以证明包产到户属于社会主义性质呢？马克思在《哥达纲领批判》一书中，对社会主义的基本经济特征，作了科学的论述。他指出如下几点：

1. 社会主义社会是以共同占有生产资料为基础的社会。

2. 社会主义社会是刚刚从资本主义社会中产生出来的，因此它在各方面，在经济、道德和精神方面都还带着它脱胎出来的那个旧社会的痕迹。

3. 社会主义社会中的个人消费品的分配，在社会总产品中作了各项扣除之后，实行按劳分配。

4. 个人的劳动直接作为社会总劳动的构成部分，因而价值形式消失，商品和货币退出社会经济生活。①

后来列宁根据社会实践的发展，又进一步指出："人类从资本主义只能直接过渡到社会主义，即过渡到生产资料公有和按劳分配。"② 可见，生产资料公有制和按劳分配，是马克思主义经典作家曾经指出的社会主义在经济上的基本特征，是判别社会主义性质的主要标准。

实行包产到户以后，农村集体经济的生产资料的占有情况有所变化，但主要生产资料仍属集体所有。目前，我国农村的农业生产资料主要有如下几项：（1）土地；（2）大中型水利设施，如水库、塘坝、机井、沟渠等；（3）大中型农机具，大中型拖拉机，农用汽车，柴油机，电动机等；（4）手扶拖拉机和牲口、大车、犁耙等；（5）锄、镰、锹、镢、手推车等小农具。在这五项生产资料中，第五项小农具本来就是社员私有和私用的。实行包产到户后，土地、水利设施、大中型农机具仍属集体所有，由生产队统一管理和统一使用。变化大的是第四项，手扶拖拉机、牲口、大车等。由于这些生产资料适宜于分散保管（或喂养）和使用，所以大多数生产队采取了保本保值的办法，作价归户，变为社员私有和私用（也有是社员新购置的）。另外，还产生了一种新的小集体所有制。这就是在包产到户以后，由于发展生产的需要，一些承包户自愿互利地联合起来，购买了耕牛、拖拉机、柴油机、电动机、水泵、农产品加工机械等生产资料（也有是原来归生产队所有，折价卖给联户的）。这些生产资料比较适合于较小规模的集体所有、管理和使用，在生产中发挥着重要的作用。所以，这种小集体所有制的生产资料，在各地增加得都很快。

从包产到户近期的发展趋势看，承包农户私人购置的耕畜、手扶拖拉机、中小农机具增加得很快，承包联户购置的生产资料发展得也很快。有些地区，已有承包农户或承包联户购置大型农机具和汽车等生产资料的情况。原来的生产队、生产大队也增加了公共积累，兴修了大中型水利，购置了大型拖拉机等，但与承包农户和承包联户相比，则发展得较慢。

未来的发展会不会使承包农户、承包联户所有的生产资料，超过原来集体经济所有的生产资料呢？

这种担心是不必要的。因为土地属于集体所有是长期不变的，承包农

① 参见马克思《哥达纲领批判》，载《马克思恩格斯选集》第3卷，北京：人民出版社，1972年5月，第10～12页。

② 列宁：《无产阶级在俄国革命中的任务》，载《列宁选集》第3卷，北京：人民出版社，1972年10月，第62页。

户对土地只有使用权，没有所有权。土地不能买卖、出租，未经批准，农户不能在集体所有的土地上建房、挖坑或另作它用。生产队有权在规定的若干年限内，根据人口、劳动力等的变化情况，对土地作必要的调整。土地作为农业生产力的要素，是农业生产赖以进行的空间场所，是农业必不可少的最基本的劳动对象。土地是农业的主要生产资料，也是我国农村集体所有制的基本内容之一。据统计，1978年全国平均每个生产队拥有耕地309亩，拥有固定资产17628元（不包括土地作价）。如果每亩耕地平均以1000元计，每个生产队平均拥有的耕地就值309000元，占每个生产队全部固定资产（326628元）的94.6%。可见，只要农业生产队仍保持对土地的所有权和支配权，那么就可以说是保持了主要生产资料的集体所有制。

诚然，耕畜和其他大型的农机具，也是重要的农业生产资料，但是比起土地来，它居于次要的地位。在目前的生产条件下，没有土地与农业劳动力的结合，就没有农业，而耕畜和其他农机具至多是影响农业生产水平的重要因素。列宁在依据经济因素对俄国农村进行阶级分析时，第一步就是根据占有土地的数量，把地主与农民区别开来；第二步根据有无马匹和占有马匹多少把富农、中农和贫农区别开来。① 这说明，对于土地的占有是确定农业生产资料占有性质的决定因素，而耕畜和其他农机具的占有状况则不是决定因素。所以，实行包产到户，仅把耕畜和一部分农机具等生产资料下放给农户，农业的主要生产资料仍然属于集体所有制，决不会改变农业生产队的社会主义性质。

有的同志提出，土地所有权是土地所有制的法律形式，而所有制是生产关系的总和，是一个包括生产、分配、交换等方面的总体。生产资料只有通过一定方式与劳动结合起来，为其所有者带来实际利益这种所有才具有现实的经济意义。所有制的性质，也正是由这种结合的特定方式而得到说明。所以，要从理论上说明包产到户的社会主义性质，除阐明生产资料公有制之外，还需要作更进一步的论证。

马克思主义指出，社会主义生产关系除了生产资料公有制，还包含着联合劳动和按劳分配，社会主义社会是一个联合劳动的共同体。在这个共同体里，每个人的劳动都作为社会劳动的组成部分而发挥作用，这才谈得到按劳分配，按劳分配是以联合劳动为前提的。劳动者将自己的劳动提供

---

① 参见列宁《给农村贫民》，载《列宁选集》第1卷，北京：人民出版社，1972年10月，第402~407页。

给社会，作为社会总劳动的一部分发挥作用，劳动者按照他付出的劳动量（社会作了必要的扣除之后），领取个人消费品，这也就是等量劳动相交换。在现阶段，全社会范围的等劳交换的条件还不具备，但是在一个集体经济单位的内部，实行的是这种等劳交换。等量劳动相交换，是社会主义经济的特征之一。

实行包产到户、包干到户，联合劳动和按劳分配的社会主义经济本质特征有无变化呢？从表面上看，包产到户、包干到户之后，承包农户分散劳动，独立经营，"各种各的地，各收各的粮"，似乎已经不是联合劳动了。但是，我们应该认识到，联合劳动不能理解为就是大家在一起干活。联合劳动的重要内容是，在一个联合体内，劳动者把个人的劳动作为联合体总劳动的一部分来发挥作用。联合体根据共同的需要支配每一份劳动，安排每个人去担负某项具体的生产活动。包产到户、包干到户以后，农户按照合同，向集体承包一定面积的耕地，种植一定品种的作物，向集体交一定品种及数量的产品。在合同规定的范围内，承包农户因地制宜，独立自主地进行劳动。例如农民承包种植一定面积的水稻，他就必须根据季节，进行耕地、整地、育种、灌水、插秧、施肥、除草、灭虫、收割等一系列生产劳动。承包社员在生产队集体种稻时，无非也是干这些农活。区别仅仅在于，以前是集体经济通过生产队长天天给每个社员派活，现在是集体经济通过合同把全年的农活一次派给社员。表面上看，现在是一家一户的分散劳动，但实际上，每户的生产活动还是遵循着集体的需要，受到集体的支配和控制。因为每个人的劳动都按合同进行而成为集体劳动的一部分，每户的生产活动都是集体经济计划的一个组成部分。把各户的生产活动综合起来，就是集体经济总的计划。所以，包产到户以后，从生产过程来看，联合劳动的性质并没有改变。

从分配过程来看，在包产到户形式下，承包农户按合同把包产以内的产品交给集体，集体按合同规定的交产数量给承包户记工分，集体作了必要的各项提留之后，再按工分进行统一分配。这个分配方式的特点是，工分是按产量来决定的，而不再采取以前的评工记分或包工计件的方法来决定。这就是当前为农民所欢迎的联产计酬方式。马克思在《资本论》中分析了劳动的三种形态：潜在形态，流动形态，凝结形态。按劳动力计量是以劳动的潜在形态为尺度，按劳动日计量是以劳动的流动形态为依据，联产计酬则以劳动的凝结形态为根据。由于农业有生产周期比劳动时期长、生产受自然环境影响大等特点，日常农活的质量不易检验，因此，以生产的最终产品作为劳动者付出的劳动的质和量的标准比较适合。实践表明，这种联产计酬的方式比原来按劳动的流动形态，即评工记分计酬的办法要优越得多。

有的同志认为，包产到户实行交产记工、统一分配，还可算做集体经济的按劳分配，而包干到户实行"保证国家的，留足集体的，剩下都是我自己的"，不仅没有统一经营，连统一分配也取消了，还能说是集体经济的按劳分配吗？的确，包干到户是一种独特的新型的经济形式。前面讲过，它是从包产到户发展演化过来的，从生产过程看，它同包产到户没有什么区别，区别主要在分配过程。包产到户的分配，可以概括为三个环节：一是交产记工；二是集体提留；三是按工分分配。在这里，先把上交的产量折算为工分，然后再按工分折算为承包农户的应得收入。在实践中，群众提出，可以省去这种繁琐的折算，由产量直接折算为社员应得的收入，这样就可以不要工分。这就是群众所称赞的"直来直去不拐弯"。例如，社员户按包产合同向集体交1000斤粮食，集体按实际需要留下200斤，把800斤再分还给社员。这样完全可以简化为社员向集体交纳200斤，把交、留、分，简化为只交提留，因为实际结果是一样的。包干的含义就是社员承包户向集体包交国家的农业税和集体的提留。至于交什么产品，交多少，由合同加以确定。可见，包干到户是包产到户的简化，同属联产计酬，也是按劳分配的一种形式。因此，包干到户同包产到户一样，并没有改变其联合劳动和按劳分配的本质。

总而言之，包产到户、包干到户的生产和分配的程序，同原来人们已经习惯了的集体劳动、评工记分、按工分分配的方式大不相同，因此，使很多同志感到迷惑。但是，我们只要透过复杂的现象，进行仔细的分析，就可以看到，实行包产到户、包干到户之后，农村集体经济的联合劳动、按劳分配的社会主义本质并没有变化，农村生产队对主要生产资料的集体所有权正是通过这种生产和分配的方式而得到实现的。

第二节 包产到户是集体经济管理体制的改革，不是分田单干

有的同志认为，实行包产到户、包干到户后，农业生产是好的，农村形势也是好的，但是付出的代价太大了，因为这是用分田单干即退到小农经济的办法换取得来的。有的同志甚至说："辛辛苦苦几十年，一夜退到解

放前。"可见，实行包产到户是分田单干、恢复小农经济还是集体经济管理方式的改革这个问题，有在思想上、理论上加以辨明的必要。

所谓分田单干，分田，就是分集体经济的土地，分集体经济的其他生产资料和各种财产；单干，是 20 世纪 50 年代农业合作化时，人们为了使已经参加互助合作组织的农户和未参加互助合作组织的农户有所区别，对那些未参加任何互助合作组织的农户起的别号，在政治上含有贬意。所以，分田单干就是分集体经济的生产资料，拆散集体经济，恢复小农经济。可见，分田单干这顶帽子，从一开始就是强加给包产到户的。包产到户与分田单干的原则区别有以下三点。

第一，生产资料所有制关系不同。分田单干的农户，对包括土地在内的全部生产资料拥有所有权和使用权，分田单干是个体所有制。而包产到户仍坚持主要生产资料公有制，包产到户的农户只对土地以外的某些生产资料拥有所有权，对土地只在规定的期限内有使用权，而没有所有权，土地的所有权属于集体，因此它仍然属于集体所有制。

第二，分配关系不同。分田单干的农户独立核算，自负盈亏，只对国家承担缴纳农业税和完成粮食统购任务的义务。而包产到户的分配形式是按劳分配。包产到户的农户要把包产以内的产品交给生产队，由生产队记工分，再按工分统一核算，统一分配。实行包干到户以后，农户只按合同向国家交纳农业税和上交集体提留，而这合同正是经过统一核算而制定的，所以包干到户的分配是简化了的统一分配，实行的是按劳分配的原则。有人认为，单干时也要交农业税，而那时用社会摊派来解决烈军属和困难户的照顾等问题，同现在包干到户的集体提留差不多。其实不然。集体提留和社会摊派是两码事。社会摊派是行政机关根据社会需要，按户按人或土地面积向农民摊派的负担，含有临时税收的性质。而集体提留则是集体经济内部进行统一核算，统一分配，由承包合同事先规定的。集体提留中确有部分是用于照顾烈军属、五保户和困难户的，但这只仅是一部分。集体提留中的大部分是生产资料的折旧费和公积金，用于兴修农田水利、进行基本建设、购买大型农机具等，以满足扩大再生产的需要。而且随着集体农业生产的进一步发展，集体提留中的这个部分还会扩大。这部分内容，社会摊派是没有的，因为分田单干谈不上留什么公积金。

第三，经营管理方式不同。分田单干的农户，一家一户就是一个独立的生产单位，没有统一的经营管理机构，户与户之间没有什么协作关系。而包产到户后，实行的是统分结合的经营管理方式。生产队仍是集体经济组织，保留必要的统一经营的职能，通过经济合同等形式，组织队与户之间、户与户之间的生产协作。生产队不仅是主要生产资料的所有者，而且还担负着落实国家生产、收购计划，协调社员生产，统一安排用电、用水，管理使用大型农机具，兴修农田水利，进行基本建设和组织必要的集体劳动等经济职能。总之，对于那些宜于统一经营，需要统一经营的项目，都实行统一经营管理。

　　总的说来，包产到户的农户是生产队集体经济有机体的一个细胞，而分田单干的农户则是完全独立的个体经济，本身即是一个完整的经济实体。尽管个体经济的农户同包产到户的农户有某些相似之处，但本质是不同的，是不同的两种经济形式。所以说，实行包产到户是集体经济经营管理方式的改革，绝不是分田单干。《全国农村工作会议纪要》指出："有些人认为，责任制只是包干到户的一种形式，包干到户就是'土地还家'、平分集体财产、分田单干。这完全是一种误解。包干到户这种形式，在一些生产队实行以后，经营方式起了变化，基本上变为分户经营、自负盈亏；但是，它是建立在土地公有基础上的，农户和集体保持承包关系，由集体统一管理和使用土地、大型农机具和水利设施，接受国家的计划指导，有一定的公共提留，统一安排烈军属、五保户、困难户的生活，有的还在统一规划下进行农业基本建设。所以它不同于合作化以前的小私有的个体经济，而是社会主义农业经济的组成部分。"①

　　需要指出的是，我国幅员广大，农村的情况千差万别，由于种种原因，近年来在实行包产到户、包干到户的过程中，有极少数生产队的组织领导陷于瘫痪状态，生产队把土地和其他生产资料划分给农户之后，再不起统一领导、统一管理的作用，集体经济实际上已经瓦解。这样的生产队确是"名存实亡"了，这种生产队的农户实际上已成为单干。另外，还有一些边远山区，地广人稀，有些孤门独户的农民，经过批准，不再参加生产队的活动，成为个体农户；还有个别农户，在包产到户过程中，退出生产队，成为个体农户。据有关部门统计，1981 年上半年，全国有 0.7% 的生产队分田单干。加上山区的孤门独户的个体农户和因种种原因退队成为个体农户的，全国现在约有 1% 的个体农户。

　　我党已经明确规定，我国农业生产必须坚持社会主义集体化的道路，

---

　　① 中共中央文献研究室编《三中全会以来重要文献选编（下）》，北京：人民出版社，1982年 8 月，第 1064 页。

土地等基本生产资料公有制是长期不变的，集体经济要建立生产责任制也是长期不变的。因此，只要统一认识和加强领导，上述陷于瘫痪的生产队经过整顿，还可以恢复为名副其实的集体经济组织，继续担负起集体经济统一领导、统一管理的作用。当然，就全国来说，允许有1%或者更多一点的个体农户，也并不会影响我国整个农业经济的社会主义性质。一是它们毕竟是极少的一部分，二是它们不仅不同于解放前的个体农户，而且不同于农业合作化初期的单干农户，它们是依附于社会主义公有制经济的个体经济。在强大的社会主义工业、商业、交通运输业、银行金融业和合作农业占绝对优势的条件下，再加上国家的法律和行政干预，以及政策处置得当，这小部分个体农户是不会脱离社会主义轨道的。

第三节　包产到户是农业生产责任制的一种形式

包产到户性质问题争论的第三个方面，是包产到户究竟是不是生产责任制的一种形式。大多数同志认为，包产到户是集体经济生产责任制的一种形式，而有的同志认为，包产到户不是生产责任制。持这种意见的同志认为，包产到户、包干到户的农户是承包生产队集体所有的土地等少数重要生产资料的个体经济单位，队与户之间不存在相互间的权责利关系，所以不能说包产到户是一种生产责任制形式。

农业生产责任制是农业集体经济中明确规定生产单位和生产者个人在整个生产过程中的责任、权利和利益的一种管理制度。生产责任制的核心，是要求生产的指挥者和劳动者对各自承担的任务负完全的责任。坚持严格的责任制，要求职责明确，奖罚严明，这是实行科学的劳动报酬制度和奖惩制度的前提。农业生产是动植物、微生物等有生命的物质的再生产，生产时间与劳动时间不一致。这就需要劳动者对农业生产自始至终保持高度的关心和做到仔细的照料，对各种物质条件的变化做出敏锐的反应，随机应变地采取措施。因此，科学的农业生产责任制，既要保证劳动者有充分利用土地和其他生产资料的权利，在生产中有充分的自主权，可以因时因地制宜地做出决策；又要保证劳动者，有根据实际生产成果获得劳动报酬的权利。这样，可以促使劳动者不仅关心个别的劳动过程，注意单项农活的质量，而且关心农业生产的整个过程，讲究科学技术，自觉遵循自然规律，不误农时，以取得最好的收获。包产到户这种联产计酬的生产责任制，正是适应农业生产的特点，由农民群众和基层干部在实践中创造出来的。

它符合目前我国大部分地区农业生产力的水平。这种土地由承包农户分散使用、小规模经营的方式，克服了多年来存在于集体经济中的生产上搞"大呼隆"、分配上吃"大锅饭"等弊端，经济效益较好。

我们所以认定包产到户仍是农业生产责任制的一种形式，这是因为如下几点。

第一，实行包产到户以后，生产队是集体经济的主体，承包农户是客体，双方通过签订经济合同紧密联系起来。生产队是经济责任的授予者，农户是经济责任的承担者。生产队通过经济合同，把一年的农活一次分派给了农户，又通过经济合同把一年内农户对集体应尽的经济义务和应得的经济利益一次规定下来。承包农户在经济合同规定的范围内，有了充分的生产和分配的自主权，可以因地制宜、因时制宜地进行经营管理，发挥自己的主观能动性，并得到与这种劳动相应的经济利益。通过经济合同，可以做到权力明确、责任具体、利益直接，而且方式简便，易于运用。这些方面都是承包农户与集体经济所发生的权力、责任和利益的关系。

第二，前面讲过，包产到户就是"三包一奖"到户，即生产队对农户实行包工、包产、包成本，超产奖，减产赔。生产队把耕地及其他生产资料按人口或劳力包给农户，农户在承包的土地上耕种，秋后按合同交产，这是对集体尽义务；农户按交产得到工分，按工分得到报酬，超产还得到奖励，这是在集体中享受权利。可见，包产到户体现了生产队对农户的统一领导和统一管理，是一种生产责任制形式。包干到户是包产到户的简化的形式，其中"保证国家的，留足集体的"是对集体尽义务，"剩下都是我自己的"是在集体中享受权利，也是农业生产责任制的一种形式。

第三，有的同志认为，包产到户、包干到户是承认土地等重要生产资料集体所有制条件下的个体经济，同自留地、家庭副业一样，可以看作是集体所有制条件下的个体经济。其实不然。社员对于所经营的自留地，虽然没有所有权，不能出卖，但有长久的使用权，在生产上可以完全自主，不受生产队的干预。在分配上，只要遵守国家法令，社员有处置其产品的完全自主权。虽然包产到户、包干到户同自留地、家庭副业在对土地有使用权而没有所有权等方面有相似之处（也不全相同，自留地相对稳定、长期使用，而包产田若干年内要调整），但在生产、分配等方面是很不同的。如前所述，包产到户、包干到户后，承包农户在生产和分配等方面都还是由生产队统一计划、统一管理的。可见，自留地、家庭副业是集体所有制条件下的个体自营经济，而包产到户是集体经济内部的生产责任制形式。

党中央经过长期的调查研究，在《全国农村工作会议纪要》中明确指出："目前实行的各种责任制，包括小段包工定额计酬，专业承包联产计酬，联产到劳，包产到户、到组，包干到户、到组，等等，都是社会主义集体经济的生产责任制。"① 实践证明，这个论断是完全正确的。包产到户、包干到户不是搞资本主义，不是分田单干，而是社会主义农业集体经济的生产责任制的一种形式。

　　总之，以包产到户、包干到户为主要形式的联产承包责任制，从实质上说，是我国农村生产关系的一次大的调整。这个调整是通过实行农民群众创造的联产承包责任制的形式来实现的，所以，也是集体经济经营管理方式的一次大的改革。这种调整和改革，克服了集体经济中长期存在的种种弊病，使之更适合于我国农村经济的状况。这次大的调整和改革，是在坚持土地等重要生产资料公有制，坚持按劳分配等社会主义原则的基础上，也就是在集体经济内部进行的，它顺乎民心，合乎潮流，得到广大农民和农村干部的衷心拥护。这样一场牵动亿万群众的深刻而复杂的变革运动，仅仅用了几年工夫，就取得了很大的成就。这样一场大的变革运动，不仅没有引起社会动荡，没有造成生产下降，而且出乎许多人的预料，使农业生产连年以较大幅度增长，扭转了我国农业长期徘徊的局面。我国农村经济活跃了，出现了前所未有的好形势。社会主义事业在我国农村蓬勃发展，党中央关于实行农业生产责任制的政策得到了亿万农民的衷心拥护，党在农村的政治基础也得到了加强。

---

　　① 中共中央文献研究室编《三中全会以来重要文献选编（下）》，北京：人民出版社，1982年8月，第1063~1064页。

第六章　实行联产承包责任制后农村面临的新形势和新问题

实行联产承包责任制，对农村集体经济的劳动管理制度、计酬方式等进行改革，克服了农村集体经济长期存在的平均主义、吃"大锅饭"、管理方式过于单一和集中等弊病，实际上是农村生产关系的一次大的调整。它调动了广大农民的生产积极性，解放了生产力，给农村经济建设和社会发展开辟了广阔的前景。仅仅几年工夫，我国农村已经发生了巨大的变化，社会主义事业到处在突飞猛进。目前，我国农村正在经历着农业合作化以来的最深刻、最令人鼓舞的历史性变革，出现了欣欣向荣的大好形势。当然，形势好不等于就没有问题。我国农村实行经济体制改革以后，在出现大好的新形势的同时，也出现了一些新问题。因此，全面认识实行联产承包责任制以后农村面临的新形势和新问题，采取正确的政策，妥善地解决这些新问题，使农村形势继续朝着正确的方向发展，使农业生产力得到更快的发展，使社会主义制度优越性得到充分的发挥，这是目前农村工作的中心任务。

第一节　农业生产将以较高的速度持续发展

实行联产承包责任制以后，农业生产以较高的速度发展，而且这种较高的速度将持续一个相当长的时期。农业是国民经济的基础，农业生产这种较高的发展速度，将对国民经济各部门和各条战线产生深刻影响。对此，我们要有充分的认识。近几年来，我国除了1979年气候稍好，1980年、1981年和1982年自然灾害都比较严重，但这四年农业总产值平均每年递增6.95％，都超过了原来的计划，超过了历史上较好的第一个五年计划期间平均每年递增4.5％的速度。而在包产到户责任制实行较早，较好的安徽、山东等省区，农业生产发展得更快。从 1979 年到 1981 年，安徽省的农业总产值平均每年递增 10.8%。其中，粮食由 296 亿斤增加到 363 亿斤，增长 22.6%，平均每年递增 7%；油料从 650 万担增加到 1986 万担，增长 2 倍多，平均每年递增 45.1%；棉花从 231 万担增加到 312 万担，增长 35%，平均每年递增 10.5%。这样快的发展速度，在安徽历史上是空前的。其他如山东、河南、内蒙古等省区也都是这样。有的同志原来以为，包产到户像抽鸦片，只能起刺激作用，短期有效，长期不行。实践已经否定了这种估计。安徽滁县、六安地区，山东菏泽、德州、聊城地区，河南商丘、开封地区，这些实行包产到户较早的地区，连续四五年都是丰产、丰收，农业生产、农村经济发展的前景越来越好。

实践表明，实行联产承包责任制，不仅能很快使农业丰产增收，而且这种较高的发展速度将持续相当长一个时期。这是因为，第一，多年来建设的农田水利等基本设施，农业机械，优良品种，化肥、农药，以及耕作技术的改革等等，这些已有的物质技术条件，过去由于农民无心种田，其功效没有得到应有的发挥。包产到户调动了广大农民的生产积极性，使这些物质技术条件得到了充分利用。这是我国农业生产将持续以较高速度增长的一个重要原因。

第二，前几年，包产到户等生产责任制刚刚开始实行，大家思想不一致，议论纷纷，有的干部和群众还心有余悸，农民种田心里也不踏实，不敢向农田投资。现在全国已普遍实行了以"双包"为主要形式的生产责任制，党中央也一再宣布农业集体经济实行生产责任制的政策长期不变，只能在总结群众实践经验的基础上逐步加以完善，决不能违背群众的意愿，轻率变动，更不能走回头路。随着包产到户生产责任制的进一步完善，农民的生产积极性也将进一步提高。特别是农村各级干部，对包产到户性质的认识，逐步趋于统一，农村干部的积极性也调动起来。干部同农民的两个积极性相结合，农业生产就会加速发展。

第三，河南农村有个关于包产到户的民谣，说："一年不变投力气，两年不变追化肥，三年不变施厩肥，长期不变种绿肥。"这个民谣一方面反映了农民盼望政策稳定的心情，另一方面也反映了近几年农村生产发展变化的过程。刚搞包产到户时，农民缺吃少穿，两手空空，只能向承包田里投入更多的活劳动。近几年温饱问题初步解决了，就有可能对农田进行投资，投入更多的物化劳动。据浙江省金华地区的统计，1982 年 1～5 月，全地区平均每个农户的生产投资达 100 元以上。这种生产投资随着农村经济形势的进一步好转，还会继续大幅度增加。现在全国约有 1.6 亿多个实行包产到户、包干到户的农户，以每个农户每年投资 100 元计，每年农业生产投资就增加 160 多亿元。而且，由于农民的精心管理，可以保证这种投入基本上都是有效的投入。投入多，产出也多。以投入 1、产出 2 计算，一年也将增加 300 多亿元的农业产值。

另外，包产到户后，农户有了经营的自主权，在国家计划指导下，真正能够做到因地制宜，扬长避短，发挥优势，从而使多种经营蓬勃发展，逐步改善我国农业的生产结构。1981 年与 1978 年相比，我国农业中的种植业产值由 988.6 亿元增加到 1111 亿元，但占农业总产值的比重，却由 67.8% 下降到 64.4%；渔牧业的产值占农业总产值的比重，由 14.6% 上升到 17.2%；林业由 3% 上升到 4.1%。① 在决不放松粮食生产，积极开展多种经营的方针指导下，我国农业将逐步改变单一种植业的结构。从近几年农村经济形势看，只要政策对头，经过若干年的努力，使牧业和渔业的生产逐渐接近和达到种植业的规模是有可能的。现在全国各地从事养殖业的专业户发展得很快，农民养猪、养鸡、养兔、养鱼的积极性很高，牧业和渔业的产值近几年每年都增加几十亿元。

总之，实行包产到户责任制，调动了农民的生产积极性，打破了原来农村集体经济搞不好，农民生产不积极；农民生产不积极，农村集体经济更搞不好的恶性循环的局面。开创了农民有了生产积极性，农业生产发展快；农业生产发展快，农民得到更多实惠，农民生产积极性更高的良性循环的局面。按照现在农业生产的势头发展下去，加上我国有 3 亿多勤劳能干的农业劳动力，有三十多年来艰苦创造的物质技术条件，有历史悠久的精耕细作的传统和已经逐步推广的新的科学技术，有辽阔的土地和丰富的资源，我国的农业生产将会发展得很快，我国的农业现代化事业也会发展得很快。从各地的发展形势看，我国的农村现在确实已经进入了一个繁荣兴旺的历史新时期。在这个新时期里，农业生产将以较高的速度发展，而且将会持续相当长一个时期。有的同志根据现有的生产力推算，我国农业这种较高的增长速度，将会持续到 1990 年以后。这是很有可能的。

我国农业生产将以较高的速度持续发展，这是今后农村各项事业，也是全国各项事业发展的基础。它一方面要求我们对农业继续采取正确的政

---

① 国家统计局编《中国统计年鉴·1981》，北京：中国统计出版社，1982 年 8 月，第 134 ~ 135 页；《中国统计年鉴·1983》，北京：中国统计出版社，1983 年 10 月，第 150 页。

策，要求各条战线、各个部门继续支援农业，维护和发展这个来之不易的大好形势；另一方面，也要求各条战线、各个部门采取相应的措施，来适应农业这种发展。若干年来，我国的农业生产发展缓慢，农副产品供应长期比较紧张，过惯了"穷日子"。现在农业很快好转，农副产品大量增加，收购、储运、加工、销售等方面都不相适应，出现了新的矛盾。这些都需要妥善解决。农业的好转，也为各部门、各行业的发展，提供了物质基础。各条战线都要利用这个良好条件，加快改革的步伐，开创本部门、本行业的新局面。

第二节　农村的商品生产、商品交换将会大大发展

迄今为止，我国的农村经济基本上是自然经济，广大农民过着自给半自给的生活，除了苏南、杭嘉湖、珠江三角洲、江汉平原等经济比较发达的地区外，广大农村的商品生产、商品交换很不发达。1978 年全国粮食总产 6095 亿斤，征购 1200 亿斤，返销 380 亿斤，纯购 820 亿斤，粮食的商品率只有 13.5%。经济作物和多种经营等的商品率高一些。1978 年农业总产值为 1459 亿元，当年农副产品收购总额为 460 亿元（包括粮食），平均每个农业人口交售 56.8 元，农产品商品率仅为 31.5%。1978 年全国社会商品零售总额 1527 亿元，其中农村零售总额为 810 亿元（平均每个农村人口购买 96.6 元），占全国社会商品零售总额的 53.1%，而当年农村人口占全国总人口的 87.5%。[①] 这还是就全国市场而言，在那些贫困的三靠地区，商品生产更不发达。山东德州地区，1978 年农业总产值 79521 万元，当年收购农副产品 16500 万元，每个农业人口只交售 32.9 元，商品率只有 20.7%。1978 年德州地区人均集体分配 47 元，其中现金 7.22 元，还不够维持基本生活，其商品购买力便可想而知了。

我国农村长期处于这种自给半自给的自然经济的状况，是我国农村贫穷、落后，经济文化不发达的表现，也是社会经济发展缓慢的重要原因之一。而要迅速改变这种状况，就要大力发展商品生产和商品交换。

实行联产承包责任制后，农民的生产积极性充分调动起来，农业生产发展很快，农产品的商品率大幅度增长，农民的收入大量增加，农民的购

---

① 国家统计局编《中国统计年鉴·1981》，北京：中国统计出版社，1982 年 8 月，第 17、89、143、329、341 页。

买力很快提高，农村市场日益繁荣，农村的商品生产和商品交换将会大大发展。可以说，我国整个农村目前正处于由自然经济向商品经济转变的过渡时期，而实行包产到户等生产责任制，推动了农村商品生产的发展，则加快了这种过渡的进程。山东德州地区实行了以包干到户为主的生产责任制后，农业连年丰收，1981 年与 1978 年相比，粮食由 30 亿斤增加到 33 亿斤，增长 10%；棉花由 39 万担增加到 330 万担，增长 7.46 倍；农业总产值由 7.9 亿元增加到 13.2 亿元，增长 67%；农产品收购总额由 1.65 亿元增加到 7.3 亿元，增长 3.42 倍；农产品商品率由 20.7% 增加到 55.1%（因德州地区现在棉花种植得较多，所以商品率较高）。

安徽凤阳县从 1953 年到 1978 年，吃国家返销粮 8 亿斤，接受国家救济款 5230 万元，欠银行贷款 1112 万元，农产品商品率一直只有 15% 左右。党的十一届三中全会以后，凤阳首创大包干责任制，三年大变，1981 年粮食总产 6.4 亿斤，比 1978 年的 2.9 亿斤增加 1.21 倍。1981 年交售粮食 2.3 亿斤，粮食商品率达到 35.9%。经济作物和多种经营产品增产更为显著。1981 年与 1978 年相比，油料增长 5.6 倍，烟叶增长 65%，棉花增长 12%，生猪增长 18%，羊增长 79%，鱼增长 44%，社队工副业收入增长 60%。而这些产品多数是为社会生产、向社会销售的，所以全县农副产品的商品率显著增加，1981 年达 46.2%。随之，社员收入大幅度增加，1981 年全县人均分配 250 元，比党的十一届三中全会前收入最好的 1977 年的 71 元增长 2.5 倍。农民收入多，购买也多。1981 年农民购买的农业生产资料总额 2893 万元，比 1978 年的 1222 万元增长 1.4 倍。其中化肥由 2.5 万吨增加到 7.7 万吨，农药由 280 吨增加到 550 吨，手扶拖拉机由 1125 台增加到 1629 台。不仅如此，农民的消费资料也逐渐由自给自足变为购买的商品了。现在的农村，穿自己缝的衣服、鞋袜的人少了，买成衣、胶鞋、尼龙袜的多了；抽旱烟、喇叭筒的少了，买纸烟的多了；用自制家具的少了，买钢木时兴家具的多了。另外，农村也逐渐开始购买高档耐用消费品了。1981 年同 1978 年相比，凤阳县销售的收音机增长 4.6 倍，手表增长 2.3 倍，自行车增长 1 倍，缝纫机增长 2 倍。总之，包产到户后的农村，商品生产和商品交换正在以惊人速度发展着。

有一个情况是要引起我们特别注意的。我国农村长期以来，商品生产、商品交换很不发达，农产品商品率很低，农村购买力很低。但是，实行包产到户责任制之后，农业生产一发展，农产品的商品率和农村购买力提高得很快，有跳跃式发展的趋势。这是因为，原来我国农业生产水平低，基本上是自给自足，而一旦超出这个水平以后，能出卖的产品就多了。因为满足自身需要以后，增产的部分，几乎都是可以出售的，所以商品率会提高得很快。据调查，某一地区的每个农业人口平均的农业产值在150元以内，每人平均分配在70元以内，这只能满足自身的需要（有的还不够），能出卖的农产品很少，商品率很低，一般少于20％。而超出这个水平后，商品生产会发展很快。以上述德州地区为例，1981年同1978年相比，农业总产值只提高67％，而出售的农产品却从1.65亿元猛增到7.3亿元，增长3.42倍，商品率从20.7％增加到55.1％，增长1.66倍。对于农村的商品生产的这种特点，我们应有足够的预计。

毛泽东同志说过，我国的商品生产很不发达，比印度、巴西还落后，要有计划地大力发展社会主义商品生产，应当利用商品生产来团结几亿农民。[①] 商品经济同自然经济相比，是个很大的进步。商品经济代替自然经济在历史上曾经起过伟大的作用。农村生产力发展的必然趋势是，社会分工会越来越细，专业化、社会化程度会越来越高。在存在不同的所有制，各个生产单位还具有不同的经济利益的条件下，必然表现为商品生产的发展。所以，目前我国农村商品经济的发展，符合经济发展的客观规律，是不以任何人的意志为转移的。1984年中央有关文件指出："农业生产责任制的普遍实行，带来了生产力的解放和商品生产的发展。由自给半自给经济向较大规模商品生产转化，是发展我国社会主义农村经济不可逾越的必然过程。只有发展商品生产，才能进一步促进社会分工，把生产力提高到一个新的水平，才能使农村繁荣富裕起来，才能使我们的干部学会利用商品货币关系，利用价值规律，为计划经济服务，才能加速实现我国社会主义农业的现代化。"[②] 我们一定要充分认识农村实行生产责任制以后，经济发展的这种必然趋势，有计划地发展商品经济。

第一，要用商品生产的观点去指导发展生产。十一届三中全会后，党中央在农村采取了一系列的政策，力图把农村经济搞活，实行包产到户，实行联产责任制，农业生产上来了，农村经济开始活了。但是，如何保持这个好势头呢？重要的一条是大力发展商品生产，努力提高粮食生产的商品率，积极开展多种经营。现在各地农村的各种专业户蓬勃兴起，这是发

① 毛泽东：《关于社会主义商品生产问题》（1958年11月），参见《毛泽东文集》第7卷，北京：人民出版社，1999年6月，第434～441页。——编者注
② 参见中共中央文献研究室编《十二大以来重要文献选编（上）》，北京：中央文献出版社，2011年5月第2版，第363页。——编者注

展商品生产的一种好形式，要加以大力扶持，促进它的发展。今后无论是发展粮食和种植业的生产，还是发展多种经营，都要力求集中一些，向专业化方向发展，以便发展相应的加工、包装、运输、储存、销售等行业。要按照发展社会主义商品生产的规律，来逐步改变我国农业生产的结构，改变原来那种"小而全"的自给自足的状况。要通过发展商品生产，来发展我国农业生产的专业化和社会化。

第二，要用商品生产的观点去指导发展商品流通。马克思主义认为，随着商品生产的发展，商品流通也要相应地发展。商品的价值在生产领域中创造出来，经过流通领域才能实现。生产决定流通，没有生产，也就没有流通。但流通作为社会再生产的重要环节，对生产又有反作用。商品在流通阶段畅通无阻，就会促进生产的发展；反之，如果商品的流通过程不顺畅，使很多商品的价值不能实现，就会阻碍生产的发展。近几年来，我国农业生产发展很快，但在商品流通方面，无论是流通渠道、商业机构的体制，还是网点的设置、商业人员的质量和数量，都跟不上生产发展的需要。因此，很多地区出现了农民卖粮难，卖猪难，卖农产品难的现象，出现了农民买化肥难，买农具难，买工业品难的现象。例如，一方面像河南、安徽、山东等省有好几亿斤的黄豆卖不出去；另一方面像北京、天津等大城市的居民却买不到豆腐。一方面不少城市有大量的日用工业品滞销，积压在仓库里；另一方面农村很多地区缺乏日用工业品，不少商品脱销。四川省幅员辽阔，气候温和，各类土特产品很多，近几年粮食连续大丰收，也促进了这些农副产品的发展。但是，据有关部门统计，近几年四川省的三类农副产品的收购却连年下降，1979年全省收购29650万元，1981年下降为22753万元，平均每个农民出售三类农副产品的收入还不足3元。除了其他原因，这与流通渠道不畅，供销系统收购不力很有关系。目前，这种商品流通不顺畅的问题，不仅阻碍着农业生产的发展，而且阻碍了消费，影响人民的正常生活，妨碍整个经济事业的发展。所以，改革农村商品流通体制，大力发展社会主义商业，已经提到议事日程上来了。

第三节　农村大量剩余劳动力要求出路

我国农村实行包产到户责任制后，不少农民反映"粮食多了，钱多了，手多了"。这句话的意思，就是资金有剩余，劳动力有剩余。但就总的情况来说，劳动力剩余是普遍的，资金对于多数地区，多数农户来说还是短缺的，但在一部分地区和一部分农户手里，有剩余的资金。这些剩余的劳动力和资金，都要做出妥善的安排，使之在实现农业现代化事业中，发挥应有的作用。

农业劳动力过剩，这是由于种种原因长期积累而造成的，并在目前农村中是一个比较突出的问题。从世界经济发展的状况看，一个国家在进行工业化建设，由农业国变为工业国的进程中，一般都有一个农业劳动力逐渐转向工业、商业，农村人口逐渐减少、城市人口逐渐增多的长期过程。

我国第一个五年计划时期也是这样。1952 年我国整个社会劳动者有20729 万人，其中非农业劳动者3412 万人，到 1957 年非农业劳动者增加到5320 万人，平均每年增加 381 万人。[①] 新增的 381 万人中一部分是城市人口就业，另一部分人则是从农业中转移过来的。那时大约每年有 200 万农民进城。这个速度符合当时工农业发展水平。1958 年"大跃进"，一年间工业劳动者增加 3014 万人，基建劳动者增加 1919 万人，商业服务业职工增加 905 万人，非农业职工增加到 12263 万人，一年增加 1.38 倍。当年农业劳动力减少 4114 万人。这样的"大跃进"，当然不是农业所能承担的。特别是由于实行人民公社化，农村刮"五风"，严重打击了农民的生产积极性，1958年，我国农业虽然丰产，但没有丰收（有很多庄稼因无人收割而浪费），以后农业又连续两年大减产，工农业比例失调，加上其他原因，出现了"三年经济困难"。1962 年实行调整的方针，动员 2000 多万职工回乡，支援农业生产第一线，这是十分必要的。问题是，限制农业人口向城市流动，甚至动员一部分劳动力到农业上去，这本来是一个解决"大跃进"引起的国民经济比例失调的临时措施，是一种权宜之计。但是，这种权宜之计，后来却成为长时期不变的措施。这当然是不正常的。

1960 年以后，我国农业劳动者由于上述原因不能大量向城市转移，城市中每年新增加的劳动力反而要在农村安置。而恰恰在这个时期，我国的农业机械化、现代化开始起步了，特别像京、津、沪等大城市郊区，以及苏南等经济发达地区，发展得更快。结果形成了这样的局面：一方面是农业机械化、现代化不断发展，另一方面农业劳动力不断增加，每个农业劳动力耕种的土地反而减少。这在世界农业史上是绝无仅有的。

很明显，我国农业劳动力过剩，这是农村由来已久的矛盾。但是，为什么它在一个较长的时期里没有尖锐地表现出来呢？这是因为：我国农业

---

① 国家统计局编《中国统计年鉴·1981》，北京：中国统计出版社，1982 年 8 月，第 105 页。

经济体制和经营管理方式，长期来不适合农业生产力的发展。生产上的瞎指挥，劳动中的"大呼隆"，分配上的平均主义，多劳不能多得等等，严重地挫伤了亿万农民的生产积极性，使农民对集体劳动不感兴趣，因此虽然投入了许多农机、化肥等现代化农业生产资料，农业生产却没有得到相应的发展，农业经济效益很差，农产品的商品率下降。更加严重的是，由于农民没有积极性，许多地方不能及时播种、管理和收割，造成生产上的损失，以致农业生产的领导机关误认为劳力不足，甚至直到1977年，有的地方还提"人心向农，劳力归田"的口号。

十一届三中全会以来，党在农村工作方面克服了过去指导思想上长期存在的"左"倾错误，落实了各项农村政策，特别是逐步实行了以包产到户、包干到户为主要形式的联产承包责任制，把亿万农民的积极性充分调动起来。农民努力生产，充分利用已有的现代化生产资料，产生两个结果：一是农业生产发展很快，二是长期潜在的劳动力过剩的矛盾暴露出来。农民真正种田后，即发现田已经不够种了。

1957年全国农业人口为54035万，占总人口的83.6%，农业劳动力19310万个，占全国总人口的29.9%。1978年全国农业人口增加到81029万，占总人口的84.6%，农业劳动力29426万个，占总人口的30.6%。[①] 21年间，农民增加26994万人，农业劳动力增加10116万个。正是在实现农业机械化的过程中，农民人口和农业劳动力无论是绝对数还是相对数都增加了。1957年全国有耕地16.77亿亩，平均每个农业人口3.1亩，每个农业劳动力8.4亩。1978年全国有耕地14.9亿亩，平均每个农业人口1.84亩，每个农业劳动力5.07亩。21年间耕地减少18665万亩，平均每年减少889万亩，而同期平均每年增加1285万农业人口，每年增加482万农业劳动力，所以每个农业劳动力耕种的土地愈来愈少。

1957年全国农业机械总动力只有165万马力，施用化肥37.3万吨，用电1.4亿度。1978年全国农业机械总动力已有1.6亿马力，当年施用化肥884万吨，用电253.1亿度。[②] 21年间分别增加97倍、23倍和180倍。

由上可见，撇开21年来农民的文化科学技术有所提高及其他因素，仅

① 国家统计局国民经济综合统计司编《新中国五十年统计资料汇编》，北京：中国统计出版社，1999年11月，第1页；国家统计局编《中国统计年鉴·1983》，北京：中国统计出版社，1983年10月，第122页。

② 国家统计局编《中国统计年鉴·1981》，北京：中国统计出版社，1982年8月，第171、182页。

以每个农业劳动力耕种 1957 年的 8.4 亩土地的水平计，由于当前耕地大量减少，现在全国只要 17748 万个劳力就够了。然而我国农业劳动力已超过 3 亿，这样，至少有 1.2 亿多劳动力剩余。另外，现在全国农村拥有的农机已达 2 亿多马力，如以每增加 5 马力的农机需替出一个劳动力计，则还可替换出 4000 万个农业劳动力。

按上述两方面的粗略估算，目前我国农村剩余的劳动力约有 1.6 亿之多，相当于现有农业劳动力的 1/2。当然，由于各地区、各社队的生产发展程度不同，生产结构不同，农业机械化的水平不同，所以各地区、各社队劳动力剩余的多少也不同。例如，有的可能是剩余 1/4，有的可能是剩余 1/3，有的可能是剩余 1/2，也有的可能超过 1/2。但是，实行生产责任制后，农村劳动力大量剩余，肯定是我国农村普遍性的问题。

随着生产责任制的完善和提高，农民的生产积极性进一步高涨，农业机械化、现代化进一步发展，农业科学技术的继续推广，加上"文化大革命"时期生育高峰出生的孩子陆续进入劳动年龄，农村剩余的劳动力还会继续增多。据有关方面测算，按现在的情况发展，我国农村劳动力 1985 年将达到 3.4 亿，1990 年将达到 3.46 亿，2000 年将达到 3.8 亿。就我国现在农业生产力水平、每个农业劳动力平均耕种 10 至 15 亩计，全国约有 1 亿至 1.5 亿劳动力就够了。因此，到 1985 年全国将有约 2 亿劳动力剩余。这是一支巨大的力量，如何安排好、使用好这支力量，是我国经济发展的一项重要的战略任务。

我国目前工业、商业、城市经济都处于调整阶段，在最近一个时期里，城市吸收不了大量的农村劳动力。这种农业机械化、现代化发展与城市的发展不同步的情况，使得我国在目前不能走世界各国已经走过的使大量农民进城的老路。

但是，我们又必须把农业部门中多余的劳动力转移出去。现在我国的农业生产力已经发展到一定的水平，继续把这么多的农业劳动力限制在农业部门中，让五个人去干三个人就可以干的事，这在经济上是极大的浪费。这不仅对农业本身发展不利，对提高农业劳动生产率不利，对发展农产品的商品生产不利，而且对整个国民经济的发展也不利。那么，怎样安排日益增多的农业剩余劳动力呢？

第一，要统一思想认识。我们要通过调查研究，弄清目前我国农村劳动力过剩的实际状况。要用发展社会化大生产的观点来看待劳动效率问题，改变那种片面认为"人多好办事"，"人多热气高"的观点，因为这是小生产的劳动效率观点。社会化大生产是千百万人分工协作进行生产活动，它的原则是"用最少的人办最多的事"，强调提高劳动生产率，讲究经济效益。世界上经济发达的国家，农业劳动力占总人口的比重都在 10% 以下，如 1978 年，美国占 1.5%，日本占 5.5%，苏联占 9.9%，而我国 1981 年占 30.4%。世界各国经济发展的历史表明，随着农业机械化、现代化的发展，农业劳动生产率不断提高，农业生产所需要的劳动力会越来越少。我国现在这样多的劳动力挤在农业部门，并不是农业生产的需要，而是由于种种原因，没有适时地把剩余劳动力从农业部门中转移出去。这样多的劳动力挤在农业部门，一是不能充分发挥这些劳动力的作用，造成"英雄无用武之地"，二是不能提高农产品的商品率，妨碍农业生产的专业化和社会化，三是影响农民收入，使农民不能更快地富裕起来。因此，及时把农业部门中的剩余劳动力转移出去，是当前加速发展农业，推动整个国民经济迅速前进，并使农民更快地富裕起来的必由之路。

第二，各个地区，各个部门都要为农业剩余劳动力转移广开门路。有的同志认为，现在城里的待业青年已经够多的了，哪里还能安排农村劳动力就业。农业劳动力只能安排在农村，向农业生产的深度广度进军，搞多种经营。确实，由于我国农业机械化、现代化的发展同城市的工业、商业、服务业的发展不同步，我国农民从农业部门转移出去，也将走一条自己的独特的道路。在不放松粮食生产的同时，积极发展多种经营，是目前安排农村剩余劳动力的一条重要途径，各地也正在这样做。所以，近几年我国农村经济作物和林牧副渔各业发展得比较快。但是应该看到，林牧渔多种经营，不过是广义的农业，也就是现在人们所说的大农业。即使是大农业，它所容纳的劳动力也是有限的，前面所说的发达国家的农业劳动力数字就是指农林牧渔大农业的总劳动力。

所以，要把农村剩余劳动力转移出去，光讲发展多种经营还不够，还必须鼓励、支持农村办工业，办商业，办服务业等等。我国农村现在大多数地区还是自给半自给经济，要改变这种状况，必须大力发展商品经济。为此就要发展社会分工，使一部分农业劳动力从事工业、商业、服务业、交通运输业，以及从事文化、教育、科技工作等等。这样，才能为农村劳动者广开就业门路，创造更多的财富，使农村更快地繁荣起来。1981 年江苏省农村社队工业的劳动力已达 380 万人，占全省农业总劳动力的 15%；近三年的工业产值共达 306 亿元，占全省工业产值的 15%，收入占全省农村三级经济总收入的 50%。如果全国都像江苏省一样，那就将有六七千万劳动力转移到农村工业。

值得提出的是，农村商业现在还未受到足够的重视，发展中遇到的阻力也比较大。其实，农业发展了，商业也要跟着发展。但是，现在我国农村商业的体制、网点、规模、服务质量都不能适应农村生产的发展和农民生活的发展要求。例如山东德州地区，1979 年总人口是 537 万人，农业人口 501 万，占总人口的 94.1%，商业服务业仅 42988 人，只占总人口的0.8%，实在太少了。要大力发展商业、服务业，必须实行国家、集体、个人一齐上的方针，这样才能迅速改变农村卖农产品难，买工业品难的局面。我国商业、服务业的职工，如果能逐步发展到占全国总人口的 5%，那么，仅商业、服务业即可再安排 4000 万人。以前，我们曾经批判过弃农经商。现在看来，农业生产力提高了，农业并不需要那么多劳动力，而目前商业却很需要发展，所以，让一部分农民弃农经商，完全符合经济发展规律。我们现在不仅不能批判弃农经商，而且要鼓励一部分农民弃农经商，还要鼓励一部分农民弃农经工、弃农经副。这也是发展商品经济的必然趋势。

第三，建设中小城镇，发展第二类城镇人口。近些年来，有些同志鉴于农村劳动力过多，挤在 15 亿亩耕地上施展不开的情况，提出让农民"离土不离乡"。目前，各地农村正在实行这个措施。有关文件也已指出，有条件的农户可以有"自留人"，从事家庭副业、多种经营。1984 年中央有关文件规定："允许务工、经商、办服务业的农民自理口粮到集镇落户"。允许农民离土，这是一种进步。但是，仅仅允许农民离土还不够，还要考虑允许农民离乡。离乡有两种，一是离乡进城镇，二是离此乡去那乡。从长远的发展看，我们既要允许农民离此乡去那乡，也要允许离乡进城镇。我国现在 95% 以上的人口居住在东南、东北边。从黑龙江的爱辉县到云南省的腾冲县划一条线，这条线的西北边，国土占 50%，但居住人口不到 5%。所以，应该从经济上、政治上大力鼓励农民向西北迁徙，向农牧业生产的广度发展。也就是说，也要允许经济发达、人口稠密地区的农民向相对不发达地区迁移。这样，既可以解决经济发达地区农村劳动力过剩问题，又可以促进不发达地区农村经济文化事业的发展。

前面讲到，要使农业剩余劳动力充分就业，不仅要鼓励农民发展多种经营，还要鼓励农民去从事工业、商业和服务业。而要发展工业、商业、服务业，就必须要发展城镇。因为工业、商业、服务业等与农业不同，这些行业的经营特点要求相对集中。"处商必就市井"，近代世界的城市，都是随着工业、商业的发展而发展起来的。随着我国工业、商业、交通运输业以及科教文化事业的发展，我国的城市（主要是中小城市）也将得到发展，这样，城市将能容纳更多的劳动力和人口。可能有些同志担心，现在我国城市问题严重，如人口膨胀，基础设施落后，交通、消费品供应、住房都很紧张等等，如农民再进城，怎么能行？农民要从农业部门中转移出去，农民要进城，这是经济发展的必然趋势。1980 年，美国城市人口占全国总人口的 72%（占总人口 28% 的乡村人口中又有 86% 是非农业劳动者），苏联是 82.7%，日本是 88.2%，联邦德国是 93%，印度是 36%，印尼是40.3%，巴西是 61.1%。1979 年，我国城市人口只占全国总人口的 13.2%，而乡村人口有 84230 万，占 86.8%，在世界上属于乡村人口比重最高的少数国家之一。我们国家要实现现代化，这种人口的城乡结构是非改变不可的。

当然，由于目前我国城市建设比较落后，让几亿农民一下子拥进城市会产生许多问题。或者说，目前的不合理的人口城乡结构，是过去长时期造成的，不可能一下子改变。但是，我们可以采取一些过渡的办法来逐步解决这个问题。第一步建设中小集镇，容许并鼓励从事工业、商业、文教、卫生等的农民进入集镇，办多种形式的工厂、商店和其他企事业。把全国九万多个乡镇所在地都建设起来，使之成为农村工业生产的基地，城乡商品集散的市场，本地交通的枢纽，成为当地政治、经济和科学、文化的中心。每个小集镇如能容纳 2000 至 5000 人，那么全国就可容纳 1.5 亿~3 亿人。第二步把全国 2000 多个县的县城都建设发展起来，使它们全部成为具有 1 万~3 万人的小城市，这样也可容纳 2000 万至 6000 万人。这样，加上中小城市继续发展，到 20 世纪末，我国在城镇从事工业、商业、服务业、科学、教育等行业的非农业的劳动力将超过总劳动力的 50%，城市人口将超过 40%。

有的同志可能担心，现在我国只有 1 亿多城市人口，国家财政补贴就已负担不起，发展到 4 亿~5 亿怎么行？应当看到，现在这种对城市居民的房租、交通、粮油、副食品等的补贴是由历史原因造成的，今后发展中小城镇，当然不能这样。对此，可以试行发展第二类城镇人口的办法。也就是说，在这些中小城镇，公民只要有正当职业、正当理由就可以申报户口，可以自愿迁徙（有条件、有需要时可以迁入，无能力无需要时可以迁回农村），国家不负担粮油、副食品及房租等的补贴。各地可以根据本地农业生产的水平，农业能提供粮油、副食品等的情况，有计划、有步骤地发展这种第二类城镇人口，以解决目前非农业人口和农业人口之间差别过大的矛盾，以促进中小城镇和工商等各项企事业的发展。

第四，继续放宽政策，改革不合理的旧规章，制定必要的新章程。目前我国农村有不少政策规定是在 20 世纪 60 年代初期鉴于农村劳动力缺乏的情况下制定的。现在农业生产情况变了，农业劳动力剩余很多，总的精神应该是支持和鼓励农村剩余劳动力离土离农，政策要根据变化了的情况作必要的修订。

要承认和允许实际上已经不参加农业生产的劳动力离农。据 1980 年底统计，全国有民办教师 473 万人，乡村医生 157 万人，兽医 13 万人，供销社代购代销员 98 万人，以及国家设在农村基层的各种机关和部门的"半脱产干部"和各种合同工、计划外用工 1000 万人，还有社队企业职工 3000 万人，总数约 5000 万。这些劳动力，实际已经不参加农业生产，也不依靠农业谋生，但还带着亦工亦农、亦教亦农、亦医亦农等农字帽子，这是不合理的。至于这些人员离农后，粮油供应等问题怎么解决，各地可采取一些过渡和变通的办法。

包产到户以后，农业发展了，农村中的科技，教育、邮电、储蓄、税务、供销、交通以及文化、体育、卫生等社会事业也都亟需发展，其人员可以吸收农村的劳动力，发展上述第二类城镇户口是解决这类问题的途径。

大中城市里有许多事没有人干，其中有不少是城市劳动者干不了或不大肯干的，如建筑、修理、烧锅炉，以及走街串巷的修鞋、补锅、木匠、裁缝、弹棉花、收废品、爆米花等等，这可以容许农民进城去做。有些同志强调安排城市青年而限制农民进城，结果总是限制不住，原因是城里有这种需要。城里的不少脏活、累活、危险活，城里人干不了或不愿干，要靠农村来的劳动力干。现在有些地区的中专、中技学校招生，明文规定对城镇青年一个分数线，对农村青年另一个分数线，限制农村青年入学，这是不对的。学校应该择优录取，在分数面前人人平等。目前我国的城乡差别是长期的历史原因造成的，也有一部分是不恰当的政策造成的，现在应该逐步缩小这种差别，再不能把城乡之间的沟壑挖得更深了。

在农村，要根据各地的实际情况，把安排剩余劳动力离土离农作为发展农业、发展商品经济的战略措施。现在农村有些限制农村劳动力离土离农的政策要改变。如现在多数社队规定劳动力外出要向队里交积累，有的还定得很高。其实，这是这些社队没有算过账来。我国多数社队土地少而劳动力多，劳动者离土谋生，交还土地，其实是对社队的一种贡献。所以，有些精明的社队领导，不仅不要外出劳动力交积累，还多方资助鼓励劳动力离土离农，有的还给外出的劳动力发补助。道理很明白，假定一个生产队有50个劳动力，100亩土地，年产10万斤粮食，纯收入1.2万元，每个劳动力年收入为240元。假如20个劳动力外出谋生，留下30人种地，生产未受影响，产量和纯收入照旧，每个劳动力就可收入400元，提高67%。当然，留下的劳动者付出劳动也增加了，但是"正像威廉·配第所说，劳动是财富之父，土地是财富之母"①，他们所使用的生产资料相对增加也是一个因素。而土地等生产资料属集体所有，外出劳动力也有一份，他们外出了，让出了对土地和其他生产资料的使用权利，所以他们不交积累，乃至得到少量的补助是完全合理的。

现在农村中有一些亦工亦农、亦教亦农、亦干亦农的工人、教师和干部也分了土地，还有各种专业户也分了土地。从发展社会分工和发展生产的观点看，这些人都应交还土地，专门去从事本身的职业，这对于其本职工作有利，对于农业生产也有利。考虑到有些非农业劳动者和专业户有一定的风险，各地社队可以采取鼓励这些劳动力交回土地，去从事其他职业的政策，但要保留他们对本队原有的土地和其他生产资料的使用权利，必要的时候，他们仍可回来务农。这样，可以解除他们的后顾之忧。

农村的剩余劳动力问题，是多年积累下来的，实行包产到户以后，其矛盾更突出了。我们应该重视这个问题，千方百计地为农村剩余劳动力广开门路，充分发挥他们在"四化"建设中的作用。这是我们面临的一项重大任务。

第四节　我国农村正处在大转变的重要历史时期

党的十一届三中全会决定：从1979年起，全党的工作重点转移到社会主义现代化建设上来。② 这一重大的英明决策，标志着我国社会主义建设事业进入了一个新的历史时期。"党在新的历史时期的奋斗目标，就是要把我们的国家，逐步建设成为具有现代农业、现代工业、现代国防和现代科学技术的，具有高度民主和高度文明的社会主义强国。"③ 农业是国民经济的

---

① 马克思：《资本论》第1卷，载《马克思恩格斯全集》第23卷，北京：人民出版社，1972年版，第57页。

② 参见中共中央文献研究室编《三中全会以来重要文献选编（上）》，北京：人民出版社，1982年8月，第1页。

③ 《关于建国以来党的若干历史问题的决议》，载中共中央文献研究室编《三中全会以来重要文献选编（下）》，北京：人民出版社，1982年8月，第837页。

基础，也是四个现代化的基础。没有农业现代化，工业、国防、科学技术现代化就没有保证，也就不能搞好。因此，在新的历史时期里，我们要在各方面采取有效的措施，用现代科学技术、现代工业武装农业，用现代经济科学方法来组织和管理农业生产，促使农业更快更好地发展，实现由比较落后的传统农业向具有先进水平的现代农业的转变，实现农业现代化。

党的十一届三中全会以来，经济战线的拨乱反正，首先是从农业开始的。五年多来，党在农村落实、贯彻了一系列政策，调整了农村的生产关系，从而调动了广大农民群众的积极性，农村的形势一年比一年好，农村的政治和经济欣欣向荣，蒸蒸日上，出现了农业合作化以来从未有过的好局面。所以说，农业战线带头实现了历史性的转变。

农业的历史性转变，意味着农业已经从根本上纠正了长期存在的"左"倾错误，端正了方向，正在走上一条适合我国国情的社会主义道路，为我国农业的健康发展奠定了必要的基础，也是实现我国农业现代化的一个良好的开端。在我们这样一个人口众多、土地辽阔又比较贫穷、落后的大国里实现农业现代化，任务是非常艰巨的，要经过全党全国人民的长期奋斗和努力，要经过一系列的过渡和转变。从我国的实践和其他国家实现农业现代化的经验看，我国农业目前正处在由比较落后的传统农业阶段向先进的现代农业阶段转变的历史时期，我国农业将会发生一系列新的变化。

第一，农业结构将发生重大变化。农业生产以种植业为主，种植业又以种粮食为主的结构，将逐步转变为农、林、牧、副、渔全面发展的结构。特别是畜牧业和渔业，今后若干年内将会有较大的发展。在农业生产总值中，1978 年牧业和渔业占 14.6%，1981 年已发展到占 17.2%。[①] 牧业和渔业的这种增长趋势还会继续。估计到 20 世纪末，牧业和渔业将发展到占农业总产值的 30% ~ 35%。这符合现代农业的发展规律，符合广大人民改善生活，对肉、鱼、奶类日益增长的需要，也符合工业发展对皮、毛等原料的需要。

第二，农业将由以人力畜力为主的手工劳动，逐步转变为机械化、科学化的现代农业。马克思说："农业本身的进步，总是表现在不变资本部分对可变资本部分的相对的增加上。"[②] 用现代工业生产的产品和现代科学技

---

① 国家统计局编《中国统计年鉴·1981》，北京：中国统计出版社，1982 年 8 月，第 135 页。

② 马克思：《资本论》第 3 卷，载《马克思恩格斯全集》第 25 卷，北京：人民出版社，1972 年版，第 857 页。

术武装农业，使农业逐步实现生产条件、生产技术和生产管理的现代化，提高农业生产部门的有机构成，这是实现农业现代化的基本内容。由于我国人多地少，劳动力众多，资源相对不足，以及有悠久的农业生产历史和精耕细作的传统，但是工业基础薄弱，科技文化落后，因此我们应该根据这些特点，借鉴外国的经验和教训，实现适合我国国情的农业现代化。

第三，农业生产的提高将由主要依靠土地生产力逐步转变为着重注意劳动生产率的提高。我国人多地少，劳动力资源丰富，多年来，我们强调提高单位面积产量，这在一定阶段是必要的，起了动员群众、提高土地生产力的作用。但是，目前我国集中在土地上的劳动力过多，在相当多的地区，每个农业人口平均不到 1 亩地，每个劳动力平均耕种不到 3 亩地。所以，有不少粮食亩产超《纲要》的社队，却还要吃国家供应的粮食。在这些劳动力过多，土地过少的地区，劳动力的作用没有得到充分的发挥。因此，我们要在继续加强农业的集约经营，继续重视并提高土地生产力的同时，逐步创造条件，努力提高农业的劳动生产率。这是因为，"超过劳动者个人需要的农业劳动生产率，是一切社会的基础"。[①] 现在，我国的农业劳动生产率很低，1980 年我国每个农业劳动力只能供养 3.5 人，而美国能供养 56 人，二者相差 15 倍。也就是说，美国 1 个农民干的事，我们要 16 个人干。从事农业的人多了，从事其他行业的人就会减少。这种状况如不改变，其他行业要发展，就会遇到许多困难。所以，努力提高农业劳动生产率的问题，应该提到日程上来。

第四，农村要发展社会分工，逐步实现生产专业化和社会化，使单一搞农业的我国农村逐步转变为工业、农业、商业并举、各业兴旺的农村。现在我国农村基层生产组织生产队，基本上是自给自足的"小而全"。实行包产到户责任制后的农户，也还是"小而全"，如粮食、棉花、油料、蔬菜，什么都种一点，鸡鸭牛猪羊也都养几只。实践证明，这种"小而全"的经营方式，很不合理，很不经济。未来的农业生产将是专业化的生产，种粮食的专种粮食，种菜的专门种菜，养猪的专门养猪，养鸡的专门养鸡，并发展到有的专门孵化雏鸡，有的专门养蛋鸡，有的专门养肉鸡，有的专门从事鸡的屠宰加工。农业专业化的更进一步发展是作业专业化，如防治病虫害专门由植保公司承担，耕地、播种专门由农机公司承担，运输由运

---

① 马克思：《资本论》第 3 卷，载《马克思恩格斯全集》第 25 卷，北京：人民出版社，1972 年版，第 885 页。

输公司来承担，等等。农业生产实现专业化的过程，同时也就是社会化的过程。在这样一种农业生产结构里，你为我服务，我为你服务，互相协作，每个农业劳动者都只从事其中的某一项或几项专门的劳动。

随着农业生产专业化、社会化的发展，工业和农业的结合日益密切，工业部门不但向农业提供大量的现代化生产资料，而且日益广泛地参加农业生产活动，有很多方面代替了原来由农业部门担负的生产活动（如航空公司为农业喷药、施肥，运输公司担负运输等等），使农工一体化，农业工业化。在工业部门逐步渗透到农业生产中的过程中，传统的农业就分解为三部分：为农业生产提供农用生产资料等服务的"产前"部门；直接从事田间劳动，即原来的农作物的栽培、管理等的"农业"部门；农产品的分级、整理、加工、包装、储运等的"产后"部门。据一些发达国家的农业发展趋势看，农业生产专业化、社会化愈发展，"产前"部门和"产后"部门发展得比"农业"部门快，转移和创造的价值在农产品总价值中占的比重也越来越大。第二次世界大战前，美国"产前"部门转移的价值占农产品总价值的11%，农场创造的价值占54%，"产后"部门创造的价值占35%，而到20世纪60年代，美国农产品价值构成的状况有了很大的变化，"产前"部门转移价值占21%，农场创造价值占17%，"产后"部门创造的价值占62%。同时，在"产前""产后"部门服务的人越来越多，1977年美国直接从事田间劳动的人只有370万，而直接、间接为农业服务的约有1500万人，即有1个农场劳动者，就有4个人在"产前""产后"部门服务。1980年，美国农产品在农牧场出产的初产值是1364亿美元，经过加工、整理、包装、储运、销售等环节增值2296亿美元，最终的销售额为3660亿美元，其中农场产值仅占37.3%，而加工部门和流通部门的产值占62.7%。

我国农业还没有作这种划分。不过，多年以来，工业提供的农用生产资料越来越多，"产前"部门实际上已有相当规模。20世纪60年代以后，农产品的加工、储运等企事业有所发展，但比较起来，我国"产后"部门还很不发达，今后要注意大力发展"产后"部门，发展农产品的分级、整理、加工、储运、销售等行业。这不仅可以使农产品多次增值，提高经济效益，增加农民收入，而且可以容纳大量的农村剩余劳动力，可以满足城乡人民日益增长的需要。例如，郑州市白庄大队加工豆制品，在郑州卖豆腐、豆腐脑、豆腐皮、豆腐泡，一年加工出售150万斤大豆，留下100万斤豆渣喂猪。150万斤大豆只值36万元，即使按议价卖也只值60万元，而加工成豆制品出售，可卖 75 万元，净得益 15 万元。[1] 闽清县坂东公社办食品加工厂，100 斤糯米原值 10 多元，加工成 485 包雪片糕，出厂价每包 0.28 元，共计 135.8 元，约为原值的 10 倍，除去成本，可净得益 35.77 元。[2] 看来，发展农产品的加工、储运等"产后"部门，是大有前途的。

第五，农村将由自给自足的自然经济逐渐转变为社会主义的商品经济。我国农村要大大发展商品生产和商品交换，农产品要商品化。社会分工是商品经济的基础。农业生产专业化、社会化的发展，必然推动商品生产和商品交换的发展。因为农业生产实现专业化，如有人专门养鸡，就需要社会向他们提供粮食、蔬菜、副食品、饲料、药品等等，为他们推销禽蛋、禽肉。如果社会不能满足养鸡专业户生产和生活的需要，不能推销其产品，养鸡专业户就不能存在下去。反过来，商品生产和商品交换发展得好，商品经济发达，又推动农业生产专业化、社会化的发展。因为随着商品生产和商品交换的发展，"生产扩展到某种商品的一个特殊的生产阶段，该商品的各个生产阶段就变成各种独立的行业"。[3] 例如养牛，发展到后来，就有的专门养小牛，有的专门育肥牛，有的专门养奶牛等等。

农业商品生产和商品交换的发展，有利于冲破我国目前农业中存在的"大而全""小而全"的自给自足的封闭半封闭的体系，沟通生产者和各个方面的经济联系，使之能按照经济合理的原则组织生产，促进分工协作，促进农村各业生产的发展。农业商品生产和商品交换的发展，还有利于向城市提供更多的农副产品，促进城乡之间的交换和联系，有利农民增加收入，使农村更加富裕起来，不断扩大再生产，不断改善农民的物质文化生活。

我国目前农村的商品经济很不发达，多数地区的农村处于自然经济、半自然经济的状况中，农产品的商品率大约只有 30%，不但大大低于经济发达国家，而且落后于很多发展中国家。这是我国农业生产落后的表现，也是农业和整个国民经济发展缓慢的原因。我们要努力改变这种落后状况，大力发展农业的商品生产和商品交换。所以，我们在提出要实现农业生产专业化、社会化的同时，还要加一句，就是要实现农业生产商品化。

第六，工农结合，城乡结合，农村将逐步改变贫穷、落后的面貌，使

---

① 《白庄的"战略"》，《人民日报》1982 年 7 月 15 日第 2 版。

② 《产粮区致富的一个好门路》，《人民日报》1982 年 8 月 19 日第 2 版。

③ 马克思：《资本论》第 1 卷，载《马克思恩格斯全集》第 23 卷，北京：人民出版社，1972 年版，第 391 页。

工农差别、城乡差别逐步缩小。工业与农业、城市与乡村的分离和差别的扩大，是在社会生产力有了一定发展，但又没有达到高度发达阶段这种历史条件下的产物。所以，要缩小以至消灭这种差别，根本的途径是要发展社会生产力。

我国目前工农之间、城乡之间的差别还相当大。1978 年，我国全民所有制工业的全员劳动生产率是 11085 元/年，而农业劳动生产率是 496 元/年，相差 21.3 倍。尽管这里面有工农业产品比价不合理等原因，但工农之间的生产水平，差别确实很大。1978 年，职工家庭平均每人收入为 315.96 元/年，社员家庭平均每人收入 133.57 元/年，相差 1.36 倍。1978 年，我国非农业居民的年消费水平为 383 元，农业居民的年消费水平为 132 元，相差 1.9 倍。工农之间、城乡之间的这种差别，是我国社会生产力不发达，特别是农业落后的表现。因此，要力争尽快地改变这种状况，缩小工农、城乡之间的差别。一是要努力加快农业的发展；二是要把农业部门剩余的劳动力转移出去，发展工业、商业、交通运输业等等。

目前，我国的工业、商业正处在调整、整顿的阶段，在相当长一个时期内，工业、商业本身需要大量投资。所以，国家不可能有足够多的资金向农业投资。另外，城市至今还有很多青年需要就业，工业的发展，不可能大量吸收农村的剩余劳动力。因此，今后农业的发展（至少在 20 世纪 80 年代），主要是靠政策，靠科学，靠调动广大农民的积极性。主要靠农村集体经济自身的积累，靠农民自己筹集资金或联合筹集资金去创办各种适合农村需要的工业、商业、交通运输业等等。这样做，速度可能慢一些，但只要政策对头，组织得好，农业发展还是会加快的，农村的工业、商业的发展也会是相当快的。

第七，农业经济将从以行政手段管理为主的集体经济，转变为主要用经济方法管理、形式多种多样的合作经济。"政社合一"，"三级所有，队为基础"的管理体制，实践证明，弊病比较多，不利于调动农民群众的积极性，不利于农业生产的健康发展。实行了联产承包责任制后，权、责、利三者有机结合，使农民群众有了劳动和经营的自主权，激发了农民的积极性，促进了农业生产发展。问题是实行联产承包责任制只是农业经营管理改革的一个重要方面，要使整个农业生产顺利发展，还必须解决好农业生产在宏观方面的问题，要按照客观经济规律办事，使用经济办法管理农业的原则要贯彻到农业生产的各个方面去，充分发挥经济计划、经济杠杆、经济信息和经济法规等的作用，这样，我国目前农业生产的大好形势才能

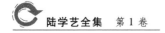

持久地发展下去。

以上七点，是关系到我国农业未来发展的一些重要问题。总的来说，我国农村正处在一个大发展、大转变的历史时期。这一方面是党中央重视农业，着重克服了过去指导思想上长期存在的"左"的错误，调整了农村政策，调动了农民的积极性，使农业发展有了内在的动力；另一方面，是国内国外市场的发展，工业的发展，人民群众改善生活的要求，对农业提出了越来越多的需求，使农业发展有了外部推动力。要求农业大转变、大发展，要求农业更快更好地实现现代化，这是人心所向，大势所趋。加上我国已经有了一定的工业基础，可以说，在我国实现农业现代化的客观条件已经具备了。我们应该根据我国的特点，根据以往实行农业现代化的经验和教训，以及借鉴外国的经验和教训，制定实现我国农业现代化的战略目标和步骤，制订相应的政策和措施，使我国农业现代化，遵循正确的方向发展，走出一条具有中国特色的实现社会主义农业现代化的道路来。

第七章　联产承包责任制在农业现代化建设中的地位和作用

　　开始实行包产到户的时候，曾经有不少同志这样担心：把已经集体化了的大块耕地分散包给农户耕种，把集体经营改变为农民分户经营，将来怎么实现农业机械化和现代化。之所以产生这种思想，是因为这些同志在头脑中有一个先入为主的模式，这就是20世纪50年代中期农业合作化初期以来形成的，认为农业现代化就是大集体、大农业、大机械的模式。现在土地划小了，各户分散经营了，与原来的模式不符，因此就产生了包产到户会妨碍现代化的想法。在许多不大熟悉农村过去和现在的同志中，这种担心尤为普遍。在农村发生大变化时期，产生这样的担心是很自然的。但是，几年来的实践证明，这种担心是不必要的。实行包产到户责任制，不仅不会妨碍农业机械化和农业现代化的实现，而且促进了农业机械化、农业科学化和农业专业化及社会化的发展。

第一节　实现历史性转变的关键作用

　　胡耀邦同志在党的十二大政治报告中指出："十一届三中全会首先抓住农业这一环，着重克服过去指导上长期存在的'左'倾错误，恢复和扩大农村社队的自主权，恢复自留地、家庭副业、集体副业和集市贸易，逐步实行各种形式联产计酬的生产责任制，同时提高了粮食和其他部分农产品的收购价格，随后又解决了多种经营的方针问题，从而使农业面貌很快发生显著变化，由原来的停滞不前变得欣欣向荣。广大农民多年来没有像今天这样高兴过。这对于带动整个经济形势以至政治形势的好转，都起了重大作用。"① 在这里，胡耀邦同志对我国农村实现的伟大的历史性转变作了科学的总结。

为了深刻认识这个历史性转折对我国社会主义农业现代化发展的意义，有必要回顾一下我国农业发展的曲折历史。大家知道，在 1952 年完成了伟大的土地改革以后，我们党就提出了对农业进行社会主义改造的任务。当时设想：一，准备用三个五年计划或更多一点的时间来完成这个历史任务；二，采取由互助组到初级社，再到高级合作社的逐步过渡的步骤；三，实行典型示范、自愿互利的政策。农民入社，耕牛、大型农具和土地都要有代价，实行经济补偿，无论如何不能剥夺，也不许强迫。开始，农业合作化运动是按这些设想做的，妥善稳当，所以发展很顺利。但是 1955 年夏季以后，农业合作化的进程大大加快了，实际只用了一年多时间，在 1956 年全国就实现了农业合作化。这样，许多农民没有经过互助组、初级社，而是一步登天成了高级合作社社员。入社的耕牛、农具等财产，后来也没有补偿。现在看来，当时全面实现高级合作化的条件并没有成熟，生产力发展很不平衡，干部管理水平低，农民的科学文化水平和政治觉悟都还未达到应有的程度。中共中央《关于建国以来党的若干历史问题的决议》指出："在一九五五年夏季以后，农业合作化以及对手工业和个体商业的改造要求过急，工作过粗，改变过快，形式也过于简单划一，以致在长期间遗留了一些问题。"②

可是，当时并不这么看，而是笼统地认为农业合作化取得了伟大的胜利，没有看到另一方面还存在的问题，所以当 1957 年有些地方出现农民"拉牛退社"的风潮时，没有能够正确对待、正确处理，而是用"两条道路大辩论"的办法去压服，这就孕育了更大的错误。1958 年人民公社化运动，企图实现更大规模的集体化，更高级的集体化，设想通过人民公社，很快消灭三大差别，实现共产主义。在实践中搞"一平二调"，刮"共产风"，否定按劳分配，搞供给制，吃"大锅饭"等等，结果给农村带来了极其严重的后果。1961 年党中央提出"调整、巩固、充实、提高"的方针，农村退到"三级所有，队为基础"，重新发还自留地，开放集市贸易，强调按劳分配，实行评工记分。可是，1964 年社会主义教育运动中，把这些政策批

---

① 《全面开创社会主义现代化建设的新局面》，载《中国共产党第十二次全国代表大会文件汇编》，北京：人民出版，1982 年 9 月，第 11 页。

② 《关于建国以来党的若干历史问题的决议》，载中共中央文献研究室编《三中全会以来重要文献选编（下）》，北京：人民出版社，1982 年 8 月，第 800～801 页。

判为"右倾"，是"复辟资本主义"。社教运动还未结束，又搞"文化大革命"。在"文化大革命"运动中，林彪、"四人帮"把这些错误推向极端，提出所谓"割资本主义尾巴"，"堵资本主义道路"，甚至荒唐地批判"唯生产力论"。这些都严重地挫伤了广大农民的社会主义积极性，严重地阻碍了生产力的发展，使农业生产长期停滞徘徊。

陈云同志指出："开国以来经济建设方面的主要错误是'左'的错误。一九五七年以前一般情况比较好些，一九五八年以后'左'的错误就严重起来了。这是主体方面的错误。代价是重大的。错误的主要来源是'左'的指导思想。"[1] 陈云同志的总结非常正确。新中国成立以来农业方面的主要错误就是"左"的错误。由于我们离开了生产力的实际状况，不断地变革生产关系，以为这就能促进生产力的发展，结果使农民的经济地位很不稳定，而朝令夕改，更使农民经常处于折腾之中。

十一届三中全会以后，党中央制定和贯彻了一系列农业政策。在各项互有联系、互为补充的行之有效的农业政策中，实行联产承包责任制起了最关键的作用。

实行联产承包责任制从根本上纠正了农村工作中长期存在的"左"的指导思想，调整了生产关系，调整了我们党同农民的关系，改变了农民在集体经济中的地位，使广大农民群众从单纯的劳动者变为既是劳动者又是经营者，掌握了经营生产的自主权。过去，集体经济管理过分集中，不仅限制了农民的生产自主权，而且也侵犯了农民的民主权利。实行联产承包责任制，使权力、责任、利益三者统一，使农民既当家作主，又有物质利益，体现了社会主义民主，即在经济建设中，发扬了群众的经济民主。在集体经济中，农民有了主人翁的地位，也就有了主人翁的自觉性，极大地提高了农民在农业生产中的积极性，根本改变了原来那种被动、消极的状况。农民群众对集体经济，对农业生产的态度的变化，是农业形势发生历史性变化的根本原因。

总之，我国的农业生产，原来在"左"的思想指导下，长期发展缓慢，满足不了国民经济建设和城乡人民日益增长的需要。有相当多的社队长期贫困落后，有的连简单再生产都难以维持，更谈不上机械化和现代化建设。即使在那些发展比较好的地区，提出了实现农业机械化、现代化的口号，

---

[1]　陈云：《经济形势与经验教训》（1980 年 12 月 16 日），载中共中央文献研究室编《三中全会以来重要文献选编（上）》，北京：人民出版社，1982 年 8 月，第 607 页。

但由于农民群众积极性不高，所以总的进展也不快，效果也不好。实行联产承包责任制，使我国进入了实现社会主义农业现代化的新阶段，起了伟大的历史转折的作用。它既继承了农业合作化以来的积极成果，坚持了社会主义集体经济，坚持了土地等基本生产资料的公有制，保护了长期积累的 1000 多亿元公共财产，并使之充分发挥作用；同时又对集体经济管理过分集中，经营方式不合理等弊端进行了行之有效的改革。从此，农村集体经济的面貌焕然一新，农业生产蒸蒸日上，实现了伟大的历史转折，使我国的农业机械化、现代化走上了一条健康发展的正确道路。

第二节　加速了农业现代化的进程

农业现代化，就是用现代科学技术和先进的生产手段装备农业，投入较多的物质和能量，用先进的科学方法管理农业，提高劳动者的文化和科学技术水平，提高土地利用率和劳动生产率，以满足国民经济发展和人民群众日益增长的物质文化生活的需要。概括地说，实现农业现代化，就是要在生产技术上实现科学化，在生产工具上实现机械化，在生产经营管理上实现专业化和社会化。

农业机械化是农业现代化的重要环节。用现代工业生产的物质技术装备农业，用机械代替人力操作，可以增强人类征服自然的能力，提高劳动生产率，促进农业的更快发展。二十多年来，我国的农业机械化事业有了很大的发展。到 1978 年，我国已拥有大中型拖拉机 66.7 万台，手扶拖拉机 167 万台。1979 年，全国机耕地 6.3 亿亩，占耕地面积的 42.4%，机播 10.4%，机插 0.7%，机收 2.6%，机电灌溉占总灌溉面积的 66%。运输、脱粒、粮油加工、植保等方面的机械化也发展得很快。但是，从整体来说，实现农业机械化不是一个孤立的经济过程，它需要各方面的配合，受到国民经济中的农机、能源、商业、交通、信息、服务等部门发展状况的制约，特别是要受到农业中的生产关系以及其他社会经济条件的制约。党的十一届三中全会以前，由于受"左"的错误干扰，国民经济各部门发展不快，农业本身长期停滞不前，所以虽然国家和农民群众在农业机械化事业上花了不少力量，但总的来说进展不快，效果也不显著，直到 1978 年全国还有许多无机社、无机队。

包产到户开始的时候，农民中确有拆散平分拖拉机的情况，有的把拖拉机封存起来，也有的干脆把拖拉机卖掉。但是随着包产到户的实行，农业生产发展了，农民需要拖拉机，农业机械化发展的步伐也就加快了。例如，1981 年末，江西省拥有大中型拖拉机 20700 台，比上年增长 4.3%；手扶拖拉机 59500 台，比上年增加 7.6%；农用动力机械 215 万马力，比上年增长 2.7%。包产到户较早的安徽省，1977 年拥有手扶拖拉机 6.6 万台，1981 年猛增到 12.3 万台，增加近 1 倍，四年买的拖拉机等于过去 20 年的总和。安徽省的怀远县，1978 年拥有 1854 台各种拖拉机（其中小型的 1468 台），1982 年 6 月，各种拖拉机发展到 10204 台（其中小型的 9653 台），猛增 4.5 倍（其中小型的增长 5.6 倍）。这样快的发展速度都是出乎人们意料的。其实，我们只要仔细研究一下包产到户和农业机械化的关系，就能很容易理解包产到户以后，农业机械化事业突飞猛进的必然性了。这是因为：（1）包产到户是农村生产关系的调整，必然促进生产力的发展，必然促进作为生产力形态的农业机械化的发展；（2）包产到户使农民有了经营的自主权，讲究经济效果，使用农业机械则能增产增收，经济效益高，并能抢农时，减轻劳动强度；（3）包产到户使农民增加了收入，有了购买农业机械的资金。上述安徽省怀远县，最近几年新增的农业机械，绝大部分都是农民独户购置或联户购置的。即使是原来属于集体的小型拖拉机，现在也作价或转让给农户了。怀远县农户现有的 9653 台小型拖拉机中，属于独户购置的有 1400 台，占 14.5%，联户购置的有 8253 台，占 85.5%。

由上可见，包产到户调整了农村生产关系，激发了广大农民的积极性，促进了农业生产的发展，必然促进农业机械化的发展。但是，包产到户这种对农业机械化发展的促进作用要有一个过程。现在，包产到户对农业机械化的促进作用，在那些包产到户搞得比较早比较好的地区已经明显表现出来了，但在大多数地区还不明显。所以，有的同志说，现在一部分地区出现的"农机热"还只是潮头，我国农业机械化大发展的高潮，还在后头。这是完全可以肯定的。

包产到户推动了广大农民学科学、用科学的群众运动。在原来的过于集中的管理体制下，生产的好坏，同社员没有直接的利益关系。科学种田是干部的事，群众对新技术、新品种漠不关心，所以尽管提倡了多年，但总是进展不快。包产到户以后，农业生产与农民的利益直接结合，每个农民都力图最大限度地去利用承包的土地，去挖掘最大的潜力，生产出更多的农副产品，取得尽可能多的收益。所以，对实用的、易于见效的科学技术就感到非常迫切，"科学热"自然很快在各地出现了。在这种形势下，农业技术夜校、农民科学普及协会、技术承包责任制等农民学科学、用科学的各种组织形式，纷纷应运而生。农民赶集学技术、百里听农技课、上门求良师、自费上农校等新鲜事在农村涌现。1982 年 9 月，凤阳县农技推广总站开办一所自费农技学校的消息一传出，5 天工夫，全县就有 460 名青年赶来报考。但限于办学条件，只取了 50 多名。过去，农业技术员在农村是最吃不开的："远看像个要饭的，近看像个卖炭的，原来是农技推广站的。"现在不同了，农业技术干部成了"会上有人问，路上有人拦，家里有人等"的大忙人，被农民誉为劳动致富的"财神爷"，各地出现了抢"财神"的好现象。在广大农村干部、农民技术员和广大农民的共同努力下，许多先进的农业科学技术、经济合用的农业机械、优良品种，迅速地得到了推广和应用。最近几年，杂交水稻，鲁棉一号，徐薯 18 号等良种的推广普及，都大大加快了。现在全国基本实现了农作物良种化，如，良种水稻 4.5 亿亩，占水稻总面积的 90%；杂交玉米 2.19 亿亩，占玉米总面积的 70%；杂交高粱 2500 万亩，占高粱总面积的 80%。

包产到户后兴起的农民学科学、用科学的群众运动，一方面会直接促进农业的增产增收，另一方面也必然导致农业先进科学技术知识的普及，促进农民向科学文化进军。现在，全国已有 1/4 的公社成立了农民科学普及协会，各地还出现了农民自己办学校或资助公办学校的好现象。最近几年，书籍、报刊在农村的销售量猛增，许多农民自己出钱订报、买书。这也是农业合作化以来少见的好现象。农村出现的向科学文化进军的高潮，对我国农业现代化的发展具有十分重要的意义。在一定意义上说，农业现代化的过程，实际上就是用科学技术武装农业劳动者的过程，也是农业劳动者知识化的过程。没有具有现代科学技术水平的农业劳动者，就没有现代化的农业。只有普遍提高农民的科学文化水平，用现代化农业科学技术和先进的管理知识武装农民，才能更好更快地实现我国的农业现代化。

第三节　创造了实现农业现代化的组织形式

联产承包责任制为我国农业生产发展创造了受农民欢迎的组织形式，为实现农业现代化开创了一条新路子。我国幅员广大、自然资源丰富，但人均耕地和人均资源少；劳动力多，但科学技术水平低；有悠久的农业历史，有精耕细作的传统，但农业技术装备落后；工业建设已经有了相当基础，但农用工业品质次价高，还不能满足农业需要。如何根据我国国情实现具有中国特色的社会主义农业现代化，这是我们要努力完成的历史任务。

在相当长的时间里，我们曾经设想以"政社合一"，"三级所有，队为基础"这个组织形式来实现农业现代化。具体的途径就是由生产队为基本核算单位向大队为基本核算单位过渡，大队向公社过渡，集体所有制向全民所有制过渡。以为生产规模越大，公有化程度越高，就越是社会主义，就能实现农业现代化。还曾树立了诸如大寨大队一类的典型，要求全国的社队向这些典型学习，设想通过普及大寨经验，用政治和行政的手段，用层层带动的办法，实现农业机械化和现代化。然而国家花了极大的代价，投入了很多人力、物力，宣传声势也空前宏大，年年喊学大寨，年年在推广大寨经验，但实际是推而不广，或者是越学越穷，不少大寨县成了大债县、要饭县。事实充分证明，这套设想不符合我国农业的情况，不符合经济发展的规律，广大农民群众是不愿意接受的。

群众在实践中创造的包产到户等联产承包责任制的形式，适合我国农业的特点，适合农民群众的要求，大大促进了当前的农业生产。近几年群众在实践中又创造了专业户，"民办企业"，"专业联合"，技术承包服务公司等多种经营形式和组织形式。这些都为实现农业现代化创造了条件。纵观实行联产承包责任制几年来农村经济的发展，中国农业现代化走什么路子，现在已经可以说初步有个眉目了。未来发展的道路，将是这样：在坚持土地等基本生产资料公有制和保留社队必要的统一经营的条件下，实行联产承包、分户经营。在联产承包、分户经营的基础上实现农业生产的专业化和社会化，实现农业现代化。

世界上经济发达国家实现农业现代化的实践表明，现代化的农业必须建立在农业生产的专业化、商品化和社会化的基础之上。没有大规模的农业生产的专业分工，没有发达的商品生产和商品交换，不能向社会提供丰富的农副产品，没有建立在高度社会分工基础上的各种联合和协作，农业现代化是不可能实现的。原来我们设想，通过人民公社、生产大队、生产队这套组织形式，以实现农业的机械化和现代化。二十多年的实践表明，这套组织形式，于发展农业生产的专业化、社会化不利，于发展农村的商品经济不利。

实行了以包产到户、包干到户为主要形式的联产承包责任制，调整了生产关系，解放了生产力，农业生产出现了新局面和新的发展趋向。农民分户经营之后，农业劳动生产率和土地产出率普遍提高。这就为发展新的社会分工创造了条件，使一部分农业劳动力从种植业转移出来，转到养殖业、工业、商业、服务业等其他部门中去。各地不断涌现出来的大量的兼业农户和专业户，他们的劳动生产率和商品率都大大高于一般农户，经济效益和经济收入大大高于一般农户，所以对广大农户有巨大的吸引力。1982年辽宁省锦州市农村，已涌现出各种专业户、兼业户 8.5 万多户，占全区总农户的 8%。"两户"人均收入 630 元，相当于普通社员的 5 倍；"两户"提供的商品量，是普通农户的 4 倍。山西省朔县 1982 年有各种专业户、兼业户 7650 户，占全县总农户的 14%。"两户"每个劳动力平均生产粮食 8000斤，比全县平均每个劳动力生产粮食 3100 斤高 1.7 倍。"两户"每个劳动力生产油品 200 斤，比全县平均每个劳动力生产 45 斤高 3.4 倍。"两户"交售粮食的商品率为 58.4%，全县农户平均的商品率只有 31.2%。"两户"人均收入为 500 元，而一般农户人均只有 200 元。随着专业户的发展和增多，各种新的经济联合体，为专业户服务的专业联合体应运而生。这些经济联合体和专业联合体正在逐步发展成农业的各种服务中心，成为农业社会化的一个组成部分。诚然，现在各种专业户，各种专业联合体和服务中心为数还不多，但它们是农业现代化的雏形，具有广阔的发展前途。对此，越来越多的干部和群众已经认识到，在坚持土地等基本生产资料公有制，保留社队必要的统一经营职能的前提下，实行联产承包、分户经营，实现农业生产的专业化、商品化、社会化，这是实行包产到户、包干到户后展现在人们面前的一条实现农业现代化的新道路。

第四节　家庭承包的经营方式将长期存在

在开始实行包产到户、包干到户的时候，各方面曾有相当多的议论，连续几年增产增收增贡献的事实，使许多人都口服心服了。但是，包产到户能否长期搞，一家一户的经营方式会不会变，这在人们的思想里是有疑虑的，有一部分干部还认为包产到户是权宜之计。之所以会产生这样的思想，是因为有些同志至今仍把"一大二公"，"三级所有，队为基础"，看作是唯一正确的、不能改变的社会主义农业经济的模式。他们感到实行包产到户、包干到户等责任制，不过是一种对农民的让步，是临时的退却。既然是退，就有进的时候，那么，过几年要变就是十分正常的。

这个问题应如何认识呢？

我认为，以包产到户、包干到户为主要形式的联产承包责任制，具有强大的生命力。从实践上说，它不仅促进了农业生产的发展和农村经济的繁荣，是现阶段在农村发挥我国社会主义经济制度优越性的一种十分有效的形式，也为我国实现社会主义农业现代化开辟了道路。这种联产承包责任制具有很大的适应性，它既能适应以人力畜力为主的手工劳动生产，也能适应现代化农业发展的要求；从理论上说，包产到户、包干到户是解放思想的产物，它突破了"两个凡是"的束缚，实事求是地解决农业问题，是马克思主义农业合作制理论同中国农业实际相结合的典范。事物确实不可能一成不变。问题是以包产到户、包干到户为主要形式的联产承包责任制将来怎样发展，这种以农户为单位的经营方式，能否适应农业现代化发展的要求？我们感到，这种经营方式能够适应农业现代化的发展要求，因此能够长期存在下去。

第一，家庭承包的经营方式，是用经济办法管理农业的好形式，适合农业生产发展的要求。马克思主义认为："不同质的矛盾，只有用不同质的方法才能解决。"① 发展农业生产，要根据农业生产的特点，要从农业生产的实际出发。我们过去往往不注意农业生产的特点，照搬管理工业的那套办法来管理农业，结果事倍功半，没有得到应有的效益。

我们前面已经讲过，农业生产的对象是植物、动物等生物有机体，农业生产的条件是土壤、阳光、气温、水分、肥料等等，可变因素多。农业要取得好的收获，就要使众多的变化条件，形成一个最佳的组合，要求劳动者对生产过程时时关心和了解，并能根据不断变化的情况做出反应，采取措施，加以调节，使之朝着有利于生产的方向变化。农业生产的这种特点，要求劳动者在生产过程中，有充分的自主权和灵活的决策权。

农业生产既受自然环境的影响，也受生物有机体生长发育规律的制约，即有明显的季节性。农业劳动者在播种、收割、管理等各个环节，都要抓住最佳季节，做到不违农时，适时耕作。错过农时，就会劳而少获，甚至劳而无获。农业的这种有忙有闲的特点，要求劳动者在农忙时要突击，要奋战，在农闲时可以休整，做好下一个阶段的准备。

农业生产的空间宽阔，在大多数情况下，适于分散劳动，而且越是机械化程度高，生产的空间越辽阔，越适于分散劳动。例如，有了大功率的拖拉机和配套农具，使一个人可以耕种几千亩地；自动化养鸡成套设备的出现，使一个人养几万只鸡成为可能，而这些都不需要大规模的集体劳动。农业劳动要求劳动者有高度的责任心和自觉性，而使劳动者的利益同生产

---

① 毛泽东：《矛盾论》，载《毛泽东选集》第 1 卷，北京：人民出版社，1966 年横排本，第286 页。

成果直接挂钩，是产生这种责任感的根源。

总之，由于农业生产的这些特点，要求生产者和经营者能够统一，要求实行分散的劳动形式和小规模的经营方式，使得农业劳动者在生产过程中发挥创造性和积极性，创造出更高的劳动生产率和得到更好的经济效益。实行以家庭为经营单位的联产承包责任制恰能满足这些要求，所以说，这种家庭承包的经营方式，适合农业生产的需要，有长期存在的必要。

第二，家庭承包的经营方式能够容纳现代化的生产力。长时期以来，人们以为，随着农业机械和化肥、农药等现代化生产资料的应用，农业生产也同工业生产一样需要大规模的统一经营，集中管理，人们还以为，以人力畜力为主的手工业劳动适合于小型企业的小规模经营，而采用了大机器就一定是大型企业的大规模经营。近百年来现代农业的发展历史表明：随着农业机械的大规模采用和现代科学技术在农业上的广泛应用，小生产向社会化大生产发展是历史的必然趋势。但是，这并不意味着农业中的小规模经营企业将会全部被淘汰。由于农业生产专业化和社会化的发展，一方面出现了土地集中，生产集中，大规模经营的大农场；另一方面小规模经营的农业企业经过改造、整顿，仍以家庭为经营单位而大量地存在着。1977 年，美国 270.6 万个农场中，1000 英亩以上的大农场只占 7%，500 至999 英亩的农场占 9%，84% 是 500 英亩以下的家庭小农场。1977 年与 1910年相比，平均每个农场耕种的耕地规模扩大了，但农场的经营的组织规模并没有扩大。1910 年平均每个农场耕种 140 英亩，平均每个农场 2.13 个劳动力（其中雇工 0.52 个）。1977 年平均每个农场耕种 397 英亩，平均每个农场 1.53 个劳动力（其中雇工 0.48 个），大多数是"韩丁式"的家庭农场，他们自己劳动，自己经营，自己一家耕种几百英亩耕地，一般不雇工或只雇少量的工人。安·克里坦登（Ann Crittenden）认为："由农场主及家人，至多再加一名工人经营的农场，是最有成效的农业生产单位。这是一条规律。在世界各地进行了无数次的研究，其结果都是支持这条规律的。虽然这种最有效的生产单位规模的大小是因农场主用自己的农机可以耕种的土地数量的多少而各不相同的。因此，在美国生产玉米的地带，一个 639英亩的农场用价值几十万美元的机械耕种，就可能收到最大的效益。"[①] 农

---

① 《纽约时报》1982 年 3 月 21 日。转引自《〈纽约时报〉载文说农业耕种以小规模为好》，新华通讯社参编部编《国外经济资料之一：北美西欧农业》，中国农村发展研究中心联络室，1983 年 10 月，第 5 页。

业发展的历史表明：专业化、社会化的发展不仅没有使小规模的家庭经营形式消灭，有些行业还为它的存在和发展创造了条件。由于科学技术的进步，生产力的发展，会引起分工的进一步发展。马克思说：当"生产扩展到某种商品的一个特殊的生产阶段，该商品的各个生产阶段就变成各种独立的行业"。[①]在农业中，原来一个家庭农场是"小而全"的，从种到收，几乎是全部农活都要自己干。后来，一些生产环节分出去了，发展成为独立的行业，如种子、肥料、农机、水利、植保、运输、包装等等都有独立的专业公司，专门为家庭农场提供各种服务。1969 年美国这类农业服务企业就有 3.2 万多家，43.2 万人。例如，肥料公司可按农场要求派人把肥料撒到指定的田里；饲料公司可以按照合同，定时、定点、定量向畜牧场送饲料；农机公司既有各种农机，也有驾驶员，可以替农场耕种、中耕、收割。有了这样的专业分工和社会化服务，使得一个家庭农场、一二个劳动力就可以种几千亩田，或养几千头猪，或养几万只鸡。因为实际上这些家庭农场本身，只从事生产中的几项农活，主要是搞经营管理，而相当多的甚至是大部分农业劳动，则已按照专业分工，转移到农业服务公司去了。

美国如此，其他农业比较发达的国家也是如此。例如，法国小规模经营者占 80% 以上，日本绝大部分是耕地在一公顷左右的农户。

我国的农业生产队，除了极少数自然条件好，领导班子比较强，在内部实行了专业分工，商品生产比较发达之外，大部分的农业生产队在原来那种过分集中，统一经营的条件下，实际上是一个"大而全"的封闭、半封闭的自给自足的经济单位。虽然实行了包产到户、包干到户等生产责任制后，农户成为经营单位，有了经营自主权，但这些承包农户还是"小而全"的。随着生产力的发展和科学技术的应用，将来这些"小而全"的农户就会发展专业分工，成为各种专业户。原有的集体经济组织也可举办各种为农业生产服务的企事业，发展农业的社会化。资本主义发达国家，在私有制的基础上，在价值规律的自发作用下，经过反复，用了上百年的时间，实现了农业生产的专业化和社会化。我国农村已经实现了社会主义改造，我国农业总的发展方向是同资本主义完全不同的。但是，社会生产力的发展是一个自然历史过程，有一定的规律性。资本主义农业能在家庭农场的基础上实现农业生产的专业化和社会化，我国在以农户为经营单位的

---

①　马克思：《资本论》第 1 卷，载《马克思恩格斯全集》第 23 卷，北京：人民出版社，1972 年版，第 391 页。

联产承包责任制基础上，当然也能实现农业生产的专业化和社会化。不过，我们是建立在土地等基本生产资料的公有制基础之上的，是按照经济规律自觉地来实现的。整个发展过程中不会发生两极分化，而且时间也将大为缩短。

第三，家庭承包的经营方式适合我国农村家庭关系比较稳固、比较和睦的特点。在我国农村，家庭作为农业生产单位源远流长，农民对于家庭经营有着丰富的经验。农业合作化以后，家庭变为生活单位，但还保留着部分的生产职能，如耕种自留地，经营各种家庭副业等。不论是南方还是北方，不论是自然条件较好还是较差的地区，不论是富队还是穷队，自留地几乎是无例外的，都是种得很好的，其产量和经济效益远远超过集体耕地。在"左"的错误指导下，特别是在十年动乱中，我国农村许多地区的集体经济处于破产的边缘，集体分配每人每年只有一二百斤粮、二三十元钱，农民群众的基本生活很难保证，靠着自留地、家庭副业等家庭经济才勉强度过了这个艰难的时期。总的来说，农业合作化以后，我们没有充分重视和发挥家庭这个传统力量在农业生产中的作用，是一大失策。二十多年来，每次压制、打击农民家庭经济（如没收自留地，禁止搞家庭副业，关闭集市贸易，取消包产到户等等），结果都打击了农业生产，破坏了农村经济的发展；而每当重视和鼓励发展农民家庭经济，结果都收到了农业生产发展，农村经济繁荣的良好效果。

所谓调动我国农民的积极性，实际上就是要调动亿万农民家庭的积极性。在农业生产中，除了主要劳动力以外，老人有老人的作用，妇女有妇女的作用。家庭成员间经济利益休戚与共，使他们在生产劳动中，协作紧密，配合默契。这正是农业生产取得好收成的必不可少的条件。在我国，包产到户为什么一包就灵，说到底，就是调动了亿万个农民家庭全体成员的积极性，取得了农民家庭这个巨大的传统力量的支持。家庭承包经营方式符合我国国情，符合我国民情，有利生产，有利建设，利国富民，农民欢迎，理所当然可以长期存在下去。

最后，这种以户为经营单位的联产承包责任制，是广大农民群众在实践中创造出来的，是经过多年的反复比较和实践检验而做出的抉择。我们的国家是人民民主专政的国家，我们的党是为广大人民群众谋利益的无产阶级政党，当然要尊重广大农民群众的意愿。从群众中来，到群众中去，是我们党一贯的优良传统。《中华人民共和国宪法》（1982 年）第十四条明确规定：要"实行各种形式的社会主义责任制"。胡耀邦同志在中国共产党第十二次代表大会上的报告中也明确指出了农业生产责任制稳定、完善和发展的方向。过去，对在农村实行生产责任制的争论是很激烈的。以家庭为经营单位的联产承包责任制出人意料的实践效果，教育、说服了许多人。现在，对于生产责任制的认识已经逐渐趋于一致。全国全党在生产责任制问题上的一致认识，是生产责任制政策长期稳定和继续发展的保证。诚然，目前对于以户为经营单位的联产承包责任制，在实现我国农业现代化过程中的作用，人们还有些不同意见，但是联产承包责任制具有强大的生命力，它正在为我国农业现代化的实现不断开创新的局面，随着实践的发展，人们的意见会逐步取得一致的。

国内外的实践表明，在科学技术进步的条件下，进行分工协作，实现农业生产的专业化和社会化，把农业生产的全过程，分解为一系列相互联系又各自独立的专业，能够使以户为经营单位的联产承包责任制容纳一定的现代化的农业生产力，进行现代化的农业生产。但是，这并不是说，小规模的、以户为单位的家庭经营方式能容纳一切现代化的生产力；也不是说，以户为单位的家庭经营方式是唯一的经营方式。农业企业的规模和经营方式，现在和将来，都应该根据不同的特点和不同情况来决定，应大则大，应小则小。我们应该实行多种管理制度和经营方式并存的原则，再不能搞一个固定的模式，不能搞"一刀切"。大规模的垦荒、放牧、江河海涂的养殖，特大型的机械化养禽、养畜，都应该建立大型的农牧场，进行集中领导、集中经营。各地都有一些原来集体经济办得比较好，内部实行了专业分工，增产增收，群众满意的社队，它们还应该继续实行集中领导、统一经营。不过，根据农业生产的特点和我国的国情，小规模的、以农民家庭为经营单位的联产承包责任制，无疑是我国农业生产的主要的和基本的经营方式，而且将长期存在。

第八章　联产承包责任制的发展 趋势和前景

关于联产承包责任制的发展趋势和前景，近年来报刊上已发表了不少文章，但看法还不同，有各种不同的意见。

有的同志认为：实行"双包"后农村发展的大致轮廓，"可能分为三个阶段：（1）土地按户承包，每个农户都是以农业为主的'小而全'的经营单位；（2）农业生产逐步发展起来，逐步解决了口粮问题之后，多种经营便蓬勃发展起来，兼业农户大量出现；（3）生产进一步发展，农业基础雄厚了，兼业农户的兼业收入超过农业收入，而社会、市场又能保证提供他们的口粮、副食和饲料之后，兼业户就会逐步发展为专业农户和专门经营畜牧业、工副业、商业、服务业等各业的专业户"。"专业户和专业农户的发展为实现农业专业化打下了基础，而专业化必然要求联合协作，要求社会化。"①

"包干到户责任制的发展趋势如何？新的路子应该怎么走？贵州省委从本省经济水平低、社队企业少的实际出发，提出走包、兼、专、联路子的设想。当前，大多数农户正处在兼业阶段。"②

张广友同志认为："不宜过早提'专''联'口号。"他说："现在有人认为'双包'责任制是以户为单位经营的'小而全'，不利于社会化大生产，主张趁热打铁，搞专业联合。"他认为："随着生产的发展，'双包'责任制今后有可能走向专业联合的道路，但目前还不具备'专''联'的条件，而是需要一个完善和健全的稳定阶段。过早或不适当地提出'专'

---

① 《"双包"后农村会如何发展?》，《人民日报》1982年3月9日第5版。

② 《"阳关道"的新起点》，《人民日报》1982年7月6日第2版。

'联'口号，不利于'双包'责任制的稳定、健全和完善。"①

方恭温同志认为："有的主张按'包干到户、兼业户、专业户、新的经济联合体'的顺序，尽快过渡"，这是不对的。"兼业户、专业户、经济联合体，都是以包干到户为基础，为基本形式的。按包干到户、兼业户、专业户、经济联合体的次序排列，把包干到户作为其中最低发展阶段或最初级形式，那样的看法是不正确的，这种排列的实质，还是要急于过渡。"②

这些意见都从不同的角度，对包产到户、包干到户的发展前景提出了很有意义的看法。我认为有两点是应该在讨论中明确分清的。第一，包产到户将来的发展前景是什么？从包产到户到实现农业现代化这条路将怎么走？第二，在现阶段，应该如何稳定和完善包括包产到户、包干到户在内的联产承包责任制？这是有区别而又互相联系的两个问题。现实是未来发展的基础，而明确了联产承包责任制的发展前景，就会使其现阶段的稳定、完善有了方向，可以弄清哪些事该做，哪些事不该做。现在有些地区的干部，由于不懂得联产承包责任制的发展前景和目前稳定、完善联产承包责任制的关系，做了一些不该做的事。例如："有的地方采用分派任务下达指标的办法，要求在一定时期内专业户要增加多少；有的地方搞发展规划，指定哪些户是养猪专业户，哪些户是养鸡专业户；有的急于要专业户扩大生产规模，有的要专业户放弃兼业生产项目，甚至动员专业户放弃承包的土地；有的给专业户、重点户过于优厚的待遇……，还有的用'吃小灶'的办法培养专业户。"③ 这些拔苗助长的做法，是不对的。之所以产生这种做法，可能也同过去那种认为经济形式越高级越好，急于过渡的思想有关。但是，不能因此就认为：目前不必讨论联产承包责任制的发展前景，不必提出兼业户、专业户、经济联合一类新的经营形式；恰恰相反，要使广大干部和群众都能明白实行联产承包责任制以后，怎样实现农业现代化的方向和道路。这不仅可以使现阶段农业生产责任制得到稳定和完善，有明确的方向，使干部群众心中有数，防止和减少出现拔苗助长一类的问题。更重要的是，通过这场讨论，可以使干部和群众明确今后我国农业的发展前景和前进道路，摆脱原来那种集中劳动、按工分分配的传统经济形式的束

---

① 《关于"双包"责任制发展趋势的探讨》，《光明日报》1982年10月31日。

② 《包干到户是集体所有制的合作经济》，《光明日报》1982年11月28日。

③ 《不要规定发展专业户的指标》，《人民日报》1982年11月27日第3版。

缚，消除"怕变""怕走回头路"的顾虑，进一步解放思想，勇于实践，以加速农村经济改革的步伐。因此，目前开展关于联产承包责任制发展前景的讨论，是很有意义和很有必要的。

第一节　联产承包责任制的发展前景

1980 年 8 月，我和王小强同志就联产承包责任制的发展趋势和前景问题专门去甘肃省农村进行了广泛的调查。当时，甘肃省实行包产到户责任制的工作正在全面展开，有些县，有些社队，包产到户已实行一年多了。我们从他们的实践中看到了包产到户未来发展的前景。有两点很明确：一是包产到户以后，再也不可能走回头路了；二是包产到户很可能成为我国农业现代化的一个起点，从而走出一条适合我国国情的农业现代化的道路来。在我们写的题为《包产到户的由来和今后的发展——关于甘肃省包产到户问题的考察报告》的调查报告中，阐述了这两个观点，并且预计，包产到户以后，农村将经历三个发展阶段。第一阶段，土地按户承包，每个农户都是以农业为主的"小而全"的经营单位；第二阶段，多种经营事业蓬勃发展，兼业农户大量出现；第三阶段，生产进一步发展，农业基础雄厚了，兼业农户就会逐步发展为专业户和专业农户。而且，包产到户以后，农民群众会逐步以各种形式再次联合起来。这种联合是经济的联合，是建立在等价交换、自愿互利基础上的联合，而不再是行政命令式的联合。①

另外，1981 年，贵州省和安徽滁县等地区的同志，从本地的实际情况出发，明确提出，在实行包产到户以后，农村的发展要走包、兼、专、联的路子。

经过几年来农村实行联产承包责任制的大规模实践，经过近年来社会上关于包产到户后农村将怎样发展的讨论，现在看来，关于实行联产承包责任制以后，农村要走包、兼、专、联路子的提法，基本上符合包产到户后农村发展的趋势，也容易为农业战线的广大干部和亿万农民群众所理解和掌握。但是，如同任何抽象的概念都不能包罗它所要表达的丰富的内容一样，走包、兼、专、联的路子的提法，只是描述了包产到户后农村发展趋势的轮廓，它本身还需要加以说明和补充。目前，农村形势发

---

① 参见拙著《农业发展的黄金时代——包产到户的调查与研究》，兰州：甘肃人民出版社，1983 年 3 月，第 9～42 页。

展很快，新事物层出不穷。对农村未来的发展前景和发展道路怎么描述好，这需要在实践中逐渐明确。列宁说："生气勃勃的创造性的社会主义是由人民群众自己创立的。"①包产到户以后农村发展的具体进程和形式，要依靠亿万农民群众的实践。但是，要领导就要有预见，要高瞻远瞩。根据包产到户后农村经济发展的客观规律，预见到未来发展的大体趋势和轮廓，并以此来部署我们的工作，则是完全可能而且是十分必要的。根据农村实行联产承包责任制后几年来的情况，农村未来的发展，有几点是比较明确的。

第一，包产到户、包干到户作为在土地公有制条件下，以家庭为经营单位的联产承包责任制形式将长期存在。无论是兼业户、专业户，还是经济联合体，都是要以包产到户、包干到户为基础、为基本形式。我们前面已经指出，这种在群众实践中创造的受到普遍欢迎的经营方式，符合农业生产的特点，具有很大的灵活性和广泛的适应性，具有强大的生命力，不仅是现阶段在农村发挥社会主义经济制度优越性的一种十分有效的形式，经过完善和提高，也将是我国实现农业生产专业化和社会化的基本形式。

第二，包产到户、包干到户作为联产承包责任制的经营方式将会长期存在，但是包产到户、包干到户的经营项目、经营内容将随着生产的发展而发生变化。大致将经历以下三个阶段。

第一阶段：包产到户、包干到户以后，经营内容的第一个阶段是"小而全"阶段。长时期以来，我国农村是封闭、半封闭式的自然经济，商品经济很不发达，生产队基本上是一个"大而全"的生产单位。实行包产到户后，土地按人或人劳比例分到各户，征购、派购粮食和农副产品的任务也分到各户。分户生产，分户经营，"家家粮油棉，户户'小而全'"。原来生产队的经营内容基本上是切块分到了各户，"大而全"变为"小而全"，仍然什么都要种一点，基本上还是自给半自给性生产。可以卖给社会的商品很少，充其量只能卖点余粮。余粮者，自食、自给有余之谓也，其数量是很少的。这种不发达的"小而全"经营，在包产到户的初始阶段只能如此，难以避免。

第二阶段：包产到户、包干到户经营内容发展的第二阶段是兼业农户

---

① 列宁：《全俄中央执行委员会会议》，载《列宁全集》第26卷，北京：人民出版社，1959年版，第269页。

阶段。"小而全"，分户经营生产的产品只能维持家庭成员的基本生活需要，很少有剩余产品用于交换，对市场的依赖性很小。包产到户给了农业生产一个很大的冲击力，使生产发展，产品增多，农民收入增加。这为农村发展社会分工创造了条件。一是农民有了自主权，可以自己支配从事承包劳动以外的剩余劳动时间，二是有了相对剩余的资金。加上有丰富的原材料和广阔的市场，所以，绝大多数农户在完成了生产队的承包作业之外，都能兼营一项、两项或多项副业。这样，就使农村的多种经营蓬勃发展，副产品大量增加，商品率提高，城市和工业得到越来越多的农副产品，农民的收入也随之增多。据各地统计，包产到户后一二年，一般社队的兼业农户都可达 80% ~ 90%，商品经济发达地区，条件好的社队，兼业农户接近 100%。现在，我国农村许多农户在包种集体耕地之外，有的搞养殖（养鸡、养猪、养牛、养蜂等等），有的兼搞种植业（种药材、花卉、蔬菜、果木等），有的做木匠、瓦匠、裁缝，也有的买机器，办粮油加工厂，有的买了拖拉机，农忙耕田，农闲跑运输，也有的搞商业、服务业、修理业等等。

包产到户后，承包农户的经营内容由"小而全"向有关的兼业经营发展，是我国农业生产实现专业化、社会化的前奏，符合经济发展的规律。兼业农户①的大量涌现标志着我国农业正在由自给半自给性生产向商品生产转变，正在由传统农业向现代农业转变。

第三阶段：包产到户、包干到户后，经营内容发展的第三阶段是专业户和专业农户阶段。实行包产到户、包干到户之后，开始是"小而全"，不久就普遍搞兼业经营。兼业经营也是个过渡阶段，开始是五花八门，搞什么都有，而且今年经营这个，明年经营那个，没有确定的项目，但发展到一定阶段，就逐渐固定下来。农户会在实践中逐步选择最适合自己的特长，最有把握，最有利，并有一定的社会保障的经营项目作为自己的专业，而且当这些兼业收入超过了承包农业的收入，社会市场又能以合理的价格，有保证地提供口粮、副食品和饲料等，他们就会逐步脱离承包的种植业，发展成为各种专业户，如养鸡专业户、养牛专业户、农机专业户、运输专

---

① 目前对这种农户有兼业户、重点户等不同称呼，我认为还是叫兼业农户为好。但这与世界上有些国家的"兼业农户"概念不同。他们的兼业农户是对从事农业（包括林牧渔）取得收入之外，还从其从事的工业、商业、服务业等取得收入的农户说的。我们现在所称的兼业农户，是指从事承包生产队的土地取得收入（一般主要是种植业）以外，还自己从事经营养殖业、其他种植业、工副业、商业、服务业等而获得收入的农户。

业户、建筑专业户等等。安徽省全椒县蔡集公社钱李大队坝李生产队一李姓社员，全家 6 口人，夫妻 2 个劳动力，承包 10 亩耕田，同时兼营养蜂。1981 年养 13 箱蜂，因人手不够，养蜂和种田有矛盾，曾发生 8 次跑蜂，损失 400 多元。1982 年养蜂已达 20 箱，他通过核算，下了专门养蜂的决心，只留下 4 亩口粮田，其余 6 亩交还生产队，结果当年养蜂收入达 4000 元。该社员打算，如果生产队允许，他向集体交积累，集体供应口粮，把口粮田也交还集体，专门养蜂，收入将会更多。当承包土地交回生产队的专业户多了，留在生产队专门种田的农户耕种的土地和经营的规模就可以扩大，从而成为专业农户。浙江省平阳县城西公社垟头村有 79 户社员，其中 3 户有养蜂的技术，5 户有土木建筑的专长。他们在实行大包干后，既种承包田，又搞养蜂或建筑专业，"脚踏双边船，心挂两个家"，专业特长得不到应有的发挥。1982 年，他们通过协商，把承包的责任田转包给本村的有种田特长的农户（条件一般是按平价供应口粮），专门从事养蜂或建筑，结果当年收入倍增，成为养蜂专业户或建筑专业户。同村的另一承包户，1981 年他家承包 3 亩田，收稻谷 4500 斤，当年净收入 320 元，人均 80 元。1982 年增包 3 亩，共种田 6 亩，当年收稻谷 1.04 万斤，净收入 1000 元，人均 250 元，比 1981 年增加 2 倍多。

近几年，专业户在各地发展很快。安徽省 1982 年已有各种专业户 44 万户，占总农户的 4.8%，其中种植专业户 16.47 万户，粮食生产专业户 1.4 万多户，1982 年户均售粮 1 万斤以上。据北方畜牧工作会议统计，1982 年 8 月全国已有畜禽饲养专业户 56 万多户，兼业户 177 万多户，共养畜 1000 万头，养禽 5800 多万只，养兔 1200 万只，养蜂 57 万箱。现在，各地又有新的发展。总的情况是，包产到户、包干到户实行得比较早、比较好的地区，商品经济比较发达，专业户就发展得快。1982 年 8 月，山西晋东南地区各种专业户已达 13 万多户，占总农户的 14%。沈阳市郊农村，从事家庭饲养业的专业户、兼业户有 12.16 万户，占总农户的 14.6%。

现在的专业户，大体分两类，一类是承包集体经济某一经营项目的承包专业户，一类是在家庭副业基础上发展起来的自营专业户。这些专业户一般都是有经验有技术而且会经营的农民，具有一定科学文化知识的回乡学生或复员军人，他们是我国农村的建设人才。在同等条件下，这些专业户具有投资少，收入高，商品率高，经济效益好的特点。各地调查表明，专业户的商品率要比普通农户高 3 至 5 倍。据 1983 年对山东陵县 20 户粮食专业户统计，这 20 户人均产粮 2175 斤，人均交售商品粮 958 斤，人均纯收入（包括其他收入）1199 元，分别比全县普通农户的平均数高 2.02 倍、4.7 倍和 2.33 倍。所以，专业户有显著的经济效益，对农民有极大的吸引力，预计今后几年，各地的各种专业户，都会有一个很大的发展。

需要指出，上述包产到户，包干到户后农户经营内容三个阶段的划分，是对今后农业生产总的发展趋势进行分析的结果。具体到某个地区，某个社队，这三个发展阶段的区分，也许并不明显。有的地区在实行包产到户后不久，兼业农户就大量涌现了。总的发展情况将是穿插错落，很不平衡的。但是，实行联产承包责任制后，农户经营的内容，将由"小而全"发展到兼业经营，再发展到专业经营，这是农业发展的必然趋势。只是在实践中，在各个地区，各个社队，这三种经营内容，将会有一个同时并存的时期。就全国来说，目前正处在兼业经营的时期。这个阶段将会持续很长一个时期。因为大多数承包农户转为专业户和专业农户的经营，不仅需要农业生产力有一定程度的发展，而且需要国家的工业、交通、商业、金融信贷等整个经济事业的发展，需要社会各种条件的配合，需要国家制定一系列相应的政策（如粮食政策、价格政策等）。所以，近期内我国农村专业户和专业农户虽将会有较大发展，但更快的发展、普遍的发展还不可能。兼业经营向专业经营发展，将是一个逐步的、漫长的过程。当然，我们认识到这种必然趋势，在各个方面创造条件，制定恰当的政策，则能加速这个发展过程。一般说来，在大中城市郊区，在经济比较发达、交通比较便利，科学文化水平比较高的地区，将会发展得快一些，其他地区则相对慢一些。

区分包产到户、包干到户后，承包农户在经营内容上的三个阶段，是为了便于我们认识我国农业今后的发展趋势，有利于加强对农业生产责任制稳定和完善工作的领导，便于因势利导。如果不顾本地区的客观条件，采取分派任务、下达指标的方法发展专业户，急于向专业户阶段过渡，则是拔苗助长的办法，是不对的，也是有害的。

第三，农业生产发展的前景是专业化、社会化。农业生产力的发展要求社会分工越来越细，要求社会协作越来越广泛。农业生产的专业化和社会化是互为条件的。没有农业生产专业化的发展，农业生产社会化没有必要；而没有农业生产社会化的发展，农业生产专业化也实现不了。我国目前有些地方已经建立了一批机械化养鸡场，由于育种、饲料、防疫、机修、供销、科研等社会化配套设施跟不上，使鸡和蛋的生产受到较大影响，使这些本来可以专业化程度很高的养鸡场不得不增加经营项目、设施和人员，不能发挥应有的效益。农业生产专业化、社会化的发展，使一些原来由农户所做的工作，逐渐转由专业公司去完成。如种子由育种公司供应，施肥由肥料公司负责，治虫由植保公司负责，甚至粮食的烘干、加工、储运也由专门的公司来承包。农户自己的劳动主要是经营管理，只是整个社会化生产中的一个环节。实践证明，农业生产只有实现专业化、社会化，才能有效地使用农业机械，才能更好地推广科学技术，才能大大提高劳动生产率。所以，农业生产发展的前景，必然是专业化和社会化。

实行包产到户以后，农村涌现了各种经济联合体。这些经济联合是实现农业生产专业化、社会化过程中的一种经济形式，本身并不就是专业化、社会化。经济联合同社会化是不同的。联合只是实现社会化协作、社会化服务的一种形式，但并不是全部社会化协作和服务设施都要通过联合来举办。有的社会化设施和服务是由国家出人出钱来兴办的，如种子公司、水利、科研等企事业；有些社会化协作和服务可以通过联合来实现，如农产品加工、销售以及农用工业品的供应等；有些社会化协作和服务可以由个人来解决，如植保、农机可以由植保专业户、农机专业户来承包完成。

近几年，各地涌现出了一批农民自己集资、自愿结合的新的联合经济组织，有的叫民办企业，有的叫民办集体。这是多种多样的合作经济的一种形式。所谓新的联合，是相对于旧有的集体经济而言。这是党的十一届三中全会以来，放宽农村政策以后，特别是实行包产到户、包干到户以后的新事物。据 1982 年 6 月统计，安徽六安地区已办新的联合企事业 45939 个，参加农户 22.61 万户，占总农户的 17.5%，共集资 826.5 万元，1981 年纯收入为 1500 多万元。这些新的联合企业种类很多，经营范围很广，有联合办农业机械的，有联合办农产品加工的，有联合办交通运输的，更有联合办商业和服务业的，也有联合办文化娱乐场所的。这对加速实现农业机械化、现代化，发展多种经营，促进农业生产，培养科技人才，安排剩余劳动力，方便农民生活，转变经营作风，活跃农村经济和文化生活，都起了很好的作用。对于新的联合经济组织，要大力扶持与帮助，政治上要鼓励，经济上要扶持，工作上要帮助，遇到具体问题要帮助解决，使之走上健全的发展道路。

新的联合经济组织是一种新型的社会主义的合作经济，是农村社会主义集体经济的一个组成部分。但是，有的同志把这种新的联合，看作是未来唯一的合作经济形式。这种看法值得商榷。在今后相当长一个时期里，人民公社经过改革，成为乡镇政权，同时还成立新的合作经济组织，而原来作为基本核算单位的生产队或大队，经过调整、改革、完善之后，仍然是农村地区性的合作经济的重要形式，仍然是劳动群众集体所有制的合作经济。它们在实行联产承包责任制之后，有的仍以统一经营为主，大部分已改变为以分户经营为主。它们的管理机构还必须按照国家的计划指导安排某些生产项目，保证完成交售任务，管理集体的土地等基本生产资料和其他公共财产，为社员提供各种服务。为了经营管理好土地，这种地区性的合作经济组织还是必要的。新的联合经济组织今后将有一个较大的发展，但它是与原有的地区性合作经济形式并存的，不能取而代之。

有的同志由于还受"左"的思想束缚，总认为统比分好，联合比分户经营好。他们以为以户为单位经营是"小而全"，不利于社会化大生产，因而主张趁热打铁，搞专业联合。这种看法是不对的。如果农民自觉自愿搞的各种新的经济联合，对生产有利，对实现农业现代化有利，能够增产、增收，增贡献，我们当然应该支持。但是，如果条件还不具备，生产发展并不需要，群众也没有联合要求，我们就不要硬去推行联合。现在的重点，是要继续发挥家庭承包责任制的优势，继续发挥千家万户的潜力。我们不要抓住刚刚产生的联合趋势，就用行政手段加以拔高，急于推广，搞强拼硬凑的联合，否则必然是脱离实际，脱离群众，重蹈历史的覆辙。这方面我们是有过深刻教训的。随着生产力的进一步发展，经济联合会有一个发展时期。我们除了鼓励、扶持、帮助外，还应调查研究，制定相应的政策，加以必要的引导。

实行包产到户、包干到户以后，从发展顺序看，农村确实会出现"小而全"的家庭承包、兼业农户、专业户、各种经济联合体的发展过程。但是，"小而全"、兼业户、专业户都是联产承包户经营内容的变化，实行经济联合则是经营方式的变化。它们还是以包产到户、包干到户为基础，为基本形式，即以家庭联产承包责任制为基础这点没有变化。了解这些情况，对于理解上述关于我国农村将走包、兼、专、联的路子的提法是很有必要的。实行包产到户、包干到户之后，在生产发展的基础上，会出现分工、分业，会出现兼业户、专业户和经济联合体等等新的经济形式；这些都是我国在实现农业生产专业化、社会化过程中的新事物。我们的目标是实现农业现代化，实现农业生产专业化、社会化，而包、兼、专、联，则是我国农业实行联产承包责任制以后，实现农业生产专业化、社会化过程将要经历的发展过程，也就是我国农业生产实现专业化、社会化的道路。

第二节　关于发展商品生产的组织形式问题

联产承包责任制的普遍推行，使我国农村发生了深刻的变化。当前我国农村形势发展的一个重要特点，就是正处于由自给半自给经济向较大规模商品生产发展的历史性转变时期。发展商品生产是农村富裕起来的必由之路，是农业现代化的前提，是实现党的十二大提出的宏伟目标的必要条件。只有发展商品生产，才能进一步促进社会分工，使越来越多的农民从单一的种植业经营中分离出来，从事林牧副渔以及工业、商业、服务业等专业性生产，摆脱我国农村长期存在的传统的单一经营方式，冲破自给自足的自然经济，改变"八亿农民搞饭吃"的局面，从而推动各行各业的繁荣和发展，大大提高社会生产力。只有发展商品生产，才能进一步搞活搞好农村经济，为农业生产提供更多的资金，更好地把现代科学技术运用到农业生产中去，增加技术装备，增强扩大农业生产的能力，加快农业现代化的步伐。只有发展商品生产，才能加速提高劳动生产率，提高商品率，使农民更快地富裕起来，进一步激发农民的生产积极性。要发展商品生产，就应遵循价值规律，自觉地利用它，为计划经济服务。忽视价值规律，不讲等价交换，不讲经济核算，经济效益就差，"平均主义"、吃"大锅饭"等弊病就难以解决，小农经济的思想就难以克服。所以，1984年中央文件明确规定，发展商品生产，是农村工作的重点。万里同志在1983年全国农村工作会议上的讲话中指出："我国农村正处在从自给半自给经济向着较大规模的商品生产转化，从传统农业向着现代农业转化。这是一个大趋势，也是八十年代中国农民从事经济活动的一个总的背景。对这个历史性转变的深远意义，我们一定要有一个深刻的认识。"[1]

大力发展农村商品生产，这是继农村普遍实行联产承包责任制以后，党中央顺应民心，顺应经济发展规律提出的又一个战略步骤。1984年以来，各地发展商品生产的热情很高，商品生产发展的势头很好。发展商品生产，实现从自给半自给经济向较大规模的商品生产转变是一个较长的历史过程，需要解决一系列问题，做好各方面工作。本节将结合研究推广专业户以后的问题，就商品生产的组织形式，进行一些探讨。

---

① 万里：《当前农村改革的几个问题》（1983年11月29日），参见《万里文选》，北京：人民出版社，1995年9月，第293页。——编者注

专业户是农村先进生产力的代表，是实现农业生产专业化和社会化的带头人，也是发展农村商品生产的带头人。几年来的实践证明，专业户是当前发展农村商品生产的一种良好的组织形式。专业户的劳动生产率高，商品率高，经济效益好。所以，现在各地在发展商品生产中，特别重视专业户的作用。有的省区提出，为了发展商品生产，要像过去支持实行联产承包责任制那样，支持专业户的发展。这当然是非常必要的。但是，要大力发展农村商品生产，实现较大规模的商品生产，仅仅靠专业户这样一种商品生产的组织形式，显然还是不够的。我们还应该研究推广专业户以后和专业户以外的发展农村商品生产的组织形式问题。

据我近几年在农村的调查，专业户，特别是那些先富起来的专业户，都是人口多、劳动力多的农户，一般都是人口五六个以上，劳动力三四个以上。1984 年山东陵县对 250 个专业户进行统计，平均每户人口为 5.96 人，劳动力为 2.66 个；有个专业户全家 11 口人，8 个劳动力。为什么是人口多、劳动多呢？因为搞商品生产，要有一定的经营规模，有个规模效益问题，规模太小不行，人少也不行。最简单的豆腐专业户，至少要有 3 个劳动力才能把豆腐做出来。从发展商品生产的角度看，特别是从发展农村工业产品的生产看，经营规模要扩大，这是必然的趋势。但是从农村家庭的人口结构的发展趋势看，农民家庭的平均人口在减少，家庭在缩小。四代同堂、三代同堂的家庭越来越少，两代人一起生活的家庭占大多数（据我在山东陵县袁桥村的调查，两代人的家庭占总农户的 75%）。加上实行计划生育以后，多子女的家庭少了，所以总的发展趋势是农户家庭的组成人口在减少。1983 年陵县 11.7 万农户，平均每户为 4.43 人。

商品生产的发展，要求专业户的经营规模相应扩大，而农村家庭人口的发展趋势是在减少，这是一个矛盾。在实践中，解决这个问题的途径有两个，一是联合经营，二是雇工经营。

为了发展商品生产，农民在自愿互利的基础上，实行各种各样的联合，这就出现了我们前面所讲的新的经济联合体。有关部门根据几个省的资料估算，1983 年底全国有各种联合体 100 多万个，参加的农户有 350 多万户，平均每个联合体 3 至 4 户，劳动力 5 至 6 个。

但是，目前农村的新经济联合体遇到了一些问题。从各地的统计资料看，近几年的经济联合体的发展是波浪形的，一个时期发展得很多，过一个时期又少了，不像联产承包责任制那样是逐年稳定地增长。什么原因呢？一部分原因是，有的联合体本身是季节性的，是某个生产环节或流通环节的联合，季节一过或者这个经营项目完成，联合体也就解散了。更重要的原因是联合体内部经营管理遇到了过去农业合作社遇到过的问题。这些问题，当年农业合作社、生产队没有解决好，现在联合体同样不容易解决好。新经济联合体的成员一般都是亲朋好友，自愿结合，自订章程，自选领导，为着共同利益组织起来的。然而时间一长，内部就产生了矛盾。举例来说，某一个由4户组成的联合体，这4个合作者都有能力，有门路，有办法，都比较强，时间长了，往往意见相左，合不到一起。如果这个联合体中，三个人比较弱，有一个比较强。这个强的，对外联系，对内管理，出力最多，贡献最大，但利益分配是平摊的，这个强的就会觉得不合算。即使他风格高，不计较，他的家属也不肯，所以时间长了也不行。加上新经济联合体内部规章制度不健全，记账马虎，管物的总觉得管钱的人把东西卖出去了，没有把钱全部交回来，管钱的总觉得管物的把东西弄到自己家去了。为此，经常发生些矛盾，解决不好，也就散了。当然也有搞得比较好，比较巩固的。

从总的趋势来说，农民为了发展商品生产，要求联合，所以新的经济联合体有增加的趋势，但有一部分经济联合体遇到了问题，巩固不住散了，又出现了波浪形发展的趋势。我们一方面要看到承包户在发展商品生产中要联合的必然性，要提倡联合，支持联合，加强领导；另一方面也要看到，新经济联合体在现阶段确实遇到了一些问题，不易巩固，发展商品生产，光靠这种组织形式还不行。

目前，在发展商品生产的实践中，还出现了一种形式就是雇工经营。农村中一些个体工商户和种植业能手，为了发展商品生产，还通过请帮手，请技术工，带徒弟等形式来扩大经营规模。从各地的情况看，这种经营方式的经济效果比较好。这是目前我国农村在生产力水平还比较低，商品生产还不发达条件下，使资金、劳动力、技术、资源等生产条件相结合的一种形式。它有利于搞活农村经济，能够为社会提供各种产品，使国家、集体和个人都增加收入。

农村要大力发展商品生产，要从自给半自给经济向较大规模的商品生产转化，光靠专业户这种组织形式不够，靠经济联合体，靠允许一定范围的雇工经营也不够。今后，农村要发展较大规模的工业、商业、交通运输业以及较大规模的现代化的养殖业和为农业服务的"产前""产后"部门，而其中大部分企业还是要由国家和集体来办。当然，过去那种办企业的方法要改变，即不能再用吃"大锅饭"的方法，而要用新的办法，要讲究经济效益。总之，今后发展农村商品生产，要提倡国家、集体、个人一起上，要提倡发展各种各样的商品生产的组织形式，要继续大力支持发展各种类型的兼业户、专业户，要继续大力提倡和支持新的经济联合体，要允许一定规模的雇工经营。与此同时，还要注意发展国营企业和集体企业，也就是要发展县办、乡（镇）办、村办的企业。

现在，有些地区在发展商品生产问题上，把主要精力放在支持专业户、兼业户和经济联合体的发展上。这显然是不够的。我们还应重视发展地方国营的工商企业和乡镇企业。特别是在那些原来商品生产不发达，乡镇企业很少的地区尤其要重视国营和集体企业的发展。因为要使一个地区、一个县、一个乡（镇）的经济繁荣和人民富裕起来，不建立一批较大的工商企业及交通运输等企业作为骨干和基础，这个地区、这个县、这个乡（镇）就不可能发展较大规模的商品生产，兼业户和专业户的进一步发展也会受到影响。例如一个县或一个乡要发展养鸡事业，单靠专业户、兼业户养鸡不行，还必须建立良种繁殖、防疫、饲料、加工、销售等专业公司，向专业户提供良种鸡雏、防疫、饲料、加工、销售等服务。而这种专业公司单靠专业户不行，还要靠国家和集体来办。这些国家或集体办的企业，有的可以由国家投资或地方财政投资来办，有的可以用原来集体的积累来办，有的也可以由国家或集体带头，由农民集资来办，形式可以多种多样。国家和集体要兴办一些在当地能够起骨干和基础作用的工商企业和交通运输等企业，以促进本地区的商品生产发展，促进专业户、兼业户的更好发展。这是我们目前在提倡大力发展农村商品生产时必须引起重视的一个问题。

第九章 联产承包责任制当前需要解决的几个问题

第一节 当前的关键是要稳定

联产承包责任制经过最近几年的全国性的实践和发展，现在已成为农业生产责任制的主要形式，几乎普及到所有的农村。从总体上看，这场为纠正"一大二公"、瞎指挥、"大呼隆"、平均主义等弊端而进行的农村生产关系的调整和改革，已经在全国实现了。这是农村经济领域里的一场革命，是我国农民的伟大创举。它为开创我国农业发展的新局面起了关键性的作用，也为搞活整个经济，推动经济体制改革产生了重大影响。当前对于联产承包责任制来说，关键是要稳定，因为稳定了才能进一步完善，稳定了才能发展生产。应该看到联产承包责任制是自下而上搞起来的，大多数时间还不长，有的是"半路出家"，匆促"上马"的，有许多具体问题需要解决。例如，承包土地问题，合同制问题，提留多少和使用问题，各家各户分散经营如何与国家计划衔接的问题，生产队公共财产的管理和旧有债务的处置问题等等，都要妥善地加以解决。各个地区之间、各个社队之间，联产承包的具体做法也不一样，群众创造了许多新的好办法，有一个交流和互相取长补短的过程。联产承包责任制对于干部和群众都是新事物，需要有一个熟悉、适应和取得经验的过程。另外，联产包产一般都是从承包大田、承包种植业开始的，这方面现在已经有经验了。其他如畜牧业、林业、工副业等的联产承包责任制，有的刚刚搞，有的还没有搞，需要进一步贯彻和落实。所有这些，都需要时间，需要有一个稳定的阶段。

从联产承包责任制发展的客观现实看，它需要稳定；从历史经验看，也需要稳定。马克思主义认为：生产力与生产关系处在不可分割的有机联系之中，生产力与生产关系的统一，构成社会生产方式，生产力是生产方式的物质内容，生产关系则是它的社会形式。在社会生产方式中，生产力是最活跃最革命的因素，生产关系则具有相对的稳定性。生产关系的变更和发展总是从生产力的变更和发展开始的，首先是生产力特别是生产工具的变更和发展，然后，生产关系才根据这种变更而发生相应的变更和发展。在这里，我们不妨回顾一下新中国成立后的历史。1949～1952 年，我国进行了伟大的土地改革运动，使无地、少地的农民获得了土地，消灭了封建土地所有制，实现了农民的土地所有制，激发了广大农民的生产积极性，解放了生产力。1955 年我国农业总产值达到 555 亿元，按不变价格计算，比 1949 年增长 70.2%，平均每年递增 9.27%，出现了解放后第一个农村繁荣兴旺的时期。1951 年 12 月中共中央向地方党组织发布《关于农业生产互助合作决议（草案）》，提出在完成土改以后，应该按照自愿互利的原则，领导农民走互助合作的道路。当时已有互助组 46.8 万个，参加农户 2100 万户，占总农户的 19.2%。已有初级合作社 129 个，参加农户 2000 多户。一直到 1955 年，互助合作发展是比较顺利稳妥的。1951 年初级社 11 万多个，有 228 万农户参加，占总农户的 1.94%。1955 年上半年，初级社增加到 63.3 万个，有 1688 万农户参加，占总农户的 14.2%。1955 年下半年批判了"右倾"，合作化步伐突然加快。1956 年 6 月底统计，参加高级社的农户已有 7600 万户，占总农户的 63%。到 1956 年底加入合作社的农户达 1.17 亿户，占总农户的 96.3%，其中 87.8% 的农户加入高级社，组成了 70 多万个高级社。1957 年高级社继续发展，下半年部分地区已出现合并大社的情况。1958 年全国 76 万个高级社又转变为 2.6 万个人民公社。1955～1958 年，农业生产力基本上没有很大的变化，但生产关系却大变了三次，从互助组、初级社到高级社、人民公社，一年跨一大步。生产关系这样频繁的变动，超越了生产力发展的要求，违背了农民的意愿，严重地破坏了农业生产的发展。这个教训，我们要永远记取。

历史的经验表明，生产关系具有相对的稳定性，生产关系的调整和变更不能频繁。党中央顺应民意，领导全国实现了以包产到户、包干到户为主要形式的联产承包责任制，这是一次从劳动方式到生产关系，从经济基础到上层建筑的全面而深刻的改革，这也是新中国成立以来从未有过的一次重大的改革。当前的主要任务就是要使联产承包责任制稳定下来，在稳定的基础上加以完善和充实，使之更好地适应生产力发展的要求，促进我国农业生产的发展。所以，使目前已在全国实现的联产承包责任制稳定下来，这是广大农民群众的强烈愿望，也符合历史发展的规律。

第二节 联产承包责任制的完善和充实

由于我国实行联产承包责任制的时间还不长，在相当多的地方还刚刚实行，因此，需要在稳定的基础上，加以完善和充实。由于各地实行联产承包责任制的时间不同，各地原来经济发展的水平不同，因此，各地完善、充实责任制的重点也不同，应该采取因地制宜、分类指导的原则，不能强求一律，要按照本地实际情况，实事求是地解决问题。

联产承包责任制同一切新生事物一样，要经历一个从不完善到完善的过程。而其完善的过程，实际也是不断解决新的矛盾的过程。例如，开始承包时，土地分得过于零散。承包以后，有些农户从事多种经营，愿意少包、不包土地，有些则要求多包，这就要制定相应的措施，改进对土地的承包办法。又如农民普遍要求学科学、用科学，这就需要建立技术承包合同，鼓励支持科技户。为了明确生产队和社员之间的权利和义务，保证完成国家任务和集体提留，则需要健全合同制。为了保证实行联产承包责任制后继续发挥集体经济组织必要的职能作用，就要抓紧干部培训，建立、健全干部岗位责任制。实行联产承包责任制后，会出现许多新问题、新矛盾，这一方面需要加强领导，另一方面要放手发动群众，采取群众路线的办法来解决这些矛盾。可以相信，在联产承包责任制的完善、充实过程中，将会有很多新事物不断涌现出来。

目前，联产承包责任制需要完善和充实的方面很多，但中心还是要继续在"包"字上做文章，处理好统一经营与分散经营的关系，根据各种不同情况，搞好各种承包合同。"包"是关键，"包"是核心。所谓分，要通过"包"的办法去分，所谓统，也要通过"包"的办法去统。也就是说，用"包"的办法联系社员和集体，通过"包"把农户家庭分散经营的积极性和集体经济统一经营的优越性结合起来。就各地大多数社队来说，当前工作重点还是继续发挥家庭承包经营的作用，继续调动亿万农民的积极性。实行联产承包责任制之后，政策日趋稳定，农民买车买马，添置生产资料，学习掌握新技术，改善生产条件，准备甩开膀子大干。这种态势现在刚刚开始，高潮还在后头。我们一定要珍惜这种来之不易的大好形势，保护和继续发挥已经调动起来的亿万农民的生产积极性，继续放宽政策，鼓励群众大干，鼓励各种承包农户、兼业户、专业户大力发展生产，努力劳动致富。

至于统一经营，要在群众自愿、群众要求的基础上去统，要在生产发展的需要和生产发展的基础上去统，不能一提完善责任制，就急急忙忙去抓统。有的地区、社队，不顾具体情况，不考虑群众的实际要求，片面强调实行"八统一""九统一"，以为统得越多，联产承包责任制就越完善。这显然是不对的。这实际还是认为分只是调动农民的个人积极性，统才体现集体经济优越性，把分和统对立起来。其实，在联产承包责任制下的分和统都应该是为了调动农民的积极性，都是为了有利于发展生产，也都体现了社会主义集体经济的优越性。而在目前，重点是要调动农户分散经营的积极性，充分发挥家庭经营这个合作经济的经营层次的作用。统得不当，统得过多，反而会挫伤群众的生产积极性，增加群众惧怕政策多变的心理负担。在这方面，河南省沈丘县取得了很好的经验。沈丘县在完善联产承包责任制中，重视端正各级领导干部的认识，继续肃清"左"的影响，在实践中总结了处理好统与分的三条原则：一是只要农民个人能办到的事情，就让他们自己分户经营，决不硬统起来"官"办；二是农民联户能够办的事情，就让他们联户、经营，也不硬统起来"官"办；三是农户为发展生产，改善生活需要办而办不到的事情，国家和集体就积极统一去办。沈丘县总结的这三条原则，很适合当前大多数社队的情况，值得借鉴。

第三节　搞好农村的体制改革，把合作经济的各个经营层次建设好

党的十一届三中全会以来，我们在农村做了大量的工作，取得了显著的成效，但就总体来看，还只能说仅仅解决了一个问题，就是调动了农民的生产积极性，农民真正种田了。要实现社会主义农业现代化，要使亿万农民普遍富裕起来，要使我国农村成为具有高度物质文明和精神文明的新农村，还有大量的工作要做。实行包产到户、包干到户以后，农民家庭经营成为合作经济的一个经营层次，在大多数社队里，承包农户的家庭经营占了主要的地位，这是适合目前我国生产力发展要求的。可以说，经过这次调整，我国农业生产在微观方面是调整得比较合理了。但是，要使生产顺利发展，宏观方面也必须调整得合理。例如，生产队的经营管理方式改变了，要求大队、公社、县级的政治经济体制结构也要相应改变；农业生产发生了很大变化，要求商业、供销、信用、运输等的体制也要相应变化；

农民有了生产积极性，掀起了"科学热"，文教、科技体制则要适应农民群众的要求。这些问题从不同的方面反映，实行联产承包责任制以后，要求对农村的政治经济体制进行全面的调整和改革。这就要求我们以联产承包责任制为基础，把农业作为一个整体来建设，把农村合作经济的各个经营层次建设好，并对现有的政治经济体制，有领导有步骤地进行全面的系统的改革。

第一，积极稳妥地改革"政社合一"，"三级所有，队为基础"的体制。农村普遍实行包产到户、包干到户责任制以后，农民的生产积极性空前高涨，农民的创造越来越多，农业生产和多种经营迅速发展，涌现了兼业户、专业户以及经济联合体、农工商综合经营等新的经济形式，使农村商品经济大幅度地发展，农村经济结构发生了很大变化。这就要求上层建筑进行相应的改革，使之与已经变化了的经济基础相适应。而原来的人民公社体制，已不能适应生产发展的要求，因此改革"政社合一"，"三级所有，队为基础"的体制势在必行。新宪法已经明确规定，政企要分开，人民公社是经济组织。我们一定要积极稳妥地付诸实施，把人民公社体制改革好。

历史的经验证明，农村的体制改革是关系全局的大事，一定要慎重行事，先试点取得经验，再逐步推开，切不可操之过急，不可一轰而起，否则会把好事办坏，影响社会安定，影响生产的发展。农村体制改革的总的原则，应该是有利于联产承包责任制的稳定和完善，有利于发展农村经济，有利于加速农业现代化，有利于促进农业向着大规模的商品生产转化，有利于两个文明的建设，有利于加强党的领导。根据有些地区的试点，人民公社的改革可以分两步走。第一步先把党、政、企分开，通过选举产生乡党委和乡人民政府，使人民公社变为经济组织；第二步调整、健全人民公社管理委员会，组建农、工、商各种公司和农业服务公司，领导和管理本地区的农业、工副业生产和商业、服务业以及运输业等，把人民公社办成经济实体。多数试点地区的做法是，大队改为行政村，设村长和文书，管理行政事务。行政村成立村民委员会。生产队保留其经济组织地位，基本核算单位规模不动。也有的考虑到生产队规模小，实行包产到户后，队上的事不多了，为了精简干部，减少层次，实行联队制，或以自然村为单位，成立合作经济组织，但原来基本核算单位的财产关系不变，以免出现混乱。

我国农村广大，各地情况很不相同。"政社合一"的体制怎么分好，"三级所有，队为基础"怎么改好，新的合作经济组织怎么设置好，要鼓励广大干部和群众根据经济发展的需要，大胆地去探索，去创造。不仅要允许不同地区有不同的形式，也要允许同一地区有不同的形式，以便互相取长补短，经过群众性的试验、创造、比较、筛选过程，逐步形成一个比较好的合作经济体制。切不可把人民公社体制改革工作仅仅看作是恢复乡政府，换块牌子的问题。那种认为是恢复到 1957 年的状况的看法是不对的。现在，我国农村的生产力比 1957 年时大大发展了，经济基础也有所变化，恢复到 1957 年的管理体制，当然不能适应新时期的要求。这次政社分设，是继实行包产到户、实行联产承包责任制后的又一次大的改革，是农业战线改革的继续、深化和发展。改革本身就是革命，改革也就是创新。我们要从各方面努力，保证搞好这次改革，步子宁可放得慢一点，时间宁可放得长一点，但一定要搞好农村体制改革工作，这对充分发挥联产承包责任制的作用，对促进农业现代化建设事业，都是至关重要的。

第二，要把农业作为一个整体来建设。我们原来的传统农业，基本上是个封闭的体系，能够向社会提供的商品很少，有求于社会的也很少，基本上是自给半自给。实行联产承包责任制以后，打破了我国农业生产长期停滞不前的局面，促进农业从自给半自给经济向着较大规模的商品生产转化，从传统农业向着现代农业转化。现代化农业是专业化、商品化、社会化的农业。现代农业一方面需要社会向它提供大量的机械、能源、化肥、农药以及各种服务，另一方面，它的产出也多，能向社会提供大量的粮食、工业原料和各种农副产品以及经过加工的产品，商品率很高。现代化农业离开了发达的商品交换，离开了社会、市场根本不行。因此，建设现代化农业，用小生产的观点指导不行，单就农业建设农业不行，一定要有整体建设的观点，要把农业作为一个整体来建设。

把农业作为一个整体来建设，就不仅要建设农业生产本身，还要建设好"产前"和"产后"部门，搞好"产前"和"产后"的社会化服务。近几年来，农村出现"卖难""买难"的问题，原因之一就是"产前""产后"部门落后，因此只有把"产前"和"产后"部门建设好，才能更好地促进农业生产，提高整个农业的经济效益，促进农业现代化的发展。当务之急是改革商业体制，建立好农村的供销系统，务使农村有一个畅通而稳定的供销渠道。另外，迫切需要建立一个为农民服务的科学研究和技术推广的体系，建立好农村的文化教育制度。亿万农民向科学文化进军了，这是件大好事。要动员全国的力量，组织好这个进军，满足亿万农民对科学文化的要求。

把农业作为一个整体来建设，就要把合作经济的各个经营层次建设好，发挥各个经营层次的作用。包产到户、包干到户，即分户承包的家庭经营，是合作经济中的一个经营层次，是我国合作经济的基础。这个层次随着联产承包责任制的稳定和完善，通过亿万农民的劳动和智慧，将发挥越来越大的作用。生产队和原来是基本核算单位的大队，实行联产承包责任制之后，也是劳动群众集体所有制的合作经济的一个层次。按照国家的计划安排生产项目，完成征购交售任务，按照生产的需要和社员的要求，进行某些生产项目和环节的统一经营，为社员提供各种服务，调整、建设好这个层次是目前稳定和完善联产承包责任制工作的重要方面。原来的公社一级应建设成为经济联合组织，也是合作经济的一个层次。"产前""产后"部门的各种企事业，主要建在公社这个层次。随着农业生产和商品交换的发展，这个经营层次将越来越重要。现在有些试点单位，在公社一级分别成立农业公司、工业公司、商业公司，对本地区的农业、工业、商业起领导、协调和服务的作用。在农业公司中成立农技站、植保站、良种站、农机站、水利站、多种经营站、会计辅导站等，为农业生产提供各种服务。在建设好公社这一层次的过程中，公社所在地就逐步发展成为小城镇，成为本地区的政治、经济、商品加工、服务、科技和文化的中心。

把农业作为一个整体来建设，有的要在全国、全省范围内统筹安排，如农用工业体系，农业科学教育体系，商业流通体系，信贷体系等等。但在目前，要把县这一级体制改革、建设好，把县作为农业整体建设的基本单位，进行综合规划、综合建设。要以县为单位建设商业系统，交通运输和信息系统，农产品加工储存系统，农业科学技术研究和推广系统，文化教育系统等等。同时，也要对原有的政府机构作适当的调整，按照革命化、知识化、专业化、年轻化的要求，配备好县级领导班子。总之，我们要以联产承包责任制为基础，形成发展农村经济的新格局，努力使农业生产的宏观方面也逐步趋于合理，使联产承包责任制更好地发挥作用。

第四节　处理好各种形式的合作经济之间的关系

胡耀邦同志在党的十二大政治报告中作了这样的预计："我国农村在不太遥远的将来，一定会出现有利于因地制宜地发扬优势，有利于大规模采用先进生产措施，形式多样的更加完善的合作经济。"[①] 确实，农村在实行

---

① 《全面开创社会主义现代化建设的新局面》，载《中国共产党第十二次全国代表大会文件汇编》，北京：人民出版社，1982年版，第23页。

了各种形式的生产责任制后，形势发展很快。现在，农民群众自愿组织的各种形式的经济联合已在各地涌现出来，原来的合作经济组织也在发生各种变化。如何正确对待这些新的合作经济形式，如何处理好新的合作经济同原有的合作经济之间的关系，已成为当前农村工作中的一个重大政策问题。

长期以来，由于"左"倾错误的影响，流行着一些错误观念：一讲合作就只能合并全部生产资料，不允许保留一定范围的家庭经营；一讲合作，就只限于按劳分配，不许有股金分红；一讲合作就只限于生产合作，而把"产前""产后"某些环节的合作排斥在外；一讲合作就只限于按地区来组织，搞所有制的逐级过渡，不允许有跨地区的、多层次的联合。这些脱离实际的框框，现在已经开始被群众的实践打破了。目前，农村的合作经济形式主要有如下几种。

1. 原有的公社、大队、生产队三级集体经济，经过调整后，成为联产承包、统分结合的合作经济的几个层次。

2. 原有的社队企业，经过调整后，有的变为联队办的企业。

3. 原有的基层供销合作社，调整改革后，恢复合作商业性质，扩大经营范围和服务领域，办成供销、加工、储运等的综合服务中心。

4. 原有的信用合作社。

5. 承包农户为购买生产资料和改变生产条件而建立的联合体，如合伙买耕牛、拖拉机、汽车，合伙劳动，合伙经营。

6. 社员联合成立的为农业服务的各种联合体，如植保公司、育种公司、农产品加工厂等。

7. 社员联合投资，共同劳动，共同经营的各种企业。这有三种情况：一种是共同投资，按股带劳，股金不分红，净收入按劳分配；一种是共同投资，按股带劳，股金只少量分红，相当于或略高于银行利息；还有一种合股经营，按股分红，或按股金和劳动的比例分配。

8. 集体与社员合资联合经营的企业，如有的社队企业扩建，接受社员投资，或入股带劳，变为集体与社员联合经营企业。

9. 国家与社员合资联合经营的企业，如食品公司或食品厂同社员联合办鸡场、牛场或渔场等。

10. 各种农工商联合企业，如在国营农场基础上建立的农工商联合企业，吸收周围的社队和社员参加。公社办的农工商联合公司则是多层次、综合式的合作企业。

上述各种不同的经济联合组织，虽然形式不同，但都是在自愿互利的基础上建立的，接受国家计划指导，共同经营，民主管理，有公共提留，积累为集体所有，实行按劳分配，或以按劳分配为主，带有一定比例的股金分红，因此，都属于社会主义性质的合作经济。从各地发展的趋势看，合作经济的形式将越来越多，合作的领域和范围将越来越广，合作的规模将越来越大。这个趋势反映了农村生产发展的要求。各种形式的合作经济的发展，有利于发展生产，向生产的深度和广度进军，充分利用自然资源，发挥各地的优势；有利于安排农村的剩余劳动力，使社员的资金、技术得到充分的利用；有利于调整农村经济结构，发展多种经营，发展农村的工业、商业、服务业、运输业以及文化事业；有利于增加社员收入，使农村富裕起来。不过，新产生的合作经济毕竟还处在发展阶段，还很不完善。它的出现，也带来一些新的问题，诸如冲击原有的社队企业，与它们争技术能手，争原料和市场。产供销没有国家计划和缺乏渠道，出现了一些不正之风，重复建厂，盲目性大，不稳定，冲击市场，等等。

　　然而，上面这些问题同新的合作经济的好处比较起来，利远远大于弊，而且这些问题是可以逐步克服的。因此，我们不仅不应该歧视、限制这些新的合作经济，而且应该大力提倡、支持、鼓励发展各种形式的合作经济企业，对它们采取"一视同仁"的扶助政策，提供各种有利于它们创造、发展的条件。

　　如何处理新的合作经济组织同原有的集体经济组织的关系？现在有三种不同的意见。有的同志认为，新的经济联合体是真正在自愿互利基础上联合起来的，以经济办法管理的合作经济形式，具有强大的生命力，应该逐步取代原有的集体经济组织。有的同志认为，现在的"三级所有、队为基础"的集体经济组织，经过调整改革，与新兴的各种经济联合体，应该是互相独立并存的，各有各的存在根据，各有各的长处，应该在并存中各自发挥自己的优势，互为补充，互相竞争。还有的同志认为，原有的集体经济组织，实行联产承包责任制后，仍是劳动群众集体所有制的合作经济，它们按照国家计划和市场需要安排生产，完成国家征购任务，管理土地和公共财产，实行必要的统一经营的职能，为农民提供服务等等，都是必不可少的，所以这种地区性的合作经济组织，应是农村各种合作经济形式的主体，而新兴的经济联合体，只能起补充的作用。

　　我认为，上述第二种意见是比较现实的。但是从发展趋势看，合作经济的前景是十分广阔的。目前，联产承包责任制还实行不久，各种合作经济形式的发展方兴未艾。亿万农民群众将在各个地区、各个领域里创造出各种崭新的合作经济形式来，并将发展成为地区性和专业性结合的、纵横交错的、多层次的、更加完善的合作经济体系。这样，不仅可以大大促进我国农业生产的发展，推动我国农村经济的发展，使我国农民更快地富裕起来，而且这个伟大实践，也将大大地丰富马克思列宁主义关于合作制理论的内容。

第五节　改善和加强党对农村的领导

如前所述，我国农村经历了一场举世瞩目的深刻变革，形势有了根本的好转，实现了具有伟大意义的历史性转变。而要进一步发展这个大好形势，进一步开创新局面，关键在于继续改善和加强党对农村的领导。

如何继续完善和加强党对农村的领导？我认为，目前来说，一是要调整和改革政治、经济领导机关的结构，使上层建筑能更好地为经济基础服务。例如我们的县级机关，基本是个偏重行政管理的机构，也可说是个管理农民的机构。在新的历史时期，要领导农村发展较大规模的商品生产，搞四个现代化建设，搞两个文明的建设，原来的那套机构就非改革不可。目前，可以先搞一二个县的改革试点，取得经验后再逐步推开。

二是要调整农村干部队伍和加强农村干部队伍建设，以适应实现农业现代化的要求。广大的农村党员和干部，长期战斗在第一线，经过长期革命和建设的磨练，政治上比较成熟，有丰富的实际斗争经验，工作上任劳任怨，艰苦奋斗，是党在农村进行现代化建设的骨干力量。但是由于种种原因，目前在农村工作的干部，有相当一部分年岁偏大，文化程度偏低，缺乏现代科学技术和经营管理的知识，还有一部分干部，由于受传统的农业模式束缚，对这场历史性变革缺乏思想准备，不能适应当前正在突飞猛进的农业现代化建设的要求。因此要通过调整、培训、教育等各种途径来解决农村干部队伍的革命化、年轻化、知识化、专业化的问题。政治路线确定之后，干部就是决定的因素。干部队伍问题，是改善和加强党对农村领导的核心问题，是关系到我国农业现代化成败的大问题。

应该指出，农村中那些劳动致富户是新的历史时期涌现出来的佼佼者。他们中有相当一部分人，不仅在生产上有技术，有经验，会管理，善经营，是致富的"能人"，而且在政治上有胆识，关心国家大事，研究和领会党的政策精神。他们不仅为国家和集体做出贡献，而且热心帮助群众，传授技术、经验，支援资金和物资，扶贫解难，受到领导和群众的赞誉。对于这部分人，我们不仅要在经济上继续扶持、鼓励他们，而且在政治上也要关心、帮助他们，对于其中一部分有条件的，要培养、吸收他们入团、入党，对于一部分优秀者，要选拔他们到各级领导岗位上来，以充实农村的干部队伍。

　　新中国成立以来，我国农村曾经有过两次大变化、大发展的好机会，一次是1955～1956年，还有一次是1965年，但都因为"左"的错误而丧失了，没有引出好的结果。经过党的十一届三中全会以来的拨乱反正，经过全党上下和亿万群众的努力，现在农村终于又出现了欣欣向荣的大变化、大发展的大好时机，而且这次已经开创的局面比以前两次都更加坚实，更加良好，前景光辉灿烂。我们要改善和加强党的领导，总结历史的经验和教训，学习和借鉴外国的经验，从我国农村的实际出发，在马克思主义指引下，走出一条有中国特色的实现社会主义农业现代化的道路来，把我国农村目前正在进行的大变革、大发展的伟大运动引向胜利，把我国农村建设成为现代化的高度文明的、高度民主的社会主义新农村。

第十章　联产承包责任制的重大意义

1983 年中央发出的《当前农村经济政策的若干问题》，文件中指出："党的十一届三中全会以来，我国农村发生了许多重大变化。其中，影响最深远的是，普遍实行了多种形式的农业生产责任制，而联产承包制又越来越成为主要形式。联产承包制采取了统一经营与分散经营相结合的原则，使集体优越性和个人积极性同时得到发挥。这一制度的进一步完善和发展，必将使农业社会主义合作化的具体道路更加符合我国的实际。这是在党的领导下我国农民的伟大创造，是马克思主义农业合作化理论在我国实践中的新发展。"①

联产承包责任制在哪些方面丰富发展了马克思主义的合作制理论？它的重要意义是什么？这些问题，在前面有关章节中已有所涉及，这里拟集中起来作一个初步探讨。

第一节　联产承包责任制是改革集体经济原有弊病的好形式

实行联产承包责任制，为我国找到了一条从实际出发，对原有的弊病较多的集体经济体制进行改革，使之成为较为完善的合作经济的途径。大家知道，我国的"高级农业生产合作社，类似苏联式的集体农庄，这是我们应当用心分析研究的对象。人民公社化以后，1960 年实行'三级所有，队为基础'。这个'队为基础'就其结构而言，就是高级社的形式，不过多了个'三级所有''政社合一'"②。集体农庄这种模式，在社会主义国家的

---

① 《当前农村经济政策的若干问题》（摘要），《人民日报》1983 年 4 月 10 日第 1～2 版。
② 杜润生：《联产承包制和农村合作经济的新发展》，《人民日报》1983 年 3 月 7 日第 2 版。

实践中，都出现了这样那样的问题，20世纪50年代以后，各国都作了一些改革。但是，由于对集体农庄模式的认识不同，改革的内容和方式不同，改革的效果也大不相同。其中，有的是合并集体农庄，继续扩大经营规模，并且把一大批长期落后的集体农庄转为国营农场，进一步加强统一和集中。与此同时，还大幅度提高农产品收购价格，向农业提供大量投资，对农业进行技术改造，企图从外部来解决农业问题。但由于集体经济内部经营管理弊病没有克服，农民群众的生产积极性没有充分调动起来，所以农业生产大起大落，继续徘徊停滞，效果并不理想。有的则直接解散农业生产合作社，实行单干，或者是推倒重来，重新组织新的合作经济。还有的是放宽农村政策，扩大自留地，提倡家庭副业，鼓励城乡居民搞个体经济，效果还不错。

我国面临的任务是要对已经建立了二十多年的集体经济进行改革，并且在改革起步的时候，正是我们国家处于经济调整的时期，工业体制还未改革，财政金融有很大困难，国家不可能拿出较多的财力、物力来改善农业外部的条件，因此总的说来，改革的难度是比较大的。我们既要继承农业合作化的积极成果，又要克服集中过多等弊病；既要保持大局的稳定，不使生产力遭到破坏，不使1000多亿元的集体积累散失，不使整个社会发生动荡，又要实现对农村生产关系的较大调整。这是很不容易的。必须找到一条发展我国农业集体经济的最佳途径。这条途径就是实行联产承包责任制。

实行联产承包责任制，是通过改革集体经济经营管理体制，从农业内部来解决农业问题。联产承包责任制把统一经营和分散经营适当地结合起来。原来农业集体经济体制强调生产队统一经营，生产资料管理集中，劳动指挥集中，经营决策集中，收益分配集中，由此产生了种种弊病。现在，集体把土地和一些生产项目，通过合同的形式，由农户承包经营，生产劳动和部分经营职能由承包农户执行，只有那种一家一户办不到或办不好的事，仍由集体统一办理。原来只有生产队一个经营层次，现在有了集体和农民家庭两个经营层次，并且有统有分，通过包把统和分结合起来。这样，就把高级社的优点吸取了，长处保留了，把缺点改过来了，使集体经济的优越性和农民家庭经营的灵活性、积极性同时得到发挥，克服了在高度集中的集体经济体制下，大家捆在一起吃"大锅饭"的弊病。

联产承包责任制并不是合作经济最终完善的形式，它的意义在于开辟了一条使农民通过自愿互利合作发展商品生产的道路，并在这个过程中，使合作经济的组织形式日益完善。按照列宁晚年提出的合作制理论，合作经济首先是个体农民在商业环节上的联合，生产过程的联合应是在商品生产发展到造成比较发达的社会分工和社会化的过程中逐步实现的。在我国目前的条件下，要实现列宁这个思想，还需要有一个过程。因为我国农村的集体所有制经济体制已经搞了二十多年，农民家庭发展商品生产的经营能力很弱，集体经济已经具有相当规模的社会化的生产资料，整个农村经济的运转机制已在集体经济这个层次上形成了，要彻底改变这种运转机制，使农民完全独立经营是不现实的，以统分结合为主要特征的联产承包责任制就起到了兼顾二者的作用。近几年的实践已经证明，这种调整是成功的。那些一开始实行联产承包责任制就比较成功的地区，都是较好地保持了集体经济一部分统的职能，而不是集体什么也不管。在后来的发展过程中，集体经济统的职能和统的方式逐步发生变化。以往集体经济统的职能，逐渐被提供服务所代替，原来的行政的隶属关系，逐渐变为经济的关系，并逐渐形成专业化、社会化的农业生产和经营管理体系，逐渐发展成多种形式的合作经济体系。

第二节　联产承包责任制深化了社会化大生产和小生产之间关系的理论

实行联产承包责任制，使我们重新认识、评估了农户家庭经营在农业生产中的地位和作用，深化了社会化大生产和小生产之间关系的理论。长期形成的传统观念认为，大生产绝对比小生产优越，社会化大生产就是在一个劳动场所投入大量的人力和物力。把社会化大生产和家庭经营对立起来，认为农户的家庭经营是同现代化农业大生产不相容的。因此，在开始实行联产承包责任制时，曾经有人认为，搞家庭承包经营是恢复小生产经营，是一种倒退。

不错，无论是资本主义社会化大生产，还是社会主义社会化大生产，都比小农经济优越，这是一般规律。但是，社会化大生产并不等于大规模生产，并不等于在一个劳动场所集中大量的人力、物力进行生产。传统观念认为：现代化生产必须是大生产，大生产就要大规模生产，小规模就不能现代化。把规模大小和现代化生产，看成是正比例关系，似乎规模越大，现代化程度就越高。因此，在实践上就要求生产规模越大越好。实践证明，这种认识是片面的。现代化社会化大生产，要求一定的规模，要讲究规模效益，但是，规模的大小，要看当时当地的生产力水平，要看经营者、生产劳动者的科学技术水平和经营管理水平，在农业上还要符合生产的特点。因此，进行生产，可以是大规模大生产，也可以是小规模大生产，并不是规模越大越好。我们以前在生产条件没有多少改变的状况下，把分散劳动和分散经营集中起来，实行集体劳动，实行集中经营管理。例如，有100个农户，原来每户分别经营耕种10亩耕地，现在集中起来，100户的劳动力在一起集体劳动，经营耕种1000亩耕地。这样，生产由小规模变成了大规模，优点当然是有的，也会产生一定的规模效益。但由于农业生产条件没有多少改善，农业外的社会化服务跟不上，还由于集体内部的经营管理、收益分配等一系列问题解决不好，使劳动者的生产积极性、主动性受到压抑，使农业生产发展不快，劳动生产率没有多少提高，农业生产的商品率也没有多少增加。结果，形成了大规模小生产，无非是"小而全"变成"大而全"而已，实际上还是自给半自给的自然经济。

农业生产的生产过程，是自然生产过程和经济再生产过程始终交织在一起的。农业生产这样一个最基本的特点，使得农业生产过程同工业的生产过程不同，使得农业生产不能照搬工业生产管理方式，不能把工厂化大生产方式照搬到农业生产中去。农业生产过程很受自然条件和生物自身发展规律的制约和影响。从经济再生产的过程看，要求农业生产集中管理，集中经营；从自然再生产的过程分析，则有相反的趋势，要求经营管理有一定的分散性，要使劳动者有相对独立的决策权，要求经营者和劳动者统一。这两个方面的发展趋向，要求我们在农业经营管理活动中，处理好统一和分散的关系。

统分结合的联产承包责任制的实践，向我们展示了一幅社会化大生产同小规模的承包农户家庭经营相结合，发展农业现代化的图景。实行联产承包责任制后，集体经济的相当一部分经济职能，分散到了承包农户家庭，就经营规模来说是小了，但这不是恢复小农经济。第一，集体经济统的职能还存在，集体经济的优越性还能继续发挥；第二，实行联产承包责任制，能充分发挥农户家庭经营的积极性和主动性，并且通过发展多种经营，发展商品生产，发展分工分业，走上生产社会化的道路。正如我们在前面分析过的，实行联产承包责任制以后，承包农户中就会涌现出大量兼业户和专业户，为了发展商品生产，就必然会将若干产、供、销的环节分离出来，组成为农业生产"产前""产后"服务的社会化企业，促进农业生产向专业化发展。再进一步讲，农村直接从事农业生产的农户大量减少，继续从事农业生产农户的经营规模就相应扩大。这种农业经营规模的扩大，又要求加强社会化服务，要求发展协作和联合。合作经济组织、进一步发展和壮大，逐渐组成完整的合作经济社会化服务系统，也会反过来从各方面加强对农户家庭经营的指导。至此，每个经营农业生产的承包农户，事实上都成为整个社会生产锁链中的一个环节，纳入社会化大生产的联合体中使承包农户的小规模经营同社会化大生产有机地结合起来。

实行联产承包责任制，我国农业出现了奇迹般的飞跃。仅仅几年工夫，在农业生产大发展的同时，涌现了大量的兼业户、专业户，商品率大幅度提高，各种经济联合体，各种为农业生产"产前""产后"服务的植保公司、灌溉公司、农产品加工厂、运销公司等等，像雨后春笋应运而生，盼望多年的农业生产的专业化和社会化大生产正在变成现实。现在，已经可以清楚地看到，在坚持土地等基本生产资料公有制的前提下，通过统分结合的联产承包责任制，通过合作经济的社会化服务，承包农户的家庭经营可以容纳现代化、社会化的生产力，可以走出一条具有中国特色的社会主义农业现代化的道路来。

第三节　联产承包责任制继承和发展了列宁关于优先发展流通领域合作事业的思想

列宁在他晚年口授的著名论文《论合作制》中指出："在我国，既然国家政权操在工人阶级手中，既然全部生产资料又属于这个国家政权，我们要解决的任务的确就只有居民的合作化了。……在实行新经济政策时，我们向做买卖的农民让了步，即向私人买卖的原则让了步；正是从这一点（这与人们的想法恰恰相反）产生了合作制的巨大意义。"[①] 在"战时共产主义"时期，苏维埃俄国在农村实行余粮收集制，推行农村公社，在全国实行共产主义的生产和分配，结果把农民束缚得很死，挫伤了农民的生产积极性，严重阻碍了农业生产的发展。1921 年，苏维埃俄国实行新经济政策，废除余粮收集制，改行粮食税，容许农民将缴纳粮食税后的余粮拿到市场上自由出售。实行新经济政策的目的就是鼓励和调动农民的生产积极性，使整个经济活跃起来。因为"正常的社会主义产品交换，又是从带有

---

① 列宁：《论合作制》（1923 年 1 月 6 日），载《列宁选集》第 4 卷，北京：人民出版社，1972 年 10 月第 2 版，第 681 页。

小农在居民中占优势所造成的特点的社会主义，进到共产主义的一种过渡形式。"① 在实行新经济政策和实行粮食税以后，列宁逐步形成的思想要点是，优先发展农民在流通领域的合作，使广大农民与国家的大工业联系起来，使农民同社会化的大生产联系起来，促进商品生产的发展，促进社会分工和各种专业化生产的发展，然后再逐步实行在生产方面的合作，即把整个合作经济事业的发展，建立在发展商品生产的基础上。列宁说："从个人利益上的关心，能够提高生产，我们无论如何首先要增加生产。批发商业在经济上把千百万小农联合起来，引起他们经营的兴趣，把他们联系起来，把他们引导到更高的阶段，在生产中用各种形式联系和联合起来。"②

正是在商品生产问题上，长期以来，我们划分不清商品生产同资本主义的界限，批判所谓的"弃农经商"，大搞割"资本主义尾巴"，限制和打击农村的商品生产，结果打击了生产，窒息了农村经济发展的活力，使我国农村向自然经济逆转，造成了极其严重的后果。社会主义国家的实践都证明，社会主义的计划经济是不可能在自然经济的基础上巩固和发展起来的。社会要进步，从不发达的经济发展到发达的经济，商品生产的发展是一个必经的阶段。资本主义阶段可以跳跃过去，商品生产阶段却不可能跳跃过去。在商品生产阶段，每个企业从事商品生产，从商品生产中获得自己的利益，为此，就要努力发展生产，提高产品质量，降低成本，讲究经济效益，力求用最少的劳动，获得尽可能多和好的产品，使自己在竞争中处于有利的地位。商品生产在历史上起过巨大的作用。它同自然经济相比，无疑是很大的历史进步，大大地促进了社会生产力的发展。商品生产从来就不是一个独立存在的东西，它存在于不同的社会经济形态中并受其制约和为其服务。大规模的商品生产，促进社会分工，促进专业化、社会化的发展，不仅使现有的生产力充分发挥作用，并促进新的生产力的诞生和成长，从而为社会主义生产关系增强物质基础。

在原来集中经营的集体经济体制下，农民只有极少量的家庭副业产品和自留地产品，通过市场同社会交换。实行联产承包责任制以后，农民有了生产经营自主权，获得了商品生产的独立地位，既是商品生产者，也是商品的所有者，同时也有了交换的自主权。农民成为商品生产者后，一方

① 列宁：《论粮食税》（1921年4月21日），载《列宁选集》第4卷，北京：人民出版社，1972年10月第2版，第516页。

② 列宁：《十月革命四周年》（1921年10月14日），载《列宁选集》第4卷，北京：人民出版社，1972年10月第2版，第572页。

面要承担商品生产的风险，要付出辛勤的劳动，另一方面能得到商品生产的好处，使权、责、利在新的基础上结合起来。实行家庭承包责任制，调动了农民的积极性，说到底，就是调动了农民的商品生产的积极性。这是一个巨大的成功，也是对整个社会的一个巨大推动。广大农民有了商品生产的积极性，同农业合作化以来形成的新的生产条件结合起来，大量的农副产品以令人难以置信的速度奇迹般地生产出来，同时也产生了新的生产力和新的经济形式，大量的兼业户和专业户的产生，就是一个显著标志。

大量的农副产品生产出来后，就要求有大规模的商品市场，通过交换实现其价值，使辛勤的劳动变为收入。这是我国流通领域面临的重大课题。近几年来，我国各地农村都出现了农民"卖难""买难"的问题，这是原有的流通体制与农村商品生产发展之间矛盾的表现。一方面，国家的商业体制要从流通渠道、经营手段、服务方式等方面做根本性的改革，以适应变化了的农村形势；另一方面，亿万个农户也要按大规模商品生产的要求，通过各种各样的合作形式组织起来，逐渐形成社会化生产、交换、分配和消费的体系。这就是实现列宁当年在《论合作制》中提出的要优先发展农民在流通领域的合作事业的思想。我们现在的任务，是要在实行联产承包责任制，发展农业生产的基础上，广泛组织各种各样的供销、运输、加工、仓储以及信贷、信息等的合作经济组织，开展"产前""产后"的服务，使全体农户同计划经济联系起来，同社会化大生产联系起来，进一步促进农村商品生产的发展，促进我国农村由自给半自给经济向大规模的商品生产转化。

第四节　联产承包责任制为我党引导农民走社会主义道路创造了经验

改造农民，这是我们党提出的重大历史任务之一。因为"我们预见到小农必然灭亡"[①]，因此要引导农民走社会主义道路。至于如何改造和引导农民，马克思主义经典作家曾有过一系列论述，问题是要创造实现这些原则指示的具体形式。列宁说过："原来那种贫困不堪的农民经济如果不加改变，就谈不到如何巩固地建立社会主义社会。掌握国家政权的工人阶级，

---

① 恩格斯：《法德农民问题》（1894 年 11 月），载《马克思恩格斯选集》第 4 卷，北京：人民出版社，1972 年 5 月，第 310 页。

只有在事实上向农民表明了公共的、集体的、协作的、劳动组合的耕种制的优越性，只有用协作的、劳动组合的经济帮助了农民，才能真正向农民证明自己正确，才能真正可靠地把千百万农民群众吸引到自己方面来。因此，无论哪一种能够促进协作的、劳动组合的农业的措施，其意义都是难以估价的。"①

长期以来，人们把改造农民的历史任务，比较狭窄地理解为是对农民小私有制的改造，把很大部分的精力首先放在实现所有制的改造上，并且认为实现了社会主义公有制，就标志着这种改造的完成。所谓自愿原则，也被理解为农民放弃小私有财产的自愿。我国的互助组－初级社－高级社的道路，实际上就是小私有－半公有－公有的改造道路，而忽视了把对农民的改造同发展生产，特别是同发展商品生产结合起来。所以，在实现了农业社会主义改造，建立了生产资料公有制后的二十多年来，农业生产长期停滞徘徊，农副产品的商品率下降，不能适应整个国民经济发展的要求，农村基本上还处在自给半自给经济阶段，大多数农民不富裕，还有一部分农民生活相当困难。这当然不是我们对农业进行社会主义改造的本意，更不符合广大农民群众的愿望。

1980年5月31日，邓小平同志在同中央负责工作人员谈"关于农村政策问题"时指出："我们总的方向是发展集体经济"，"关键是发展生产力"。"只要生产发展了，农村的社会分工和商品经济发展了，低水平的集体化就会发展到高水平的集体化，集体经济不巩固的也会巩固起来。"②实行联产承包责任制，就是为了发展生产力，就是为了发展商品生产，使农民摆脱贫困落后，使农民改变小农经济的地位，走不断富裕起来的社会主义道路。前面我们曾引了列宁的话，说无论哪一种能够促进协作的、劳动组合的农业的措施，其意义都是难以估价的。联产承包责任制的实行，在原来过分集中的集体经济体制山重水复疑无路的时候，开辟了这样一条农民十分乐意接受的实现农村现代化的社会主义道路，其意义确是难以估价的。

实行联产承包责任制，使我国农村发生了一系列根本性的变化，开创了农业发展的新局面，并由此推动了工业、商业和城市经济的改革，引起

① 《在农业公社和农业劳动组合第一次代表大会上的演说》，载《列宁选集》第4卷，北京：人民出版社，1972年10月第2版，第106页。

② 《关于农村政策问题》，载《邓小平文选（1975－1982年）》，北京：人民出版社，1983年7月，第275页。

了整个经济体制和上层建筑的一系列改革，引起了思想理论的巨大变化。实践证明，联产承包责任制绝不是仅仅解决农民温饱问题的权宜之计，而是引导广大农民走社会主义道路的有效途径，对我国实现社会主义农业现代化和整个国民经济体制改革都具有重大的意义。

后 记

在农村普遍实行以包产到户、包干到户为主要形式的联产承包责任制，是我们党在十一届三中全会以来采取的重大战略决策，是农业合作化以来，在农村进行的最富有成效的改革。它使拥有八亿人口的我国农村发生了历史性的转折，使长期停滞不前的农村变得欣欣向荣，使曾经是大家最为发愁的农业反而走到前头。"山重水复疑无路，柳暗花明又一村。"农村经济改革的成功给各条战线的改革带来了希望，给全国人民实现"四化"增添了信心。

实行以包产到户、包干到户为主要形式的联产承包责任制，解决了社会主义农业中一些长期没有解决的根本性的问题。这是具有深远历史意义的进步。它不仅具有巨大的实践意义，而且具有深刻的理论意义；不仅对中国实现"四化"有重要意义，而且对于社会主义国家解决农业问题也将产生广泛的影响。几年来，人们对于联产承包责任制的实践意义已有了认识，也有一定的总结。但是，对于我国农民这个伟大的创造，从理论上进行阐述则做得还很不够。目前，大家对于包产到户所取得的成绩都很信服，但是对于包产到户为什么有如此成效，却还缺乏令人信服的说明。关于包产到户的发展前景，很多人并不明确，有些干部和群众，对包产到户甚至还有一些担心和疑虑。这些情况表明，我国关于联产承包责任制的理论研究，落后于实践的发展。这种状况亟需解决。马克思说："理论一经掌握群众，也会变成物质力量。理论只要说服人，就能掌握群众；而理论只要彻底，就能说服人。所谓彻底，就是抓住事物的根本。"[1] 可见，关于联产承包责任制问题的理论研究，要阐明联产承包责任制的本质特征，阐明它的

---

[1] 马克思：《〈黑格尔法哲学批判〉导言》，载《马克思恩格斯选集》第1卷，北京：人民出版社，1972年5月，第9页。

发生和发展的规律。理论是人民群众的生产斗争和革命斗争的实践经验的总结。联产承包责任制从产生至今已有二十多年历史，大规模地、普遍地在全国实行也已经有五年多了，因此，对联产承包责任制进行理论总结，是实践提出来的任务。《联产承包责任制研究》这本书是我从 1979 年春天以来，在农村对包产到户问题，进行调查、考察、思索、研究的结果。我力图从理论上对这个伟大的群众运动加以说明，但限于自己的水平，加上这个运动还在继续发展之中，所以本书对运动的概括和说明还只能是初步的。我只是把近几年收集到的关于这个运动的许多材料，按照运动的发生、发展的历史加以叙述，为同志们对这个伟大运动做进一步的研究和总结提供一些素材。

　　本书于 1983 年 4 月写就，1984 年 7 月定稿。在写作过程中，得到了吴象、林子力、孙耕夫、王耕今、李凌、李兰亭等同志的指教和帮助。在此，谨向他们表示感谢！

陆学艺

1984 年 7 月于中国社会科学院哲学研究所